注册土木工程师(水利水电工程)资格考试辅导资料

水利水电工程专业基础知识应试辅导与习题集

《水利水电工程专业基础知识应试辅导与习题集》编委会 编

黄河水利出版社

图书在版编目(CIP)数据

水利水电工程专业基础知识应试辅导与习题集/《水利水电工程专业基础知识应试辅导与习题集》编委会编. 郑州:黄河水利出版社,2007.7
注册土木工程师(水利水电工程)资格考试辅导资料
ISBN 978-7-80734-222-9

Ⅰ.水… Ⅱ.水… Ⅲ.①水利工程-建筑师-资格考核-自学参考资料②水力发电工程-建筑师-资格考核-自学参考资料 Ⅳ.TV

中国版本图书馆 CIP 数据核字(2007)第 096375 号

出 版 社:黄河水利出版社
地址:河南省郑州市金水路 11 号　　邮政编码:450003
发行单位:黄河水利出版社
发行部电话:0371-66026940　　传真:0371-66022620
E-mail:hhslcbs@126.com
承印单位:黄河水利委员会印刷厂
开本:787 mm×1 092 mm　1/16
印张:14.5
字数:335 千字　　印数:1—3 000
版次:2007 年 7 月第 1 版　　印次:2007 年 7 月第 1 次印刷

书号:ISBN 978-7-80734-222-9/TV·511　　定价:29.00 元

《水利水电工程专业基础知识应试辅导与习题集》编委会名单

前 言

人事部、建设部、水利部已决定实施注册土木工程师(水利水电工程)执业资格制度。这是我国水利水电界的一件大事。实施这项执业资格制度,有利于实现水利水电工程专业设计人员管理制度的创新,为国家培养一支职业化的专业人才队伍,从根本上保证水利水电工程的建设质量和经济效益;有利于与国际惯例接轨,使水利水电工程专业设计人员平等地参加国内、国际竞争,并维护自己的权益。

注册土木工程师(水利水电工程)执业资格考试实行全国统一大纲、统一命题的考试制度。为配合全国统一考试和方便报考人员复习,受黄河水利出版社的委托,华北水利水电学院组织有关教授、专家编写了《水利水电工程专业基础知识应试辅导与习题集》,内容包括水力学、岩土力学、结构力学、工程测量、建筑材料、工程水文学基础等 6 个部分。与水利水电工程专业基础知识指定辅导教材相对应,本书缺少"钢筋混凝土结构"部分,在第 2 版修订时将补齐该部分内容。

该习题集是面向参加注册土木工程师(水利水电工程)执业资格考试的人员,是为应考者提供的复习专用材料,其范围和深度是按全国勘察设计注册工程管理委员会公布的考试大纲编写的。在学术观点上,均统一于相应的现行规范的规定,不作不同学术观点的论述和讨论。

本习题集由华北水利水电学院王二平、康迎宾负责组稿。习题集的编写力求做到符合考试大纲要求,且便于应考者复习。但由于时间仓促,习题集内容广泛,加之水平所限,难免出现一些不足之处,敬请广大技术人员给予批评指正。

本书编委会

2007.6

目　录

第 1 章　水力学

1.1　考试大纲

根据注册土木工程师(水利水电工程)资格考试要求,水力学考试大纲涵盖以下内容。

1.1.1　水静力学

静水压强　绝对压强　相对压强　真空及真空度　作用于物体上的静水总压力

1.1.2　液体运动的一元流分析法

恒定流与非恒定流　迹线与流线　流管　过水断面　流量　断面平均流速　恒定一元流连续方程　能量方程式　渐变流　急变流

1.1.3　层流、紊流及其水头损失

湿周　水力半径　均匀流　非均匀流　沿程水头损失　达西公式　层流　紊流　雷诺数　谢才公式　局部水头损失

1.1.4　有压管中恒定均匀流计算

基本公式　串联管道　并联管道　分叉管道　沿程均匀泄流管道

1.1.5　明渠恒定均匀流计算

基本公式　明渠均匀流　粗糙度不同的明渠　复式断面明渠

1.1.6　明渠恒定非均匀流计算

缓流　临界流　急流　弗汝德数　临界水深　临界底坡　棱柱体明渠渐变流水面曲线分析及计算　水跃　水跃方程　共轭水深及水跃长度计算

1.1.7　堰流及闸孔出流的水力计算

计算公式　薄壁堰　实用堰　宽顶堰　闸孔出流

1.1.8　泄水建筑物下游的水力衔接与消能

底流式消能　挑流式消能　面流式消能　消力戽式消能

1.1.9　隧洞的水力计算

水流状态及判断　有压隧洞　无压隧洞

1.1.10 渗流

达西定律　渗透系数　恒定均匀渗流与非均匀渗流　恒定渐变渗流的浸润曲线形式及计算

1.1.11 高速水流

脉动压力　气蚀　掺气　冲击波

1.1.12 水工模型试验基础

力学相似:几何相似　运动相似　动力相似

相似准则:重力相似准则　阻力相似准则　动水压力相似准则

1.2 复习指导

1.2.1 基本要求

1.2.1.1 水静力学

掌握静水压强的两个特性,理解等压面的概念。掌握静水压强基本公式,并理解该公式的物理意义。理解静水压强的三种表示方法(绝对压强,相对压强,真空度)及其相互关系,注意真空度的概念,理解压强的单位和位置水头、压强水头、测压管水头的概念。了解静水压强量测原理和方法,掌握静水压强的计算。掌握绘制静水压强分布图和计算作用在平面上的静水总压力的图解法和解析法。

1.2.1.2 液体运动的一元流分析法

理解液体运动的分类和一些基本概念(恒定流与非恒定流、均匀流与非均匀流、渐变流与急变流、迹线与流线、元流、流管、总流、过水断面、流量与断面平均流速、一元流、二元流和三元流等),并能在分析水流运动时进行正确的判断和应用。理解均匀流与非均匀流、渐变流与急变流、流线与迹线的特性。掌握恒定总流的连续方程的不同形式和应用。掌握实际液体恒定总流能量方程的形式、应用条件和注意事项,理解能量方程的物理意义、水头线绘制方法和水力坡度的概念,能熟练应用恒定总流能量方程进行计算。

1.2.1.3 层流、紊流及其水头损失

理解流动阻力与水头损失产生的原因和分类,理解湿周、水力半径的概念。了解均匀流边界切应力分布规律,熟练掌握计算沿程水头损失的达西公式和影响沿程水头损失系数 λ 的因素。理解雷诺实验现象和雷诺数 Re 的物理意义,掌握液体流动的两种型态(层流、紊流)的特点和判断方法。理解圆管均匀层流的流速分布规律和水头损失计算公式,对照达西公式掌握沿程水头损失系数 λ 的变化规律。了解紊流特征、紊流脉动的时均处理方法和紊流附加切应力产生的原因,理解粘性底层与边界粗糙度对紊流运动的影响,掌握水力光滑面(区)、水力粗糙面(区)和水力过渡粗糙面(区)的概念。了解紊流流速分布规律与层流分布的不同和原因。

理解尼古拉兹实验中沿程水头损失系数 λ 的变化规律，理解 λ 与雷诺数 Re 及相对粗糙度 k_s/r_0 的关系，理解沿程水头损失与流速的关系，并用达西公式计算沿程水头损失。掌握谢才公式和曼宁公式，理解谢才公式与达西公式的联系和适用条件。能正确选择局部水头损失系数，掌握局部水头损失计算。

1.2.1.4　**有压管中恒定均匀流计算**

了解管道的分类(简单管道和复杂管道，短管与长管)，理解短管与长管计算方法的区别。掌握短管与长管水力计算方法和水头线的绘制，并能进行虹吸管、倒虹吸管、水泵装置等典型的管道水力计算和确定相应的安装高度和水泵扬程。理解复杂管道(串联、并联、分叉管道和沿程均匀泄流管道)的水流特点和计算方法。

1.2.1.5　**明渠恒定均匀流计算**

了解明渠水流的分类(均匀流和非均匀流，渐变流和急变流)，掌握明渠的底坡和梯形断面的水力要素。理解棱柱体渠道的概念。理解明槽均匀流的特征和形成条件，熟练掌握明渠均匀流的基本公式，掌握谢才系数 C 的计算，理解糙率 n 和允许流速在明渠均匀流水力计算中的作用和确定方法。掌握梯形明渠水力最佳断面的条件，了解综合糙率的确定和复式断面水力计算方法。

1.2.1.6　**明渠恒定非均匀流计算**

掌握明渠水流三种流态(急流、缓流、临界流)的特征和判别方法，理解弗劳德数 Fr 的物理意义。理解断面比能 E_s 的概念和特性，会用断面比能判别明渠水流流态。理解临界水深 h_C 的定义，会进行临界水深计算并用 h_C 进行流态判别，掌握矩形明渠临界水深计算公式。理解临界底坡 i_C 的概念，能用临界底坡 i_C 判别陡坡与缓坡以及均匀流流态。理解水跃和水跌现象的流动特征，理解水跃方程，理解棱柱体平坡明渠水跃共轭水深计算方法。重点掌握矩形断面明渠共轭水深计算公式。了解水跃能量损失和跃长的计算方法。掌握棱柱体明渠恒定渐变流水面线分类、分区和变化规律，能正确进行水面线分析和不同底坡明渠水面线的衔接。

1.2.1.7　**堰流及闸孔出流的水力计算**

了解堰流与闸孔出流的流动特性、联系与区别，掌握堰流与闸孔出流的判别。理解堰和堰流的分类：薄壁堰、实用堰、宽顶堰；自由溢流、淹没溢流。了解薄壁堰的用途和流量计算，掌握堰流的基本公式和实用堰、宽顶堰水力计算，会正确选择和计算流量系数、淹没系数、侧收缩系数等各种经验系数值。掌握闸孔出流计算公式，并能进行闸孔出流水力计算。

1.2.1.8　**泄水建筑物下游的水力衔接与消能**

了解泄水建筑物下游水流衔接的特征和常用的消能形式，掌握采用底流式消能水流衔接形式的判别方法。掌握底流消能消能池的水力设计方法。

1.2.1.9　**隧洞的水力计算**

了解隧洞水流状态及其判别方法，理解有压隧洞及无压隧洞的水力计算方法。

1.2.1.10　**渗流**

了解渗流的运动特点，理解渗流模型的概念和建立的条件。掌握渗流基本定律达西定律和其适用范围，理解渗透系数的确定方法。理解地下河槽恒定均匀渗流及非均匀渗流的计算方法，理解杜比公式与达西公式的区别，对照明渠水面曲线分析，了解浸润曲线的特点和分析方法。了解水平不透水层上均质土坝的渗流计算方法。

1.2.1.11 高速水流

了解水工建筑物高速水流的压强脉动及其对水工建筑物的影响；了解气蚀现象，理解气穴数的计算和发生气蚀现象的判断，以及防止出现气蚀现象的措施。了解高速水流掺气和急流冲击波现象，了解这些特殊水流现象对水工建筑物的影响以及消除这些不利影响的方法和措施。

1.2.1.12 水工模型试验基础

理解相似现象和流动相似的特征。了解相似原理，理解重力相似准则和粘滞力相似准则，了解动水压力相似准则，能根据长度比尺确定在单项力相似条件下的流速比尺和流量比尺，进行模型与原型流速、流量和几何量的换算。了解量纲和谐原理。

1.2.2 解题指导

【例 1.2.1】 水库中水深分别为 5、10m 的 A、B 两点的相对压强各为多少？

解：因水库表面压强为大气压，故

$$p_0 = p_a = 0$$

水深为 5m 处 $p_{Ar} = \gamma_{水} h = 9.80\times 5 = 49(\text{kPa})$

水深为 10m 处 $p_{Br} = \gamma_{水} h = 9.80\times 10 = 98(\text{kPa})$

【例 1.2.2】 A 点相对压强为 24.5kN/m²，B 点相对压强为 −24.5kN/m²，则 p_{Aabs}、p_{Babs} 和 p_{Bv} 分别为多少？

解：由 $p_r = p_{abs} - p_a$，$p_v = p_a - p_{abs} = -p_r$，

得

$$p_{Aabs} = p_a + p_A = 98 + 24.5 = 122.5(\text{kN/m}^2)$$

$$p_{Bv} = -p_B = -(-24.5) = 24.5(\text{kN/m}^2)$$

$$p_{Babs} = p_a - p_{Bv} = 98 - 24.5 = 73.5(\text{kN/m}^2)$$

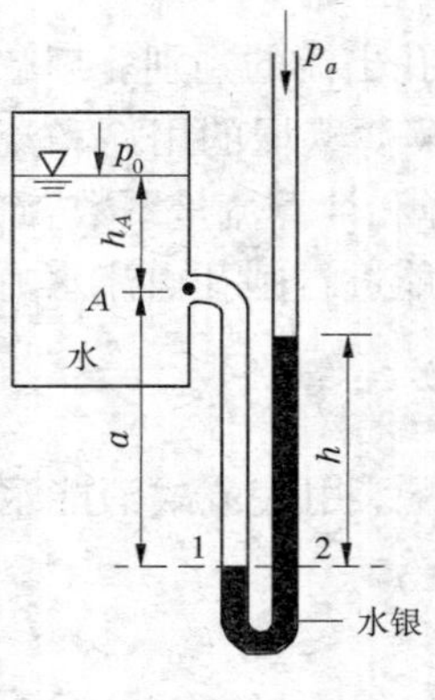

图 1.2.1

【例 1.2.3】 如图 1.2.1 所示，利用 U 形测压计量测容器中液体某点 A 的压强，只要测出与 A 点相连支管中水银面和 A 点间的高差 a，两管间水银液面差 h，即可求得 A 点的压强。试求：

(1) 当 $h = 20\text{cm}$，$a = 25\text{cm}$，$h_A = 10\text{cm}$ 时，则 A 点压强 p_A 及液面压强 p_0 为多少？

(2) 当 $h = 0$，其他数据不变时，则 p_A、p_0 为多少？

(3) p_A、p_0 的真空值和真空度是多少？

解：取等压面 1—2，知 $p_1 = p_2$

(1) 根据静水压强方程 $p_1 = p_A + \gamma_{水} a$，$p_2 = \gamma_m h$

则

$$p_A + \gamma_{水} a = \gamma_m h$$

得

$$p_A = \gamma_m h - \gamma_{水} a = 133.3\times 0.2 - 9.8\times 0.25 = 24.21(\text{kPa})$$

又

$$p_A = p_0 + \gamma_{水} h_A$$

则 $$p_0 = p_A - \gamma_{水} h_A = 24.2 - 9.8 \times 0.1 = 23.2(\text{kPa})$$

(2)当 $h=0$,其他数据不变时

$$p_A = \gamma_m h - \gamma_{水} a = 0 - 9.8 \times 0.25 = -2.45(\text{kPa})$$

$$p_0 = p_A - \gamma_{水} h_A = -2.45 - 9.8 \times 0.1 = -3.43(\text{kPa})$$

(3)A 点和液面都出现负压。当相对压强出现负压时,其绝对值就是真空值。

则真空值 $$p_{Av} = 2.45\text{kPa} \qquad p_{0v} = 3.43\text{kPa}$$

则真空度 $$h_{Av} = \frac{p_{Av}}{\gamma_{水}} = \frac{2.45}{9.8} = 0.25(\text{m 水柱})$$

$$h_{0v} = \frac{p_{0v}}{\gamma_{水}} = \frac{3.43}{9.8} = 0.35(\text{m 水柱})$$

【例 1.2.4】 图 1.2.2 所示 AB 为一矩形闸门,门宽 $b=2\text{m}$,求作用在闸门上的静水总压力及其作用点。

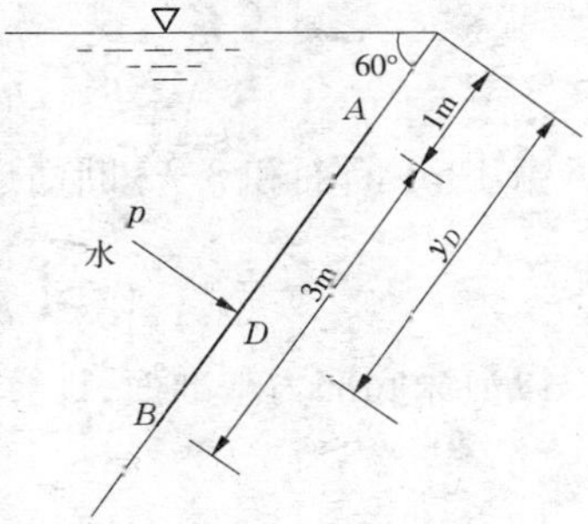

图 1.2.2

解: $$y_C = 1 + \frac{3}{2} = 2.5(\text{m})$$

$$h_C = y_C \sin 60° = 2.17(\text{m})$$

$$P = \gamma h_C A = 1 \times 9.8 \times 2.17 \times 3 \times 2 = 127.6(\text{kN})$$

$$y_D = y_C + \frac{I_C}{y_C A} = 2.5 + \frac{\frac{2 \times 3^3}{12}}{2.5 \times 3 \times 2} = 2.8(\text{m})$$

【例 1.2.5】 如图 1.2.3 所示,有一直径圆管,已知 1—1 断面处圆管直径 $d_1 = 200\text{mm}$,断面平均流速 $v_1 = 0.5\text{m/s}$;2—2 断面处圆管直径 $d_2 = 100\text{mm}$。试求:

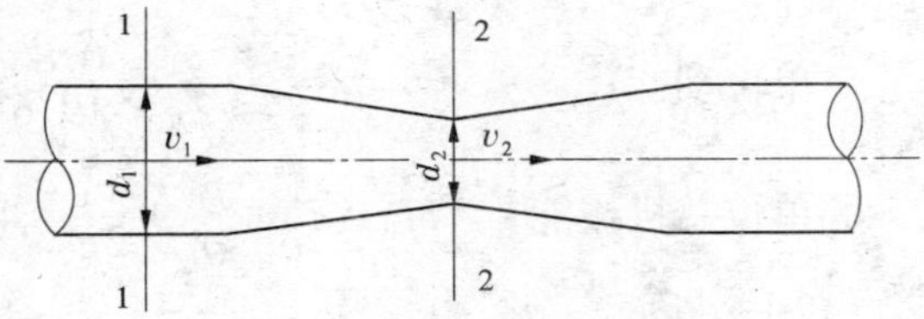

图 1.2.3

(1)2—2 断面的断面平均流速 v_2;

(2)管中流量 Q。

解:(1)根据恒定总流的连续方程:$v_1 A_1 = v_2 A_2$,则

$$A_1 = \frac{\pi}{4} d_1^2, A_2 = \frac{\pi}{4} d_2^2$$

得 $$v_2 = v_1 \frac{d_1^2}{d_2^2} = 0.5 \times \left(\frac{0.2}{0.1}\right)^2 = 2(\text{m/s})$$

(2)求管中流量。

$$Q = v_1 A_1 = v_1 \times \frac{\pi}{4} d_1^2 = 0.5 \times \frac{3.14}{4} \times 0.2^2 = 0.015\,7(\text{m}^3/\text{s})$$

【例 1.2.6】 图 1.2.4 所示为水流经溢流坝前后的水流纵断面图。设坝的溢流段较长,上下游每米宽的流量相等。当坝顶水头为 1.5m 时,上游 1—1 断面处的流速 $v_1 = 0.8\text{m/s}$,坝址 2—2 断面处的水深为 0.42m,下游 3—3 断面处的水深为 2.2m,试求:

(1)1—1、2—2、3—3 断面处单位重量水体的势能、动能和总机械能；

(2)1—1 断面至 2—2 断面的水头损失和 2—2 断面至 3—3 断面的水头损失。

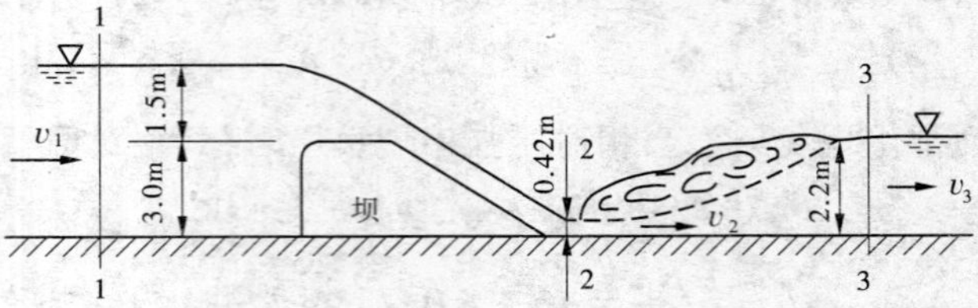

图 1.2.4

解:(1)由 1—1 断面和 2—2 断面连续性方程：$v_1 A_1 = v_2 A_2$，得

$$v_2 = \frac{A_1}{A_2}v_1 = \frac{bh_1}{bh_2}v_1 = \frac{h_1}{h_2}v_1 = \frac{4.5}{0.42}\times 0.8 = 8.57(\text{m/s})$$

由 1—1 断面和 3—3 断面连续性方程：$v_1 A_1 = v_3 A_3$，得

$$v_3 = \frac{A_1}{A_3}v_1 = \frac{bh_1}{bh_3}v_1 = \frac{h_1}{h_3}v_1 = \frac{4.5}{2.2}\times 0.8 = 1.64(\text{m/s})$$

以河床底部为基准面，计算点选在自由表面上。取 $\alpha_1 = \alpha_2 = \alpha_3 = 1.0$，计算各断面能量：

1—1 断面

单位势能 $$z_1 + \frac{p_1}{\gamma} = 4.5 + 0 = 4.50(\text{m})$$

单位动能 $$\frac{v_1^2}{2g} = \frac{0.8^2}{19.6} = 0.03(\text{m})$$

单位总机械能 $$H_1 = z_1 + \frac{p_1}{\gamma} + \frac{v_1^2}{2g} = 4.50 + 0.03 = 4.53(\text{m})$$

2—2 断面

单位势能 $$z_2 + \frac{p_2}{\gamma} = 0.42 + 0 = 0.42(\text{m})$$

单位动能 $$\frac{v_2^2}{2g} = \frac{8.57^2}{19.6} = 3.75(\text{m})$$

单位总机械能 $$H_2 = z_2 + \frac{p_2}{\gamma} + \frac{v_2^2}{2g} = 0.42 + 3.75 = 4.17(\text{m})$$

3—3 断面

单位势能 $$z_3 + \frac{p_3}{\gamma} = 2.2 + 0 = 2.20(\text{m})$$

单位动能 $$\frac{v_3^2}{2g} = \frac{1.64^2}{19.6} = 0.14(\text{m})$$

单位总机械能 $$H_3 = z_3 + \frac{p_3}{\gamma} + \frac{v_3^2}{2g} = 2.20 + 0.14 = 2.34(\text{m})$$

(2)计算水头损失。

$$h_{w1-2} = H_1 - H_2 = 4.53 - 4.17 = 0.36(\text{m})$$
$$h_{w2-3} = H_2 - H_3 = 4.17 - 2.34 = 1.83(\text{m})$$

【例 1.2.7】 图 1.2.5 所示为一水位不变的敞口水箱，通过下部一条直径 $d = 200\text{mm}$ 的管道向外供水，已知水箱水位与管道出口断面中心的高差为 3.5m，管道水头损失为 3m。试求：管道出口的流速和流量。

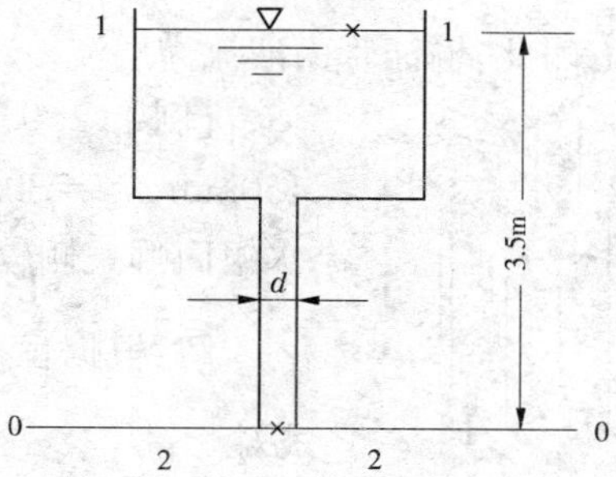

图 1.2.5

解：以通过出口断面中心的水平面 0—0 为基准面，选取水箱自由表面 1—1 断面和管道出口 2—2断面作为计算断面，列出 1—1 断面和 2—2 断面的能量方程：

$$z_1 + \frac{p_1}{\gamma} + \frac{\alpha_1 v_1^2}{2g} = z_2 + \frac{p_2}{\gamma} + \frac{\alpha_2 v_2^2}{2g} + h_w$$

由于水箱水面比管道出口断面大得多，其断面平均流速比管道出口平均流速小得多，故可认为$\frac{\alpha_1 v_1^2}{2g} \approx 0$，取 $\alpha_2 = 1.0$ 代入能量方程，得

$$3.5 + 0 + 0 = 0 + 0 + \frac{v_2^2}{2g} + 3$$

管道出口流速为

$$v_2 = \sqrt{2g \times 0.5} = \sqrt{2 \times 9.8 \times 0.5} = 3.13(\text{m/s})$$

管中流量为

$$Q = v_2 A_2 = v_2 \times \frac{\pi}{4} d^2 = 3.13 \times \frac{3.14}{4} \times 0.2^2 = 0.098\ 3(\text{m}^3/\text{s})$$

【例 1.2.8】 试判别下述液流的流动型态：

(1)输水管管径 $d = 0.1\text{m}$，通过流量 $Q = 5\text{L/s}$，水温 20℃；

(2)输油管管径 $d = 0.1\text{m}$，通过流量 $Q = 3\text{L/s}$，油的运动粘滞系数 $\nu = 4 \times 10^{-5}\text{m}^2/\text{s}$。

解：(1)当输水管 $d = 0.1\text{m}$ 时，有

$$A = \frac{\pi}{4} d^2 = 7.85 \times 10^{-3}(\text{m}^2)$$

$$v = \frac{Q}{A} = \frac{5 \times 10^{-3}}{7.85 \times 10^{-3}} = 0.637(\text{m/s})$$

当水温为 20℃时，查表得水的运动粘滞系数 $\nu = 1.003 \times 10^{-6}\text{m}^2/\text{s}$，

则
$$Re = \frac{vd}{\nu} = \frac{0.637 \times 0.1}{1.003 \times 10^{-6}} = 63\ 509 > Re_{cr} = 2\ 300$$

因此，输水管内液流为紊流。

(2)当输油管 $d = 0.1\text{m}$ 时，有

$$A = \frac{\pi}{4} d^2 = 7.85 \times 10^{-3}(\text{m}^2)$$

$$v = \frac{Q}{A} = \frac{3 \times 10^{-3}}{7.85 \times 10^{-3}} = 0.382(\text{m/s})$$

由已知条件 $\nu = 4\times10^{-5}\text{m}^2/\text{s}$,得

$$Re = \frac{vd}{\nu} = \frac{0.382\times0.1}{4\times10^{-5}} = 955 < Re_{cr} = 2\ 300$$

因此,输油管内液流为层流。

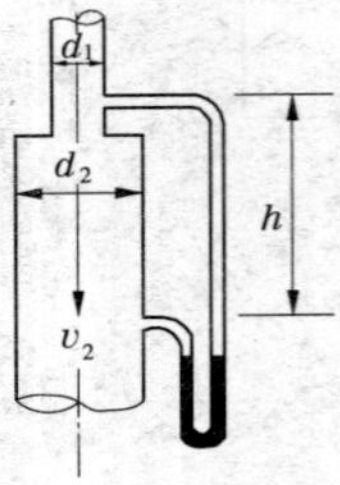

图 1.2.6

【例 1.2.9】 一直立的突然扩大水管(见图 1.2.6),已知 $d_1 = 150\text{mm}$, $d_2 = 300\text{mm}$, $h = 1.5\text{m}$, $v_2 = 3\text{m/s}$,试确定:水银压差计中的水银面哪一侧较高,差值为多少?此时两断面压差又为多少?

解:根据恒定总流的连续方程 $v_1A_1 = v_2A_2$;且 $A_1 = \frac{\pi d_1^2}{4}$, $A_2 = \frac{\pi d_2^2}{4}$,得

$$v_1 = v_2\left(\frac{d_2}{d_1}\right)^2 = 3\times\left(\frac{300}{150}\right)^2 = 12(\text{m/s})$$

取两测点处的过水断面,列出能量方程

$$z_1 + \frac{p_1}{\gamma} + \frac{v_1^2}{2g} = z_2 + \frac{p_2}{\gamma} + \frac{v_2^2}{2g} + h_j \quad (h_f \text{ 略去不计})$$

由 $h_j = \zeta_1\frac{v_2^2}{2g}$, $\zeta_1 = \left(\frac{A_2}{A_1} - 1\right)^2$,得

$$h_j = \left(\frac{A_2}{A_1} - 1\right)^2\cdot\frac{v_2^2}{2g} = \left(\frac{v_2}{v_1} - 1\right)^2\cdot\frac{v_2^2}{2g} = \frac{v_1^2 - v_2^2}{2g}$$

则
$$\left(z_1 + \frac{p_1}{\gamma}\right) - \left(z_2 + \frac{p_2}{\gamma}\right) + \frac{v_1^2 - v_2^2}{2g} = \frac{(v_1 - v_2)^2}{2g}$$

移项,得

$$\left(z_1 + \frac{p_1}{\gamma}\right) - \left(z_2 + \frac{p_2}{\gamma}\right) = \frac{v_1^2 - 2v_1v_2 + v_2^2 - v_1^2 + v_2^2}{2g} = \frac{2v_2(v_2 - v_1)}{2g}$$

由管为突然扩大管,得

$$v_2 < v_1 \quad v_2 - v_1 < 0$$

因此
$$\left(z_1 + \frac{p_1}{\gamma}\right) - \left(z_2 + \frac{p_2}{\gamma}\right) < 0$$

即
$$z_2 + \frac{p_2}{\gamma} > z_1 + \frac{p_1}{\gamma}$$

由此可知,突然扩大管处测压管水头上升。在压差计中则表现为右侧水银柱高于左侧。

$$\left(z_2 + \frac{p_2}{\gamma}\right) - \left(z_1 + \frac{p_1}{\gamma}\right) = \frac{2v_2(v_1 - v_2)}{2g} = \frac{2\times3\times(12-3)}{2g} = 2.755(\text{m})$$

由压差计关系式 $\left(z_2 + \frac{p_2}{\gamma}\right) - \left(z_1 + \frac{p_1}{\gamma}\right) = \frac{\rho_m - \rho}{\rho}\Delta h$,得

$$\frac{\rho_m - \rho}{\rho}\Delta h = 2.755$$

$$\Delta h = \frac{2.755}{12.6} = 0.219(\mathrm{m})$$

$$\frac{p_2 - p_1}{\gamma} = 2.755 + (z_1 - z_2) = 2.755 + 1.5 = 4.255(\mathrm{m})$$

$$p_2 - p_1 = 4.255 \times 1 \times 9.8 = 41.7(\mathrm{kN/m^2})$$

【例1.2.10】 有一混凝土衬砌的引水隧洞，洞径 $d=2.5\mathrm{m}$，洞长 $l=4\,000\mathrm{m}$，糙率 $n=0.014$。试求：引水隧洞通过流量 $Q=6.5\ \mathrm{m^3/s}$ 时的沿程水头损失。

解：先计算隧洞过水断面的水力要素：

过水断面面积

$$A = \frac{\pi}{4}d^2 = \frac{3.14}{4} \times 2.5^2 = 4.9(\mathrm{m^2})$$

水力半径

$$R = \frac{d}{4} = \frac{2.5}{4} = 0.625(\mathrm{m})$$

断面平均流速

$$v = \frac{Q}{A} = \frac{6.5}{4.9} = 1.33(\mathrm{m/s})$$

由曼宁公式计算谢才系数 C，得

$$C = \frac{1}{n}R^{1/6} = \frac{1}{0.014} \times 0.625^{1/6} = 66.05(\mathrm{m^{1/2}/s})$$

于是，可求出沿程水头损失 h_f 为

$$h_f = \frac{v^2}{C^2 R}l = \frac{1.33^2}{66.05^2 \times 0.625} \times 4\,000 = 2.60(\mathrm{m})$$

【例1.2.11】 图1.2.7所示某水库的泄洪隧洞，已知洞长 $l=300\mathrm{m}$，洞径 $D=2\mathrm{m}$，隧洞的糙率 $n=0.017\,4$，进口与弯折处局部水头损失 ζ 分别为0.5与0.2，隧洞淹没出流时，出口局部水头损失 $\zeta_{出}$ 为1.0，库水位为42.50m，隧洞出口底部高程为24.00m。试确定：下游水位分别为22.00m和30.00m时隧洞的泄洪流量。

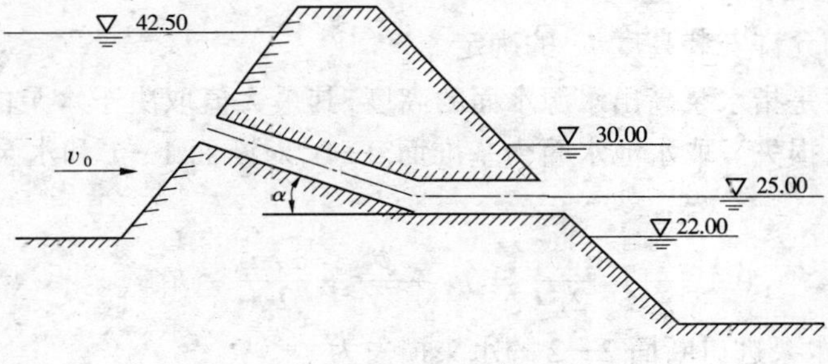

图1.2.7

解：(1)下游水位为22.00m时，因为小于隧洞出口底部高程24.00m，所以隧洞内水流为自由出流。由于水库中行近流速很小，则有

$$Q = \mu\omega\sqrt{2g(H - h_p)}$$

又由于 $n=0.017\,4$，得

$$C=\frac{1}{n}R^{1/6}=\frac{1}{0.017\,4}\times 0.5^{1/6}=51.2(\mathrm{m}^{1/2}/\mathrm{s})$$

则

$$\mu=\frac{1}{\sqrt{1+\frac{8g}{C^2}\frac{l}{D}+\sum\zeta}}=\frac{1}{\sqrt{1+0.03\times\frac{300}{2}+0.5+0.2}}=0.402$$

$$H=42.5-24=18.50(\mathrm{m})$$

$$h_p=\beta D=0.5\times 2=1.0(\mathrm{m})(\text{出口水流流入大气},\beta\text{取}0.5)$$

$$Q=\mu\omega\sqrt{2g(H-h_p)}=0.402\times\frac{3.14\times 2^2}{4}\times\sqrt{2\times 9.8\times(18.50-1.0)}=23.4(\mathrm{m}^3/\mathrm{s})$$

(2)下游水位为30.00m时，因为大于隧洞出口顶部高程，将隧洞出口完全淹没，所以隧洞内水流为淹没出流，即

$$z=42.50-30.00=12.50(\mathrm{m})$$

$$\mu=\frac{1}{\sqrt{\zeta_{出}+\sum\zeta+\frac{8g}{C^2}\cdot\frac{l}{D}}}=0.402$$

则隧洞的泄流量为

$$Q=\mu\omega\sqrt{2gz}=0.402\times\frac{3.14\times 2^2}{4}\times\sqrt{2\times 9.8\times 12.5}=19.76(\mathrm{m}^3/\mathrm{s})$$

【例1.2.12】 某离心泵管路系统如图1.2.8所示，其流量 Q 为 $0.15\mathrm{m}^3/\mathrm{s}$，提水高度 z 为20m。水泵的吸水管长 l_s 为5m，直径 d_s 为0.25m，沿程水头损失系数 λ_s 为0.031，底阀局部水头损失系数 ζ_e 为3.5，弯头局部水头损失系数 ζ_{b1} 为0.4。压水管长 l_p 为20m，直径 d_p 为0.225m，沿程水头损失系数 λ_p 为0.028，弯头局部水头损失系数 ζ_{b2} 为0.4，出口局部水头损失系数 ζ_{ou} 为1.0。水泵最大允许真空度为6.5m。试确定：

(1)水泵的允许安装高度 h_s；

(2)水泵的扬程 H_t。

解:(1)水泵的允许安装高度 h_s 的确定。

水泵安装高度是指水泵高出水源水面的高度，其最大值取决于水泵的允许最大真空度及吸水管的水头损失。取水池水面为基准面0—0，对断面1—1和水泵进口断面2—2建立能量方程，得

$$0+\frac{p_1}{\gamma}+\frac{\alpha_1 v_1^2}{2g}=h_s+\frac{p_2}{\gamma}+\frac{\alpha_2 v_2^2}{2g}+h_{w1-2}\qquad(1)$$

断面1—1到水泵进口断面2—2的水头损失为

$$h_{w1-2}=\left(\lambda_s\frac{l_s}{d_s}+\zeta_e+\zeta_{b1}\right)\frac{v_2^2}{2g}$$

其中，v_2 是吸水管流速。由题中已知条件 Q 为 $0.15\mathrm{m}^3/\mathrm{s}$，$d_s$ 为0.25m，得

$$v_2=Q\Big/\left(\frac{\pi d_s^2}{4}\right)=4Q/\pi d_s^2=3.06(\mathrm{m/s})$$

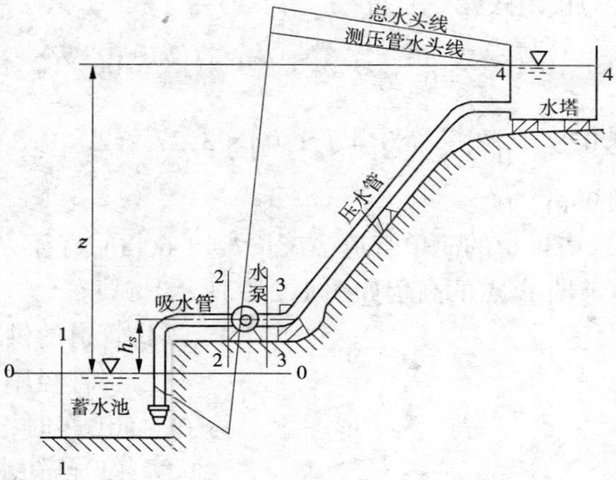

图 1.2.8

取 $\alpha_2 = 1.0$，忽略进水池水面流速(即 $v_1 = 0$)，水池水面为大气压，$p_1 = p_a$。将上述条件代入式(1)，得

$$\frac{p_a}{\gamma} - \frac{p_2}{\gamma} = h_s + \left(1 + \lambda_s \frac{l_s}{d_s} + \zeta_e + \zeta_{b1}\right)\frac{v_2^2}{2g}$$

其中，$\frac{p_a}{\gamma} - \frac{p_2}{\gamma}$ 是断面 2—2 处的真空值，为了保证水泵的正常运行，其值应不大于水泵的允许真空度，即 $\frac{p_a}{\gamma} - \frac{p_2}{\gamma} \leqslant 6.5\text{m}$，则有

$$h_s \leqslant 6.5 - \left(1 + \lambda_s \frac{l_s}{d_s} + \zeta_e + \zeta_{b1}\right)\frac{v_2^2}{2g},$$

将题中各已知条件代入，得

$$h_s \leqslant 6.5 - \left(1 + 0.031 \times \frac{5}{0.25} + 3.5 + 0.4\right)\frac{3.06^2}{2 \times 9.8} = 3.86(\text{m})$$

即水泵最大安装高度为 3.86m。

(2)水泵扬程的确定。

水由低处被提升到水塔上，提水高度为 z，在此过程中需要增加能量。同时在流经吸水管和压水管时，由于克服阻力又会损失能量。这两部分能量都必须由水泵提供。单位重量的液体经过水泵时获得的总能量称为水泵的扬程。即提水高度与吸水管和压水管的损失能量之和就是水泵的扬程。取进口水池水面为基准面，对断面 1—1 及断面 4—4 列能量方程，得

$$H_t = z + h_{w1-4} \tag{2}$$

断面 1—1 到断面 4—4 的水头损失为

$$h_{w1-4} = h_{w1-2} + h_{w3-4} = \left(\lambda_s \frac{l_s}{d_s} + \zeta_e + \zeta_{b1}\right)\frac{v_2^2}{2g} + \left(\lambda_p \frac{l_p}{d_p} + \zeta_{b2} + \zeta_{ou}\right)\frac{v_3^2}{2g} \tag{3}$$

其中，v_3 为压水管中的流速，由已知条件 Q 为 $0.15\text{m}^3/\text{s}$，d_p 为 0.225m，得

$$v_3 = 4Q/(\pi d_p^2) = 4 \times 0.15/(3.14 \times 0.225^2) = 3.77(\text{m/s})$$

将已知条件及式(3)代入式(2)中,得

$$H_t = 20 + (0.031 \times \frac{5}{0.25} + 3.5 + 0.4) \times 3.06^2/(2 \times 9.8) +$$

$$\left(0.028 \times \frac{20}{0.225} + 0.4 + 1.0\right) \times 3.77^2/(2 \times 9.8) = 24.98(\text{m})$$

水泵的扬程为24.98m。

【例1.2.13】 由水塔供水的简单管道 AB 长 $l = 1\,600\text{m}$,直径 $d = 200\text{mm}$,材料为铸铁管,水塔水面及管道末端 B 点的高程如图1.2.9所示。试求:

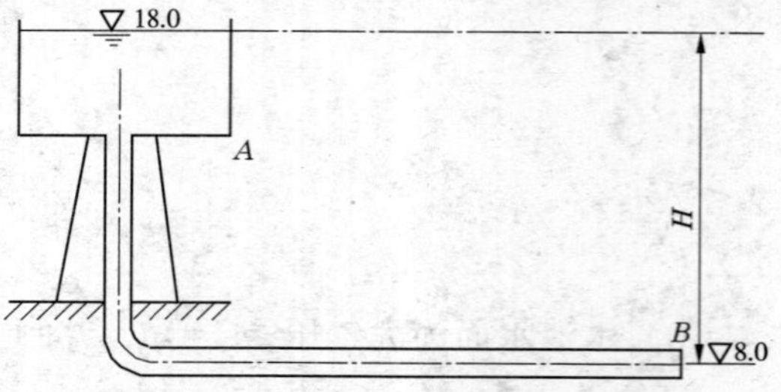

图1.2.9

(1)管道的供水流量 Q;

(2)当管径不变时,供水流量提高为 $Q = 50\text{L/s}$ 时,水塔的水面高程。

解:(1)已知水头求流量。

水塔供水的水头为

$$H = 18.0 - 8.0 = 10(\text{m})$$

因为管道较长,可按长管计算。假设管内的水流为阻力平方区的紊流,由管材为铸铁管查表得管径 $d = 200\text{mm}$ 的流量模数 $K = 341.1\text{L/s}$,则管中通过的流量为

$$Q = K\sqrt{\frac{H}{l}} = 341.1 \times \sqrt{\frac{10}{1\,600}} = 26.97(\text{L/s}) = 0.026\,97(\text{m}^3/\text{s})$$

验算流速是否符合假设条件

$$v = \frac{Q}{A} = \frac{4Q}{\pi d^2} = \frac{4 \times 0.026\,97}{3.14 \times 0.2^2} = 0.859(\text{m/s})$$

因为 $v < 1.2\text{m/s}$,属紊流过渡区,与假设不符,需要修正。查表内插得 $v = 0.859\text{m/s}$ 时,S_0 的修正系数 $k = 1.042$,由 $Q = K\sqrt{\frac{H}{l}} = \sqrt{\frac{H}{S_0 l}}$,$S_0$ 乘上修正系数 k 后,得

$$Q = \sqrt{\frac{H}{kS_0 l}} = K\sqrt{\frac{H}{kl}} = 341.1 \times \sqrt{\frac{10}{1.042 \times 1\,600}} = 26.42(\text{L/s}) = 0.026\,42(\text{m}^3/\text{s})$$

(2)已知 $Q = 50\text{L/s}$,求水塔中应有的水面高程。

先计算流速

$$v = \frac{Q}{A} = \frac{4Q}{\pi d^2} = \frac{4 \times 0.050}{3.14 \times 0.2^2} = 1.59(\text{m/s})$$

因为 $v > 1.2\text{m/s}$,所以水流处于紊流粗糙区,由此可得

$$H = \frac{Q^2}{K^2} l = \left(\frac{50}{341.1}\right)^2 \times 1\,600 = 34.38(\text{m})$$

水塔水面高程为水管末端 B 点高程加上作用水头,即

$$\text{水塔水面高程} = 8 + 34.38 = 42.38(\text{m})$$

【例1.2.14】 如图1.2.10所示,有一管路布置属于长管,已知各管段的要素如下:$l_1 = 400\text{m}$, $l_2 = 500\text{m}$, $l_3 = 300\text{m}$, $l_4 = 500\text{m}$, $l_5 = 200\text{m}$; $d_1 = 200\text{m}$,

$d_2=150\text{m}$，　$d_3=100\text{m}$，　$d_4=150\text{m}$，　$d_5=250\text{m}$，管路糙率 $n=0.0125$。已知水头 $H=40\text{m}$，试求：各管通过的流量及其水头损失。

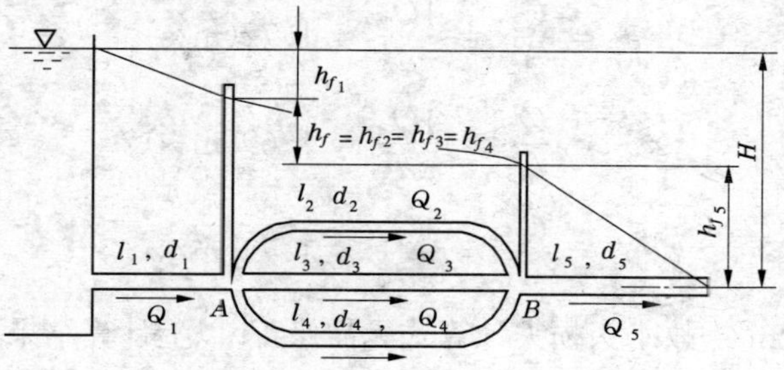

图 1.2.10

解：查表得各管的流量模数：$K_1=341.1\text{L/s}$，$K_2=158.4\text{L/s}$，$K_3=53.72\text{L/s}$，$K_4=158.4\text{L/s}$，$K_5=618.5\text{L/s}$。

将整个管路系统看成 3 个管段的串联，中部管段是由 3 个分支管并联而成。将上述数值代入串联系统的关系式，得

$$Q^2\left[\frac{400}{341.1^2}+\frac{1}{\left(\frac{158.4}{\sqrt{500}}+\frac{53.72}{\sqrt{300}}+\frac{158.4}{\sqrt{500}}\right)^2}+\frac{200}{618.5^2}\right]=40$$

由上式解得管路的总流量为 $Q=73.94\text{L/s}$。

假设各管道流速大于 1.2m/s，先求得 1、5 管的水头损失

$$h_{f1}=\frac{Q^2}{K_1^2}l_1=\left(\frac{73.94}{341.1}\right)^2\times 400=18.80(\text{m})$$

$$h_{f5}=\frac{Q^2}{K_5^2}l_5=\left(\frac{73.94}{618.5}\right)^2\times 200=2.86(\text{m})$$

再求各并联支管的水头损失

$$h_f=h_{f2}=h_{f3}=h_{f4}=\frac{73.94^2}{\left(\frac{158.4}{\sqrt{500}}+\frac{53.72}{\sqrt{300}}+\frac{158.4}{\sqrt{500}}\right)^2}=18.33(\text{m})$$

于是，并联管各支管的流量为

$$Q_2=K_2\sqrt{\frac{h_{f2}}{l_2}}=158.4\times\sqrt{\frac{18.33}{500}}=30.33\ (\text{L/s})$$

$$Q_3=K_3\sqrt{\frac{h_{f3}}{l_3}}=53.72\times\sqrt{\frac{18.33}{300}}=13.28\ (\text{L/s})$$

$$Q_4=K_4\sqrt{\frac{h_{f4}}{l_4}}=158.4\times\sqrt{\frac{18.33}{500}}=30.33\ (\text{L/s})$$

根据以上流量计算各管段的流速，得

$$v_1=\frac{Q}{A_1}=\frac{4Q}{\pi d_1^2}=2.35(\text{m/s})$$

$$v_5 = \frac{Q}{A_5} = \frac{4Q}{\pi d_5^2} = 1.51(\text{m/s})$$

$$v_2 = \frac{Q_2}{A_2} = \frac{4Q_2}{\pi d_2^2} = 1.72(\text{m/s})$$

$$v_3 = \frac{Q_3}{A_3} = \frac{4Q_3}{\pi d_3^2} = 1.69(\text{m/s})$$

$$v_4 = \frac{Q_4}{A_4} = \frac{4Q_4}{\pi d_4^2} = 1.72(\text{m/s})$$

可知都大于 1.2m/s,故水头损失计算式无需修正,以上计算结果正确。

【例 1.2.15】 某梯形断面的土渠,边坡系数 $m=1.25$,渠道糙率 $n=0.025$,底坡 $i=0.000\,4$,流量 $Q=2.2\text{m}^3/\text{s}$,渠道为粘土,不淤流速 $v''=0.5\text{m/s}$。试设计渠道的水力最佳断面,并校核渠道中流速。

解:(1)先设计渠道的水力最佳断面。

由于 m 值已知,可求出水力最佳断面的宽深比 β_m,即

$$\beta_m = \frac{b}{h} = 2(\sqrt{1+m^2}-m) = 2\times(\sqrt{1+1.25^2}-1.25) = 0.702$$

则水力最佳断面的面积

$$A_m = (\beta_m + m)h_m^2 = 1.952h_m^2$$

水力最佳断面的水力半径

$$R_m = \frac{h_m}{2}$$

由曼宁公式,谢才系数为

$$C_m = \frac{1}{n}R_m^{1/6} = \frac{1}{0.025}(\frac{h_m}{2})^{1/6} = 35.636h_m^{1/6}$$

将上述结果代入明渠均匀流公式 $Q=AC\sqrt{Ri}$,可得

$$2.2 = 1.952h_m^2 \times 35.636h_m^{1/6} \times\sqrt{\frac{h_m}{2}\times 0.000\,4}$$

整理后,得 $h_m^{8/3}=2.236\,3$

解得 $h_m=1.35(\text{m})$

底宽为 $b_m=\beta_m h_m=0.702\times1.35=0.95(\text{m})$

(2)校核渠道的流速。由渠道最大允许流速值表查得粘土在水深 $h=0.4\sim1.0\text{m}$ 时,不冲最大允许流速为 $v_m'=0.75\sim0.95\text{m/s}$,而 $2.0\text{m}>h_m>1.0\text{m}$,取修正系数 $k=1.25$,则不冲允许流速为

$$v' = (0.75\sim0.95)\times1.25 = 0.94\sim1.19(\text{m/s})$$

根据已知条件,不淤允许流速 $v''=0.5\text{m/s}$。

渠道的断面平均流速为

$$v = \frac{Q}{(b_m+mh_m)h_m} = \frac{2.2}{(0.95+1.25\times1.35)\times1.35} = 0.62(\text{m/s})$$

因为 $v''<v<v'$，所以设计断面满足允许流速的要求。

【例 1.2.16】 一复式断面渠道，各部分尺寸如图 1.2.11 所示。渠道底坡 $i=1/4\,000$，主槽部分糙率 $n_1=0.02$，边滩部分糙率 $n_2=0.025$，各部分边坡系数都为 1.0，试求：渠道所流过的流量。

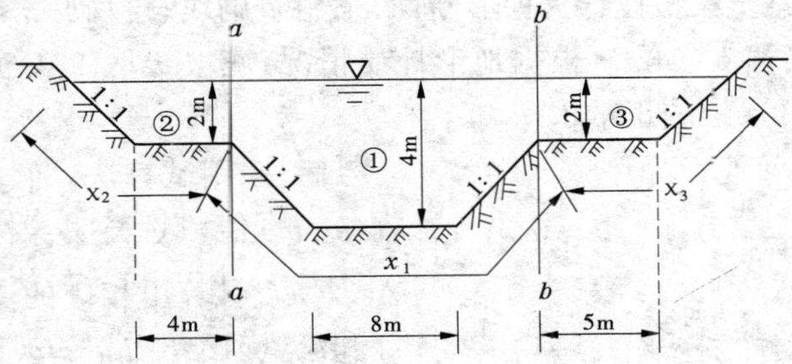

图 1.2.11

解：用垂线将断面分成：①主槽、②左边滩和③右边滩 3 部分，分别计算每部分的水力要素和过流流量。

(1)第①部分(主槽)：

面积 $$A_1=(8+1\times2\times2)\times2+(8+8+1\times2\times2)\times2\times\frac{1}{2}=44(\text{m}^2)$$

湿周 $$\chi_1=8+2\times2\sqrt{1+1^2}=13.66(\text{m})$$

水力半径 $$R_1=\frac{A_1}{\chi_1}=\frac{44}{13.66}=3.22(\text{m})$$

谢才系数 $$C_1=\frac{1}{n}R_1^{1/6}=\frac{1}{0.02}\times3.22^{1/6}=60.76(\text{m}^{1/2}/\text{s})$$

流量 $$Q_1=A_1C_1\sqrt{R_1i}=44\times60.76\times\sqrt{3.22\times1/4\,000}=75.9(\text{m}^3/\text{s})$$

(2)第②部分(左边滩)：

面积 $$A_2=(4+1\times2+4)\times\frac{2}{2}=10(\text{m}^2)$$

湿周 $$\chi_2=4+2\sqrt{1+1^2}=6.83(\text{m})$$

水力半径 $$R_2=\frac{A_2}{\chi_2}=\frac{10}{6.83}=1.46(\text{m})$$

谢才系数 $$C_2=\frac{1}{n}R_2^{1/6}=\frac{1}{0.025}\times1.46^{1/6}=42.60(\text{m}^{1/2}/\text{s})$$

流量 $$Q_2=A_2C_2\sqrt{R_2i}=10\times42.60\times\sqrt{1.46\times1/4\,000}=8.1(\text{m}^3/\text{s})$$

(3)第③部分(右边滩)：

面积 $$A_3=(5+1\times2+5)\times\frac{2}{2}=12(\text{m}^2)$$

湿周 $$\chi_3=5+2\sqrt{1+1^2}=7.83(\text{m})$$

水力半径 $$R_3=\frac{A_3}{\chi_3}=\frac{12}{7.83}=1.53(\text{m})$$

谢才系数　　　$C_3=\frac{1}{n}R_3^{1/6}=\frac{1}{0.025}\times1.53^{1/6}=42.94(\mathrm{m}^{1/2}/\mathrm{s})$

流量　$Q_3=A_3C_3\sqrt{R_3 i}=12\times42.94\times\sqrt{1.53\times1/4\ 000}=10.1(\mathrm{m}^3/\mathrm{s})$

(4)总流量　$Q=Q_1+Q_2+Q_3=75.9+8.1+10.1=94.1(\mathrm{m}^3/\mathrm{s})$

【例 1.2.17】 某土渠拟设计为梯形断面,采用浆砌块石衬砌,$n=0.025$。已知设计流量 $Q=17\mathrm{m}^3/\mathrm{s}$,底宽 $b=4\mathrm{m}$。根据地形地质情况,底坡 i 取 1/2 500,边坡系数 m 取 2.0,试按均匀流设计渠道的正常水深 h_0。

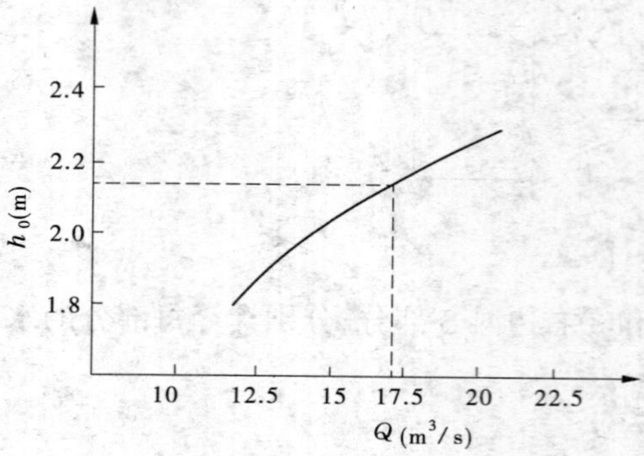

图 1.2.12

解:采用试算法。假设一系列的正常水深 h_0 的值,代入明渠均匀流公式 $Q=AC\sqrt{Ri}$,计算出相应的流量 Q 值。根据水深和流量值绘出 $h_0\sim Q$ 关系曲线,然后根据已知流量 Q,在曲线上查出需求解的均匀流水深 h_0。

设 $h_0=1.8\mathrm{m}$、$2.0\mathrm{m}$、$2.2\mathrm{m}$、$2.4\mathrm{m}$,分别计算出相应的面积 A、湿周 χ、水力半径 R、谢才系数 C 及流量 Q 值,见表 1.2.1。

由表 1.2.1 数据绘出 $h_0\sim Q$ 曲线,如图 1.2.12所示。根据设计流量 $Q=17\mathrm{m}^3/\mathrm{s}$,在曲线上查得渠道正常水深 $h_0=2.16\mathrm{m}$。

表 1.2.1

h_0(m)	$A(\mathrm{m}^2)$	χ(m)	R(m)	$C(\mathrm{m}^{1/2}/\mathrm{s})$	$Q=AC\sqrt{Ri}(\mathrm{m}^3/\mathrm{s})$
1.8	13.68	12.05	1.14	40.88	11.94
2.0	16.00	12.94	1.24	41.46	14.77
2.2	18.48	13.84	1.34	42.00	17.97
2.4	21.12	14.73	1.43	42.46	21.45

【例 1.2.18】 有一矩形断面渠道,渠底宽 1.5m,水深 1.0m,渠道中通过的流量为 $Q=2.0\mathrm{m}^3/\mathrm{s}$。试求:$c$、$Fr$,并判别渠道中水流的流态。

解:矩形断面的平均流速为

$$v=\frac{Q}{A}=\frac{Q}{bh}=\frac{2.0}{1\times1.5}=1.33(\mathrm{m/s})$$

微波的相对流速为

$$c=\sqrt{gh}=\sqrt{9.8\times1}=3.13(\mathrm{m/s})$$

$$Fr=\frac{v}{\sqrt{gh}}=\frac{1.33}{3.13}=0.42$$

因为 $v<c$,$Fr<1$,所以水流为缓流。

【例 1.2.19】 某梯形断面渠道,底宽 $b=2.0\mathrm{m}$,边坡系数 $m=1.5$,当通过流量 $Q=$

$10m^3/s$时，渠道中的实际水深 $h=1.0m$。试用试算法计算临界水深 h_C，并判别水流的流态。

解： 用试算法求 h_C。

计算所用公式为

$$\frac{\alpha Q^2}{g}=\frac{A_C^3}{B_C}$$

$$A=(b+mh)h$$

$$B=b+2mh$$

首先计算出已知值

$$\frac{\alpha Q^2}{g}=\frac{1\times10^2}{9.8}=10.2$$

然后假设不同的水深 h，算出相应 $\frac{A^3}{B}$，计算结果列于表 1.2.2 中。

表 1.2.2

水深 h(m)	$A(m^2)$	B(m)	A^3/B
0.5	1.375	3.50	0.743
0.8	2.56	4.40	3.81
1.0	3.50	5.00	8.58
1.1	4.02	5.30	12.26
1.2	4.56	5.60	16.93

根据表中的数据，绘制 $\frac{A^3}{B}\sim h$ 关系曲线如图 1.2.13 所示。已算得 $\frac{\alpha Q^2}{g}=10.2$。在图中横坐标找到一点 a，过 a 点作垂线交曲线于 b 点的纵坐标值，即得要求值 $h_C=1.05m$。

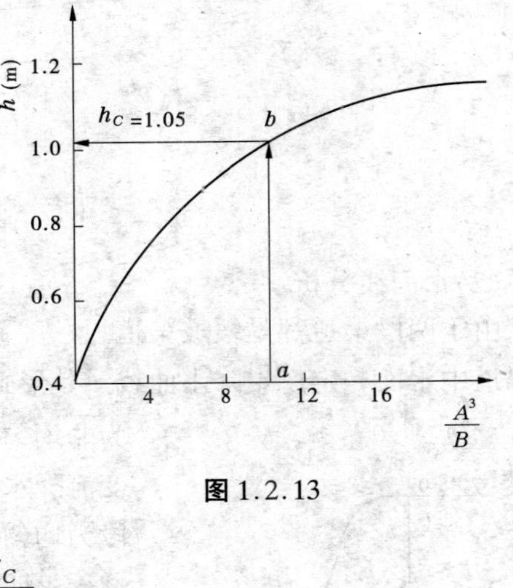

图 1.2.13

【**例** 1.2.20】 某梯形断面渠道，底宽 $b=10m$，边坡系数 $m=1.5$，糙率 $n=0.020$，底坡 $i=0.005$。试求：当流量 $Q=45m^3/s$ 时的临界底坡，并判别渠底坡的类型。

解： 临界底坡的计算公式为

$$i_C=\frac{g\chi_C}{\alpha C_C^2 B_C}$$

式中，B_C，χ_C，C_C 均与临界水深 h_C 有关，因此必须先计算 h_C。

当 $Q=45m^3/s$ 时，通过试算法求得临界水深 $h_C=1.20m$(试算过程略)，计算相应的水力要素，求临界底坡 i_C。

$$A_C = (b + mh_C)h_C = (10 + 1.5 \times 1.2) \times 1.2 = 14.16(\text{m}^2)$$

$$\chi_C = b + 2\sqrt{1 + m^2}h_C = 10 + 2 \times \sqrt{1 + 1.5^2} \times 1.2 = 14.33(\text{m})$$

$$B_C = b + 2mh_C = 10 + 2 \times 1.5 \times 1.2 = 13.60(\text{m})$$

$$R_C = \frac{A_C}{\chi_C} = \frac{14.16}{14.33} = 0.988(\text{m})$$

$$C_C = \frac{1}{n}R_C^{1/6} = \frac{1}{0.020} \times 0.988^{1/6} = 49.9$$

则临界底坡为

$$i_C = \frac{g\chi_C}{\alpha C_C^2 B_C} = \frac{9.8 \times 14.33}{1 \times 49.9^2 \times 13.60} = 0.004\ 15$$

因为 $i = 0.005$，$i > i_C$，此流量时的渠道底坡为陡坡。

【例 1.2.21】 某棱柱体缓坡渠道，糙率 n 沿流程不变，因地形条件限制，渠道分为两段，每段都有足够的长度，下段渠底较上游段陡，即 $i_1 < i_2 < i_C$，试分析渠道中可能产生的水面曲线。

解：(1)画线 $N—N$ 线和 $C—C$ 线。

因为 $i_1 < i_2 < i_C$，则有 $h_{01} > h_{02} > h_C$，所以 $N_1—N_1$ 线高于 $N_2—N_2$ 线又高于 $C—C$ 线。又因为 h_C 的大小与底坡 i 无关，所以 $C—C$ 线是一条平行各自渠底的折线，如图 1.2.14所示。

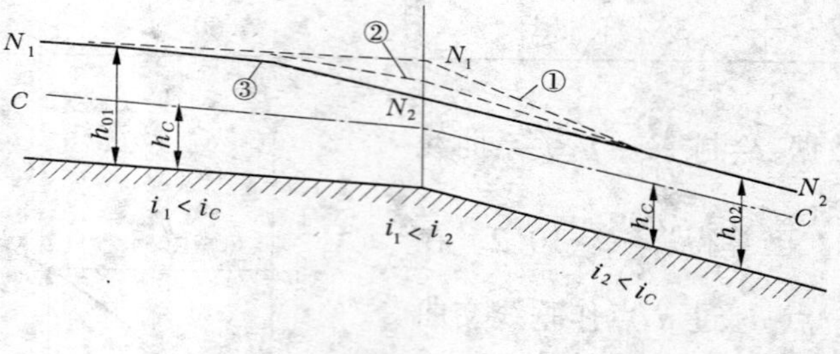

图 1.2.14

(2)水面线分析。

由于两段渠道都是缓坡渠道，且 $h_{01} > h_{02}$，两段渠道的上游，下游很远处为均匀流，因而渠道中水面一定产生降水曲线。其形式大体有三种，假定：①上游段为均匀流，下游段为非均匀渐变降水曲线；②上，下游段都产生非均匀流渐变流降水曲线；③上游段为非均匀渐变流降水曲线，下游段为均匀流。在下游段，根据缓坡渠道上 a 区只存在 a_1 型壅水曲线，而不能有降水曲线的特性，则①，②两种情况在下游段均不可能发生，只能在上游段产生 b_1 型降水曲线。

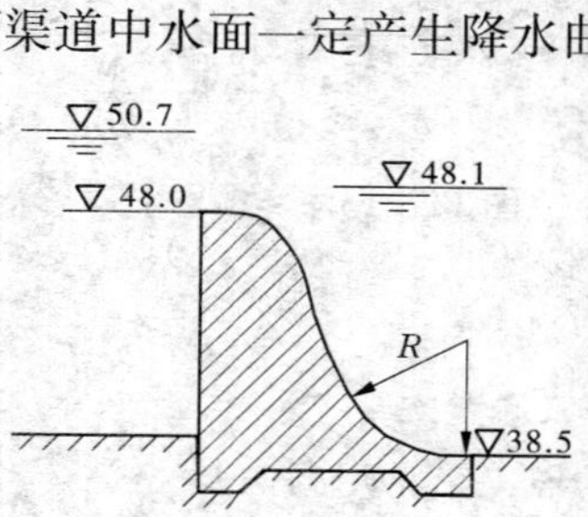

图 1.2.15

【例 1.2.22】 如图 1.2.15 所示，在某河修建拦河溢流坝一座。溢流坝采用堰顶上游为WES型实用堰剖面。(单孔边墩为圆弧形)坝顶高程为48.0m,坝的设计洪水流量为540m^3/s,相应的上下游设计洪水水位分别为50.7m和48.1m,坝址处河床高程为38.5m^2,坝前河道过水断面面积为524m^2。WES型堰的设计流量系数 $m_d=0.502$。试求:坝的溢流宽度 B。

解:已知 $Q=540\text{m}^3/\text{s}$, $H_d=50.7-48=2.7(\text{m})$,堰高 $P=48-38.5=9.5\text{m}$,下游水深 $h_t=48.1-38.5=9.6(\text{m})$,过水断面面积 $A=524\text{m}^2$,下游水位超过堰顶高度 $h_s=0.1\text{m}$,上下游水位差 $z=50.7-48.1=2.6(\text{m})$,得

$$H_0 = H + \frac{\alpha v^2}{2g} = 2.7 + \frac{(\frac{540}{524})^2}{2g} = 2.75(\text{m})$$

首先判断是否淹没出流:

$$\frac{P}{H_0} = \frac{9.5}{2.75} = 3.45 > 2$$

$$\frac{h_s}{H_0} = \frac{0.1}{2.75} = 0.036 \leqslant 0.15$$

故为自由出流,取 $\sigma=1$。

求侧收缩系数 ε

$$\varepsilon = 1 - 0.2[(n-1)\zeta_0 + \zeta_{cr}]\frac{H_0}{B}$$

查得 $\zeta_0=0$, $\zeta_{cr}=0.7$,则

$$\varepsilon = 1 - 0.14\frac{H_0}{B}$$

将以上求出的 ε、σ 及其他已知条件代入流量公式:

$$\begin{aligned} Q &= \sigma\varepsilon m_d B\sqrt{2g}H_0^{3/2} \\ &= 10.13B - 1.418H_0 \end{aligned}$$

则

$$B = \frac{540 + 1.418H_0}{10.13} = 53.69(\text{m})$$

【例1.2.23】 某进水闸,闸底坎为具有圆角前沿进口的宽顶堰,堰顶高程为22.0m,渠底高程21.0m。共10孔,每孔净宽8m,闸墩头部为半圆形,边墩头部为流线型。当闸门全开时,上游水位为25.50m,下游水位为23.20m,不考虑闸前行近流速的影响,试求:过闸流量。

解:(1)判断下游是否淹没。

$$\frac{h_s}{H_0} = \frac{23.2-22.0}{25.50-22.0} = 0.34 < 0.8 \text{ 为自由出流。}$$

(2)求流量系数。

$$P = 22.0 - 21.0 = 1.0(\text{m})$$

$$H = 25.50 - 22.0 = 3.5(\text{m})$$

$$m = 0.36 + 0.01\frac{3-\frac{P}{H}}{1.2+1.5\frac{P}{H}} = 0.36 + 0.01\times\frac{3-\frac{1}{3.5}}{1.2+1.5\times\frac{1}{3.5}} = 0.377$$

(3)求侧收缩系数 ε。

查得，边墩形状系数 $\zeta_{cr}=0.4$，闸墩形状系数 $\zeta_0=0.45$，则

$$\begin{aligned}\varepsilon &= 1-0.2[(n-1)\zeta_0+\zeta_{cr}]\frac{H_0}{nb}\\ &= 1-0.2\times[(10-1)\times0.45+0.4]\times\frac{3.5}{10\times8}\\ &= 0.961\end{aligned}$$

(4)求过闸流量。

因为为自由出流，又不考虑行近流速，且无淹没影响，则

$$\begin{aligned}Q &= \varepsilon mnb\sqrt{2g}H_0^{3/2} = 0.961\times0.377\times10\times8\times\sqrt{2\times9.8}\times3.5^{3/2}\\ &= 840.2(\mathrm{m^3/s})\end{aligned}$$

【例 1.2.24】 在矩形河道中筑滚水坝，坝顶宽度 b 等于河宽 B。已知坝顶水头 $H=3.0$m，下游坝高 $P_1=10$m，流速系数 $\varphi=0.95$，流量系数 $m=0.49$，下游水深 $h_t=4.0$m，试判断下游发生何种水跃？

解：对于矩形河道，其断面为矩形，则 $A_C=bh_C$，取单宽流量计算，可列出能量方程

$$E_0 = h_c+\frac{q^2}{2g\varphi^2h_c^2}$$

其中 $$q=\frac{Q}{B}=m\sqrt{2g}H^{3/2}=0.49\times\sqrt{19.6}\times3^{3/2}=11.27(\mathrm{m^2/s})$$

$$E_0=P_1+H_1+\frac{\alpha v_0^2}{2g}=10+3+\frac{\alpha v_0^2}{2g}$$

又有 $$v_0=\frac{q}{P+H}=\frac{11.27}{10+3}=0.87(\mathrm{m/s})$$

故 $$\frac{v_0^2}{2g}=\frac{0.87^2}{19.6}=0.04(\mathrm{m})$$

则 $$E_0=10+3+0.04=13.04(\mathrm{m})$$

于是有 $$13.04=h_c+\frac{11.27^2}{2\times9.8\times0.95^2h_c^2}=h_c+\frac{7.18}{h_c^2}$$

上式可化成

$$h_c=\sqrt{\frac{7.18}{13.04-h_c}}$$

通过逐次渐进法求得 $h_c=0.765$m。将 h_c 代入水跃方程，得

$$h_c''=\frac{h_c}{2}\left(\sqrt{1+\frac{8q^2}{gh_c^3}}-1\right)=\frac{0.765}{2}\left(\sqrt{1+\frac{8\times11.27^2}{9.8\times0.765^3}}-1\right)=5.45(\mathrm{m})$$

可见，$h_c''>h_t$，故下游发生远驱水跃。

【例 1.2.25】 已知条件同例 1.2.24，拟在滚水坝下游建一挖深式消能池，试确定消能池尺寸（出池水流流速系数 $\varphi=0.95$）。

解：(1)确定池深 s。

①估算池深 s。

$$s = \sigma h_c'' - h_t = 1.05 \times 5.45 - 4.0 = 1.723(\text{m})$$

②计算建池后的 h_c''。

$$E_0' = E_0 + s = 13.04 + 1.723 = 14.763(\text{m})$$

经计算求得收缩断面水深 $h_c = 0.715\text{m}$(计算过程略)。

$$h_c'' = \frac{h_c}{2}\left(\sqrt{1 + \frac{8q^2}{gh_c^3}} - 1\right) = \frac{0.715}{2}\left(\sqrt{1 + \frac{8 \times 11.27^2}{9.8 \times 0.715^3}} - 1\right) = 5.674(\text{m})$$

③计算 Δz。

$$\Delta z = \frac{q^2}{2g}\left[\frac{1}{(\varphi' h_t)^2} - \frac{1}{(\sigma h_c'')^2}\right] = \frac{11.27^2}{2 \times 9.8}\left[\frac{1}{(0.95 \times 4.0)^2} - \frac{1}{(1.05 \times 5.674)^2}\right] = 0.266(\text{m})$$

④计算 σ。

$$\sigma = \frac{s + h_t + \Delta z}{h_c''} = \frac{1.723 + 4.0 + 0.266}{5.674} = 1.056$$

σ 在 1.05～1.10 范围内,所以池深满足要求,为方便施工,池深取 $s = 1.75\text{m}$。

(2)确定池长。

$$L_B = (0.7 \sim 0.9)L_j$$

$$L_j = 6.9(h_c'' - h_c) = 6.9 \times (5.674 - 0.715) = 34.22(\text{m})$$

$$L_B = (0.7 \sim 0.9)L_j = (0.7 \times 34.22) \sim (0.9 \times 34.22) = 23.95 \sim 30.80(\text{m})$$

取池长 $L_B = 26\text{m}$。

【例 1.2.26】 如图 1.2.16 所示,在地下水渗流方向布置两钻井①和②,相距 500m。测得钻井①水面高程 13m,井底高程 10m;井②水面高程 12.75m,井底高程 8.75m。土壤的渗透系数 k 为 0.05cm/s。试求地下水单宽渗流流量。

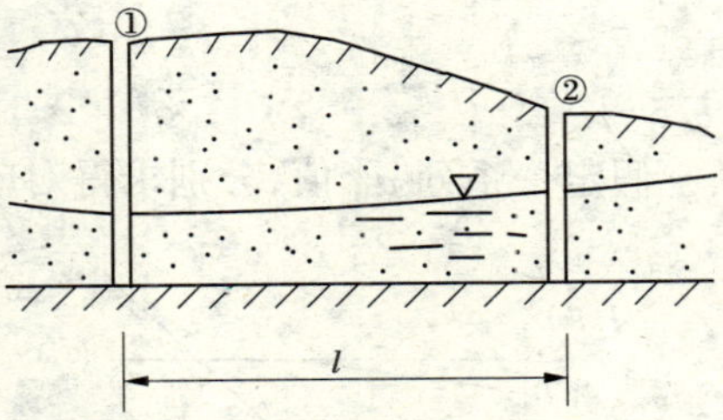

图 1.2.16

解:此题是关于潜水渐变渗流问题,可以通过浸润曲线方程求出均匀渗流水深 h_0,再用均匀渗流公式 $q = kih_0$ 求出单宽渗流量。

两井间流线长度 s

$$s = \frac{h_0}{i}\left(\eta_2 - \eta_1 + \ln\frac{\eta_2 - 1}{\eta_1 - 1}\right) \tag{1}$$

由已知条件可得

$$h_1 = 13 - 10 = 3(\text{m})$$

$$h_2 = 12.75 - 8.75 = 4(\text{m})$$

$$i = \frac{10 - 8.75}{500} = 0.002\,5$$

$$\eta_1 = \frac{3}{h_0}, \eta_2 = \frac{4}{h_0},$$

代入式(1)得

$$h_0 \times \ln \frac{4 - h_0}{3 - h_0} = (500 \times 0.002\,5 - 4 + 3) = 0.25(\text{m})$$

试算得
$$h_0 = 0.695(\text{m})$$

则
$$q = kih_0 = 0.05 \times 10^{-2} \times 0.002\,5 \times 0.695 = 8.69 \times 10^{-7}(\text{m}^2/\text{s})$$

【例 1.2.27】 水平不透水层上建一均质土坝，上、下游坝坡为 $m_1 = 3.0$，$m_2 = 2.5$，上、下游水深为 $H_1 = 15.6\text{m}$，$H_2 = 1.1\text{m}$；坝顶超高 $d = 1.4\text{m}$，坝顶宽 $b = 10.0\text{m}$，坝体渗流系数 $k = 5 \times 10^{-6}\text{cm/s}$，计算土坝渗流流量。

解：按两段法计算。

$$\Delta L = \frac{m_1}{1 + 2m_1}H_1 = \frac{3}{1 + 2 \times 3}H_1 = \frac{3}{7} \times 15.6 = 6.7(\text{m})$$

$$L = m_1 d + b + m_2(H_1 + d) = 56.7(\text{m})$$

上游段：

$$\frac{q}{k} = \frac{H_1^2 - (a_0 + H_2)^2}{2[\Delta L + L - m_2 \times (a_0 + H_2)]} = \frac{15.6^2 - (a_0 + 1.1)^2}{2(60.65 - 2.5a_0)} = f_1(a_0)$$

下游段：

$$\frac{q}{k} = \frac{a_0}{m_2}(1 + 2.3\lg \frac{a_0 + H_2}{a_0}) = \frac{a_0}{2.5}(1 + 2.3\lg \frac{a_0 + 1.1}{a_0}) = f_2(a_0)$$

作 $f_1(a_0) \sim a_0$ 和 $f_2(a_0) \sim a_0$ 的曲线（见图 1.2.17），由两曲线交点，得

$$\frac{q}{k} = 2.15, a_0 = 4.4(\text{m})$$

$$q = 2.15k = 1.08 \times 10^{-7}(\text{m}^2/\text{s})$$

假定一系列 a_0 值，分别求得对应的 $f_1(a_0)$、$f_2(a_0)$值，见表 1.2.3。

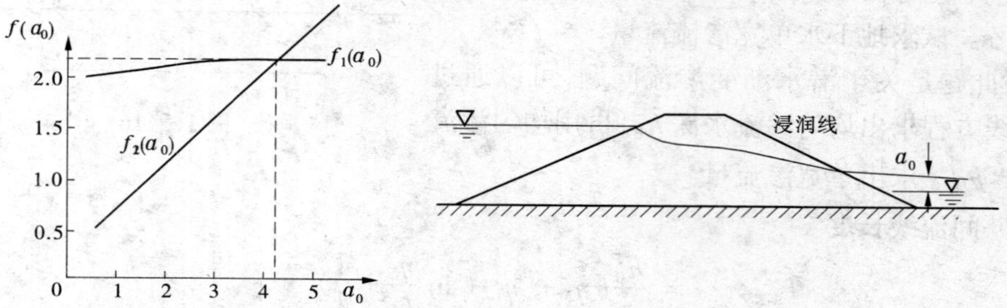

图 1.2.17

表 1.2.3

a_0	$15.6^2-(a_0+1.1)^2$	$2(60.65-2.5a_0)$	$f_1(a_0)$	$f_2(a_0)$
1.0	238.95	116.3	2.05	0.696
2.0	233.75	111.3	2.10	1.15
3.0	226.55	106.3	2.13	1.57
4.0	217.35	101.3	2.15	1.99
5.0	206.15	96.3	2.14	2.397

【例 1.2.28】 有一高水头泄洪隧洞，工作闸门为明流，当闸门提升到某一开度时，收缩断面水深为 0.30m，平均流速为 24m/s，水温为 15℃。试求收缩断面底部水流的气穴数 K。

解：当温度 $T=15℃$ 时，已知 $\rho=999.1\text{kg/m}^3$，$p_v=1.70\text{kN/m}^2$

收缩断面处压强 $p=9\,800\times0.3=2.940(\text{kN/m}^2)$，

$$K=\frac{p-p_v}{\frac{1}{2}\rho v^2}=\frac{(2.940-1.70)\times10^3}{\frac{1}{2}\times999.1\times24^2}=\frac{1\,240}{287\,741}=0.004\,0$$

【例 1.2.29】 有一单孔 WES 剖面混凝土溢流坝，已知坝高 $P_p=10\text{m}$，坝上设计水头 $H_p=5\text{m}$，流量系数 $m=0.502$，溢流孔净宽 $b_p=8\text{m}$，在长度比尺 $\lambda_l=20$ 的模型上进行试验。试求：

(1)计算模型流量 Q_m；

(2)如在模型坝趾测得收缩断面表面流速 $u_m=2.0\text{m/s}$，计算原型的相应流速 u_p；

(3)求原型的流速系数 φ_p。

解：溢流坝按重力相似准则进行设计，同时满足紊流阻力相似。

(1) $Q_p=mb_p\sqrt{2g}H_p^{\frac{3}{2}}=0.502\times8\times\sqrt{2g}\times5^{\frac{3}{2}}=198.8(\text{m}^3/\text{s})$

$$Q_m=Q_p/\lambda_l^{2.5}=198.8/20^{2.5}=111(\text{L/s})$$

(2) $u_p=\sqrt{\lambda_l}u_m=\sqrt{20}\times2.0=8.94(\text{m/s})$

(3)
$$u_p=\varphi_p\sqrt{2gH_p}$$

$$\varphi_p=\frac{u_p}{\sqrt{2g\times5}}=\frac{8.94}{\sqrt{2g\times5}}=0.90$$

【例 1.2.30】 水平管道中的水流(0℃)，平均流速为 3m/s，管径 75mm，12m 长的管道上，压强差为 14kPa。现在用直径为 25mm 的水平管做模型，管中流动的是汽油(20℃) $\nu_m=0.006\text{cm}^2/\text{s}$，$\rho_m=670\text{kg/m}^3$。

(1)求模型流速应为多少？

(2)求 6m 长的模型管的压强差是多少？

解：(1)有压管路流动，以阻力为主，采用雷诺准则。

$$Re_p=Re_m$$

$$\frac{\lambda_v\lambda_l}{\lambda_\nu}=1\qquad\lambda_v=\frac{\lambda_\nu}{\lambda_l}$$

0℃时水的 ν_p 通过查表可得 $\nu_p=1.792\times10^{-6}\text{m}^2/\text{s}$

$$\lambda_v=\frac{\dfrac{1.792\times10^{-6}}{0.006\times10^{-4}}}{\dfrac{75}{25}}=0.996$$

$$v_m=\frac{v_p}{\lambda_v}=\frac{3}{0.996}=3.01(\text{m/s})$$

(2)求压强差采用欧拉准则。由 $Eu_p=Eu_m$，得

$$\frac{\lambda_\rho \lambda_v^2}{\lambda_{\Delta p}} = 1$$

取水的密度 $\rho_p = 1\ 000\text{kg/m}^3$，则

$$\lambda_{\Delta p} = \lambda_\rho \lambda_v^2 = \frac{1\ 000}{670} \times 0.996^2 = 1.481$$

$$l_m = \frac{l_p}{\lambda_l} = \frac{12}{\frac{75}{25}} = 4(\text{m})$$

$$\Delta p_m = \frac{\Delta p_p}{\lambda_{\Delta p}} = \frac{14}{1.481} = 9.453(\text{kPa})$$

4m 长模型管道上的压强差为 9.453kPa，则 6m 长模型管上的压强差为

$$\Delta p_m' = \frac{9.453}{4} \times 6 = 14.18(\text{kPa})$$

1.3 复习题

1)单项选择题

(1)根据静水压强的特性，静止液体中同一点各方向的压强(　　)。

A. 数值相等　　B. 数值不等

C. 仅水平方向数值相等　　D. 铅直方向数值最大

(2)液体中某点的绝对压强为 108kN/m^2，则该点的相对压强为(　　)。

A. 1kN/m^2　　B. 2kN/m^2

C. 5kN/m^2　　D. 10kN/m^2

(3)如图 1.3.1 所示，容器中有两种液体，密度 $\rho_2 > \rho_1$，则 A、B 两测压管中的液面必为(　　)。

A. B 管高于 A 管　　B. A 管高于 B 管

C. A、B 两管同高　　D. 无法确定

(4)盛水容器 a 和 b 的测压管水面位置如图 1.3.2 所示，其底部压强分别为 p_a 和 p_b。若两容器内水深相等，则 p_a 和 p_b 的关系为(　　)。

A. $p_a > p_b$　　B. $p_a < p_b$

C. $p_a = p_b$　　D. 无法确定。

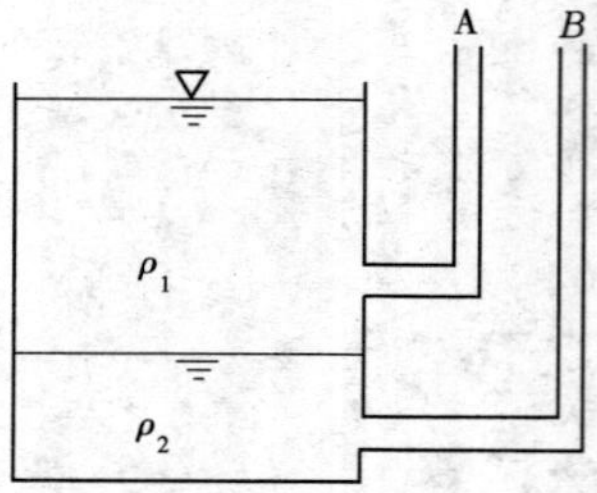

图 1.3.1

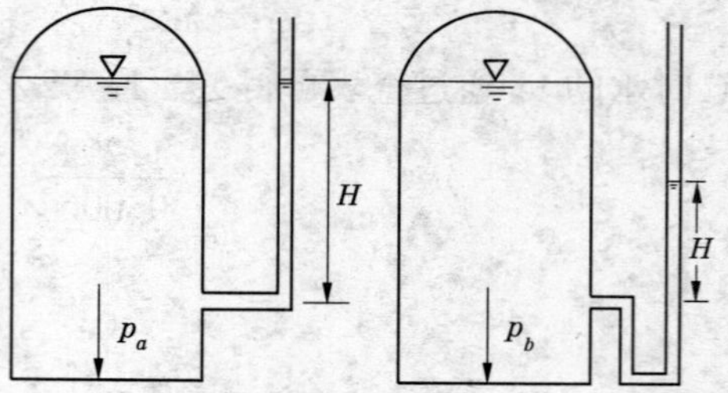

图 1.3.2

(5)两个挡水板如图 1.3.3 所示,①为矩形,②为圆型。两板面积均为 A,形心点水深均为 h。则两板所受的静水总压力的关系为(   )。

A. 大小相同,方向不同　　B. 大小不等,方向相同

C. 大小相等,方向相同　　D. 大小不等,方向不同

(6)如图 1.3.4 所示两块挡水板,宽度相等。$L_1=L_2$,$\alpha_1<\alpha_2$,则 B_1 和 B_2 两点静水压强的关系为(   )。

A. $p_{B_1}=p_{B_2}$　　B. $p_{B_1}<p_{B_2}$　　C. $p_{B_1}>p_{B_2}$　　D. 无法确定

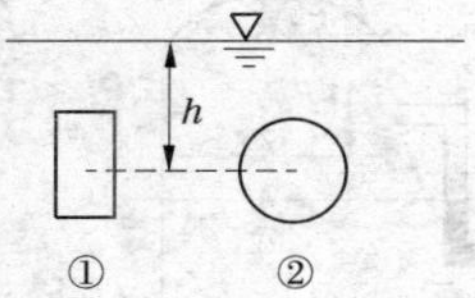

图 1.3.3

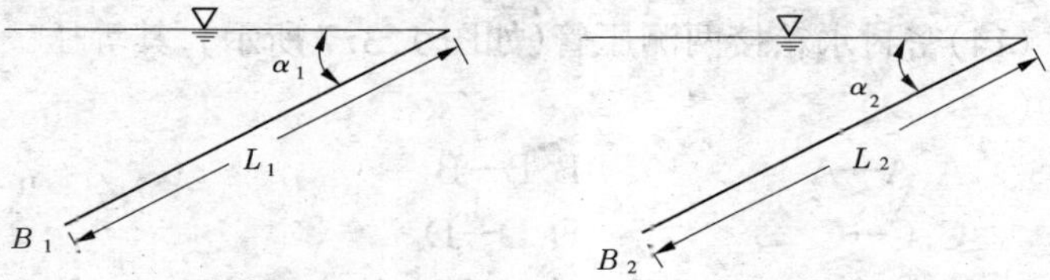

图 1.3.4

(7)已知水中某点绝对压强为 $p=49\text{kPa}$,如果当地大气压强为 98kPa,其真空度(以水柱高度计)为(   )。

A. -5m　　B. 0.5m　　C. 5m　　D. 不存在真空

(8)作用在平面上的静水总压力的作用点位置为(   )。

A. 通过受压面的形心　　B. 通过受压体的重心

C. 高于受压面的形心　　D. 低于受压面的形心。

(9)一平面潜没于水中,当保持其形心位置不变,而使其与水平面之间的倾角 α 改变时,则一侧的水压力(   )。

A. 大小方向均不变　　B. 大小改变而方向不变

C. 方向改变而大小不变　　D. 大小和方向均改变

(10)垂直放置的 4m×4m 矩形闸门,一侧挡水,顶部与自由水面齐平,水的重度为 γ,水压力对底面的力矩为(   )

A. 42.7γ　　B. 57γ　　C. 64γ　　D. 85γ

(11)静水压力的方向(   )。

A. 与受力面平行　　B. 与受力面斜交

C. 与受力面外法线方向一致　　D. 与受力面内法线方向一致

(12)如图 1.3 5 所示的液面高度差 $h=1\text{m}$ 时,容器内液面的绝对压强为(   )。

A. -91.5kPa　　B. -1m 水柱　　C. 0.1 个大气压强　　D. 91.5kPa

(13)如图 1.3.6 所示,容器内液面的真空压强为(   )。

A. 19.6kPa　　B. -19.8kPa

C. -2m 水柱高　　D. 1 个工程大气压强

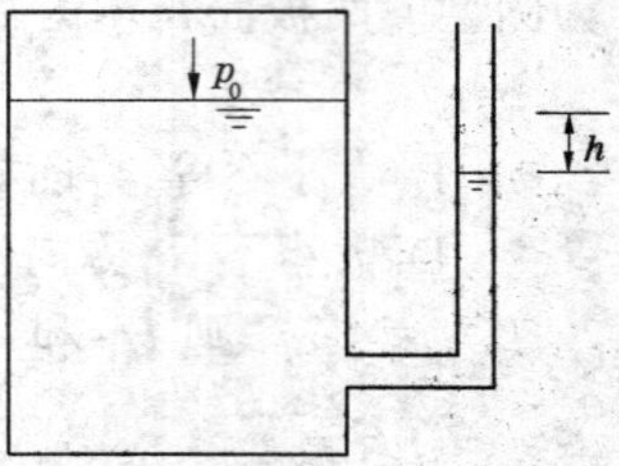

图 1.3.5

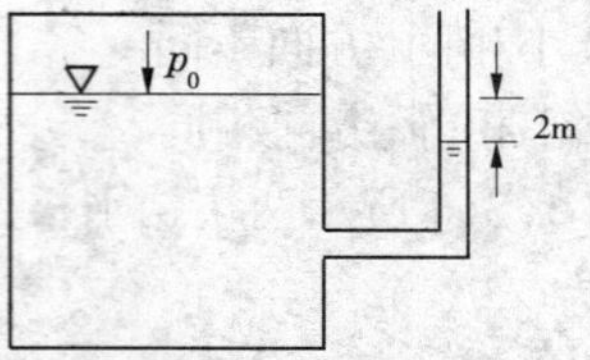

图 1.3.6

(14)密封水箱接两测压管(如图 1.3.7 所示),其等压面为(　　)。

A. A—A　　B. B—B

C. C—C　　D. D—D

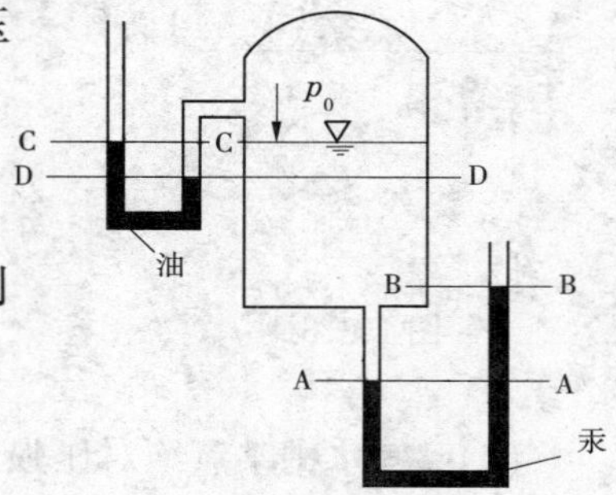

图 1.3.7

(15)如图 1.3.8 所示四个容器内的水深均为 H,则容器底面静水压强最大的是(　　)。

A. 图(a)　　B. 图(b)

C. 图(c)　　D. 图(d)

(16)如图 1.3.9 所示,容器一侧接一水平管道。当管道末端阀门关闭时,管中 A、B 两点的压强 p_A 与 p_B 的关系为(　　)。

A. $p_A < p_B$　　B. $p_A > p_B$　　C. $p_A = p_B$　　D. 无法确定

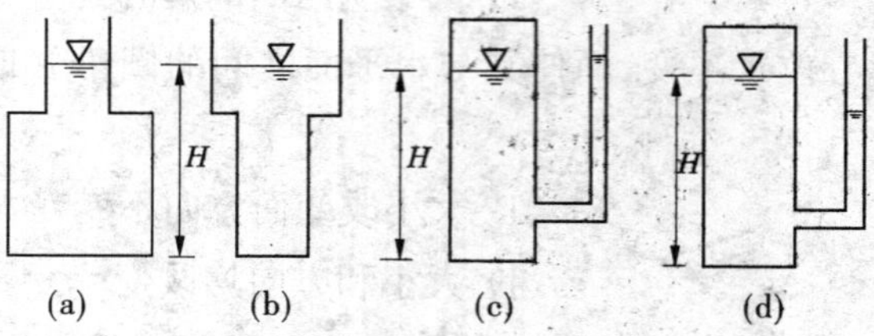

图 1.3.8

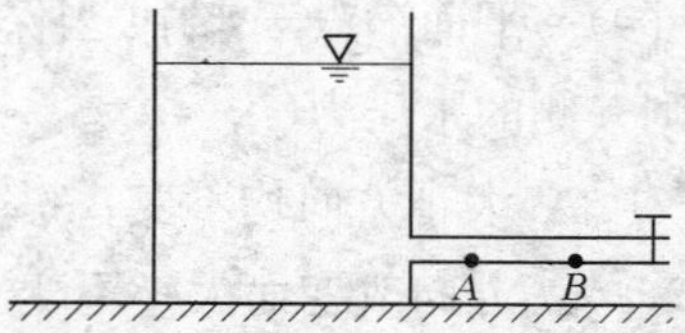

图 1.3.9

(17)如图 1.3.10 所示,一盛水容器置于支撑面 MN 上。当不计容器自重时,容器底面 AB 所受的静水总压力 P 与支撑面所受的力 F 的关系为(　　)。

A. $P > F$　　B. $P < F$

C. $P = F$　　D. 无法确定

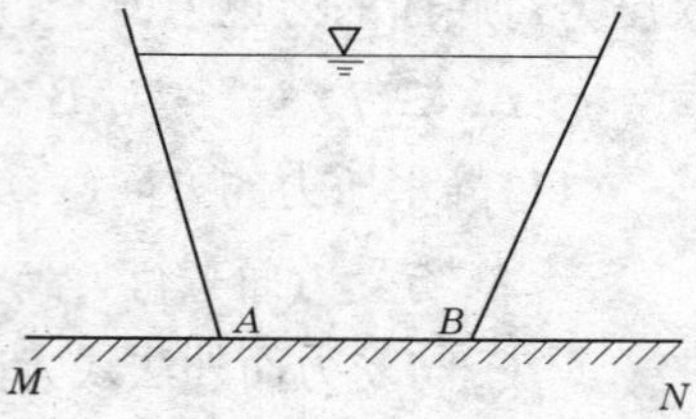

图 1.3.10

(18)如图 1.3.11 所示,有一倾倒放置的平面闸门,当上下游水位都上升 1m 时(虚线位置),闸门上的静水总压力(　　)。

A. 变大　　B. 变小　　C. 不变　　D. 无法确定

(19)如图 1.3.12 所示,容器中盛有两种不同容重的液体,试从下列式子中选择出正确表达式,为(　　)。

A. $z_1 + p_1/\gamma_1 = z_2 + p_2/\gamma_1$　　　　B. $z_2 + p_2/\gamma_2 = z_3 + p_3/\gamma_2$

C. $z_1 + p_1/\gamma_1 = z_3 + p_3/\gamma_2$　　　　D. $z_2 + p_2/\gamma_1 = z_3 + p_3/\gamma_2$

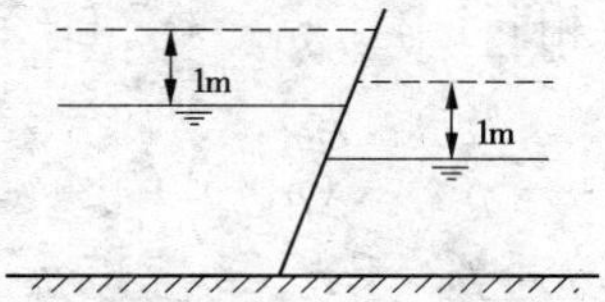

图 1.3.11

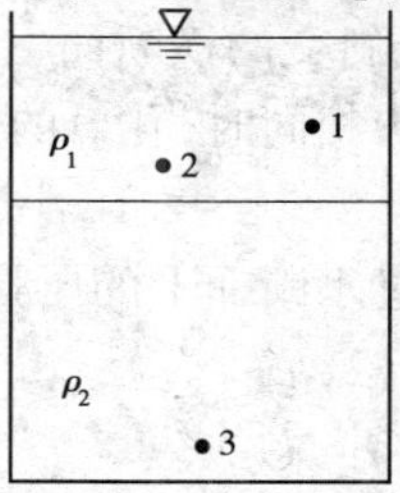

图 1.3.12

(20)有一水泵装置,其吸水管中某点的真空压强等于 3m 水柱高,当地大气压为一个工程大气压,其相应的绝对压强值等于(　　)。

A. 3m 水柱高　　　　B. 7m 水柱高

C. －3m 水柱高　　　　D. 以上答案都不对

(21)盛有三种液体的容器中(如图 1.3.13 所示),其等压面为(　　)。

A. A—A 面　　B. B—B 面　　C. C—C 面　　D. D—D 面

(22)图 1.3.14 所示为复式比压计,已知油的比重为 0.8,水银的比重为 13.6,各部分的高度如图所示,则 A、B 两点的压强差为(　　)。

A. $p_A - p_B = 58.60\text{kN/m}^2$　　　　B. $p_A - p_B = 68.60\text{kN/m}^2$

C. $p_A - p_B = 78.60\text{kN/m}^2$　　　　D. $p_A - p_B = 88.60\text{kN/m}^2$

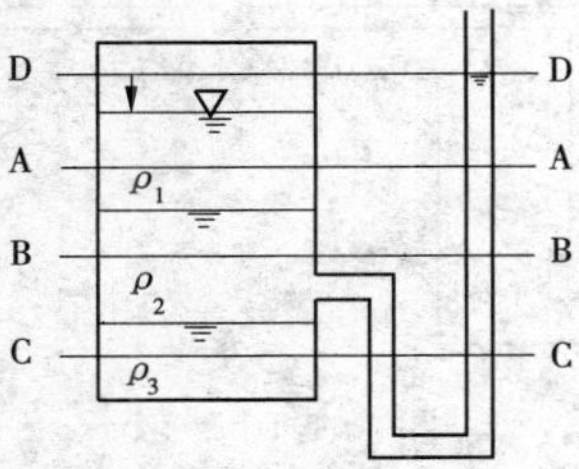

图 1.3.13

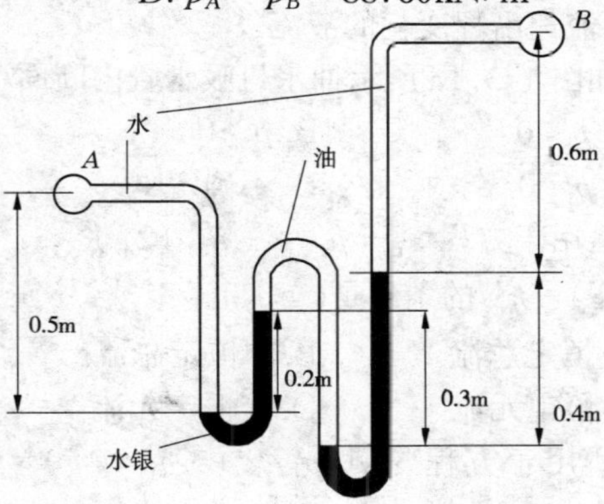

图 1.3.14

(23)有一侧挡水的倾斜安装的矩形闸门(见图 1.3.15),其宽度 $b = 2\text{m}$,倾斜角 $\alpha = 60°$,铰链中心 O 位于水面以上 $c = 1\text{m}$,水深 $h = 3\text{m}$。若闸门所受重力 $G = 0.196 \times 10^5\text{N}$,则开启该闸门所需垂直向上的提升力为(　　)。

A. $T = 1.62 \times 10^2\text{kN}$　　B. $T = 1.62 \times 10^3\text{kN}$

C. $T = 1.62 \times 10^4\text{kN}$　　D. $T = 1.62 \times 10^5\text{kN}$

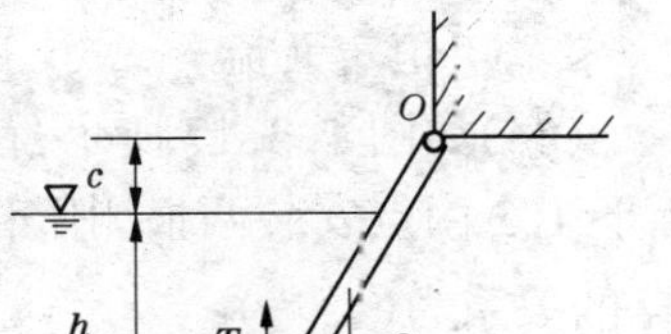

图 1.3.15

(24)过水断面是指(　　)。

A. 与流线平行的断面　　B. 与流线正交的横断面

C. 与流线斜交的横断面　　D. 与迹线正交的横断面

(25)作用水头相同时,孔口的过流量要比相同直径的管嘴过流量(　　)。

A. 大　　B. 小　　C. 相同　　D. 无法确定

(26)渐变流过水断面上的压强分布规律符合(　　)。

A. $p = 1/(2\gamma h)$　　B. $z + p/\gamma + (\alpha v^2)/(2g) = C$

C. $z + p/\gamma = C$　　D. $p = p_0 + 2\gamma h$

(27)恒定总流的能量方程 $z_1 + p_1/\gamma + \alpha_1 v_1^2/2g = z_2 + p_2/\gamma + \alpha_2 v_2^2/2g + h_{w1-2}$式中各项代表(　　)。

A. 单位体积液体所具有的能量　　B. 单位质量液体所具有的能量

C. 单位重量液体所具有的能量　　D. 以上答案都不对

(28)管轴线水平,管径沿流向逐渐增大的管道,若忽略水头损失,则管轴线的压强沿流向(　　)。

A. 增大　　B. 减小　　C. 不变　　D. 不确定

(29)恒定总流连续方程形式为(　　)。

A. $u_1 A_1 = u_2 A_2$　　B. $\rho A_1 = \rho A_2$　　C. $v_1 A_1 = v_2 A_2$　　D. $q_v = vA$

(30)非均匀流就是(　　)。

A. 断面流速分布不均匀的液流　　B. 断面压强分布不均匀的液流

C. 流速沿程变化的液流　　D. 压强沿程变化的液流

(31)如图 1.3.16 所示抽水机吸水管内断面A—A的相对压强 p 为(　　)。

A. $p<0$　　B. $p>0$

C. $p=0$　　D. 不确定

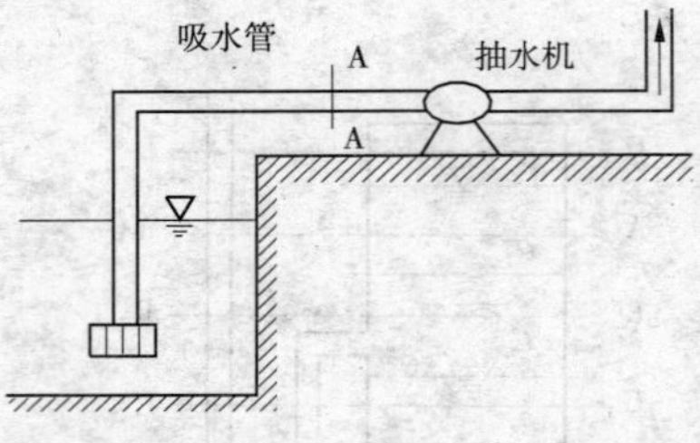

图 1.3.16

(32)适用于方程 $z_1 + p_1/\gamma + u_1^2/(2g) = z_2 + p_2/\gamma + u_2^2/(2g) + h_w$ 的条件是(　　)。

A. 恒定总流　　B. 非恒定总流

C. 恒定元流　　D. 非恒定元流

(33)适用于方程 $z_1 + p_1/\gamma + \alpha v_1^2/(2g) = z_2 + p_2/\gamma + \alpha v_2^2/(2g) + h_w$ 的条件是(　　)。

A. 恒定总流　　B. 非恒定总流

C. 恒定元流　　D. 非恒定元流

(34)如图 1.3.17 所示,在明渠恒定均匀流过水断面上1、2 两点安装两根测压管,则两测压管高度 h_1 与 h_2 的关系为(　　)。

A. $h_1 < h_2$　　B. $h_1 > h_2$

C. $h_1 = h_2$　　D. 无法确定

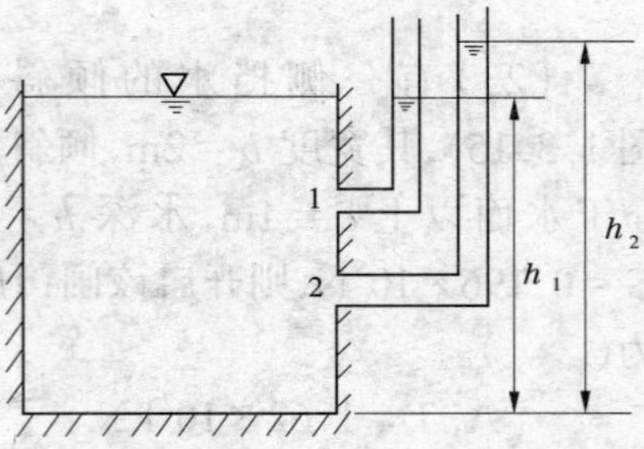

图 1.3.17

(35)如图 1.3.18 所示为一水平弯管,管中流量不变。若在过水断面 A—A 内外两侧的 1、2 两点各处装一根测压管，则两根测压管水面的高度 h_1 与 h_2 的关系为(　　)。

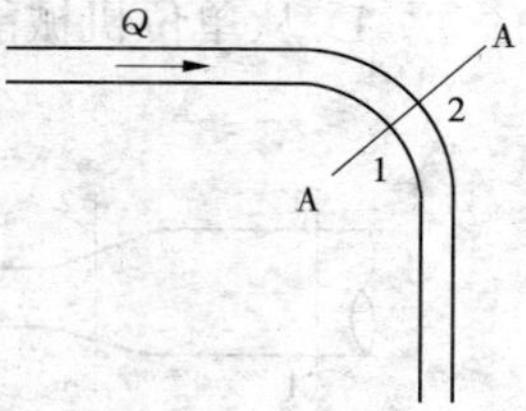

图 1.3.18

A. $h_1 < h_2$　　B. $h_1 > h_2$

C. $h_1 = h_2$　　D. 无法确定

(36)一元流是指(　　)。

A. 运动要素不随时间变化的水流

B. 流速矢量沿流线不变的水流

C. 质点轨迹互相平行的水流

D. 运动要素只与一个坐标有关的水流

(37)恒定流就是(　　)。

A. 同一断面各点的流速均相等的流动

B. 任一点的运动要素不随时间而变化的流动

C. 流态沿流程不变的流动

D. 运动要素沿程不变的流动

(38)管径沿程变化的管道(　　)。

A. 测压管水头线可以上升也可以下降

B. 测压管水头线总是与总水头线相平行

C. 测压管水头线沿程永远不会上升

D. 测压管水头线不可能低于管轴线

(39)均匀流断面和渐变断面上的动水压强(　　)。

A. 均按静水压强规律分布

B. 前者按静水压强规律分布，后者不按静水压强规律分布

C. 前者不按静水压强规律分布，后者按静水压强规律分布

D. 均不按静水压强规律分布

(40)恒定流中(　　)。

A. 流线一定互相平行　　B. 断面平均流速必定沿程不变

C. 不同瞬时流线有可能相交　　D. 同一点处不同时刻的动水压强相等

(41)图 1.3.19 中相互之间能列能量方程的断面是(　　)。

A. 1—1 断面和 2—2 断面　　B. 1—1 断面和 3—3 断面

C. 2—2 断面和 3—3 断面　　D. 3—3 断面和 4—4 断面

(42)如图 1.3.20 所示，水流通过渐缩管流出，若容积水位保持不变，水管内水流属(　　)。

A. 恒定均匀流　　B. 非恒定均匀流

C. 恒定非均匀流　　D. 非恒定非均匀流

(43)液体流动规律总是(　　)。

A. 从高处流向低处

B. 从压强大处流向压强小处

C. 从流速大处流向流速小处

D. 从单位机械能大处流向单位机械能小处

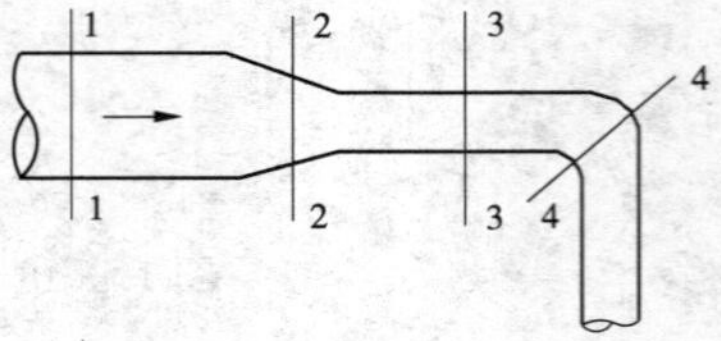

图 1.3.19

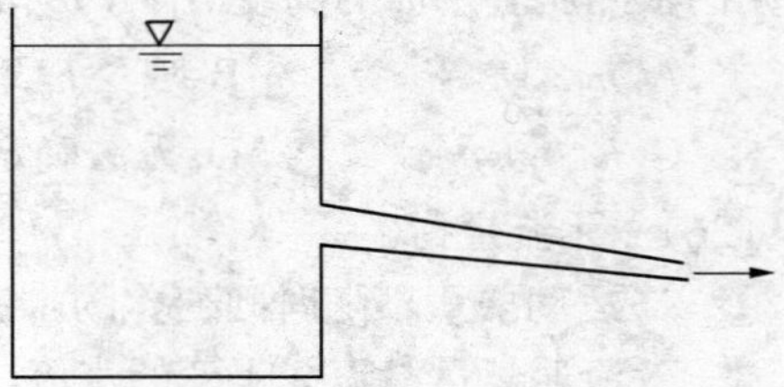

图 1.3.20

(44)管轴线水平，管径逐渐增大的有压管流，通过的流量不变，其总水头线沿流向应(　　)。

A. 逐渐升高　　B. 逐渐降低　　C. 与管轴线平行　　D. 无法确定

(45)流线的特点是(　　)。

A. 在恒定流中是固定不变的　　B. 只存在于均匀流中

C. 总是与质点的运动轨迹相重合　　D. 是与速度向量正交的线

(46)当动能校正系数 $\alpha=1.0$ 意味着过水断面上(　　)。

A. 点流速均相等　　B. 流速分布呈抛物线分布

C. 流速分布呈对数分布　　D. 过水断面上各点流速均相等

(47)均匀流的总水头线与测压管水头线的关系是(　　)。

A. 互相平行的直线　　B. 互相水平的曲线

C. 互不平行的直线　　D. 互不平行的曲线

(48)渐变流是(　　)。

A. 流速随时间变化缓慢的流动

B. 压强随距离变化不大的流动

C. 流线的曲率半径和流线间的夹角都很小的流动

D. 流线接近于平行直线的流动

(49)有压管道恒定流中，液体运动方向(　　)。

A. 总是从压强大的地方流向压强小的地方

B. 总是从流速大的地方流向流速小的地方

C. 总是从位置高的地方流向位置低的地方

D. 以上答案均不对

(50)恒定流液体质点的运动轨迹线与流线(　　)。

A. 重合　　B. 不重合

C. 在某瞬时与某空间点相切　　D. 正交

(51)如图 1.3.21 所示，断面突然缩小管道通过恒定流，管路装有 U 形管水银差计，判定压差计中水银液面为(　　)。

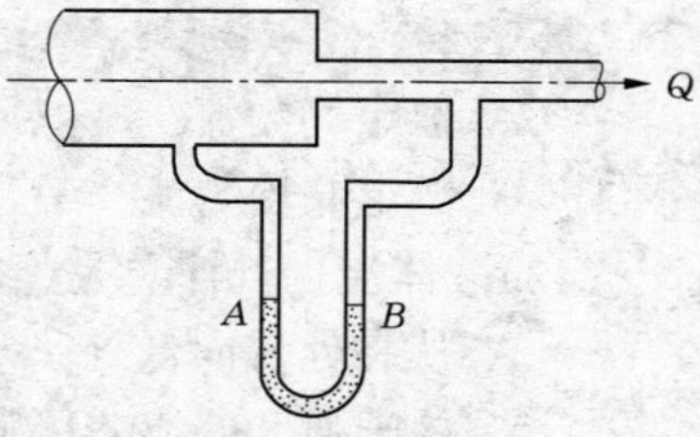

图 1.3.21

A. A 高于 B　　B. A 低于 B

C. A、B 齐平　　D. 能确定高低

(52)如图 1.3.22 所示，水在变直径竖管中流动，已知粗管直径 $d_1=300$mm，流速 $v_1=6$m/s。为使两断面的压力表读数值相同，且不计水头损失，则细管直径为(　　)。

A. 0.24m　　B. 0.35m

C. 0.45m　　D. 0.54m

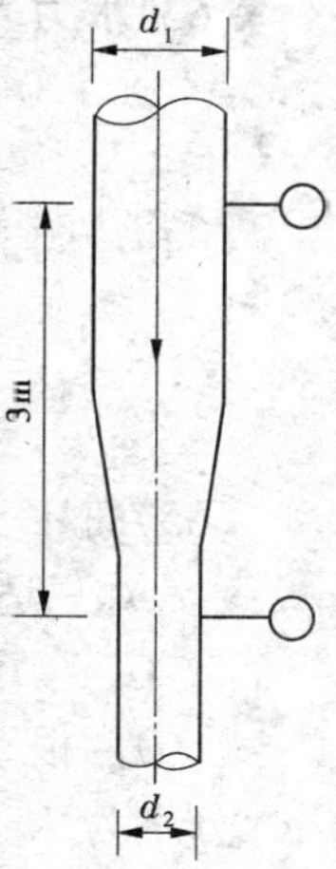

图 1.3.22

(53)如图 1.3.23 所示，在水平管路中，通过流量 $Q=2.5$L/s，已知 $d_1=50$mm，$d_2=25$mm，$p_1=9.8$kPa，若忽略两断面间的水头损失，则连接于该管收缩断面上的水管可将水自容器内吸上高度为(　　)。

A. 15cm　　B. 30cm

C. 24cm　　D. 34cm

(54)已知液体流动的沿程水头损失系数 λ 与边壁粗糙度和雷诺数 Re 都有关，即可以判断该液体流动属于(　　)。

A. 层流区　　B. 水力光滑区

C. 水力过渡粗糙区　　D. 水力粗糙区

(55)突扩前后有压管道的直径之比 $d_1:d_2=1:2$，则突扩前后断面的雷诺数之比为(　　)。

A. 2:1　　B. 1:1

C. 1:2　　D. 1:4

(56)从力学角度看，雷诺数所表示的两种力的对比关系是(　　)。

A. 惯性力与粘滞力　　B. 重力与粘滞力

C. 惯性力与重力　　D. 压力与粘滞力

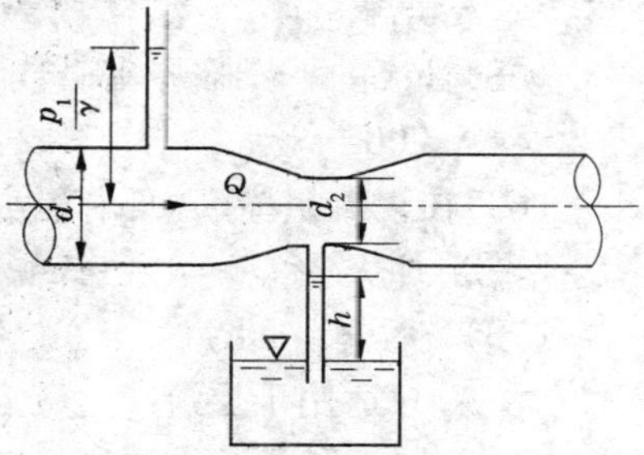

图 1.3.23

(57)已知液流的沿程水头损失系数 λ 只与雷诺数 Re 的 -1 次方成比例，即可判断该液流属于(　　)。

A. 层流区　　B. 水力光滑区　　C. 水力过渡粗糙区　　D. 水力粗糙区

(58)水力粗糙区的水头损失与流速成(　　)。

A. 1.0 次方关系　　B. 1.75 次方关系

C. 1.75～2.0 次方关系　　D. 2 次方关系

(59)雷诺数是判别下列哪种流态的重要的无量纲数(　　)。

A. 急流和缓流　　B. 均匀流和非均匀流

C. 层流和紊流　　D. 恒定流和非恒定流

(60)紊流的断面流速分布规律符合(　　)。

A. 对数分布　　B. 椭圆分布　　C. 抛物线分布　　D. 直线分布

(61)层流断面流速分布规律符合(　　)。

A. 对数分布　　B. 直线分布　　C. 抛物线分布　　D. 椭圆分布

(62)紊流中粘滞底层厚度 δ_l 比绝对粗糙高度 k_s 大得多的壁面称为(　　)。

A. 光滑面　　B. 过渡粗糙面

C. 粗糙面　　D. 以上答案均不对

(63)水力光滑区的水头损失与流速成(　　)。

A.1.0 次方关系　　B.1.75 次方关系

C.2.0 次方关系　　D.1.75～2.0 次方关系

(64)均匀流的沿程水头损失 h_f 与切应力 τ 的关系为(　　)。

A. h_f 与$\sqrt{\tau}$成正比　　B. h_f 与 τ 成正比

C. h_f 与 $1/\tau$ 成正比　　D. h_f 与 τ^2 成正比

(65)谢才公式 $v=C\sqrt{RJ}$(　　)。

A.只适用于明渠流　　B.只适用于管流

C.适用于明渠流和管流　　D.只适用于明渠紊流

(66)两根直径不等的管道,一根输油,一根输水,两管中流速也不同,油和水的下界雷诺数分别为 Re_{cr1} 和 Re_{cr2},则它们的关系是(　　)。

A. $Re_{cr1}<Re_{cr2}$　　B. $Re_{cr1}=Re_{cr2}$　　C. $Re_{cr1}>Re_{cr2}$　　D.无法确定

(67)明渠均匀流的切应力随底坡 i 的增大而(　　)。

A.增大　　B.减小　　C.不变　　D.不确定

(68)管流的下界临界雷诺数为(　　)。

A.200　　B.2 300　　C.4 000　　D.所有答案均不对

(69)在紊流粗糙区中,沿程水头损失系数 λ 随液体运动粘度的减小而(　　)。

A.加大　　B.减小　　C.不变　　D.不定。

(70)方程 $\tau=\rho gRJ$(　　)。

A.只适用于层流　　B.只适用于紊流

C.层流和紊流均适用　　D.均匀流和非均匀流均适用

(71)当管道尺寸及粗糙度一定时,随着流量的加大,紊流流区的变化是(　　)。

A.光滑区→粗糙区→过渡粗糙区　　B.过渡粗糙区→粗糙区→光滑区

C.粗糙区→过渡粗糙区→光滑区　　D.光滑区→过渡粗糙区→粗糙区

(72)在紊流中(　　)。

A.液体质点作有秩序的运动　　B.一层液体在另一层液体上滑动

C.液体质点作不规则运动　　D.粘滞性的作用比动量交换的作用更大

(73)粘滞底层厚度 δ_l 比绝对粗糙度 k_s 小得多的壁面称为(　　)。

A.水力光滑面　　B.水力过渡粗糙面　　C.水力粗糙面　　D.以上答案均不对

(74)其他条件不变,均匀流的切应力随水力半径 R 的减小而(　　)。

A.增大　　B.减小　　C.不变　　D.不确定

(75)6cm×12cm 的矩形断面有压管流的水力半径为(　　)。

A.2.4cm　　B.3cm　　C.2cm　　D.4cm

(76)谢才系数 C 与沿程水头损失系数 λ 的关系为(　　)。

A. C 与 λ 成正比　　B. C 与 $1/\lambda$ 成正比

C. C 与 λ^2 成正比　　D. C 与 $1/\sqrt{\lambda}$成正比

(77)有两根管道,管 1 输油,管 2 输水,均作层流运动。两管的管径管长,绝对粗糙度及流速均相同，且运动粘度 $\nu_1 > \nu_2$，则两管道沿程水头损失 h_f 的关系为(　　)。

A. $h_{f1} = h_{f2}$　　B. $h_{f1} > h_{f2}$　　C. $h_{f1} < h_{f2}$　　D. 无法确定

(78)圆管水流切应力的最大值出现在(　　)。

A. 管壁　　B. 管中心

C. 管中心与管壁之间　　D. 无最大值

(79)粘性底层厚度 δ_l 随 Re 的增大而(　　)。

A. 增大　　B. 减小　　C. 不变　　D. 不确定

(80)公式 $\tau = \rho gRJ$ 不能用于(　　)。

A. 均匀流　　B. 急变流　　C. 明渠流　　D. 管流

(81)公式 $h_f = \lambda(l/d)(v^2/2g)$ 不能用于(　　)。

A. 均匀流　　B. 急变流　　C. 紊流　　D. 层流

(82)管道均匀流中，当流段两端断面的测压管水头差增大时，管壁切应力(　　)。

A. 减小　　B. 不变　　C. 增大　　D. 不确定

(83)在层流中，沿程水头损失随着边壁糙率的增大而(　　)。

A. 增大　　B. 减小　　C. 不变　　D. 不确定

(84)若管道水流处于阻力平方区，当管中流量增大时，沿程水头损失系数 λ(　　)。

A. 增大　　B. 减小　　C. 不变　　D. 不确定

(85)谢才系数随壁面糙率的增大而(　　)。

A. 增大　　B. 减小　　C. 不变　　D. 不确定

(86)一水箱侧壁接两根相同直径的管道 1 和 2。已知管 1 的流量为 Q_1，雷诺数为 Re_1，管 2 的流量为 Q_2，雷诺数为 Re_2，若 $Q_1/Q_2 = 2$，则 Re_1/Re_2 等于(　　)。

A. 2　　B. 1/2　　C. 1　　D. 4

(87)管道直径 $d = 10\text{mm}$，通过流量 $Q = 20\text{cm}^3/\text{s}$，运动粘滞系数 $\nu = 0.010\ 1\text{cm}^2/\text{s}$，则管中水流属于(　　)。

A. 层流　　B. 紊流　　C. 渐变流　　D. 急变流

(88)有压管流中，若过水断面面积相同，则过水能力最大的过水断面形状为(　　)。

A. 圆形　　B. 多边行　　C. 正方形　　D. 矩形

(89)在有压管流中，若过水断面面积相同，而形状有以下几种，其中水力半径最大的为(　　)。

A. 圆形　　B. 多边行　　C. 正方形　　D. 矩形

(90)水泵的扬程是指(　　)。

A. 水泵提水高度

B. 水泵提水高度 + 吸水管的水头损失

C. 水泵提水高度 + 吸水管与压水管的水头损失

D. 以上答案都不是

(91)根据管道水头损失计算方法的不同，管道可以分为(　　)。

A. 简单管与复杂管　　B. 长管与短管

C. 并联管与串联管　　D. 分叉管与沿程均匀泄流管

(92)管流的负压区是指测压管水头线(　　)。

A. 在基准面以下的部分　　B. 在下游自由水面以下的部分

C. 在管轴线以下的部分　　D. 在基准面以上的部分

(93)长管的总水头线与测压管水头线(　　)。

A. 相重合　　B. 相平行,呈直线

C. 相平行,呈阶梯状　　D. 无法确定

(94)某串联管路系统见图 1.3.24 由直径分别为 $d_1=0.3\text{m}$、$d_2=0.2\text{m}$ 和 $d_3=0.15\text{m}$的三段铸铁管(糙率 $n=0.0125$)组成,管道长度分别为 $l_1=102\text{m}$,$l_2=100\text{m}$,$l_3=98\text{m}$。若中途分出流量 $q_1=0.052\text{m}^3/\text{s}$ 和 $q_2=0.048\text{m}^3/\text{s}$,末端出口流量 $Q_3=0.05\text{m}^3/\text{s}$,则保证上述供水所需要的水头 H 为(　　)。

A. 15.3m　　B. 18.3m　　C. 20.3m　　D. 23.3m

(95)如图 1.3.25 所示为一水泵的抽水量 $Q=30\text{L/s}$,吸水管的直径 $d=150\text{mm}$,水泵进口允许真空度 $h_{v充}=6.8\text{m}$,吸水管内的水头损失 $h_w=1.0\text{m}$,则此水泵在水面以上的安装高度 h_s 为(　　)。

A. 4.653m　　B. 5.653m　　C. 6.563m　　D. 7.653m

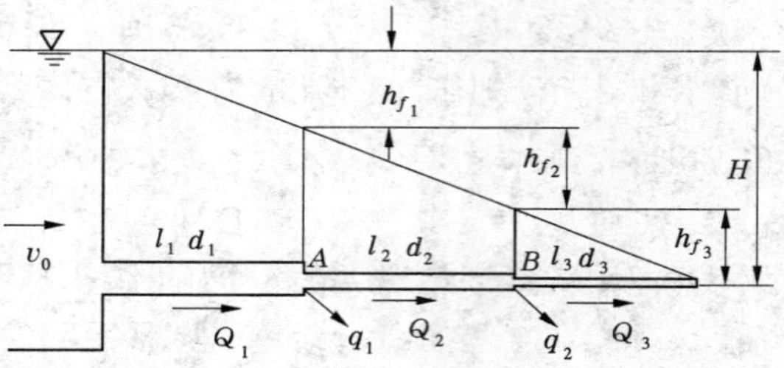

图 1.3.24

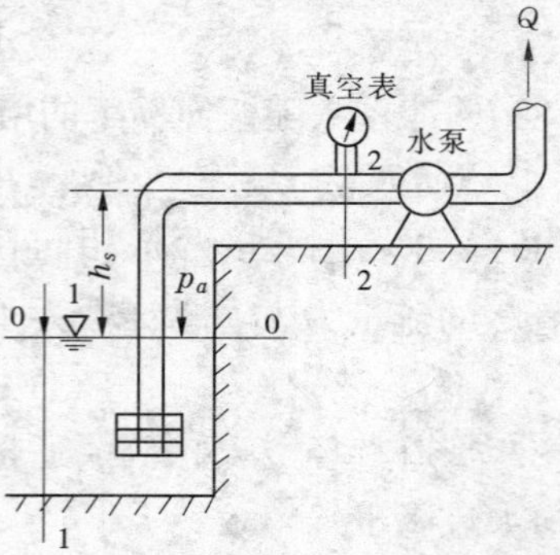

图 1.3.25

(96)矩形断面明渠水力最佳断面的宽深比 β 等于(　　)。

A. 1　　B. 2　　C. 3　　D. 4

(97)水力最佳断面是(　　)。

A. 湿周一定,面积最小的断面　　B. 面积一定,湿周最小的断面

C. 最低造价的断面　　D. 最小糙率的断面

(98)明渠均匀流的水流特征是(　　)。

A. $i=J>J_p$　　B. $i=J<J_p$　　C. $i\neq J=J_p$　　D. $i=J_p=J$

(99)明渠均匀流可能发生在(　　)。

A. 平坡渠道　　B. 逆坡渠道

C. 正坡渠道　　D. 正坡、平坡及负坡渠道中

(100)如图 1.3.26 所示中的各种断面的长直渠道,具有相同的 $n=0.017$,$A=1\text{m}^2$,

$i=0.005$,问其通过流量 Q 最大的断面形状为(　　)。

A. 正三角形　　B. 半正方形　　C. 半正六边形　　D. 半圆形

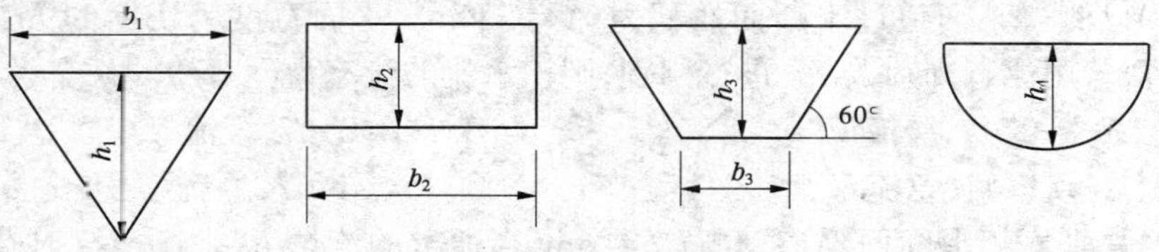

(a)正三角形　　(b)半正方形　　(b)半正六边形　　(d)半圆形

图 1.3.26

(101)如图 1.3.27 所示,某峡谷河段的断面图,可近似的视为矩形断面,当水深 $h_0=10$m,河宽 $b=200$m,河底的糙率 $n_1=0.025$,两岸的糙率 $n_2=0.060$,河谷段平均底坡 $i=0.0005$,则通过该河道的流量为(　　)。

A. $Q=5\ 717\text{m}^3/\text{s}$　　B. $Q=6\ 717\text{m}^3/\text{s}$

C. $Q=7\ 717\text{m}^3/\text{s}$　　D. $Q=8\ 717\text{m}^3/\text{s}$

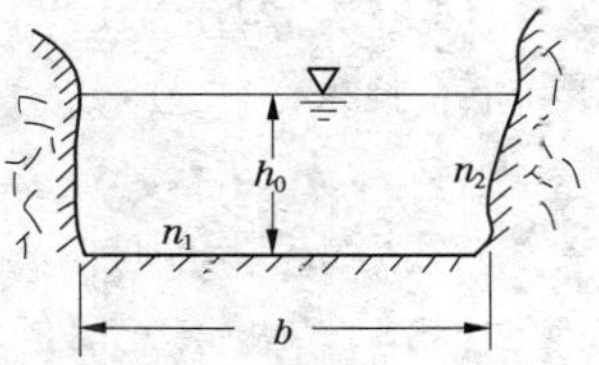

图 1.3.27

(102)有两条梯形断面长直渠道,已知流量 $Q_1=Q_2$,边坡系数 $m_1=m_2$,粗糙系数 $n_1>n_2$,其他条件均相同,则这两条渠道的均匀流水深关系为(　　)。

A. $h_1>h_2$　　B. $h_1<h_2$

C. $h_1=h_2$　　D. 无法确定

(103)平底棱柱形明渠发生水跃,其水跃函数 $J(h')$ 与 $J(h'')$ 的关系是(　　)。

A. $J(h')=J(h'')$　　B. $J(h')>J(h'')$　　C. $J(h')<J(h'')$　　D. 无法确定

(104)共轭水深是指(　　)。

A. 水跃的跃前水深与跃后水深　　B. 溢流坝下游水流收缩断面水深

C. 均匀流水深　　D. 临界水深

(105)在缓坡明渠中不可以发生的流动是(　　)。

A. 均匀缓流　　B. 均匀急流　　C. 非均匀缓流　　D. 非均匀急流

(106)底宽 $b=1.5$m 的矩形明渠,通过的流量 $Q=1.5\text{m}^3/\text{s}$,已知渠中某处水深 $h=0.4$m,则该处水流的流态为(　　)。

A. 缓流　　B. 急流　　C. 临界流　　D. 无法确定

(107)明渠发生 c_2 型水面曲线,则水流属于(　　)。

A. 急变流　　B. 缓流　　C. 急流　　D. 层流

(108)棱柱形明渠中,当流量一定时,临界水深 h_C 值随底坡 i 的增大而(　　)。

A. 减小　　B. 增大　　C. 不变　　D. 不确定

(109)从力学角度看,弗劳德数所表示的两种力的对比关系是(　　)。

A. 惯性力与粘滞力　　B. 惯性力与重力

C. 重力与粘滞力　　D. 压力与粘滞力

(110)在流量与明渠渠道断面形式、尺寸一定时,水跃的跃前水深减小,则(　　)。

A. 跃后水深也减小　　B. 跃后水深增大

C. 跃后水深不变　　D. 跃后水深是否变化无法确定

(111)已测得某河道过水断面面积为 $A=524m^2$，水面宽度为 $B=119m$，流量 $Q=1\ 620m^3/s$，若用流态判别数 Fr 进行判别，则该水流的流态为(　　)。

A. $Fr=0.47$，缓流　　B. $Fr=0.67$，缓流

C. $Fr=1.47$，急流　　D. $Fr=1.67$，急流

(112)一平底矩形断面渠道，底宽 $b=6m$，当通过的流量 $Q=35m^3/s$ 时跃前水深 $h'=0.5$，则跃后水深为(　　)。

A. $h''=2.49m$　　B. $h''=3.49m$　　C. $h''=4.49m$　　D. $h''=5.49m$

(113)若两条渠道断面形状、尺寸、糙率、底坡都一样，只有流量不一样，则这两条渠道的临界水深(　　)。

A. 相等　　B. 流量大则临界水深大

C. 流量小则临界水深大　　D. 无法确定

(114)若两条渠道的流量相同，断面形状、尺寸一样，糙率、底坡不一样，则这两条渠道的临界水深(　　)。

A. 底坡大则临界水深小　　B. 底坡小则临界水深大

C. 底坡大则临界水深大　　D. 相等

(115)闸孔出流的流量与闸前水头的(　　)成正比。

A. 0.5 次方　　B. 1 次方　　C. 1.5 次方　　D. 2 次方

(116)堰流的流量与堰顶水头的(　　)成正比。

A. 0.5 次方　　B. 1 次方　　C. 1.5 次方　　D. 2 次方

(117)WES 型实用堰($P\geqslant 1.33H_d$)，当堰顶水头等于设计水头 H_d 时，其流量系数 m 等于(　　)。

A. 0.385　　B. 0.49　　C. 0.502　　D. 0.65

(118)堰流分为薄壁堰、实用堰和宽顶堰，其主要依据是(　　)。

A. 堰顶厚度与堰上水头　　B. 堰坎高度与堰上水头

C. 堰坎高度与过堰流量　　D. 过堰流量与堰上水头

(119)某堰堰顶厚度 $\delta=5m$，堰前水头 $H=1.8m$，则此堰属于(　　)。

A. 薄壁堰　　B. 实用堰　　C. 宽顶堰　　D. 无法确定

(120)已知直角进口无侧收缩影响的宽顶堰的坎高 $P=P_1=0.50m$，堰下游水深 $h_t=1.12m$，堰宽 $b=1.28m$，当通过此宽顶堰的流量 $Q=1.67m^3/s$ 时，堰前水头 $H=0.85m$，则此堰属于(　　)。

A. 自由出流　　B. 淹没出流　　C. 无法确定

(121)宽顶堰的淹没充要条件是(　　)

A. $h_s>0$　　B. $h_s<0$　　C. $h_s\geqslant 0.8H_0$　　D. $h_s\geqslant 0.4H_0$

(122)闸孔淹没出流的条件是(　　)

A. $h_c''>h_t$　　B. $h_c''<h_t$　　C. $h_c''=h_t$　　D. 与 h_t 无关

(123)如图 1.3.28 所示的三个实用堰的堰型，堰上水头 H、上游堰高 P、堰宽 B 及上

游条件均相同，而下游堰高 P_1 及下游水深 h_t 不同，则三者流量的关系是(　　)。

A. $Q_a > Q_b > Q_c$　　B. $Q_a < Q_b < Q_c$　　C. $Q_a = Q_b = Q_c$　　D. 无法确定

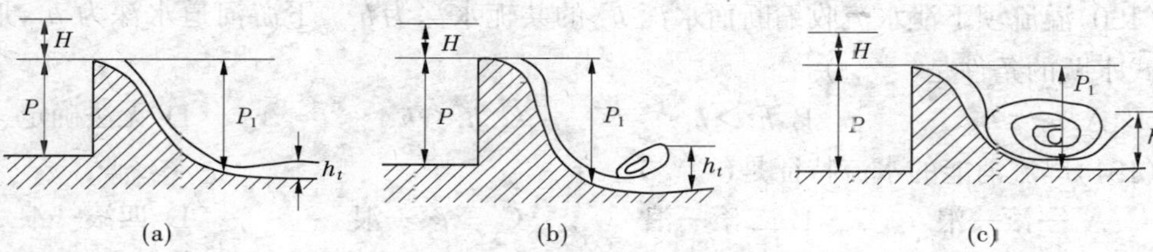

图 1.3.28

(124)有一平底闸，共 5 孔，每孔宽度 $b=3$m。闸上设锐缘平板闸门，已知闸门上水头 $H=3.5$m，闸门开启高度 $e=1.2$m，自由出流。若不计行近流速，则通过水闸的流量为(　　)。

A. $Q=60.46\text{m}^3/\text{s}$　B. $Q=70.46\text{m}^3/\text{s}$　C. $Q=80.46\text{m}^3/\text{s}$　D. $Q=90.46\text{m}^3/\text{s}$

(125)某实用堰共七孔，每孔宽度 $b=5$m，在实用堰堰顶最高点设平板闸门，已知闸上水头 $H=5.6$m，闸孔开启度 $e=1.5$m，下游水位在堰顶以下，若不计行近流速，则通过闸孔的流量为(　　)。

A. $Q=369.62\text{m}^3/\text{s}$　　B. $Q=469.62\text{m}^3/\text{s}$

C. $Q=569.62\text{m}^3/\text{s}$　　D. $Q=669.62\text{m}^3/\text{s}$

(126)某水利枢纽的溢洪坝采用 WES 标准剖面实用堰，闸墩的头部为半圆形，边墩头部为圆角形，共 16 孔，每孔净宽 15.0m。已知堰顶高程为 110.0m，下游河床为 30.0m。当上游设计水位为 125.0m 时，相应下游水位为 52.0m，流量系数 $m_d=0.502$，则过堰流量为(　　)。

A. $Q=1\ 810.5\text{m}^3/\text{s}$　　B. $Q=18\ 105\text{m}^3/\text{s}$

C. $Q=2\ 810.5\text{m}^3/\text{s}$　　D. $Q=28\ 105\text{m}^3/\text{s}$

(127)某泄洪闸如图 1.3.29 所示，闸门采用矩形平板闸门，已知闸前宽 $B=10$m，闸孔宽 $b=8$m。当闸门孔开度 $e=2$m 时，闸前水头 $H=8.0$m。流速系数 φ 取 0.97，下游水深较小，为自由出流，则通过闸孔流量为(　　)。

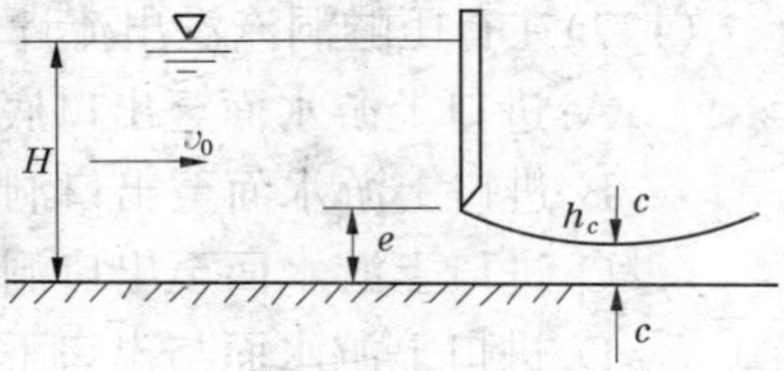

图 1.3 29

A. $Q=111.8\text{m}^3/\text{s}$　B. $Q=211.8\text{m}^3/\text{s}$

C. $Q=311.8\text{m}^3/\text{s}$　D. $Q=411.8\text{m}^3/\text{s}$

(128)某曲线型实用堰，当流量 $Q=200\text{m}^3/\text{s}$ 时，相应的水头 $H=1.37$m，溢流堰高 $P=P_1=8$m，坝前行近流速 $v_0=1.5$m/s，取流量系数 $m=0.46$，若不计侧收缩，且下游水深 $h_t=4.5$m，则该溢流堰的溢流宽度应为(　　)。

A. $B=34.28$m　　B. $B=44.28$m　　C. $B=54.28$m　　D. $B=64.28$m

(129)某河道宽 160m，设有 WES 型实用堰，堰上游面垂直。边墩头部为圆弧形，闸墩头部为半圆形。共 7 孔，每孔净宽 10m。当通过设计流量为 $5\ 500\text{m}^3/\text{s}$ 时，相应的上游水位为 55.0m，下游水位为 39.2m，上、下游河床高程均为 20.0m，则该实用堰堰顶高程应为(　　)。

A. 23.52m　　B. 33.52m　　C. 43.52m　　D. 53.52m

(130)溢流坝下泄水流收缩断面水深 h_c 的共轭水深为 h_{c2}，下游河道水深为 h_t，形成远离式水跃的条件是(　　)。

A. $h_t = h_{c2}$　　B. $h_t > h_{c2}$　　C. $h_t < h_{c2}$　　D. 无法确定

(131)戽流消能的水流特征是(　　)。

A. 一滚一浪　　B. 二滚一浪　　C. 三滚一浪　　D. 四滚一浪

(132)对矩形断面隧洞判别无压流的条件是(　　)(式中：H 为上游水头；a 为矩形断面的高度)。

A. $\frac{H}{a}<1.05$　　B. $\frac{H}{a}<1.15$　　C. $\frac{H}{a}<1.25$　　D. $\frac{H}{a}<1.35$

(133)对于圆形断面隧洞判别无压流的条件是(　　)(式中：H 为上游水头；D 为矩形断面的高度)。

A. $\frac{H}{D}<0.9$　　B. $\frac{H}{D}<1.0$　　C. $\frac{H}{D}<1.10$　　D. $\frac{H}{D}<1.20$

(134)隧洞的水流状态随着上游水位从低到高，呈现出(　　)。

A. 无压流—有压流—半有压流　　B. 无压流—半有压流—有压流

C. 有压流—半有压流—无压流　　D. 半有压流—有压流—无压流

(135)对于圆形隧洞判别有压流(全部为有压流)的条件是(　　)。

A. $\frac{H}{D}>1.0$　　B. $\frac{H}{D}>1.25$　　C. $\frac{H}{D}>1.5$　　D. $\frac{H}{D}>1.75$

(136)在有压隧洞自由出流计算式 $Q=\mu\omega\sqrt{2g(H_0-h_p)}$ 中，出口断面势能 h_p 与出口洞径 D 的关系是(　　)。

A. $h_p>D$　　B. $h_p=D$　　C. $h_p=\beta D$($\beta<1.0$ 为势能修正系数)

(137)在有压隧洞淹没出流计算式 $Q=\mu\omega\sqrt{2gz}$ 中，z 值为(　　)。

A. 进口上游水面至出口底部的高差值

B. 进口上游水面至出口洞口中心点处的高差值

C. 进口上游水面至出口洞口顶部的高差值

D. 进口上游水面与出口下游水面的高差

(138)渗流研究的对象是(　　)的运动规律。

A. 重力水　　B. 毛细水　　C. 气态水　　D. 薄膜水

(139)渗流的达西公式只能适用于(　　)。

A. 恒定均匀层流　　B. 恒定均匀紊流

C. 恒定均匀流　　D. 非恒定流

(140)已知不透水层坡底 $i=2.5\times10^{-3}$，土壤渗流系数 $k=4.3\times10^{-4}$ cm/s，均匀渗流水深 $h_0=12$m，则单宽渗流流量 q 为(　　)。

A. $1.29\times10^{-4}m^2/s$　　B. $1.29\times10^{-5}m^2/s$

C. $1.29\times10^{-6}m^2/s$　　D. $1.29\times10^{-7}m^2/s$

(141)一不透水层底坡 $i=0.002\ 5$，土壤渗流系数 $k=5\times10^{-3}$ cm/s，在相距 550m 的两个钻孔中，水深分别为 $h_1=3.0$m 及 $h_2=4.0$m，则通过该透水土层的单宽渗流流量为(　　)。

A. $q=1.18\times10^{-5}\text{m}^2/\text{s}$　　B. $q=1.18\times10^{-6}\text{m}^2/\text{s}$

C. $q=1.18\times10^{-7}\text{m}^2/\text{s}$　　D. $q=1.18\times10^{-8}\text{m}^2/\text{s}$

(142)如图 1.3.30 所示在实验室测定土壤的渗流系数 k，使用图中的实验装置，筒的直径为 12cm，土样段长度为 40cm，当两水箱液面之差为 48cm 时，测得流量为 0.004 8 L/s。则渗流系数为(　　)。

A. $k=0.015\ 4$cm/s　　B. $k=0.025\ 4$cm/s

C. $k=0.035\ 4$cm/s　　D. $k=0.045\ 4$cm/s

(143)如图 1.3.31 所示，上、下游两水箱中间有一水管联接，管径 100mm，管内填装两种不同的土壤($k_1=0.001$m/s，$k_2=0.003$m/s)。当两个水箱水位差 $\Delta H=1.2$m 时，则通过水管的渗流流量为(　　)。

A. $Q=3.35\times10^{-5}\text{m}^3/\text{s}$　　B. $Q=4.35\times10^{-6}\text{m}^3/\text{s}$

C. $Q=4.65\times10^{-7}\text{m}^3/\text{s}$　　D. $Q=5.65\times10^{-8}\text{m}^3/\text{s}$

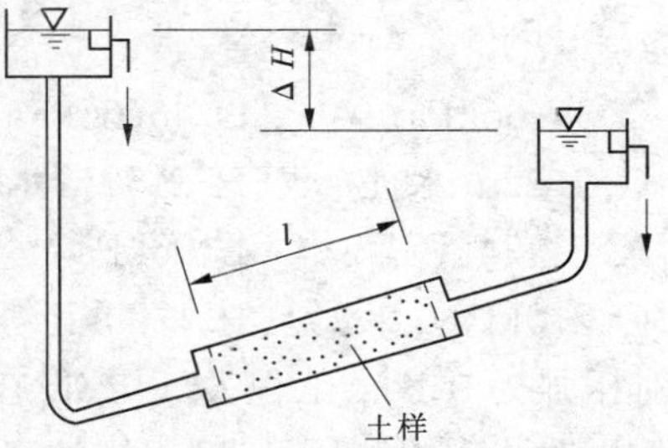

图 1.3.30

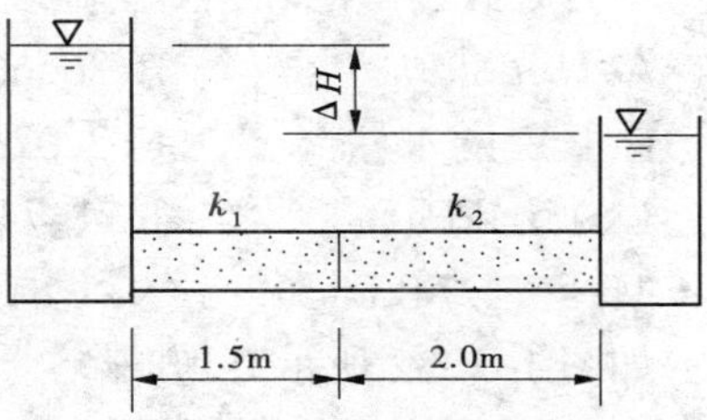

图 1.3.31

(144)根据渗流达西定律 $v=kJ$，说明渗流的水头损失与流速的(　　)次方成正比。

A. 0.5　　B. 1.0　　C. 1.5　　D. 2.0

(145)某铁路路堑为了降低地下水位，在路堑侧边埋置集水廊道(渗沟)，排泄地下水。若已知含水层厚度 $H=3$m，沟渗中水深 $h=0.3$m，含水层渗流系数 $k=0.002\ 5$cm/s，平均水力坡度 $J=0.02$，则流入长度 100m 渗沟的单侧流量为(　　)。

A. 0.042 5L/s　　B. 0.062 5L/s　　C. 0.082 5L/s　　D. 0.182 5L/s

(146)按重力相似准则设计模型，若几何比尺为 100，则流速比尺为(　　)。

A. 100　　B. 10　　C. 20　　D. 50

(147)水力模型的重力相似准则(　　)。

A. 模型与原型的弗劳德数相同　　B. 模型与原型的雷诺数相同

C. 模型与原型的欧拉数相同　　D. 模型与原型的韦伯数相同

(148)流动相似的弗劳德准则是原型弗劳德数 $(Fr)_p$ 与模型弗劳德数 $(Fr)_m$(　　)。

A. $(Fr)_p>(Fr)_m$　　B. $(Fr)_p<(Fr)_m$

C. $(Fr)_p=(Fr)_m$　　D. $(Fr)_p=(Fr)_m^2$

(149)某运动粘滞系数 μ 为 $4.645\times10^{-5}m^2/s$ 的油，在粘滞力和重力均占优势的原型中流动，取模型的长度比尺 $\lambda_l=5$，为同时满足重力和粘滞力相似条件，则模型液体运动粘滞系数应为(　　)。

A. $\nu_m=4.15\times10^{-5}m^2/s$　　B. $\nu_m=4.15\times10^{-6}m^2/s$

C. $\nu_m=4.15\times10^{-7}m^2/s$　　D. $\nu_m=4.15\times10^{-8}m^2/s$

(150)有一直径为 15cm 的输油管，管长 5m，管中流量为 $0.18m^3/s$，现用水来做模型实验，模型管径和原型一样，水温为 10℃(原型中油的运动粘滞系数 $\nu_p=0.13cm^2/s$)，为保证模型与原型的作用力相似，则模型流量应为(　　)。

A. $Q_m=0.0181m^3/s$　　B. $Q_m=0.181m^3/s$

C. $Q_m=2.81m^3/s$　　D. $Q_m=28.1m^3/s$

2)多项选择题

(1)液体中某点相对压强为 $15kN/m^2$，则该点的绝对压强为(　　)，真空度为(　　)。

A. $103kN/m^2$　　B. $113kN/m^2$　　C. $123kN/m^2$　　D. 不存在

(2)测得液体某点的绝对压强为 200mm 水银柱高，问：若以千帕表示和水柱高表示分别为(　　)；若以真空值和相对压强表示，其数值为(　　)。

A. 16.66kPa　　B. 26.66kPa　　C. 36.66kPa　　D. 46.66kPa

E. 1.22m 水柱　　F. 2.02m 水柱　　G. 2.22m 水柱　　H. 2.72m 水柱

I. 61.04kPa　　J. 71.74kPa　　K. 81.24kPa　　L. 90kPa

M. −71.74kPa　　N. −81.24kPa　　O. 2.0kPa　　P. −90kPa

(3)如图 1.3.32 所示，已知某容器 A 点的相对压强为 0.8 个工程大气压，设在此高度上安装一测压管，则玻璃管的高度 h 为(　　)，如果改装水银测压计，问水银柱高度 h_p 为(　　)(已测得 $h'=0.2m$)?

A. $h=6m$　　B. $h=0.8m$　　C. $h=8m$　　D. $h=18m$

E. $h_p=0.40m$　　F. $h_p=0.50m$　　G. $h_p=0.60m$　　H. $h_p=1.20m$

(4)如图 1.3.33 所示，测量某容器中 A 点的压强值。已知：$z=1m$，$h=2m$，则 A 点的相对压强和真空度(若 $p_A<p_a$ 时)为(　　)。

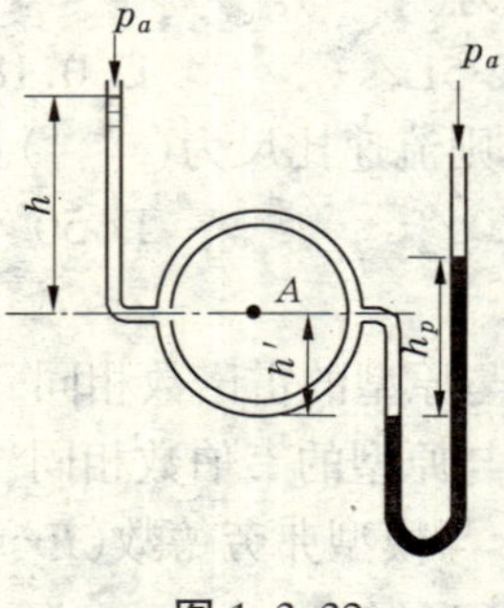

图 1.3.32

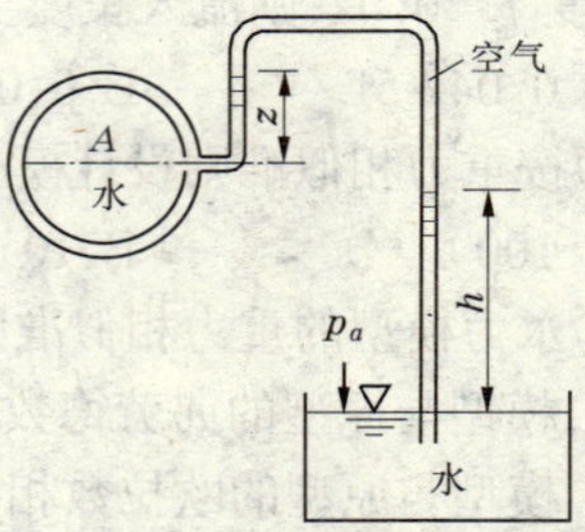

图 1.3.33

A. 58.2kPa　　B. 68.2kPa　　C. 78.2kPa　　D. 88.2kPa

E. $h_p=0.1$m 水柱　　F. $h_p=0.2$m 水柱　G. $h_p=0.3$m 水柱　H. $h_p=0.4$m 水柱

(5)如图 1.3.34 所示一混凝土坝，坝上游水深 $h=24$m，则该混凝土坝每米宽坝面所受的静水总压力及作用点位置为(　　)。

A. 1 822.4kN　　B. 2 022.4kN　　C. 2 822.4kN　　D. 3 022.4kN

E. 距底边线 8m　　F. 距底边线 12m　　G. 距底边线 16m

(6)如图 1.3.35 所示，挡水坝迎水面水深 $H=10$m，坡面坡度为 1∶1.5，则在 1m 宽坡面上作用的静水总压力为(　　)，静水总压力作用点位置为(　　)。

A. $P=684$kN　　B. $P=784$kN　　C. $P=884$kN

D. 作用点位于距迎水面底边 1/3 处

E. 作用点位于距迎水面底边 1/2 处

F. 作用点位于距迎水面底边 2/3 处

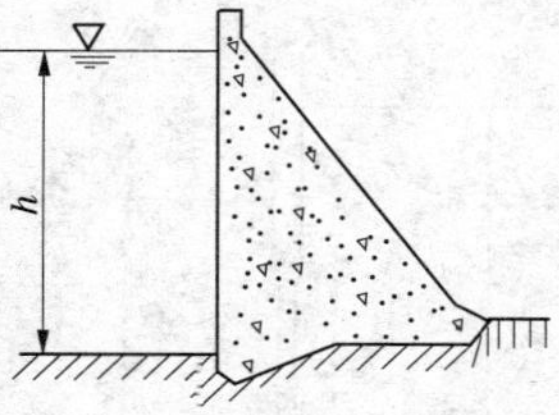

图 1.3.34

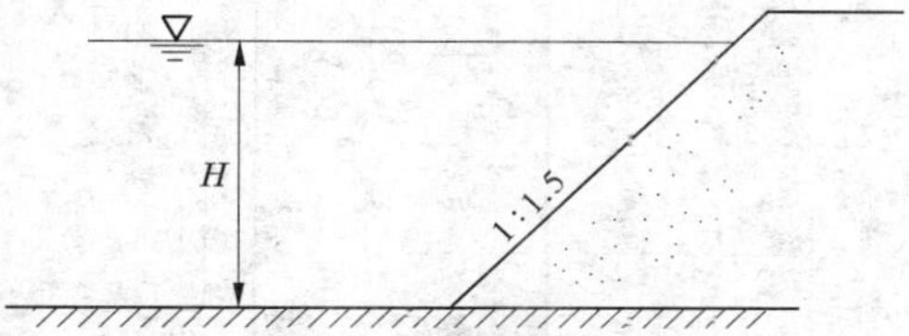

图 1.3.35

(7)图 1.3.36 所示为铰结于 A 点的矩形平板闸门 AB，宽 $B=3$m，门重 $G=9.8$kN，$\alpha=60°$，$h_1=1$m，$h_2=2$m，试问：

①下游无水时的启闭力为(　　)；

②下游水深 $h_3=0.5h_2$ 时的启闭力为(　　)。

A. $T=285.95$kN　　B. $T=185.95$kN　　C. $T=885.95$kN

D. $T=361.45$kN　　E. $T=261.45$kN　　F. $T=161.45$kN

(8)如图 1.3.37 所示渠道上一平面闸门，宽 $b=4.0$m，闸门在水深 $H=2.5$m 下工作。则当闸门斜放 $\alpha=60°$时受到的静水总压力及闸门铅直时所受的静水总压力分别为(　　)。

A. 141.6kN　　B. 161.6kN　　C. 181.6kN　　D. 201.6kN

E. 102.5kN　　F. 112.5kN　　G. 122.5kN　　H. 132.5kN

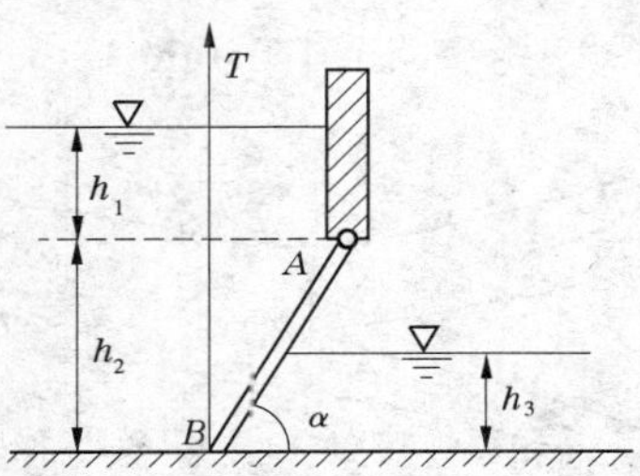

图 1.3.36

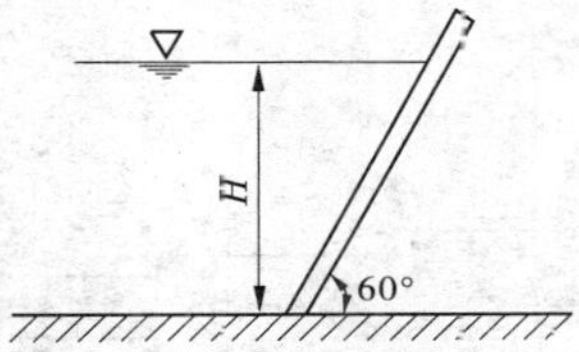

图 1.3.37

(9)密封罩下面为开口水池，如图 1.3.38 所示。则罩内 A、B、C 三点的相对压强分别为(　　)。

A. 4.7kPa　　B. 14.7kPa　　C. 24.7kPa　　D. 34.7kPa

E. 0　　F. 0.5kPa　　G. 1.5kPa　　H. 2.5kPa

I. −9.6kPa　　J. −19.6kPa　　K. −29.6kPa　　L. −39.6kPa

(10)如图 1.3.39 所示,已知矩形闸门高 $h=3$m,宽 $b=2$m,上游水深 $h_1=6$m,下游水深$h_2=4.5$m。试问:

①作用在闸门上的静水总压力为(　　);

②压力中心的位置为(　　)。

A. 288.2kN　　B. 188.2kN　　C. 88.2kN

D. 距底 1.5m　　E. 距底 2.5m　　F. 距底 3.5m

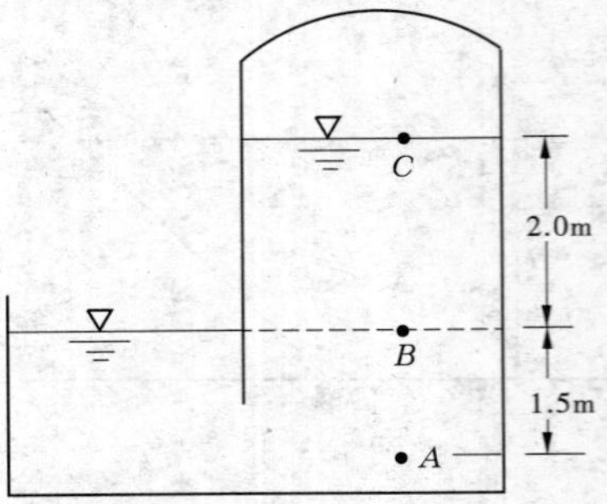

图 1.3.38

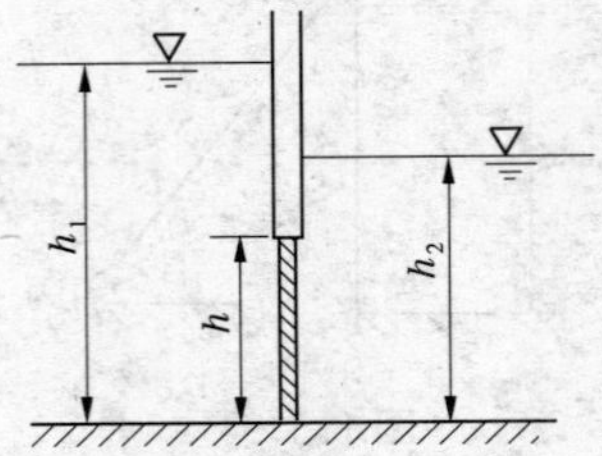

图 1.3.39

(11)如图 1.3.40 所示一压力管中,已知 $d_1=200$mm,$d_2=150$mm,$d_3=100$mm。第 3 段管中的平均流速 $v_3=2$m/s。则:管中的流量 Q 及第 1、2 两段管中的平均流速 v_1、v_2 分别为(　　)。

A. $Q=0.015\,7\text{m}^3/\text{s}$　　B. $Q=0.025\,7\text{m}^3/\text{s}$　　C. $Q=0.035\,7\text{m}^3/\text{s}$

D. $v_1=0.3$m/s　　E. $v_1=0.4$m/s　　F. $v_1=0.5$m/s

G. $v_2=0.69$m/s　　H. $v_2=0.89$m/s　　I. $v_2=1.09$m/s

(12)如图 1.3.41 所示,某主河道的总流量 $Q_1=1\,890\text{m}^3/\text{s}$,上游两个支流的断面平均流速为 $v_3=1.30$m/s,$v_2=0.95$m/s。若两个支流过水断面面积之比为 $A_2/A_1=4$,则两个支流的断面面积 A_2 及 A_3 分别为(　　)。

A. 1 082.4m^2　　B. 1 282.4m^2　　C. 1 482.4m^2

D. 270.6m^2　　E. 370.6m^2　　F. 470.6m^2

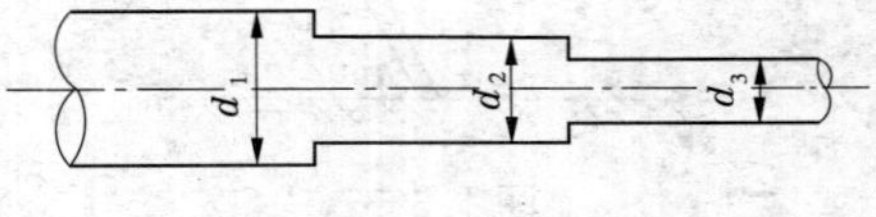

图 1.3.40

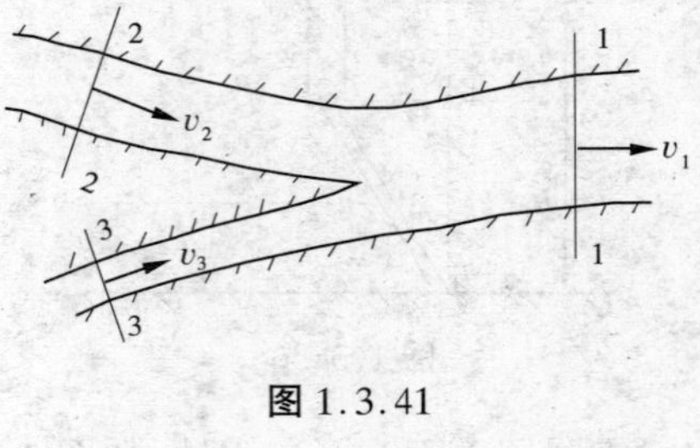

图 1.3.41

(13)如图 1.3.42 所示为一管路,由两根圆管与一根异径接头连接而成,已知 $d_1 = 200\text{mm}$,$d_2 = 400\text{mm}$,若点 1 相对压强 $p_1 = 68.6\text{kPa}$,点 2 相对压强 $p_2 = 39.2\text{kPa}$,$v_2 = 1\text{m/s}$,1、2 两断面形心高差为 1m,则两断面间水头损失(　　),水流方向(　　)。

A. h_w 为 2.77m　　B. h_w 为 3.77m　　C. h_w 为 4.77m

D. 1→2　　E. 2→1

(14)有一虹吸管(见图 1.3.43)。已知管径 $d = 0.1\text{m}$,$h_1 = 1.5\text{m}$,$h_2 = 3\text{m}$,若不计水头损失,并取动能修正系数为 1。则通过虹吸管的流量 Q 及断面 c 中心处的压强 p_c 分别为(　　)。

A. 0.040 2m^3/s　　B. 0.060 2m^3/s　　C. 0.080 2m^3/s

D. -44.1kN/m^2　　E. -24.1kN/m^2　　F. -14.1kN/m^2

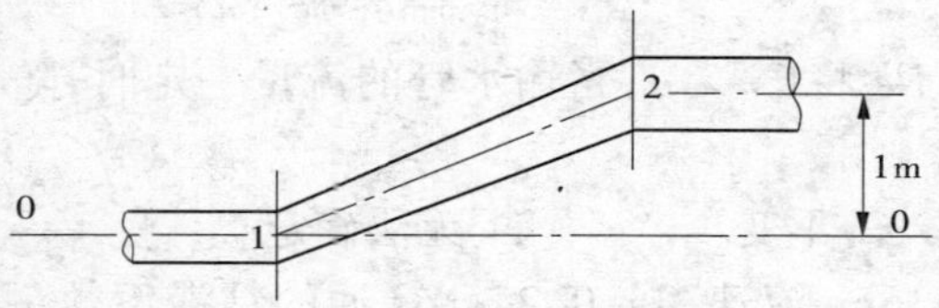

图 1.3.42

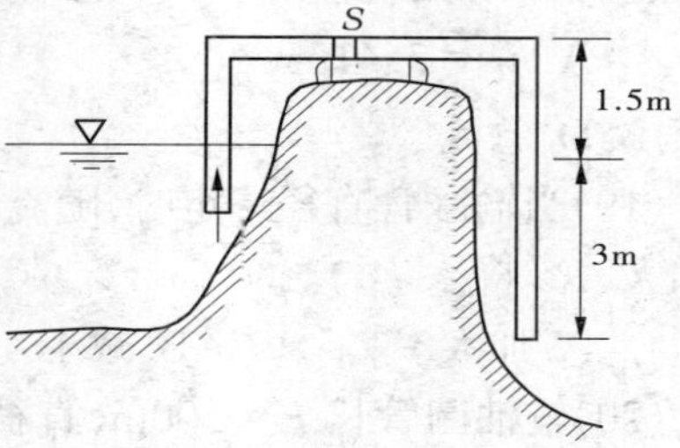

图 1.3.43

(15)图 1.3.44 所示,水箱一侧有一向上开口的短管,箱内水位恒定,水通过管嘴向上喷射。若管嘴出口至水箱水面的高度 $h = 5\text{m}$,短管的总水头损失是短管流速水头的 0.2 倍,取动能校正系数 $\alpha = 1$。则管嘴的出流速度 v 为(　　)及此射流达到的高度 z 为(　　)。

A. $v = 6.67\text{m/s}$　　B. $v = 7.67\text{m/s}$　　C. $v = 8.67\text{m/s}$

D. $z = 1.28\text{m}$　　E. $z = 2.28\text{m}$　　F. $z = 3.28\text{m}$

(16)对于如图 1.3.45 所示分叉管路,则有(　　)关系式成立。

A. $Q_1 = Q_2 + Q_3\cos\alpha$

B. $Q_1 = Q_2 + Q_3$

C. $z_1 + \dfrac{p_1}{\gamma} + \dfrac{\alpha_1 v_1^2}{2g} = \left(z_2 + \dfrac{p_2}{\gamma} + \dfrac{\alpha_2 v_2^2}{2g} + h_{w_{1-2}}\right) + \left(z_3 + \dfrac{p_3}{\gamma} + \dfrac{\alpha_3 v_3^2}{2g} + h_{w_{1-3}}\right)$

D. $z_1 + \dfrac{p_1}{\gamma} + \dfrac{\alpha_1 v_1^2}{2g} = z_2 + \dfrac{p_2}{\gamma} + \dfrac{\alpha_2 v_2^2}{2g} + h_{w_{1-2}}$,$z_1 + \dfrac{p_1}{\gamma} + \dfrac{\alpha_1 v_1^2}{2g} = z_3 + \dfrac{p_3}{\gamma} + \dfrac{\alpha_3 v_3^2}{2g} + h_{w_{1-3}}$

E. $\left(z_1 + \dfrac{p_1}{\gamma} + \dfrac{\alpha_1 v_1^2}{2g}\right)\gamma Q_1 = \left(z_2 + \dfrac{p_2}{\gamma} + \dfrac{\alpha_2 v_2^2}{2g} + h_{w_{1-2}}\right)\gamma Q_2 + \left(z_3 + \dfrac{p_3}{\gamma} + \dfrac{\alpha_3 v_3^2}{2g} + h_{w_{1-3}}\right)\gamma Q_3$

(17)某种液体流经两根长度相等但粗糙度不同的等直径长直管道,当雷诺数相等时,它们的水头损失在(　　)流态与流区内相等。

A. 层流区　　B. 水力光滑区　　C. 水力过渡区

D. 水力粗糙区

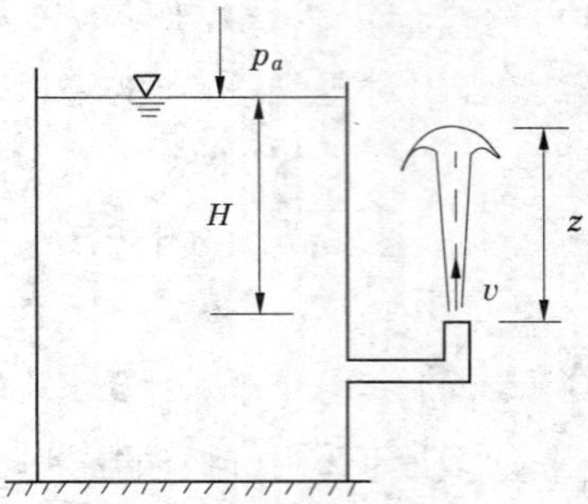

图 1.3.44

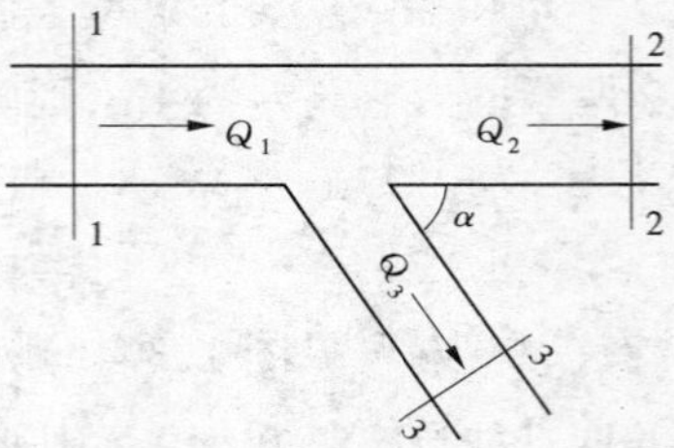

图 1.3.45

(18)有一矩形断面明渠底宽 $b=6\text{m}$，通过 $Q=25\text{m}^3/\text{s}$ 时的渠中水深 $h_C=3.0\text{m}$，则该渠道的临界水深为(　　)，其水流的流态为(　　)。

A. $h_C=3.41\text{m}$　　B. $h_C=2.01\text{m}$　　C. $h_C=1.21\text{m}$

D. 急流　　E. 缓流　　F. 临界流

(19)当输水管直径一定时，随流量加大，Re 将(　　)；当输水管的流量一定时，随管径加大，Re 将(　　)。

A. 加大　　B. 减小　　C. 不变　　D. 无法确定

(20)输油圆管长 $L=500\text{m}$，直径 $d=0.15\text{m}$，流速 $v=0.24\text{m/s}$，油的粘滞系数 $\nu=2.0\text{cm}^2/\text{s}$，则此输油管流动型态为(　　)及此管段的沿程阻力损失为(　　)。

A. 层流　　B. 紊流　　C. 临界流

D. $h_f=3.58\text{m}$(油柱)　　E. $h_f=4.58\text{m}$(油柱)　　F. $h_f=5.58\text{m}$(油柱)

(21)以下属于复杂管道的是(　　)。

A. 并联管　　B. 串联管　　C. 管径保持不变的长管

D. 管径保持不变的短管　　E. 分叉管　　F. 沿程均匀泄流管

(22)图 1.3.46 所示为一跨河倒虹吸管，圆管直径 $D=0.8\text{m}$，管长 $l=50\text{m}$，每个 30°折角、进口和出口的局部水头损失系数分别为 $\zeta_1=0.2$，$\zeta_2=0.5$，$\zeta_3=1.0$，沿程水头损失系数 $\lambda=0.024$，上下游水位差 $H=3\text{m}$，水流运动粘度 $\nu=0.010\ 1\text{cm}^2/\text{s}$，上下游的行近流速水头均忽略不计，则：

①通过倒虹吸管的流量 Q 为(　　)；

②管中水流流态属于(　　)。

A. $1.09\text{m}^3/\text{s}$　　B. $2.09\text{m}^3/\text{s}$　　C. $3.09\text{m}^3/\text{s}$

D. 层流　　E. 紊流　　F. 临界流

(23)如图 1.3.47 所示，某渠道用直径 $d=0.7\text{m}$ 的混凝土虹吸管自河中向渠道引水。河道水位与渠道水位的高差为 5m，虹吸管长度 $l_1=8\text{m}$，$l_2=12\text{m}$，$l_4=14\text{m}$，混凝土虹吸管沿程水头损失系数 λ 为 0.022，进口局部水头损失系数 $\zeta_e=0.5$，中间有两个弯头，每个弯头的局部水头损失系数 $\zeta_b=0.365$，出口局部水头损失系数 $\zeta_{ou}=1.0$。则：

①通过虹吸管的流量为(　　)；

②当虹吸管的最大允许真空度为 7m 时，则虹吸管的安装高度为(　　)。

A. $1.10m^3/s$　　B. $1.60m^3/s$　　C. $2.10m^3/s$

D. 3.21m　　E. 3.41m　　F. 3.61m

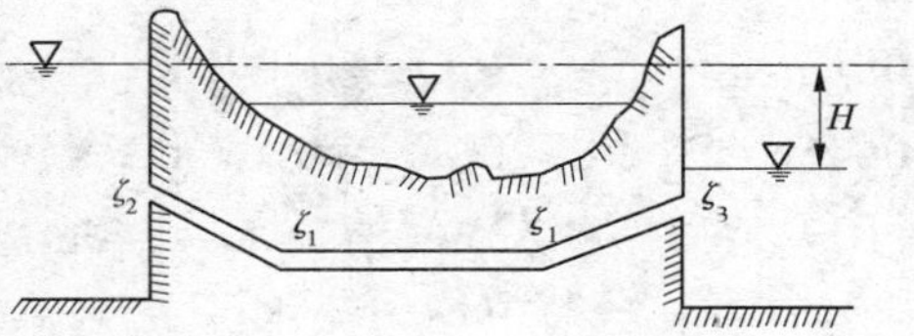

图 1.3.46

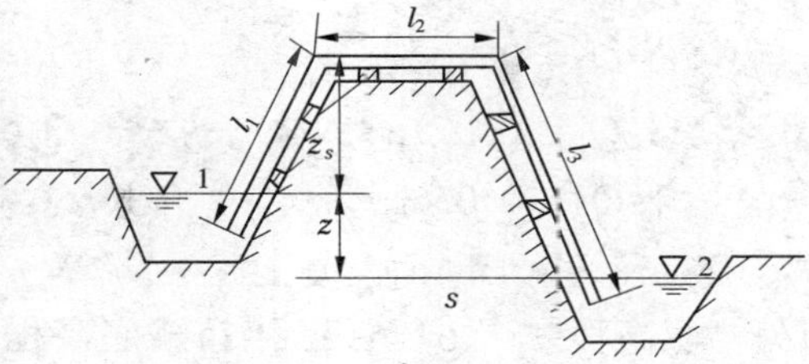

图 1.3.47

(24)某离心泵管路系统如图 1.3.48 所示，其流量 Q 为 50L/s，提水高度 z 为 20m。水泵的吸水管长 l_1 为 8m，直径 d_1 为 0.20m，压水管长 l_2 为 40m，直径 d_2 为 0.15m，沿程水力摩擦系数 λ_s 为 0.025，吸水管底阀局部水头损失系数 $\zeta_1=4.0$，弯头 $\zeta_2=0.5$（每个），逆止阀 $\zeta_3=5.0$，阀门 $\zeta_4=0.5$，出口 $\zeta_5=1.0$。若水泵最大允许真空度为 6.0m。则：

①水泵的允许安装高度为(　　)；

②水泵的扬程为(　　)；

③若电动机与水泵总效率为 75%，则水泵的装机容量为(　　)。

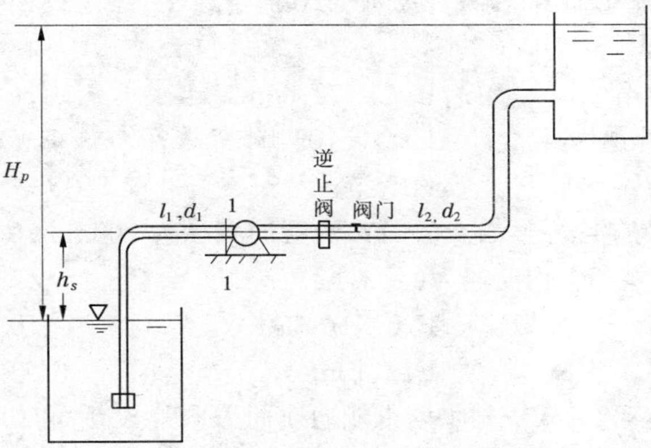

图 1.3.48

A. $h_s=4.16m$　　B. $h_s=5.16m$　　C. $h_s=6.16m$

D. $H_p=22.50m$　　E. $H_p=24.50m$　　F. $H_p=26.50m$

G. $N=17.31kW$　　H. $N=19.31kW$　　I. $N=21.31kW$

(25)有三段管道并联如图 1.3.49 所示，若通过并联管道总流量 Q 为 $0.26m^3/s$，管径 $d_1=0.3m$、$d_2=0.25m$、$d_3=0.225m$，管长 $l_1=100m$、$l_2=130m$ 和 $l_3=120m$，管道为铸铁管 $n=0.0125$。

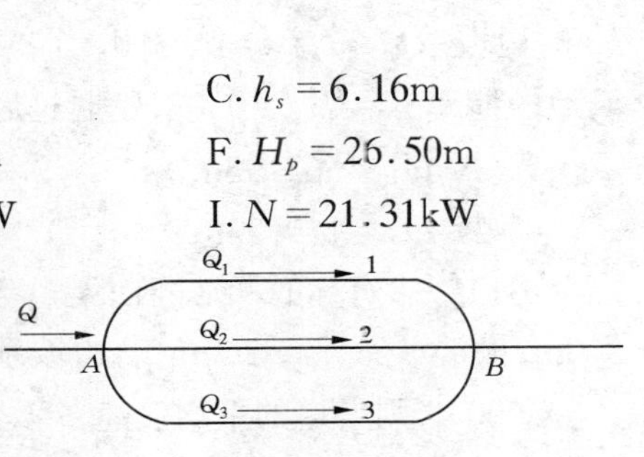

图 1.3.49

则并联管道两节点 A、B 之间的水头损失 h_f 为(　　);各支管流量 Q_1、Q_2 和 Q_3 分别为(　　)。

A. $h_f=1.734\text{m}$　　B. $h_f=2.734\text{m}$　　C. $h_f=3.734\text{m}$

D. $Q_1=0.102\text{m}^3/\text{s}$　　E. $Q_1=0.122\text{m}^3/\text{s}$　　F. $Q_1=0.132\text{m}^3/\text{s}$

G. $Q_2=0.071\text{m}^3/\text{s}$　　H. $Q_2=0.081\text{m}^3/\text{s}$　　I. $Q_3=0.091\text{m}^3/\text{s}$

J. $Q_3=0.056\text{m}^3/\text{s}$　　K. $Q_3=0.066\text{m}^3/\text{s}$　　L. $Q_3=0.076\text{m}^3/\text{s}$

(26)有一矩形断面混凝土渡槽,糙率 $n=0.014$,底宽 $b=2.5\text{m}$,槽长 $L=140\text{m}$。进口处槽底高程 $z_1=64.65\text{m}$,出口槽底高程 $z_2=64.03\text{m}$,当槽中均匀流水深 $h_0=1.8\text{m}$ 时,则渡槽底坡 i 和通过的流量 Q 分别为(　　),该水流流态属于(　　)。

A. $i=0.004\ 43$　　B. $i=0.000\ 443$　　C. $i=0.044\ 3$

D. $Q=7.47\text{m}^3/\text{s}$　　E. $Q=17.47\text{m}^3/\text{s}$　　F. $Q=27.47\text{m}^3/\text{s}$

G. 急流　　H. 缓流　　I. 临界流

(27)一引水渡槽,断面为矩形,槽宽 b 为 1.5m,糙率 n 为 0.011,槽长 l 为 116.5m,进口处槽底高程为 52.06m。水流在渠中作均匀流动。当通过设计流量 Q 为 $7.65\text{m}^3/\text{s}$ 时,槽中水深 h 为 1.7m,则渡槽底坡 i 为(　　)及出口槽底高程为(　　)。

A. $i=0.002\ 6$　　B. $i=0.003\ 6$

C. 51.36m　　D. 51.76m

(28)一矩形渠道,底宽 $b=10\text{m}$,水深 $h=3\text{m}$,属于均匀流,糙率 $n=0.014$,底坡 $i=0.001$。如流动在紊流粗糙区,则谢才系数 C 和流量 Q 为(　　),该明渠水流属于(　　)(急流还是缓流)。

A. $C=65.04\text{m}^{1/2}/\text{s}$　　B. $C=72.04\text{m}^{1/2}/\text{s}$　　C. $C=79.32\text{m}^{1/2}/\text{s}$

D. $Q=93.04\text{m}^3/\text{s}$　　E. $Q=103.04\text{m}^3/\text{s}$　　F. $Q=113.04\text{m}^3/\text{s}$

G. 急流　　H. 缓流

(29)表面较粗糙的混凝土($n=0.017$)沟管的直径为 700mm,底坡 $i=0.02$,则水深 $h=0.28\text{m}$ 时的泄水量和平均流速为(　　)。

A. $0.15\text{m}^3/\text{s}$　　B. $0.31\text{m}^3/\text{s}$　　C. $0.52\text{m}^3/\text{s}$

D. 1.65m/s　　E. 2.13m/s　　F. 2.21m/s

(30)开凿一条运河,为保护枯水期也能通航而采取复式断面,如图 1.3.50 所示。运河底坡 $i=0.003$,主槽底宽 $b_1=20\text{m}$,边坡系数 $m_1=2.5$,两侧滩地宽度相等,$b_1=b_2=30\text{m}$,边坡系数 $m_2=m_3=3.0$,当 $h_1=4.0\text{m}$,$h_1=h_3=2.0\text{m}$ 时,主槽的糙率 $n_1=0.025$,滩地的糙率 $n_2=n_3=0.03$,则通过运河主槽的流量 Q_1 与滩地的流量 Q_2 分别为(　　)。

A. $Q_1=562.93\text{m}^3/\text{s}$　　B. $Q_1=662.93\text{m}^3/\text{s}$　　C. $Q_1=762.93\text{m}^3/\text{s}$

D. $Q_2=159.23\text{m}^3/\text{s}$　　E. $Q_2=259.23\text{m}^3/\text{s}$　　F. $Q_2=359.23\text{m}^3/\text{s}$

(31)一非对称的梯形断面渠道(见图 1.3.51),左边墙为直立挡土墙,已知底宽 $b=5.0\text{m}$,正常水深 $h_0=2.0\text{m}$,若边坡系数 $m_1=1$,$m_2=0$,糙率 $n_1=0.02$,$n_2=0.014$,底坡 $i=0.000\ 4$,则渠道的平均流速 v 及流量 Q 分别为(　　)。

A. $v_1=1.0\text{m/s}$　　B. $v_1=1.20\text{m/s}$　　C. $v_1=1.40\text{m/s}$

D. $Q=14.4\text{m}^3/\text{s}$　　　　E. $Q=24.4\text{m}^3/\text{s}$　　　　F. $Q=34.4\text{m}^3/\text{s}$

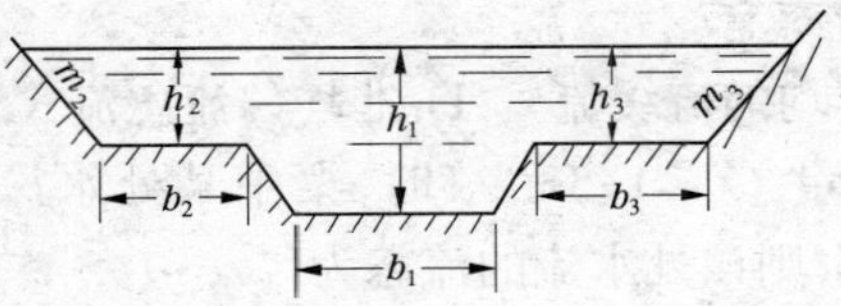

图 1.3.50

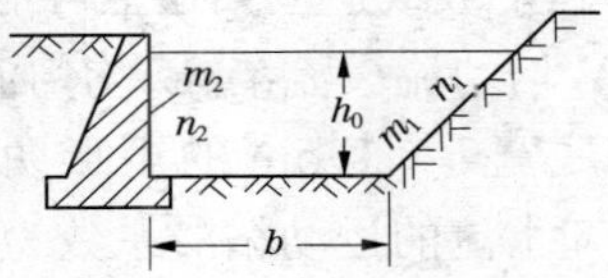

图 1.3.51

(32)有一个梯形断面渠道,已知:渠中通过的流量 $Q=5\text{m}^3/\text{s}$,边坡系数 $m=1.0$,糙率 $n=0.02$,底坡 $i=0.000\,2$,若按水力最佳条件设计断面,则该梯形断面的水深 h_m 及底宽 b_m 分别为(　　)。

A. $h_m=0.98\text{m}$　　　　B. $h_m=1.98\text{m}$　　　　C. $h_m=2.98\text{m}$

D. $b_m=0.64\text{m}$　　　　E. $b_m=1.64\text{m}$　　　　F. $b_m=2.64\text{m}$

(33)下列矩形渠道中的水流属于急流的是(　　);属于缓流的是(　　)。

A. $B=12\text{m}, Q=14.4\text{m}^3/\text{s}, H=0.45\text{m}$

B. $B=8\text{m}, Q=2.5\text{m}^3/\text{s}, H=0.35\text{m}$

C. $B=4\text{m}, Q=1.5\text{m}^3/\text{s}, H=0.40\text{m}$

D. $B=2\text{m}, Q=1.0\text{m}^3/\text{s}, H=0.2\text{m}$

(34)某一光滑壁面($n=0.010$)的矩形渠道,宽 2.5m,底坡 $i=0.01$ 通过流量 $Q=3\text{m}^3/\text{s}$,渠道中某一断面的水深为 0.75m。则可判定:

①渠道底坡属于(　　);

②该段面水流流态属于(　　)。

A. 陡坡　　B. 缓坡　　C. 缓流　　D. 急流　　E. 临界流

(35)矩形断面渠道,$n=0.012$,$Q=12\text{m}^3/\text{s}$,$b=4.50\text{m}$,$i=0.01$,由此可知:

①临界底坡 i_c 为(　　);

②该渠道底坡属于(　　)。

A. $i_c=0.001\,29$　　　　B. $i_c=0.022\,9$　　　　C. $i_c=0.002\,29$

D. 缓坡　　　　E. 陡坡　　　　F. 临界坡

(36)闸门下游矩形断面渠道中发生水跃,已知 $b=6\text{m}$,$Q=12.5\text{m}^3/\text{s}$,跃前断面流速 $v_1=7\text{m/s}$,则跃后水深 h'' 为(　　),水跃长度 l_j 为(　　);水跃所消耗的能量 ΔE_j 为(　　)。

A. $h''=1.283\text{m}$　　　　B. $h''=1.583\text{m}$　　　　C. $h''=1.783\text{m}$

D. $l_j=6.867\text{m}$　　　　E. $l_j=7.867\text{m}$　　　　F. $l_j=8.867\text{m}$

G. $\Delta E_j=0.927\text{m}$　　　　H. $\Delta E_j=1.027\text{m}$　　　　I. $\Delta E_j=1.227\text{m}$

(37)在棱柱体缓坡渠道上可能发生的水流流态有(　　)。

A. 均匀流缓流　　　　B. 均匀流急流

C. 非均匀流缓流　　　　D. 非均匀流急流

(38)在棱柱体陡坡渠道上可能发生的水流流态有(　　)。

A. 均匀流缓流　B. 均匀流急流　C. 非均匀流缓流　D. 非均匀流急流

(39)在平坡或逆坡渠道上可能发生的水流流态有(　　)。

A. 均匀流缓流　B. 均匀流急流　C. 非均匀流缓流　D. 非均匀流急流

(40)底宽 $b=1.5\text{m}$ 的矩形明渠，通过的流量 $Q=1.5\text{m}^3/\text{s}$ 时，渠中某处水深 $h=0.4\text{m}$，已知水流的运动粘滞系数为 $0.010\ 1\text{cm}^2/\text{s}$，则该处水流的流态为(　　)。

A. 缓流　B. 急流　C. 临界流　D. 层流　E. 紊流

(41)若水流在明渠中的流态为缓流时，其水深 h(　　)，弗劳德数 Fr(　　)。

A. $h>h_C$　B. $h<h_C$　C. $Fr<1$　D. $Fr>1$

(42)若水流在明渠中的流态为急流时，其水深 h(　　)，弗劳德数 Fr(　　)。

A. $h>h_C$　B. $h<h_C$　C. $Fr<1$　D. $Fr>1$

(43)a_2 型水面曲线是发生在(　　)上的(　　)的水面线，这时弗劳德数 Fr 沿程(　　)。

A. 陡坡　B. 缓坡　C. 缓流　D. 急流　E. 增大　F. 减小

(44)b_1 型水面曲线是发生在(　　)上的(　　)的水面线，这时弗劳德数 Fr 沿程(　　)。

A. 陡坡　B. 缓坡　C. 缓流　D. 急流　E. 增大　F. 减小

(45)c_1 型水面曲线是发生在(　　)上的(　　)的水面线，这时弗劳德数 Fr 沿程(　　)。

A. 陡坡　B. 缓坡　C. 缓流　D. 急流　E. 增大　F. 减小

(46)水跃是明渠水流从(　　)过渡到(　　)的水力突变现象。

A. 急流　B. 缓流　C. 临界流　D. 层流　E. 紊流

(47)水跌是明渠水流从(　　)过渡到(　　)的水力突变现象。

A. 急流　B. 缓流　C. 临界流　D. 层流　E. 紊流

(48)棱柱体明渠的临界底坡与下列(　　)因素有关。

A. 流量大小　B. 渠道断面形状及尺寸

C. 渠道的纵坡　D. 渠道的糙率

(49)当明渠水深 h 大于临界水深 h_C 时，则水流处于(　　)状态，此时弗劳德数 Fr(　　)。

A. 急流　B. 缓流　C. 大于 1.0

D. 小于 1.0　E. 等于 1.0

(50)一矩形水槽底宽 50cm，通过流量 $Q=500\text{cm}^3/\text{s}$，槽壁糙率 $n=0.01$，则该水槽水流的临界水深 h_C 为(　　)；若水槽水流为均匀流，水深为 $h=10\text{cm}$，则水槽底坡 i 为(　　)。

A. 0.267m　B. 0.367m　C. 0.467m

D. 6.80×10^{-4}　E. 6.80×10^{-5}　F. 6.80×10^{-6}

(51)某矩形断面渠道，通过的流量 $Q=30\text{m}^3/\text{s}$，底宽为 $b=5\text{m}$，水深为 $h=1\text{m}$，则渠内水流的弗劳德数为(　　)；若是急流，则发生水跃的跃后水深是(　　)。

A. $Fr=1.92$　　　　B. $Fr=0.92$　　　　C. $Fr=2.92$

D. 1.26m　　　　E. 2.26m　　　　F. 3.26m

(52) 一定的流量 Q 通过下面的四种棱柱形渠道，以下所画渠道水面线(见图 1.3.52)正确的是(　　)。

A. 图(a)　　　　B. 图(b)　　　　C. 图(c)　　　　D. 图(d)

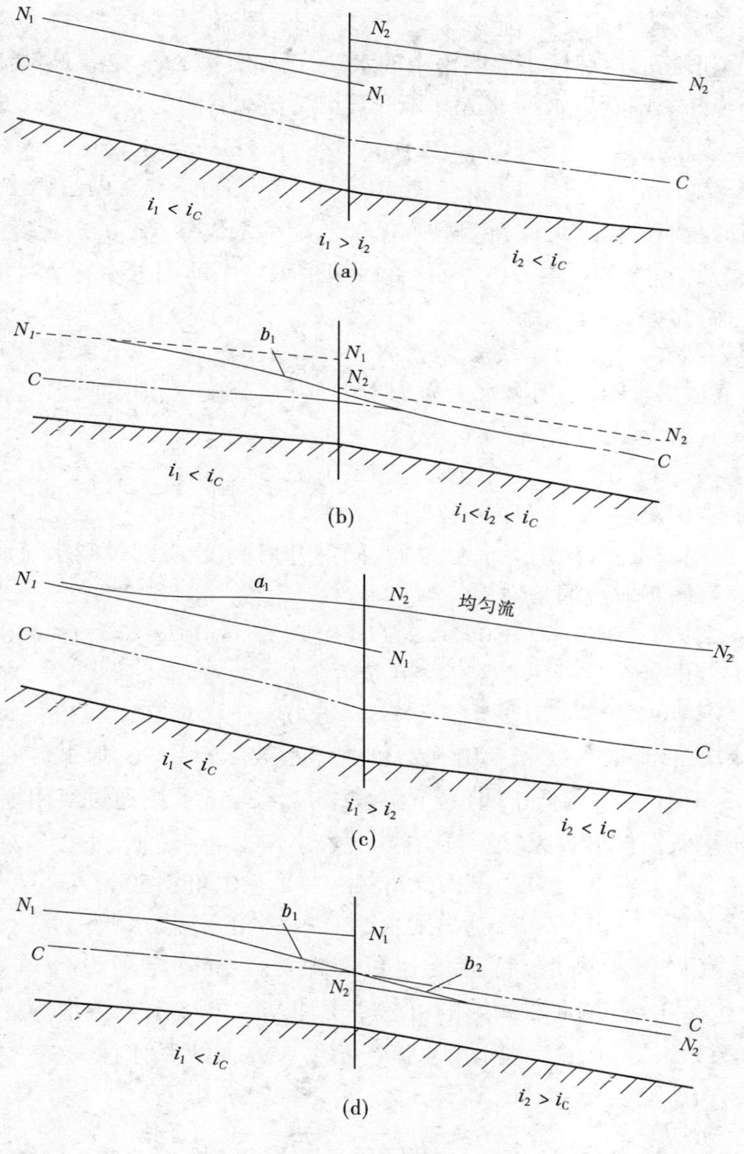

图 1.3.52

(53) 在平坡和逆坡棱柱形渠道中以下关系成立的是(　　)。

A. $\dfrac{dE_s}{ds}>0$　　　　B. $\dfrac{dE_s}{ds}<0$　　　　C. $\dfrac{dE_s}{ds}=0$

D. $\frac{dE}{ds}<0$　　　　E. $\frac{dE_s}{ds}=\frac{dE}{ds}<0$

(54)判断不同条件下水流的流态，当时$\frac{dE_s}{ds}=0$为(　　)；当$\frac{dE_s}{dh}=0$时为(　　)；当$Fr>1$时为(　　)；当$Re=100$时为(　　)。

A. 临界流　　B. 急流　　C. 缓流　　D. 均匀流
E. 急变流　　F. 渐变流　　G. 层流　　H. 紊流

(55)有一矩形断面棱柱体平底明渠中的水跃，已知流量$Q=12m^3/s$，渠底宽$b=3m$，跃前水深$h'=0.6m$，则跃后水深h''及水跃长度L_j分别为(　　)

A. $h''=2.05m$　　B. $h''=3.05m$　　C. $h''=4.05m$;
D. $L_j=7.01m$　　E. $L_j=10.01m$　　F. $L_j=15.01m$

(56)一矩形断面棱柱形渠道，底坡$i=0.002$，糙率系数$n=0.025$，渠宽$b=1.6m$，通过流量$Q=1.5m^3/s$，则该渠道为(　　)；若已知渠道中某断面处水深$h=0.4m$，则该断面处水流是(　　)。

A. 陡坡渠道　　B. 缓坡渠道　　C. 急流　　D. 缓流

(57)有一宽顶堰水闸，闸门上水头为H，闸门开启高度e，则过闸水流属于闸孔出流的条件是(　　)；属于堰流的条件是(　　)。

A. $0.4<e/H<0.60$　　B. $0.6<e/H<0.62$　　C. $0.67<e/H<0.70$
D. $e/H>0.85$　　E. $e/H>0.67$

(58)有一实用堰水闸，闸门上水头为H，闸门开启高度e，则过闸水流属于闸孔出流的条件是(　　)；属于堰流的条件是(　　)。

A. $0.4<e/H<0.70$　　B. $0.7<e/H<0.72$　　C. $0.77<e/H<0.85$
D. $e/H>0.90$　　E. $e/H>0.75$

(59)有一5孔WES型实用堰。每孔净宽$=8.0m$，上游堰高$P=35m$，堰顶水头$H=3.2m$，已知实用堰的流量系数$m=0.502$，侧收缩系数$\varepsilon_1=0.96$，堰下游收缩系数$h_c=0.5m$，相应宽54m，下游水位低于堰顶，下游水深$h_t=3.5m$。则通过实用堰的流量Q为(　　)；堰下游水跃衔接形式为(　　)。

A. $288.50m^3/s$　　B. $388.50m^3/s$　　C. $488.50m^3/s$
D. 临界水跃　　E. 远离式水跃　　F. 淹没水跃

(60)某溢流坝属于高堰，行近流速可忽略。已知溢流坝设计单宽流量$q_d=10m^3/(s\cdot m)$，$m_d=0.49$，侧向收缩影响可忽略不计，$h_c=0.5m$，下游水深$h_t=5.0m$。则该堰顶设计水头为(　　)；溢流坝下游水流若发生水跃，则跃后水深为(　　)。

A. 2.77m　　B. 3.77m　　C. 4.77m
D. 5.15m　　E. 6.15m　　F. 7.15m

(61)某矩形断面渠道中筑有一溢流坝。已知渠宽$B=18m$，流量$Q=265m^3/s$，坝下收缩断面处水深$h_c=1.1m$，当坝下游水深$h_t=4.7m$时，若坝下发生水跃，则跃后水深h_c''为(　　)，水跃形式为(　　)。

A. 4.81m　　B. 5.81m　　C. 6.81m

D. 淹没水跃　　　　　　E. 远离式水跃

(62)底流式消能工的主要形式有(　　)。

A. 降低护坦　　　　　　B. 修建消能坎

C. 修建挑流鼻坎　　　　D. 综合式消力池

(63)泄水建筑物下游通常采用(　　)三种消能措施。

A. 底流式消能　　　　　B. 缓流式消能　　　　　C. 挑流式消能

D. 临界流消能　　　　　E. 面流消能

(64)挑流消能水力计算的主要内容是(　　)。

A. 挑距　　　　B. 冲刷坑深度　　　　C. 消力坎高度　　　　D. 消能池长度

(65)如图 1.3.53 所示，某矩形断面渠道中建有单孔平板闸门，已知闸门宽度 $b=4$m，闸前水深 $H=4$m，闸门开度 $e=0.5$m，闸孔流量系数 $\mu=0.55$，闸底板与渠底齐平。

①若不计闸前行近流速水头，按自由出流则通过水闸的流量 Q 为(　　)。

②若闸下收缩水深 $h_c=0.3$m，下游水深 $h_t=1.5$m，则闸下水跃衔接形式为(　　)。

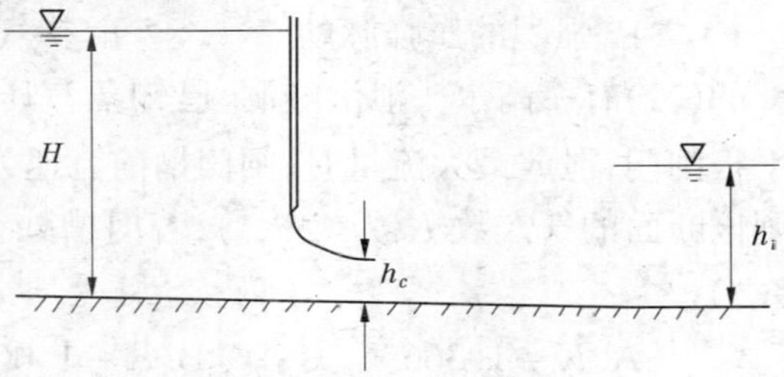

图 1.3.53

A. 7.74m³/s　　　　　B. 8.74m³/s　　　　　C. 9.74m³/s

D. 远离式水跃　　　　E. 淹没水跃　　　　　F. 临界水跃

(66)某矩形断面渠道中筑有一溢流坝。已知渠宽 $B=18$m，流量系数 $m=0.50$，堰顶水头 $H=3.67$m，侧收缩系数 $\varepsilon=0.946$，无淹没影响。

①若忽略堰前行近流速水头，则过堰流量 Q 为(　　)；

②若坝下收缩断面水深 $h_c=1.1$m，当下游水深 $h_t=4.68$m 时，则坝下(　　)，及(　　)。

A. 65m³/s　　　　　B. 165m³/s　　　　　C. 265m³/s

D. 不会发生水跃　　E. 将发生水跃　　　　F. 需要修建消能工

G. 不需要修建消能工

(67)某 5 孔 WES 型实用堰。每孔净宽 $b=8.0$m，上游堰高 $P=35$m，堰顶水头 $H=3.2$m，已知堰的流量系数 $m=0.502$，侧收缩系数 $\varepsilon_1=0.96$，堰下游收缩水深 $h_c=0.5$m，相应宽 54m，下游水深 $h_t=3.5$m。则：

①实用堰的流量 Q 为(　　)；

②堰下游若发生水跃，则跃后水深及水跃形式分别为(　　)；

③若采用底流式消能，消能池中水跃的淹没系数应达到(　　)。

A. $Q=288.50\text{m}^3/\text{s}$　　B. $Q=388.50\text{m}^3/\text{s}$　　C. $Q=488.50\text{m}^3/\text{s}$

D. $h_c''=4.53$m　　　　E. $h_c''=5.53$m　　　　F. $h_c''=6.53$m

G. 远离式水跃　　　　　H. 淹没水跃　　　　　I. 1.05～1.10

J. 1.25～1.30

(68)无压隧洞中的“长洞”是指(　　);“短洞”是指(　　)。

A. 洞长足够长　B. 洞长超过 100m　C. 洞长不影响过流能力

D. 洞长影响过流能力　E. 洞长不大于 100m　F. 洞长不大于 50m

(69)无压隧洞中的“短洞”过流能力按(　　);“长洞”过流能力按(　　);陡坡长隧洞过流能力按(　　)。

A. 实用堰流　B. 宽顶堰流　C. 明渠均匀流

D. 孔口出流　E. 管嘴出流

(70)高速水流所产生的特殊的水力学问题有(　　)。

A. 冲击波现象　B. 水跌　C. 气蚀现象　D. 水跃

E. 强烈的压强脉动　F. 掺气现象　G. 地下水流

(71)有一高水头泄洪隧洞,已知蒸汽压强水位 $p_v/\rho g=0.174\text{m}$,在进口段设有事故平板闸门,泄放最大流量时,闸门槽前流速为 24m/s,断面最高点的相对压强水头为 30m。则该断面的气穴数 K 为(　　);若门槽处初生气穴数 $K_i=0.9$,则(　　)(是否发生气穴?)。

A. $K=1.366$　B. $K=1.066$　C. $K=0.866$

D. $K=0.566$　E. 发生气穴　F. 不会发生气穴

(72)有一管状均匀渗流,渗流段长度 $l=10\text{m}$,两端测压管水头差为 1.8m,渗流系数 $k=0.006\text{cm/s}$,则在该均匀流区域内任一点的渗流流速 u 为(　　);断面平均渗流流速 v 为(　　)。

A. $1.08\times10^{-3}\text{cm/s}$　B. $2.08\times10^{-3}\text{cm/s}$　C. $3.08\times10^{-3}\text{cm/s}$

D. $0.28\times10^{-3}\text{cm/s}$　E. $0.58\times10^{-3}\text{cm/s}$　F. $1.08\times10^{-3}\text{cm/s}$

(73)渐变渗流中,某一过水断面上的平均流速 v(　　)该断面任一点流速 u,这是(　　)公式。

A. 大于　B. 小于　C. 等于

D. 达西公式　E. 杜比公式　F. 曼宁公式

(74)通过高速水流的固体边界容易发生空蚀破坏区域的有(　　)。

A. 固体表面平滑的部位　B. 固体表面突起的部位

C. 边界缩窄的区域　D. 固体表面凹陷的部位

(75)有一粗糙矩形断面棱柱体陡槽,泄流为高速水流。已知下泄流量为 $Q=3.53\text{m}^3/\text{s}$,槽宽 $b=1.5\text{m}$,陡槽底坡 $i=1/3$。经水面曲线计算,当接近均匀流段时,水深 $h=0.21\text{m}$。若取安全超高 $\Delta h=0.3\text{m}$,则该陡槽的掺气量 C_a 及边墙高度 H 分别为(　　)。

A. $C_a=0.24$　B. $C_a=0.34$　C. $C_a=0.44$

D. $H=0.675\text{m}$　E. $H=0.775\text{m}$　F. $H=0.875\text{m}$

(76)按重力相似准则设计的水力学模型,长度比尺 $\lambda_l=100$,模型中水深为 0.1m,则原型中对应点水深和流量比尺分别为(　　)。

A. 1m　B. 10m　C. 100m

D. $\lambda_Q=100$　　E. $\lambda_Q=10\ 000$　　F. $\lambda_Q=100\ 000$

(77)两个力学相似的水流必须满足的条件是(　　)。

A. 几何相似　　B. 运动相似　　C. 速度相似

D. 压力相似　　E. 重力相似　　F. 动力相似

(78)某弧形闸门闸孔出流，今以长度比尺 $\lambda_l=10$，按重力相似准则做模型试验。

①若已知原型上游水深 $H_p=5\text{m}$，则模型上游水深为(　　)；

②若已知原型中流量 $Q_p=30\text{m}^3/\text{s}$，则模型中流量为(　　)；

③若在模型中测得水流对闸门的作用力 $p_m=400\text{N}$，则原型中水流对闸门的作用力为(　　)。

A. 0.5m　　B. 1.0m　　C. 1.5m

D. 84.91m^3/s　　E. 94.91m^3/s　　F. 104.91m^3/s

G. 200kN　　H. 300kN　　I. 400kN

(79)某溢流坝原型坝高 $P_p=11.4\text{m}$，原型最大水头 $H_p=1.52\text{m}$；若按长度比尺 $\lambda_l=25$ 设计一断面模型，则：

①模型坝高 P_m 为(　　)，最大水头 H_m 为(　　)；

②已知模型坝宽 $b_m=0.61\text{m}$，如果模型通过流量为 0.02m^3/s，则原型中单宽流量 q_p 为(　　)。

A. 0.356m　　B. 0.456m　　C. 0.556m

D. 0.041m　　E. 0.051m　　F. 0.061m

G. 4.1m^2/s　　H. 5.1m^2/s　　I. 6.1m^2/s

(80)某溢流坝欲按 $\lambda_l=20$ 的比例尺进行模型试验，试问：

①若已知原型堰上水头 $H_p=4\text{m}$，则模型堰上水头 H_m 为(　　)；

②如果在模型上测得流量 $Q_m=200\text{L/s}$，则原型流量 Q_p 为(　　)；

③如果在模型上测得收缩断面流速 $v_{cm}=4.0\text{m/s}$，则原型流速 v_{cp} 为(　　)；

④如果在模型坝顶测得真空度 $\left(\frac{p_v}{\rho g}\right)_m=200\text{mmH}_2\text{O}$，则原型坝顶的真空度为(　　)。

A. 0.1m　　B. 0.2m　　C. 0.3m

D. 157.8m^3/s　　E. 257.8m^3/s　　F. 357.8m^3/s

G. 17.89m/s　　H. 27.89m/s　　I. 37.89m/s

J. 4m.　　K. 5m　　L. 6m

1.4　参考答案

1)单项选择题答案

(1)A　(2)D　(3)B　(4)A　(5)A　(6)B　(7)C　(8)D

(9)C　(10)A　(11)C　(12)D　(13)A　(14)A　(15)C　(16)C

(17)B　(18)A　(19)A　(20)B　(21)B　(22)C　(23)A　(24)B

(25)B	(26)C	(27)C	(28)A	(29)C	(30)C	(31)A	(32)C
(33)A	(34)C	(35)C	(36)D	(37)B	(38)A	(39)A	(40)D
(41)B	(42)C	(43)D	(44)B	(45)A	(46)D	(47)A	(48)D
(49)D	(50)A	(51)B	(52)A	(53)C	(54)C	(55)A	(56)A
(57)A	(58)D	(59)C	(60)A	(61)C	(62)A	(63)B	(64)B
(65)C	(66)B	(67)A	(68)B	(69)C	(70)C	(71)D	(72)C
(73)C	(74)B	(75)C	(76)D	(77)B	(78)A	(79)B	(80)B
(81)B	(82)C	(83)C	(84)C	(85)B	(86)A	(87)B	(88)A
(89)A	(90)B	(91)B	(92)C	(93)A	(94)C	(95)B	(96)B
(97)B	(98)D	(99)C	(100)D	(101)B	(102)A	(103)A	(104)A
(105)B	(106)B	(107)C	(108)C	(109)B	(110)B	(111)A	(112)B
(113)B	(114)D	(115)A	(116)C	(117)C	(118)A	(119)C	(120)A
(121)C	(122)B	(123)C	(124)C	(125)A	(126)D	(127)A	(128)C
(129)C	(130)C	(131)C	(132)B	(133)C	(134)B	(135)C	(136)C
(137)D	(138)A	(139)A	(140)D	(141)C	(142)C	(143)B	(144)B
(145)C	(146)B	(147)A	(148)C	(149)B	(150)A		

2)多项选择题答案

(1)B,D	(2)BH,JM	(3)C,G	(4)DE	(5)CE
(6)C,D	(7)B,F	(8)BG	(9)BEJ	(10)C,D
(11)AFH	(12)CE	(13)A,D	(14)BD	(15)A,E
(16)BDE	(17)AB	(18)C,E	(19)A,B	(20)A,F
(21)ABEF	(22)B,E	(23)C,D	(24)B,F,G	(25)A,FGJ
(26)AE,H	(27)A,D	(28)CE,H	(29)BF	(30)AF
(31)BD	(32)BE	(33)AD,BC	(34)A,C	(35)C,E
(36)B,F,I	(37)ACD	(38)BCD	(39)CD	(40)BE
(41)A,C	(42)B,D	(43)A,C,E	(44)B,C,F	(45)B,D,F
(46)A,B	(47)B,A	(48)ABD	(49)B,D	(50)C,D
(51)A,E	(52)CD	(53)BD	(54)D,A,B,G	(55)AE
(56)B,C	(57)AB,CDE	(58)AB,CDE	(59)C,E	(60)A,E
(61)B,E	(62)ABD	(63)ACE	(64)AB	(65)C,D
(66)C,E,F	(67)C,EG,I	(68)D,C	(69)B,C,B	(70)ACEF
(71)A,F	(72)A,F	(73)C,E	(74)BCD	(75)CD
(76)CF	(77)ABF	(78)A,E,I	(79)B,F,G	(80)B,F,G,J

第 2 章　岩土力学

2.1　考试大纲

2.1.1　土的组成和物理性质三项指标

土的三相组成和三项指标　土的矿物组成和颗粒级配　土的结构
粘性土的界限含水量　塑性指数　液性指数
砂土的相对密实度　土的最佳含水量和最大干密度
土的工程分类

2.1.2　土中应力分布及计算

土的自重应力　基础地面应力　基底附加应力　土中附加应力

2.1.3　土的压缩性与地基沉降

压缩试验　压缩曲线　压缩系数　压缩指数　回弹指数　压缩模量　载荷试验
变形模量　高压固结试验　土的应力历史　先期固结压力　超固结比
正常固结土　超固结土　欠固结土
沉降计算的弹性理论法　分层总合法
有效应力原理　一维固结理论　固结系数　固结度

2.1.4　土的抗剪强度

土中一点的应力状态　库仑定律　土的极限平衡条件　内摩擦角　粘聚力
直剪试验及其适用条件　三轴试验　总应力法　有效应力法

2.1.5　特殊性土

软土　黄土　膨胀土　红粘土　盐渍土　冻土　填土　可液化土

2.1.6　土压力

静止土压力　主动土压力　被动土压力
郎肯土压力理论　库仑土压力理论

2.1.7　边坡稳定分析

土坡滑动失稳的机理　均质土坡的稳定分析　土坡稳定分析的条分法

2.1.8　地基承载力

地基破坏的过程　地基破坏型式

临塑荷载和临界荷载　地基极限承载力　斯肯普敦公式　太沙基公式　汉森公式

2.1.9　岩石的物理性质

岩石的破坏机理与强度　岩石的变形　岩体的工程分类　围岩稳定性　岩坡稳定性分析

2.2　复习指导

【例 2.2.1】　从干砂样中取质量 1 000g 的试样，放入 0.1～0.2mm 的标准筛中，经充分振荡，称各级筛上留下来的土粒质量见表 2.2.1 第二行，试求土粒中各粒组的土粒含量。

表 2.2.1

筛孔径(mm)	2.0	1.0	0.5	0.25	0.15	0.1	底盘
各级筛上的土粒质量(g)	100	100	250	300	100	50	100
小于各级筛孔径的土粒含量(%)	90	80	55	25	15	10	0
各粒组的土粒含量(%)	10	25	30	10	5	10	

解：(1)留在孔径 2.0mm 筛上的土粒质量为 100g，则小于 2.0mm 的土粒质量为：1 000 − 100 = 900(g)，于是小于该孔径(2.0mm)的土粒含量为 900/1 000 = 90%；

同理可称得小于其他孔径的土粒含量，见第三行。

(2)因小于 2.0mm 和小于 1.0mm 孔径的土粒含量 90% 和 80%，可得 2.0～1.0mm 粒组的土粒含量 90% − 80% = 10%。

同理可算得其他粒组的土粒含量见第四行。

【例 2.2.2】　在图 2.2.1 所示的一条累计曲线中，其砾粒、砂粒、粘粒含量分别为多少？

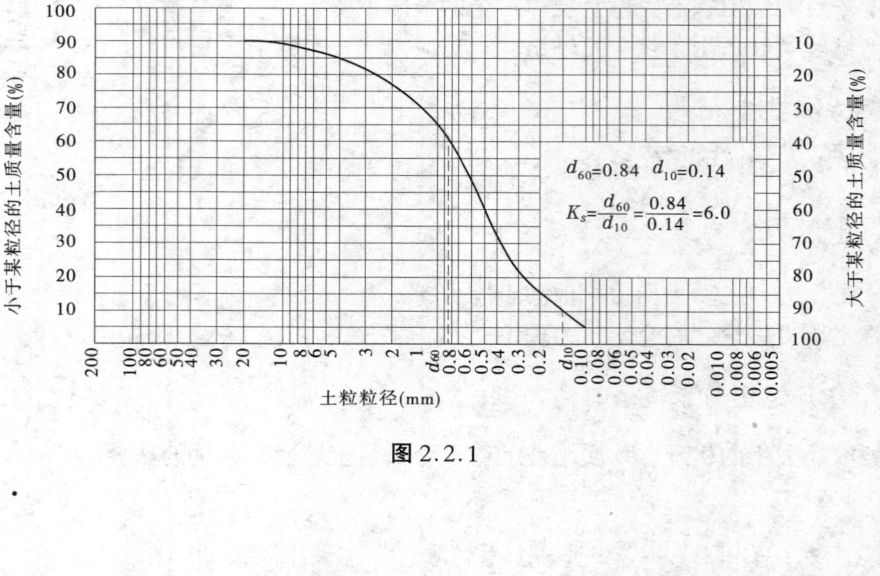

图 2.2.1

解:根据土的粒组划分方法:粘粒是指粒径 $d \leqslant 0.005$mm 的颗粒;粉粒是指粒径 $0.005 \leqslant d \leqslant 0.075$mm 的颗粒,因此从图中可知粘粒和粉粒含量均为 0;砂粒是指粒径 $0.075\text{mm} < d \leqslant 2\text{mm}$ 的颗粒,其含量为 77%;砾粒是指粒径 $2\text{mm} < d \leqslant 60\text{mm}$ 的颗粒粉粒含量为 23%。

【**例 2.2.3**】 已知某土样体积 $V = 38.40\text{cm}^3$,湿土重量 $W = 0.672\ 1\text{N}$,在烘箱内烘干后,测得其重量为 $W_s = 0.493\ 5\text{N}$。试验测得土粒密度 $\rho_s = 2.69\text{g/cm}^3$。试求:

(1)土的重度 γ;

(2)含水率 w,干重度 γ_d;

(3)孔隙比 e;

(4)孔隙率 n 和饱和度 S_r。

解:只要知道三相图中任意三个独立的量,其他六个量就可以从中推算出来。计算时应注意量纲单位的匹配,水的重度近似取为 10kN/m^3。

(1)土的重度。

$$\gamma = \frac{W}{V} = \frac{0.672\ 1}{38.40} = 0.017\ 5(\text{N/cm}^3) = 17.5(\text{kN/m}^3)$$

(2)干重度。

$$\gamma_d = \frac{W_s}{V} = \frac{0.493\ 5}{38.40} = 0.012\ 85(\text{N/cm}^3) = 12.85(\text{kN/m}^3)$$

含水率为

$$w = \frac{m_w}{m_s} \times 100\% = \frac{W_w}{W_s} \times 100\% = \frac{(0.672\ 1 - 0.493\ 5)}{0.493\ 5} \times 100\% = 36.19\%;$$

(3)求孔隙比 e。

水的体积为

$$V_w = \frac{m_w}{\rho_w} = \frac{W_w}{\gamma_w} = \frac{(W - W_s)}{\gamma_w} = \frac{(0.672\ 1 - 0.493\ 5)}{10/1\ 000} = 17.86(\text{cm}^3)$$

土粒体积为

$$V_s = \frac{W_s}{\rho_s} = \frac{0.493\ 5}{2.69 \times 10/1\ 000} = 18.35(\text{cm}^3)$$

孔隙体积为

$$V_v = V - V_s = 38.40 - 18.35 = 20.05(\text{cm}^3)$$

孔隙比为

$$e = \frac{V_v}{V_s} = \frac{20.05}{18.35} = 1.093$$

(4)求孔隙率 n 和饱和度 S_r。

孔隙率为

$$n = \frac{V_v}{V} \times 100\% = \frac{20.05}{38.40} \times 100\% = 52.22\%$$

饱和度为

$$S_r=\frac{V_w}{V_v}\times100\%=\frac{17.86}{20.05}\times100\%=89.06\%。$$

【例 2.2.4】 从某地基取原状土样,测得土的液限为 37.4%,塑限为 23.0%,天然含水量为 26.0%,问地基土处于何种状态?

解:由题意已知条件,得

$$w_L=37.4\%,\quad w_P=23.0\%,\quad w=26.0\%$$

$$I_P=w_L-w_P=0.374-0.23=0.144=14.4\%$$

$$I_L=\frac{w-w_P}{I_P}=\frac{0.26-0.23}{0.144}=0.21$$

由 $0<I_L\leqslant0.25$,得该地基土处于硬塑状态。

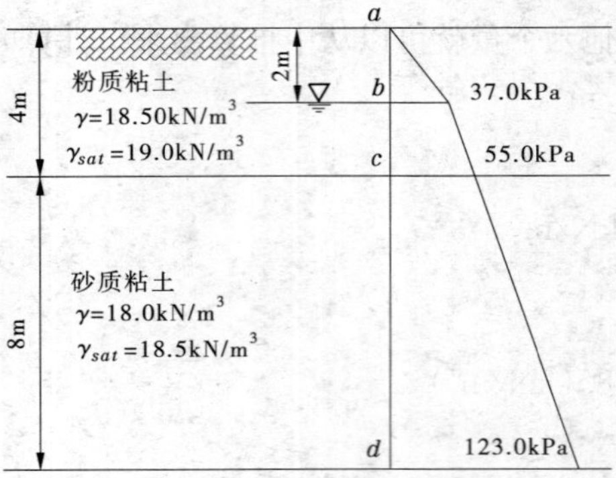

图 2.2.2

【例 2.2.5】 某土层的物理性质指标如图 2.2.2所示,地下水位在地表下 2.0m,试计算土中的自重应力分布。

解:(1)第 1 层中各控制点处的自重应力:

①a 点:$z=0\text{m},\sigma_{cz}=\gamma z=0(\text{kPa})$

②b 点:$z=2\text{m},\sigma_{cz}=18.5\times2=37.0(\text{kPa})$

③c 点:$z=4\text{m},\sigma_{cz}=18.5\times2+(19.0-10)\times2$

$=37.0+18.0$

$=55.0(\text{kPa})$

(2)第 2 层中各控制点处的自重应力:

④d 点:$z=12\text{m},\sigma_{cz}=18.5\times2+(19.0-10)\times2+(18.5-10)\times8$

$=37.0+18.0+68.0=123.0(\text{kPa})$

将各土层中的自重应力 σ_{cz} 分布以图形表示,如图 2.2.2 所示。

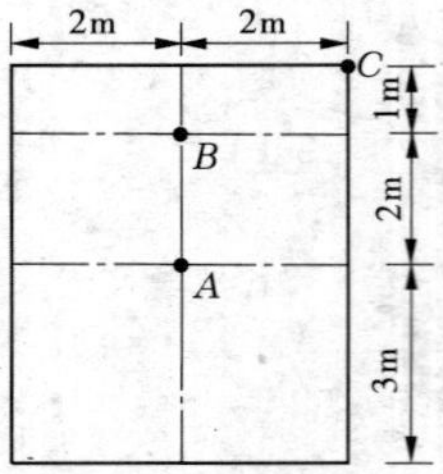

图 2.2.3

【例 2.2.6】 已知某建筑物基础平面尺寸为 4m×6m,其上作用均布荷载 $p=100\text{kPa}$,如图 2.2.3 所示。试求:A、B 和 C 各点以下深度 $z=2\text{m}$ 处的竖向应力 σ_z。

解:求 B 点以下的应力,需将基础划成四个小矩形,使 B 点成为角点。

小矩形的 $B_1=B_2=1.0\text{m},L_1=L_2=2.0\text{m};B_3=B_4=2.0\text{m},L_3=L_4=5.0\text{m}$

由此可得:

$$m_1=m_2=L_1/B_1=2.0,n_1=n_2=z/B_1=2.0$$

$$m_3=m_4=L_3/B_3=2.5,n_1=n_2=z/B_3=1.0$$

查《建筑地基基础设计规范》(GB50007—2000)附录 K,可得附加应力系数:$\alpha_1=\alpha_2=0.120,\alpha_3=\alpha_4=0.202$(由内插法得到的);

同理可求得 A 点和 C 点以下的竖向应力。

A 点:$m=1.5,n=1.0$ 查表可得附加应力系数 $\alpha=0.193$(由内插法得到的),则

$$\sigma_{zA}=4\times0.193\times100=72.2(\text{kPa})$$

$$\sigma_{zB}=(2\times0.120+2\times0.202)\times100=64.4(\text{kPa})$$

C 点：$m=1.5, n=0.5$

查表可得附加应力系数 $\alpha=0.237$(由内插法得到的)，则

$$\sigma_{zC}=0.237\times100=23.7(\text{kPa})$$

【例 2.2.7】 由某土样的常规压缩试验得到在压应力为 100kPa 和 200kPa 时对应的孔隙比为 0.944 和 0.935。试求该土样的压缩系数 a_{1-2} 和相应的侧限压缩模量，并评价其压缩性。

解：$a_{1-2}=\dfrac{e_2-e_1}{p_1-p_2}=\dfrac{0.944-0.935}{0.2-0.1}=0.09(\text{MPa}^{-1})$

$$E_{a_{1-2}}=\frac{1+e_1}{a_{1-2}}=\frac{1+0.944}{0.09}=21.6(\text{MPa})$$

因为 $a_{1-2}=0.09\text{MPa}^{-1}$，小于 0.1MPa^{-1}，所以此土属于低压缩性土。

【例 2.2.8】 某饱和粘土层的厚度为 10m，受大面积均布荷载 $p=100\text{kPa}$ 作用，该土层初始孔隙比为 $e_0=1.0$，压缩系数 $a=0.4\text{MPa}^{-1}$，渗透系数 $k=1.5\text{cm/a}$，试估算在单排排水条件下加荷 2 年后该粘土层的沉降量为多少？

解：在计算时固结系数 C_v 和固结时间因数 T_V 时的长度量纲均统一为 cm；而在计算沉降量时一般则化为 mm，也可以根据需要化为其他的量纲。

已知

$$\sigma_z=p=100\text{kPa}$$

$$E_s=\frac{1+e_0}{a}=\frac{1+1.0}{0.4}=5.0(\text{MPa})$$

最终固结沉降量为

$$S=\frac{e_0-e_1}{1+e_0}H=\frac{a}{1+e_0}pH=\frac{0.000\,4}{1+1.0}\times100\times10\times10^3=200(\text{mm})$$

固结系数为

$$C_v=\frac{k(1+e_0)}{a\gamma_w}=\frac{1.5\times(1+1.0)}{0.000\,4\times0.1}=7.5\times10^4(\text{cm}^2/\text{a})$$

单面固结时间因数为

$$T_V=\frac{C_vt}{H^2}=\frac{7.5\times10^4\times2}{1\,000^2}=0.15$$

固结度为

$$U=1-\frac{8}{\pi^2}\exp\left(-\frac{\pi^2}{4}T_V\right)=1-\frac{8}{\pi^2}e^{-\frac{\pi^2}{4}\times0.15}=0.44$$

沉降量为

$$S_t=U\cdot S=0.44\times200=88(\text{mm})$$

【例 2.2.9】 已知某土样的粘聚力为 $c=50\text{kPa}$，内摩擦角 $\varphi=30^\circ$，若作用在该土样上的最大和最小主应力分别为 $\sigma_1=500\text{kPa}$，$\sigma_3=100\text{kPa}$，试问该土样处于何种状态？

解：土体处于极限平衡状态时，由土的极限平衡条件可得出给定最大主应力 σ_1 时所

对应可得最小主应力的极限荷载 σ_{3k}，即

$$\sigma_{3k}=\sigma_1\tan^2(45°-\frac{\varphi}{2})-2c\tan(45°-\frac{\varphi}{2})$$
$$=500\tan^2 30°-2\times50\times\tan30°=108.9(\text{kPa})$$

因为 $\sigma_3<\sigma_{3k}$，所以该土体处于不稳定状态。

【例 2.2.10】 当原装土受到振动以后，结构连接被破坏，土的强度降低或土很快地变成稀释状态的现象为土的触变性。(　　)具有此工程特性。

A. 膨胀土　　B. 红粘土　　C. 软土　　D. 盐渍土

答：C

解题指导：本问题考察对各种特殊土工程地质特性的掌握程度。工程中常可能遇到特殊土，对特殊土工程地质特性的了解是很有必要的。

【例 2.2.11】 有一挡土墙高 8m，墙背竖直、光滑，墙后填土面水平，填土的物理力学指标为：$c=20\text{kPa}$，$\varphi=30°$，$\gamma=18\text{kN/m}^3$。试求：作用在墙体上的主动土压力及其作用点。

解：(1)计算墙顶处的主动土压力强度 p_{a1}。

$$p_{a1}=\gamma\cdot z\cdot\tan^2(45°-\frac{\varphi}{2})-2\cdot c\cdot\tan(45°-\frac{\varphi}{2})$$
$$=18\times0\times\tan^2(45°-\frac{30°}{2})-2\times20\times\tan(45°-\frac{30°}{2})=-23.09(\text{kPa})<0$$

则　　$p_{a1}=0$

(2)计算临界深度 z_0。

$$z_0=\frac{2c}{\gamma\tan(45°-\frac{\varphi}{2})}=\frac{2\times20}{18\times\tan(45°-\frac{30°}{2})}=3.85(\text{m})$$

(3)计算墙底处的主动土压力强度 p_{a2}。

$$p_{a2}=\gamma\cdot z\cdot\tan^2(45°-\frac{\varphi}{2})-2\cdot c\cdot\tan(45°-\frac{\varphi}{2})$$
$$=18\times8\times\tan^2(45°-\frac{30°}{2})-2\times20\times\tan(45°-\frac{30°}{2})$$
$$=24.9(\text{kPa})$$

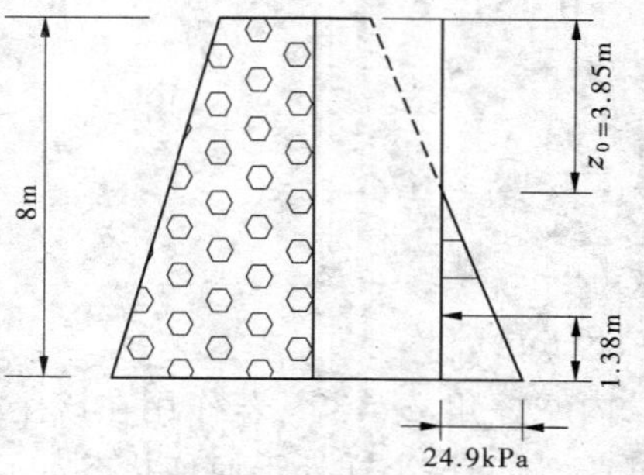

图 2.2.4

(4)绘出主动土压力的分布图，如图 2.2.4 所示。

(5)计算主动土压力值。

主动土压力值按分布面积计算如下：

$$E_a=\frac{1}{2}p_{a2}(h-z_0)=\frac{1}{2}\times24.9\times(8-3.85)$$
$$=51.7(\text{kN/m})$$

(6)E_a 的作用点位置。

主动土压力 E_a 的作用点离墙底的距离为

$$\frac{h-z_0}{3}=\frac{8-3.85}{3}=1.38(\text{m})$$

【例 2.2.12】 某俯斜式挡土墙高度为 10m，墙背与竖直线的夹角为$\varepsilon=15°$，$\beta=0$，墙后填土为均质砂土，$\varphi=15°$，$\gamma=18\text{kN/m}^3$。试求：主动土压强 p_a。

解：挡土墙填土坡角 $\beta<\varphi$，可用库仑理论计算：

$$K_c=\frac{\cos^2(\varphi-\varepsilon)}{\cos^2\varepsilon\cos(\varepsilon+\delta)\left[1+\sqrt{\dfrac{\sin(\varphi+\delta)\sin(\varphi-\beta)}{\cos(\varepsilon+\delta)\cos(\varepsilon-\beta)}}\right]^2}$$

$$=\frac{\cos^2(15°-15°)}{\cos^2 15°\cos15°\left[1+\sqrt{\dfrac{\sin15°\sin15°}{\cos15°\cos15°}}\right]^2}=0.69$$

$$p_a=\gamma HK_a=18\times10\times0.69=124.2(\text{kPa})$$

【例 2.2.13】 某无粘性土坡坡度为 1∶1.5，饱和重度 $\gamma_{sat}=20\text{kN/m}^3$，$\varphi=30°$，问：当无渗流作用时该土坡的稳定安全系数是多少？假使土坡稳定安全系数为 1.2，坡角为多少？若坡面存在顺坡渗流时，则该土坡的坡角应为多少？

解：(1) $F_s=\dfrac{\tan\varphi}{\tan\alpha}=\dfrac{\tan30°}{1:1.5}=0.87$

(2)因为 $$\tan\alpha=\frac{\tan\varphi}{F_s}=\frac{\tan30°}{1.2}=0.481$$

所以无渗流时坡角为 $\alpha=25.7°$。

(3)坡面存在顺坡渗流时，土体自重就是浮重度，可得

$$F_s=\frac{\gamma'\tan\varphi}{\gamma_{sat}\tan\alpha}$$

故 $$\tan\alpha=\frac{\gamma'\tan\varphi}{\gamma_{sat}F_s}=\frac{10\times\tan30°}{20\times1.2}=0.24$$

坡面存在顺坡渗流时的坡角应为 $\beta=13.5°$。

【例 2.2.14】 土力学参数为 $\varphi=20°$，$c=16\text{kPa}$，$\gamma=17\text{kN/m}^3$；查表得到 $N_\gamma=4.0$，$N_q=7.42$，$N_c=17.6$。在地基表面有一宽度为 3.5m 的条形基础，地下水位在地表处，要求控制承载力安全系数为 3，求该条形基础上的均布荷载允许值。

解：按太沙基极限承载力公式

$$p_u=\frac{1}{2}\gamma BN_\gamma+qN_q+cN_c$$

已知当 $\varphi=20°$时，$N_\gamma=4.0$，$N_q=7.42$，$N_c=17.6$。

基础位于地表时，$q=0$；

地下水位于地表处，则土重度取浮重度 $\gamma'=\gamma-10=17-10=7(\text{kN/m}^3)$

$$p_u=\frac{1}{2}\times7\times3.5\times4.0+0\times7.42+16\times17.6=330.6(\text{kPa})$$

均布荷载允许值为 $p_u/F_s=330.6/3=110.2(\text{kPa})$。

2.3　复习题

1)单项选择题

(1)土是岩石经物理、化学和生物风化,再通过搬运、堆积而成的成分、大小、形状和组成不同的松散颗粒集合体。其形成历史在地质年代相对较短,因此也称为(　　)沉积物。

A.第四纪　　B.早第三纪　　C.白垩纪　　D.晚第三纪

(2)(　　)是三相中的主体,是决定土的工程性质的主要成分。

A.固体颗粒　　B.气体　　C.流体水　　D.原岩碎屑

(3)岩石经物理风化破碎而形成的叫(　　)。

A.原生矿物　　B.次生矿物　　C.原岩矿物　　D.粘土矿物

(4)工程中常将工程性质相近的土颗粒划分为一个粒组,可划分(　　)个大的粒组。

A.5　　B.6　　C.7　　D.8

(5)0.075mm是粉粒和(　　)的划分界限

A.砂粒　　B.砾粒　　C.粘粒　　D.卵石

(6)工程上通过室内实验颗粒级配试验确定各粒组的含量,一般以(　　)作为分界粒径,选择相应的试验方法。

A. 0.005mm　　B. 0.075mm　　C. 2mm　　D.60mm

(7)土的有效粒径为0.01mm,限制粒径为0.1mm,则土的不均匀系数为(　　)。

A.8　　B.5　　C.10　　D.3

(8)不均匀系数表示级配曲线分布范围的宽窄,不均匀系数很小时曲线很陡,表示土颗粒分布(　　)。

A.不均匀　　B.各向异性　　C.均匀　　D.各向同性

(9)规范规定:当土的不均匀系数 C_u 和曲率系数 C_c 分别为(　　)时该土级配良好。

A. $C_u \geqslant 5, C_c = 1 \sim 3$　　B. $C_u = 1 \sim 3, C_c \geqslant 5$

C. $C_u = 1 \sim 5, C_c \geqslant 3$　　D. $C_u \geqslant 3, C_c = 1 \sim 5$

(10)土的液相指固体颗粒之间的水,分为(　　)和自由水两大类。

A.重力水　　B.毛细管水　　C.强结合水　　D.结合水

(11)(　　)是存在于自由水面以下,在其自身重力作用下可在土体中自由运动的土中水。

A.重力水　　B.毛细管水　　C.自由水　　D.结合水

(12)(　　)一般存在于粘性土中,微小的粘粒呈片状或针状,往往形成面与边或面与角的接触方式凝聚成絮状物下沉。

A.单粒结构　　B.双粒结构　　C.蜂窝结构　　D.絮凝结构

(13)土中水的体积与孔隙体积之比,指土孔隙被水充满的程度,用(　　)表示。

A.密度　　B.比重　　C.干重度　　D.饱和度

(14)用孔隙比 e 表示孔隙率 n,为(　　)。

A. $1/(1+e)$　　B. $e/(1+e)$　　C. $1/(1-e)$　　D. $e/(1-e)$

(15)常用砂土的(　　)来判定砂土的密实度。

A. 最大孔隙比　　B. 最小孔隙比　　C. 孔隙比　　D. 相对密度

(16)标准贯入试验是常用的一种原位试验方法,采用标准重量为(　　)的击锤进行试验,试验时的落距为76cm。

A. 30kg　　B. 63.5kg　　C. 76kg　　D. 75kg

(17)当相对密度为0.69时,土体处于(　　)状态。

A. 疏松　　B. 密实　　C. 最疏松　　D. 中密

(18)标准贯入击数为36时,砂土处于(　　)状态。

A. 密实　　B. 稍密　　C. 松散　　D. 中密

(19)土体液限和塑限的差值称为塑性指数 I_P。I_P 与(　　)有明显的关系。

A. 粉土的含量　　B. 粘粒的含量　　C. 含水量　　D. 土体结构

(20)已知粘性土的密度为26.5g/cm^3,液限为43%,塑限为20%,饱和度为0.97,孔隙比为1.0,确定粘性土的状态为(　　)。

A. 软塑　　B. 可塑　　C. 硬塑　　D. 流塑

(21)塑性指数越大土中粘粒含量越高,结合水(　　)。

A. 不变　　B. 越多　　C. 越少　　D. 没规律

(22)采用界限含水率液限、塑限试验时采用的是重塑土,含水率相同时,原状土比重塑土(　　)。

A. 软　　B. 硬　　C. 可塑性强　　D. 疏松

(23)土的击实曲线具有峰值,峰值所对应的含水率称为(　　)。

A. 最差含水率　　B. 最优含水率　　C. 最大含水率　　D. 最小含水率

(24)试验证实,含水率为(　　)下的非饱和填土都不会被击实到完全饱和状态。

A. 最优含水率　　B. 任何值　　C. 饱和状态时　　D. 最大含水率

(25)填土的最优含水率接近(　　)。

A. 缩限　　B. 塑限　　C. 液限　　D. 稠限

(26)按照SL237—1999分类法,土的总分类体系把土分为一般土和(　　)两大类。

A. 巨粒土　　B. 特殊土　　C. 细粒土　　D. 有机土

(27)按照SL237—1999分类法,把土一般土分为(　　)类。

A. 2　　B. 3　　C. 4　　D. 5

(28)下列土样中(　　)的土样可定名为淤泥。

A. $w>w_p$, $e\geqslant1.2$ 的粘性土　　B. $w>w_p$, $e\geqslant1.7$ 的粘性土

C. $w>w_L$, $e\geqslant1.5$ 的粘性土　　D. $w>w_L$, $e\geqslant1.7$ 的粘性土

(29)已知某软土样的天然含水量 $w=38\%$。从塑、液限试验得,液限为36%、塑限为18%。用塑性图对该土进行分类为(　　)。

A. CL　　B. CH　　C. ML　　D. MH

(30)用相对密度 $D_r=0.25$,天然孔隙比 $e=0.85$ 的某处原状土开挖后运到另一处作回填料,填筑密度为 $\gamma_d=16.3\text{kN/m}^3$,则填筑1m^3 的土需要挖方体积数(　　)

A. $1.07m^3$　　B. $1.52m^3$　　C. $1.38m^3$　　D. $1.21m^3$

(31)(　　)是指孔隙水中一点单位面积上传递的力。其值在各个方向上是相等的，且垂直指向所作用物体。

A. 孔隙水压力　　B. 有效应力　　C. 总应力　　D. 自重应力

(32)通常自重应力(　　)引起土层的变形。

A. 会　　B. 有时会　　C. 不会　　D. 永远不会

(33)已知水的重度为 $9.8kN/m^3$，某点的压力水头为2m，则该点的孔隙水压力为(　　)。

A. 10.8kPa　　B. 11.6kPa　　C. 19.6kPa　　D. 9.8kPa

(34)(　　)是指通过颗粒接触点传递的力，直接与土的变形和强度相关。

A. 有效应力　　B. 总应力　　C. 孔隙水压力　　D. 基底压力

(35)(　　)是土体在自身重量作用下变形稳定后的有效应力。

A. 总应力　　B. 自重应力　　C. 基底压力　　D. 有效应力

(36)地下水位以下的地基土层自重应力应按(　　)计算。

A. 浮重度　　B. 饱和重度　　C. 湿重度　　D. 干重度

(37)从地面到深度 3 m 处共有两层土，第一层土的天然重度为 $18kN/m^3$，饱和重度为 $20kN/m^3$，土层厚为 2m；第二层土的饱和重度为 $19kN/m^3$，土层厚为 1m，地下水位距地面 1m，地面下深度 3m 处的自重应力为(　　)。

A. 27kPa　　B. 37kPa　　C. 47kPa　　D. 57kPa

(38)对于柔性基础，当基础底面受竖向均布荷载作用时基底压力为(　　)分布。

A. 抛物线　　B. 马鞍形　　C. 钟形　　D. 均匀

(39)竖向自重应力沿深度呈(　　)分布。

A. 非线性　　B. 线性　　C. 双曲线　　D. 马鞍形

(40)外加荷载与上部建筑和基础的全部重量，都是通过基础传递到地基，在基础与地基的接触面上的有效接触应力称为(　　)。

A. 孔隙水压力　　B. 基底附加应力　　C. 基底压力　　D. 附加应力

(41)建筑物荷载通过基础向地基土层中传递，首先在基础与地基的接触面产生压力，然后在地基土层中产生(　　)，引起基础沉降。

A. 孔隙水压力　　B. 自重应力　　C. 基底压力　　D. 附加应力

(42)上部荷载的合力为 100kN 通过面积为 $10m^2$ 的基础底面形心，基础为刚性基础，基础底面的基底压力均匀分布，则基底压力为(　　)。

A. 10kPa　　B. 100kPa　　C. 1kPa　　D. 0.1kPa

(43)一墙下条形基础底宽 1m，埋深 1m，承重墙传来的中心竖向荷载为 150kN/m，地基土天然重度为 $18.0kN/m^3$，基础及回填土平均重度为 $20.0kN/m^3$，则基底附加应力为(　　)。

A. 150.0kPa　　B. 152.0kPa　　C. 160.0kPa　　D. 170.0kPa

(44)某宽度为 2.4m 的条形基础作用有中心荷载 $F+G=3\ 000kN/m^3$，该荷载宽度方向上有一偏心距 e，试求 $e=$(　　)时，$P_{min}=0$。

A. 0.4m　　B. 0.6m　　C. 1.2m　　D. 2.4m

(45)在条件相同的情况下，方形基础下地基附加应力的影响深度较同宽度的条形基础的影响深度(　　)。

A. 小　　B. 大　　C. 相等　　D. 难以确定

(46)从地表面开始厚为 h 的软塑粘土层，下面是深厚的砂夹卵石层，当地面有平面尺寸为 $a \times b\text{m}^2$ 的堆载 $p\text{kN/m}^2$ 作用时，粘土层中的附加应力将(　　)。

A. 随深度而增加　　B. 不随深度变化

C. 随深度而减小　　D. 与组成的土层性质有关

(47)矩形面积上座拥有三角形分布荷载时，矩形角点下的附加应力系数是 l/b、z/b，在这里 b 是指(　　)。

A. 矩形的短边　　B. 三角形荷载最大值对应的边

C. 三角形荷载分布方向的边　　D. 矩形的长边

(48)中心荷载作用下，条形基础底面地基土中已发生塑性破坏的部位是(　　)。

A. 边缘　　B. 距边缘 1/4 基础宽度的部位

C. 中心　　D. 距边缘 1/3 基础宽度的部位

(49)在荷载作用下，由于地基土的结构骨架受力压缩，使孔隙水排出，体积压缩引起的沉降是(　　)。

A. 瞬时沉降　　B. 固结沉降　　C. 次固结沉降　　D. 总沉降

(50)在欠固结土上建造建筑物，引起建筑物基础沉降的根本原因(　　)。

A. 土体自重和地下水位的变化　　B. 基础自重

C. 土体自重和建筑物荷载　　D. 建筑物荷载

(51)在无侧限应力条件下，竖向应力增量与竖向应变增量之比为变形模量。而在侧限应变条件下，竖向应力增量与竖向应变增量之比为压缩模量。在理论上，土体的压缩模量总是(　　)变形模量。

A. 大于　　B. 等于　　C. 小于　　D. 不确定

(52)若土层中各点的自重应力小于各点的先期固结压力，则土层为(　　)状态。

A. 次固结　　B. 欠固结　　C. 正常固结　　D. 超固结

(53)若两饱和粘性土层的厚度和性质以及土中应力条件相同，且排水条件不相同，则达到同一固结度时，双面排水的饱和粘土层所需历时为单面排水的(　　)。

A. 25%　　B. 50%　　C. 100%　　D. 400%

(54)分层总和法计算地基沉降，在压缩层深度以下仍为高压缩性土时，则沉降计算范围为(　　)。

A. $\sigma_z = 0.1\sigma_{zc}$　　B. $\sigma_z = 0.2\sigma_{zc}$　　C. $\sigma_{zc} = 0.1\sigma_z$　　D. $\sigma_{zc} = 0.2\sigma_z$

(55)有某土层厚 5m，天然孔隙比 $e_0 = 0.3$，若在地面施加 $q = 100\text{kPa}$ 的大面积均布荷载，在沉降稳定后 $e = 0.18$，可求得该土层压缩量为(　　)。

A. 46.2cm　　B. 30.2cm　　C. 34.7cm　　D. 39.5cm

(56)有某土样含水率为 $w = 45\%$，重度 $\gamma = 20\text{kN/m}^3$，土粒重度 $\gamma_s = 20\text{kN/m}^3$。在常规压缩试验中压应力由 100kPa 增至 200kPa 时，土样压缩量为 1.21mm，求该土样的压缩系数 a_{1-2} 为(　　)。

A. 2.0MPa^{-1}　　B. 2.10MPa^{-1}

C. 1.9MPa^{-1}　　D. 1.21MPa^{-1}

(57)某粘土层位于两砂层之间，厚度为10m，从粘土层中间取厚2cm的试样做固结试验(上下均有透水石)，在某一级固结应力下，测得其固结度达到70%时所需要的时间为10min，假定粘土层内的固结应力为直线分布，试问：

①该土层在同一固结应力作用下达到相同固结度所需要的时间为多少年？

②若改为单面排水，所需要的时间为多少年？(　　)

A. 4.76a、9.52a　　B. 4.76a，19a

C. 4.76a、2.38a　　D. 4.76a、4.76a

(58)某饱和粘土层厚10m，双面透水，附加应力 $\sigma_z = 150$kPa从上到下均匀分布，压缩系数 $a = 2.5\times10^{-4}$kPa^{-1}，粘土层的初始孔隙比 $e_1 = 0.8$，若某一时刻 t，该土层的沉降量 $S_t = 12.51$cm，则固结度 $U_t =$ (　　)。

A. 60%　　B. 45%　　C. 15%　　D. 30%

(59)施加围压关闭排水阀，试样不发生固结变形，施加轴向荷载过程中也关闭排水阀，剪切过程中试样不排水。这是(　　)。

A. 不固结不排水剪切　　B. 固结不排水剪切

C. 不固结排水剪切　　D. 固结排水剪切

(60)在超压密粘土进行三轴固结不排水剪切时，下列哪种说法正确(　　)。

A. 将产生正值的超孔隙水压力　　B. 不会产生任何超孔隙水压力

C. 将产生负值的超孔隙水压力　　D. A或C都与可能

(61)在饱和软粘土地基上建造建筑物，施工速度很快，验算此地基强度时应采用(　　)指标。

A. 快剪　　B. 固结快剪　　C. 慢剪　　D. 三种均可

(62)对松散砂土进行剪切时，其体积将(　　)。

A. 增大　　B. 保持不变　　C. 会有所增减　　D. 会有所减小

(63)一饱和土样的有效剪切参数 $c = 0$kN/m^2，$\varphi = 30°$，用另一块同样的土样在三轴仪中做固结不排水试验，当周围压力 $\sigma_3 = 200$kN/m^2，土样破坏时偏差应力 $\sigma_1 - \sigma_3 = 250$kN/m^2，可求得破坏时孔隙水压力为(　　)。

A. 75kN/m^2　　B. 575kN/m^2　　C. 81.7kN/m^2　　D. 150kN/m^2

(64)砂基中某点 $\sigma_1 = 200$kPa，$\sigma_3 = 200$kPa，$\varphi = 30°$该点处于(　　)状态。

A. 破坏极限　　B. 破坏　　C. 极限　　D. 稳定

(65)软土指在静水或缓慢流水环境中沉积，以细颗粒为主的近代粘性沉积土，是一种呈(　　)状态的饱和粘性土。软土的天然孔隙比常大于1。天然含水率大于液限。

A. 软塑　　B. 塑性　　C. 硬塑　　D. 不确定

(66)软土的孔隙比大于(　　)时常称为淤泥。

A. 1.0　　B. 1.2　　C. 1.5　　D. 1.8

(67)软土透水性低，竖向渗透系数在 $1\times(10^{-8}\sim10^{-10})$m/s之间，当有机质含量较高时，竖向渗透系数(　　)。

A. 更高　　B. 没有规律　　C. 更低　　D. 不变

(68)软土中粘土颗粒含量越多，流变性(　　)。

A. 越不明显　　B. 没有变化　　C. 丧失　　D. 越明显

(69)黄土是一种在(　　)时期形成的黄色粉状土。

A. 早第三纪　　B. 晚第三纪　　C. 第四纪　　D. 不确定

(70)天然状态下，黄土的压缩性一般较低，而其强度一般(　　)。

A. 较高　　B. 较低　　C. 适中　　D. 不确定

(71)有的黄土，在一定压力作用下，受水浸湿后，土的结构迅速破坏，发生显著的湿陷变形，强度也随之降低，导致建筑物破坏，有此特征的黄土称为(　　)

A. 老黄土　　B. 新黄土

C. 湿陷性黄土　　D. 非湿陷性黄土

(72)湿陷性黄土当其湿陷系数 δ_S(　　)时，为非湿陷性黄土。

A. <0.015　　B. $\geqslant 0.015$　　C. <0.07　　D. $\geqslant 0.07$

(73)根据湿陷性系数，一般认为湿陷系数(　　)时，为中湿陷性黄土。

A. $0.03<\delta_S\leqslant 0.07$　　B. $0.03<\delta_S<0.07$

C. $\delta_S=0.07$　　D. $\delta_S>0.07$

(74)通常情况下，膨胀土的强度较高，而其压缩性(　　)。

A. 较高　　B. 较低　　C. 适中　　D. 不确定

(75)我国的膨胀土中粘粒的含量一般都较高，塑性指数 I_P 一般都(　　)

A. 小于 17　　B. 等于 17　　C. 大于 17　　D. 不确定

(76)与一般粘土相比较，红粘土的天然含水率、孔隙比、饱和度等都(　　)，各种物性指标变化幅度均很大。

A. 很低　　B. 一般　　C. 很高　　D. 不确定

(77)红粘土的液限一般(　　)。

A. $\geqslant 50\%$　　B. $=50\%$　　C. $\leqslant 50\%$　　D. 不确定

(78)地表深度 1.0m 范围内易溶盐含量大于(　　)的土称为盐渍土。

A. 0.3%　　B. 0.5%　　C. 0.8%　　D. 1.0%

(79)盐渍土的液限、塑限随土中含盐量的增大而产生如下变化——(　　)。高含盐量的盐渍土在含水率增大时极易丧失强度。

A. 塑限增高，液限降低　　B. 同时降低

C. 液限增高，塑限降低　　D. 同时增高

(80)在盐渍土中，当土的含水率等于其液限时，土的抗剪强度(　　)。

A. 达到最大　　B. 迅速增大　　C. 几乎为零　　D. 迅速减小

(81)多年冻土不论冬夏，常年处于冻结状态，且冻结时间连续(　　)以上。

A. 2 年　　B. 3 年　　C. 4 年　　D. 5 年

(82)一般认为，填龄达(　　)年以上的杂填土，性质才逐渐趋于稳定。

A. 3　　B. 4　　C. 5　　D. 6

(83)杂填土常含腐殖质及水化物。随着有机质的腐化，地基的沉降将(　　)；以工业残渣为主的填土，可能含有水化物，遇水后容易发生膨胀和崩解，使填土的强度(　　)。

A. 增大，降低　　B. 增大，增加　　C. 降低，降低　　D. 降低，增加

(84)冲填土的工程性质与其颗粒组成有密切关系，对于含砂量较多的冲填土，它的固结情况和力学性质为(　　)。

A. 固结情况较好，力学性质一般　　B. 均较好

C. 固结情况较差，力学性质较好　　D. 均较差

(85)含粘土颗粒较多的冲填土，其强度和压缩性指标都比同类天然沉积土(　　)。

A. 没什么区别　　B. 好　　C. 差　　D. 视具体情况而定

(86)若产生主动土压力为 E_a、被动土压力为 E_p，所需挡土墙的位移量分别为 Δa、Δp，则下列哪个是正确的？(　　)

A. $E_a > E_p, \Delta a < \Delta p$　　B. $E_a > E_p, \Delta a > \Delta p$

C. $E_a < E_p, \Delta a < \Delta p$　　D. $E_a < E_p, \Delta a > \Delta p$

(87)朗肯土压力理论是根据(　　)而得出的土压力计算方法。

A. 墙后滑动楔体处于静力平衡状态　　B. 弹性理论

C. 土的极限平衡理论　　D. 弹塑性理论

(88)静止土压力 E_0、主动土压力 E_a、被动土压力 E_p 三种土压力的关系(　　)。

A. $E_a < E_0 < E_p$　　B. $E_p < E_0 < E_a$

C. $E_p = E_0 = E_a$　　D. $E_0 < E_a < E_p$

(89)静止土压力的合力作用于三角形强度分布的(　　)位置。

A. 中心　　B. 形心　　C. 直角边 1/2 位置　　D. 底部

(90)若墙高为 H，则静止土压力的合力大小为(　　)。

A. $\frac{1}{2}\gamma H^2 K_0$　　B. $\frac{1}{3}\gamma H^2 K_0$　　C. $\frac{2}{3}\gamma H^2 K_0$　　D. $\frac{3}{4}\gamma H^2 K_0$

(91)静止侧向压力系数的大小 K_0 为(　　)。

A. $1-\sin\varphi'$　　B. $1+\sin\varphi'$　　C. $1-\frac{1}{2}\sin\varphi'$　　D. $1+\frac{1}{2}\sin\varphi'$

(92)挡土墙墙后填土的内摩擦角对土压力大小的影响，下列说法中正确的是(　　)。

A. 越大，被动土压力越大　　B. 越大，被动土压力越小

C. 其大小对被动土压力无影响　　D. 越大，主动土压力越大

(93)朗肯土压力理论中，当墙后填土达到被动土压力状态时填土破裂面与水平面夹角为(　　)。

A. $45^\circ+\varphi/2$　　B. $45^\circ-\varphi/2$　　C. $45^\circ+\varphi$　　D. $45^\circ-\varphi$

(94)库仑主动土压力是假定不同滑动面所得的一系列相应土压力的(　　)。

A. 最大值　　B. 中值　　C. 最小值　　D. 平均值

(95)若挡土墙的墙背竖直且光滑，墙后填土面水平，按库仑土压力理论确定主动土压力值一定比朗肯理论的计算值(　　)。

A. 偏大　　B. 不确定　　C. 偏小　　D. 相等

(96)一挡土墙高 $h=5\text{m}$，墙背垂直光滑，其 $\varphi=30°$，$c=12\text{kN/m}^2$，$\gamma=18\text{kN/m}^3$，用朗肯理论求作用在墙背的总主动土压力(　　)。

A. 144.3kN　　B. 5.75kN　　C. 0kN　　D. −5.75kN

(97)一挡土墙高 $h=5\text{m}$，墙背垂直光滑，其 $\varphi=30°$，$c=0$，$\gamma=18\text{kN/m}^3$，用朗肯理论求作用在墙背的总主动土压力位置(　　)。

A. 距墙顶 0m　　B. 距墙顶 1.7m　　C. 距墙顶 2.5m　　D. 距墙顶 3.3m

(98)土坡滑动面的形状与土体的类型及分布有关，对砂、卵石、风化砾石等粗粒料筑成的均质无粘性土坡，其滑动破坏面常近似为一个(　　)。

A. 平面　　B. 曲面　　C. 折面　　D. 复合面

(99)土坡滑动面的形状与土体的类型及分布有关，对均质粘性土土坡，其滑动面通常是一个(　　)。

A. 平面　　B. 光滑的曲面　　C. 折面　　D. 复合面

(100)土坡滑动面的形状与土体的类型及分布有关，对于非均质粘性土土坡，其滑动面通常是一个(　　)。

A. 平面　　B. 曲面　　C. 折面　　D. 复合面

(101)当坡面无渗流作用时，无粘性土土坡 $\varphi=35°$，则该土坡的稳定坡度至少为(　　)。

A. 30°　　B. 35°　　C. 40°　　D. 45°

(102)当坡面有顺坡渗流作用时，无粘性土土坡的稳定安全系数计算公式为(　　)。

A. $\dfrac{\gamma'\tan\varphi}{\gamma_{sat}\tan\alpha}$　　B. $\dfrac{\gamma\tan\varphi}{\gamma_{sat}\tan\alpha}$　　C. $\dfrac{\gamma'\tan\varphi}{\gamma\tan\alpha}$　　D. $\dfrac{\gamma_{sat}\tan\varphi}{\gamma'\tan\alpha}$

(103)当坡面有顺坡渗流作用时，无粘性土土坡的稳定安全系数会降低(　　)左右。

A. 1/2　　B. 1/3　　C. 1/4　　D. 1/5

(104)定义无粘性土土体的稳定安全系数为(　　)。

A. 抗滑力/滑动力　　B. 抗滑力矩/滑动力矩

C. 滑动力/抗滑力　　D. 滑动力矩/抗滑力矩

(105)某砂质边坡 $\varphi=30°$，无渗流作用时满足稳定安全系数 $F_s=1.2$ 的土坡最小坡度为(　　)。

A. 1:1.5　　B. 1:1.6　　C. 1:1.7　　D. 1:2

(106)天然休止角(　　)砂在松散状态时的内摩擦角。

A. 不确定　　B. 大于　　C. 小于　　D. 等于

(107)简单条分法没有考虑条间作用力，导致获得的安全系数(　　)。

A. 偏大　　B. 偏小

C. 无法知道　　D. 和其他方法所得一样

(108)路堤旁边一侧的自由水面突然下降时，边坡的安全系数将(　　)。

A. 有所降低　　B. 保持不变　　C. 有所提高　　D. 无法判断

(109)在进行土坡稳定性分析时，当不同地质剖面用同一公式计算而得出不同的土坡稳定安全系数值时，宜取(　　)。

A. 最大值　　B. 最小值　　C. 中间值　　D. 平均值

(110)地基容许承载力应(　　)极限荷载。

A. 大于　　B. 小于　　C. 等于　　D. 不确定

(111)(　　)的地基将出现与地面贯穿的完整滑裂面。

A. 整体剪切破坏　　B. 局部剪切破坏

C. 冲剪破坏　　D. 直剪破坏

(112)发生(　　)时荷载与沉降量的关系曲线有明显的转折点。

A. 局部剪切破坏　　B. 整体剪切破坏

C. 冲剪破坏　　D. 直剪破坏

(113)地基发生整体剪切破坏过程时,基础边缘的地基土刚刚开始达到极限平衡时地基所能承受的基地压力为(　　)。

A. 地基承载力　　B. 临塑荷载

C. 地基容许承载力　　D. 极限荷载

(114)确定地基承载力的方法不包括(　　)。

A. 理论公式计算法　　B. 现场原位试验法

C. 工程经验法　　D. 地基规范查表法

(115)土力学参数为 $\varphi = 15°$, $c = 20\text{kPa}$, $\gamma = 22\text{kN/m}^3$;查表得到 $N_\gamma = 1.8$, $N_q = 4.45$, $N_c = 12.9$。在地基表面有一宽度为 4.0m,要求控制承载力安全系数为 3,则该条形基础上的均布荷载允许值为(　　)。

A. 350.6kPa　　B. 337.2kPa　　C. 116.9kPa　　D. 112.4kPa

(116)工程中常将塑性区开展深度达到基宽的(　　)时所对应的荷载作为地基的容许承载力,并称其为临界荷载或塑性荷载。临塑荷载作用时,基础底面仅边缘两点达到极限平衡。地基容许承载力应稍大于临塑荷载。

A. 1/2　　B. 1/3 或 1/4

C. 1/2 或 1/3　　D. 1/4 或 1/5

(117)有一条形基础承受中心荷载,为 300kN/m,地基为饱和软粘土,其饱和容重为 25.8kN/m^3, $\varphi = 0°$, $c = 15\text{kPa}$,基底埋深为 2m,地下水水位位于地表面,若已知 $\varphi = 0°$时的承受力系数 $N_\gamma = 0$, $N_q = 2.0$, $N_c = 6.0$。稳定安全系数 $F_s = 2.5$,若应用太沙基理论,试问为保证基础稳定,基础的最小宽度 B 应为(　　)。

A. 12.5m　　B. 6.95m　　C. 13.9m　　D. 7.96m

(118)岩石重度在一定程度上反映出岩石力学性质的优劣,通常岩石重度愈大,其力学性质(　　)。

A. 愈好　　B. 愈差　　C. 一样　　D. 不确定

(119)大部分岩石的相对密度介于(　　)之间。

A. 2.1~2.3　　B. 2.3~2.5　　C. 2.5~2.8　　D. 2.8~3.1

(120)孔隙率越大,岩石中的孔隙和裂隙越多,岩石的力学性能(　　)。

A. 越好　　B. 越差　　C. 一样　　D. 不确定

(121)岩石的吸水率越大,岩石的力学性能(　　)。

A. 越好　　B. 越差　　C. 一样　　D. 不确定

(122)一般岩石的饱水系数在(　　)之间。

A. 0.2～0.4　　B. 0.4～0.5　　C. 0.5～0.8　　D. 0.8～0.9

(123)试验表明，当岩石的饱水系数(　　)时可免遭冻胀破坏。

A. 大于 91%　　B. 等于 91%　　C. 小于 91%　　D. 不确定

(124)岩石的崩解性一般用岩石的耐崩解性系数表示，这个指标可以在实验室内通过(　　)试验确定。

A. 真空抽气法　　B. 煮沸法　　C. 干湿循环　　D. 加压膨胀法

(125)岩石的(　　)是指岩石与水相互作用时强度降低的特性。其值总是≤1。

A. 渗透性　　B. 膨胀性　　C. 崩解性　　D. 软化性

(126)所谓 *RQD* 是指单位长度的钻孔中(　　)以上的岩芯占有的比例。

A. 5cm　　B. 8cm　　C. 10cm　　D. 12cm

(127)根据岩石质量指标(*RQD*)分类，*RQD* 值在 50～75 之间的岩石质量描述为(　　)。

A. 很差　　B. 差　　C. 一般　　D. 好

(128)根据岩体地质力学分类(CSIR 分类)，*RMR* 评分值为 60 的岩体质量描述为(　　)。

A. 很差　　B. 较差　　C. 一般　　D. 好

(129)根据巴顿岩体质量分类(Q 分类)，Q 值为 7 的岩体质量描述为(　　)。

A. 很差　　B. 较差　　C. 一般　　D. 好

(130)岩石破坏类型中(　　)的特点是岩石达到破坏时不产生明显的变形。

A. 脆性破坏　　B. 蠕变破坏　　C. 塑性破坏　　D. 流变破坏

(131)岩质边坡稳定分析的各种方法中，目前应用较多而且比较成熟的是(　　)。

A. 赤平投影法　　B. 刚体极限平衡法

C. 有限元法　　D. 模拟试验法

2)多项选择题

(1)土是由(　　)组成的松散颗粒集合体。

A. 矿物颗粒　　B. 流体水　　C. 气体　　D. 生物残骸

(2)土是岩石经物理、化学和生物风化，再通过搬运、堆积而成的成分、大小、形状和组成不同的松散颗粒集合体。它具有(　　)几大主要特点。

A. 松散性　　B. 三相性　　C. 天然性　　D. 易变性

(3)粒径级配累积曲线及指标的用途有(　　)。

A. 粒组含量用于土的分类定名

B. 不均匀系数 C_u 用于判定土的不均匀程度

C. 曲率系数 C_c 用于判定土的颗粒连续程度

D. 用于判定土的级配优劣

(4)粘粒的主要成分是原岩经化学风化而成的粘土矿物，常见的粘土矿物有(　　)。

A. 高岭石　　B. 伊利石　　C. 绿泥岩　　D. 蒙脱石

(5)粘土颗粒具有呈片(针)状、极细小、比表面积大，带负电荷等特性，使土具有(　　)。

A. 可塑性　B. 粘性　C. 膨胀性　D. 收缩性

(6)毛细管水受（　）的共同作用。

A. 重力　B. 土粒表面引力　C. 表面张力　D. 结合力

(7)土的结构与土粒的(　)有关。

A. 矿物成分　B. 颗粒形状　C. 沉积条件　D. 构造形式

(8)通常土的结构可归纳为(　)几种基本类型。

A. 单粒结构　B. 双粒结构　C. 蜂窝结构　D. 絮凝结构

(9)以下(　)指标是试验直接测定的基本指标,其他指标可由其换算获得。

A. 孔隙比　B. 重度　C. 含水率　D. 比重

(10)用相对密度表示砂土的密实状态,可综合反映土粒(　)等因素的影响。

A. 级配　B. 形状　C. 结构　D. 应力历史

(11)粘性土具有的稠度状态为(　)。

A. 固态　B. 半固态　C. 可塑态　D. 液态

(12)塑性指数的工程意义表现在:(　)。

A. 塑性指数越大,土中粘粒含量越高,土性越粘

B. 塑性指数越大,土的压缩性越强

C. 塑性指数被用于粘性土的分类定名

D. 塑性指数是判断土的承载能力大小的一个参考指标

(13)土的击实特性的主要影响因素有(　)。

A. 击实功　B. 土类　C. 级配　D. 含水率

(14)增大击实功,可使填土的最大干密度(　),最优含水率(　)。

A. 不变化　B. 增加　C. 没有规律　D. 降低

(15)水利部《土工试验规程》(SL237—1999)规定以(　)作为土的分类依据。

A. 土颗粒组成及其特性　B. 土的塑性指标

C. 土的密实程度　D. 土中有机质含量

(16)特殊土包括(　)。

A. 黄土　B. 膨胀土　C. 细粒土　D. 红粘土

(17)无机土可细分为(　)。

A. 巨粒土　B. 粗粒土　C. 细粒土　D. 粘性土

(18)对于(　),需要考虑土的自重引起的变形。

A. 正常固结土　B. 新填土　C. 欠固结土　D. 超固结土

(19)饱和土体中（　)满足有效应力原理。

A. 任意地点　B. 任意时刻

C. 任意方向截面上　D. 并不是所有位置

(20)在地面水平、土层均匀分布的情况下,土体在自重作用下无侧向变形和剪切变形,只有竖向变形,这种条件称为(　)。

A. 无侧向变形条件　B. 侧限条件

C. 侧向条件　D. K_0 条件

(21)侧限压缩试验条件为(　　)。

A. 无侧向变形条件　　B. 侧限条件

C. 双面排水条件　　D. K_0 条件

(22)正常固结土中地下水位发生下列(　　)变化可引起地基土产生沉降。

A. 地下水位升高　B. 地下水位降低　C. 地下水位不变　D. 不确定

(23)在求解地基附加应力时,一般假定地基土(　　)。

A. 连续　B. 各向同性　C. 完全弹性体　D. 弹塑性体

(24)在求解地基附加应力时按照问题的性质,将应力划分为(　　)。

A. 坐标问题　B. 空间问题　C. 平面问题　D. 直线问题

(25)若应力是两个方向坐标的函数,则称为平面问题,条形基础下的附加应力计算即属于此类。(　　)建筑物的基础大多属于条形基础。

A. 挡土墙　B. 护岸　C. 矩形基础　D. 路堤

(26)如图 2.3.1 所示,柱下独立基础埋深 1m,基底尺寸为 2m×2.4m,地基土为均质粘土,$\gamma=17.5\text{kN/m}^3$,上部结构传来的荷载 $P=800\text{kN}$,P 偏心 0.2m,基础及其上覆土的平均重度为 $\gamma_G=20\text{kN/m}^3$,试计算基底压力及基底附加压力的大小(　　)。

A. $p_{max}=270\text{kPa}$　$p_{0max}=152.5\text{kPa}$

$p_{min}=103.3\text{kPa}$　$p_{0min}=85.5\text{kPa}$

B. $p_{max}=280\text{kPa}$　$p_{0min}=75.8\text{kPa}$

$p_{min}=93.3\text{kPa}$　$p_{0max}=262.5\text{kPa}$

C. $p_{max}=270\text{kPa}$　$p_{0max}=262.5\text{kPa}$

$p_{min}=93.3\text{kPa}$　$p_{0min}=75.8\text{kPa}$

D. $p_{max}=280\text{kPa}$　$p_{0max}=152.5\text{kPa}$

$p_{min}=103.3\text{kPa}$　$p_{0min}=85.5\text{kPa}$

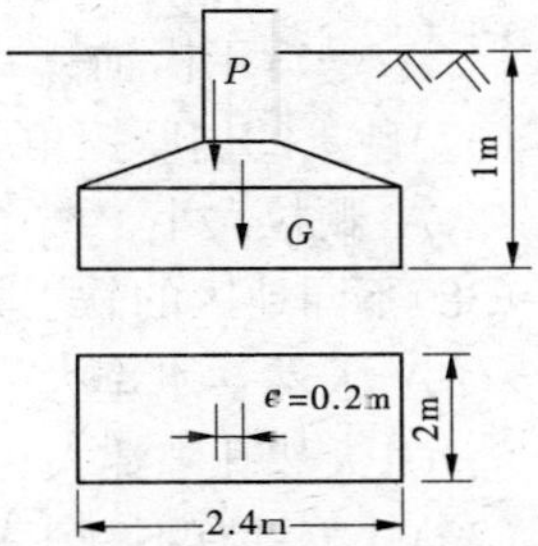

图 2.3.1

(27)无侧向变形条件下的压缩量计算公式为(　　)。

A. $S=\dfrac{-\Delta e}{1+e_1}H$　　B. $S=\dfrac{a}{1+e_1}\Delta pH$

C. $S=\dfrac{\Delta p}{E_s}H$　　D. $S=\dfrac{\Delta p}{E}H$

(28)在压力作用下,饱和土体固结的力学本质是(　　)。

A. 在某一压力作用下,饱和土体的固结过程就是土体中的超孔隙水应力不断消散

B. 附加有效应力不断增加的过程

C. 超孔隙水应力逐渐转化为附加有效应力的过程

D. 土颗粒体积减小

(29)载荷试验可测定(　　)。

A. 土的变形模量　B. 土的饱和度　C. 地基承载力　D. 土的密度

(30)在载荷试验中根据荷载与沉降的关系曲线的形式确定出该建筑场地地基的(　　)。

A. 土的饱和度　　B. 临塑荷载　　C. 极限承载力　　D. 土的孔隙比

(31)测定土体抗剪强度的方法主要有(　　)。

A. 直剪试验　　B. 压缩试验　　C. 三轴压缩试验　　D. 载荷试验

(32)在三轴试验中,能测定土的有效强度指标 c、φ 的试验有(　　)。

A. CU　　B. CD　　C. UU　　D. UD

(33)某点的应力圆落在强度包线之内时,则该点处在(　　);若某点的应力圆与强度包线相切,则该点处在(　　)。

A. 无法判定　　B. 稳定状态

C. 已破坏状态　　D. 极限平衡状态

(34)根据剪切过程中施加法向应力与水平剪应力时的不同排水条件,粘性土的直剪试验有:(　　)。

A. 快剪　　B. 固结快剪　　C. 慢剪　　D. 固结慢剪

(35)根据施加围压与轴向荷载时的排水条件,三轴剪切试验有(　　)几种方法。

A. 不固结不排水剪切　　B. 固结不排水剪切

C. 不固结排水剪切　　D. 固结排水剪切

(36)干燥的无粘性土抗剪强度包线(　　),粘性土的抗剪强度包线常(　　)。

A. 平行于横轴　　B. 通过原点　　C. 不通过原点　　D. 为一条斜线

(37)砂土的内摩擦角取决于土体的(　　)。

A. 颗粒大小　　B. 抗剪强度　　C. 级配　　D. 密实度

(38)不同地区的软土具有共同的物理性质,包括(　　)。

A. 天然含水率大　　B. 饱和度高

C. 天然孔隙比大　　D. 粘粒、粉粒含量高

(39)软土具有不利工程特性有(　　)。

A. 抗剪强度低　　B. 透水性低　　C. 高压缩性　　D. 流变性

(40)饱和软粘土多属近代水下细颗粒沉积土,(　　)。

A. 孔隙比高　　B. 含水率大　　C. 抗剪强度低　　D. 抗剪强度高

(41)我国湿陷黄土有如下特征:(　　)。

A. 一般呈黄色、褐黄色、灰黄色

B. 含有较多的可溶盐类

C. 竖直节理发育,能保持直立的天然边坡

D. 一般具有肉眼可见的大孔隙

(42)湿陷性黄土地基的湿陷特性会给结构物带来不同程度的危害,使结构物(　　)。

A. 沉降　　B. 开裂

C. 倾斜　　D. 影响安全和使用

(43)湿陷性黄土分为(　　)两种。

A. 软黄土　　B. 硬黄土

C. 自重湿陷性黄土　　D. 非自重湿陷性黄土

(44)关于湿陷性黄土,下列说法正确的是(　　)。

A. 在自重应力作用下浸湿湿陷　　B. 在自重应力作用下浸湿不湿陷
C. 在自重应力作用下不浸湿不湿陷　　D. 在自重应力作用下不浸湿湿陷

(45)膨胀土是指土中粘粒成分主要由亲水性矿物组成,同时具有显著的(　　)两种变形特征的粘性土。

A. 吸水膨胀软化　　B. 失水收缩开裂
C. 吸水收缩开裂　　D. 失水膨胀软化

(46)膨胀土的矿物成分,主要由(　　)组成。

A. 云母　　B. 蒙脱石　　C. 石英　　D. 伊利石

(47)红粘土的特征有(　　)。

A. 表面收缩　　B. 上硬下软　　C. 下软下硬　　D. 裂隙发育

(48)我国盐渍土按其中易溶盐的化学成分可分为(　　)。

A. 氯盐型　　B. 硫酸盐型　　C. 硝酸盐型　　D. 碳酸盐型

(49)盐渍土中常见易溶盐有(　　)。

A. 碳酸盐　　B. 硝酸盐　　C. 氯盐　　D. 硫酸盐

(50)盐渍土区域通常具有的地质条件为(　　)。

A. 有充分的盐类来源　　B. 能形成矿化度高的地下水
C. 区域内地下水位距离地面较近　　D. 区域气候条件干燥

(51)氯盐型盐渍土(　　),硫酸盐型盐渍土(　　),碳酸盐型盐渍土(　　)。

A. 易吸水膨胀,失水收缩　　B. 碱性大,强度低
C. 碱性大,强度高　　D. 吸水性极强,含水率高时松软易翻浆

(52)红粘土的含水率几乎和液限相等,饱和度大于85%,具有(　　)。

A. 较高的力学强度　　B. 较高的压缩性
C. 较低的力学强度　　D. 较低的压缩性

(53)在红粘土地区的工程建设中(　　)。

A. 基础尽量深埋　　B. 基础尽量浅埋
C. 宜作地基处理　　D. 无需地基处理

(54)我国盐渍土按其地理分布可划分为(　　)。

A. 滨海型　　B. 内陆型　　C. 冲填平原型　　D. 山地型

(55)土的冻胀与(　　)有关。

A. 土的类别　　B. 含水率
C. 地下水位　　D. 地下水的成分

(56)下列关于填土的叙述,正确的是(　　)。

A. 人工填土是指人类活动而形成的堆积物
B. 填土的物质成分较单一,均匀性较好
C. 填土的物质成分较复杂,均匀性较差
D. 人工填土分为素填土、杂填土和冲填土

(57)素填土是由(　　)等组成的填土。

A. 碎石土　　B. 砂土　　C. 粉土　　D. 粘性土

(58)素填土有(　　)的工程地质特性。

A. 成分比较单一　B. 较疏松　C. 不均匀　D. 比较均匀

(59)土的液化的可能性可通过下列(　　)途径来判断。

A. 确定土的剪切波速　B. 标准贯入试验

C. 静力触探试验　D. 旁压试验

(60)强烈的液化会使(　　)。

A. 地表喷砂冒水　B. 建筑物发生沉陷

C. 建筑物整体失稳破坏　D. 轻型的地下构筑物可能浮出地表

(61)防止砂土液化的方法有(　　)。

A. 改良土质　B. 松动土体

C. 增加土体密实度　D. 施加动荷载

(62)土压力的类型主要有(　　)。

A. 静止土压力　B. 主动土压力　C. 被动土压力　D. 能动土压力

(63)土压力的性质与大小跟(　　)直接相关。

A. 墙体位移的大小　B. 墙体的结构

C. 墙体位移的方向　D. 墙体的形状

(64)朗肯土压力理论推导过程中做了(　　)几种假定。

A. 挡土墙的墙背竖直且光滑

B. 墙后填土面水平

C. 填土面粘聚力 $c=0$

D. 墙后土处于主动或被动极限平衡状态

(65)渗流对边坡的影响包括(　　)。

A. 提高土坡稳定性　B. 改变浸润面下土体的容重

C. 土浸水后强度降低　D. 使土体受到渗透力的作用

(66)分析土坡稳定性的目的为(　　)。

A. 验算土坡断面是否稳定

B. 验算土坡断面是否合理

C. 根据土坡预定高度设计合理的土坡断面

D. 根据土坡土的性质等条件设计合理的土坡断面

(67)地基的破坏形式有(　　)。

A. 整体剪切破坏　B. 局部剪切破坏

C. 冲剪破坏　D. 旋转破坏

(68)地基的破坏过程包括(　　)。

A. 直线变形阶段　B. 局部塑性变形阶段

C. 流变阶段　D. 破坏阶段

(69)地基土发生整体剪切破坏,从加荷到破坏经历了(　　)阶段。

A. 直线变形阶段　B. 局部塑性变形阶段

C. 破坏阶段　D. 直剪阶段

(70)确定地基承载力一般采用的方法有(　　)。

A. 按极限荷载确定的理论公式计算法

B. 现场原位试验法

C. 地基规范查表法

D. 按塑性区开展深度确定的理论公式计算法

(71)影响地基极限承载力的因素有(　　)。

A. 基础特性　　B. 地基土性质

C. 荷载特性　　D. 基础的埋置深度

(72)岩石的重度取决于(　　)。

A. 岩石的矿物成分　　B. 岩石的孔隙大小

C. 岩石的含水量　　D. 埋藏深度

(73)岩石的吸水率大小取决于(　　)。

A. 岩石中孔隙数量的多少　　B. 天然含水率

C. 饱水率　　D. 细微裂隙的连通情况

(74)(　　)是指在水压力作用下,岩石的孔隙和裂隙透过水的能力。岩石的(　　)是指岩石浸水后体积增大的性质。岩石的(　　)是指岩石与水相互作用时失去粘结性并变成完全丧失强度的松散物质的性能。

A. 渗透性　　B. 膨胀性　　C. 崩解性　　D. 软化性

(75)对于水在岩石中渗流来说,渗透系数的大小取决于(　　)。

A. 岩石的物理特性　　B. 岩石中孔隙和裂隙的大小

C. 岩石中孔隙和裂隙的开闭程度　　D. 岩石中孔隙和裂隙的连通情况

(76)测定岩石膨胀力和膨胀率的试验方法有(　　)。

A. 干湿循环法　　B. 平衡加压法　　C. 压力恢复法　　D. 加压膨胀法

(77)对于极软的岩石及耐崩解性的岩石,应根据(　　)考虑岩石的崩解性。

A. 崩解物的塑性指数　　B. 崩解物的颗粒成分

C. 耐崩解性指数　　D. 仅根据耐崩解性指数进行考虑

(78)岩石的软化性与(　　)有关。

A. 岩石的矿物成分　　B. 岩石粒间联结方式

C. 孔隙率　　D. 裂隙发育程度

(79)岩石在反复冻融后其强度降低的主要原因是:(　　)

A. 构成岩石的各种矿物的膨胀系数不同

B. 水结冰时体积增大产生膨胀压力

C. 矿物的胀缩不均

D. 0℃以下时岩石孔隙中的水结冰,体积增大

(80)影响岩石强度的因素有(　　)等。

A. 岩石结构　　B. 风化程度　　C. 围压大小　　D. 温度

(81)岩石的破坏类型有(　　)。

A. 脆性破坏　　B. 流变破坏　　C. 塑性破坏　　D. 蠕变破坏

(82)岩石质量指标 RQD 认为钻探获得的岩芯其完整程度与岩体的(　　)有关。

A. 原始裂隙　　B. 硬度

C. 均质性　　D. 节理水折减系数

(83)目前较具代表性的通用工程岩体分类方法有(　　)。

A. 岩石质量指标(RQD)分类

B. 岩体地质力学分类(CSIR 分类)

C. 巴顿岩体质量分类(Q 分类)

D. 岩体 BQ 分类

(84)巴顿岩体质量分类 Q 表达式的 6 个参数,反映了岩体质量的(　　)。

A. 岩体的完整性

B. 结构面的形态、充填物特征

C. 充填物的次生变化程度

D. 水与其他应力存在时对质量的影响

(85)巴顿岩体质量分类 Q 表达式的 6 个参数包括(　　)。

A. 节理组数　　B. 应力折减系数

C. 节理水折减系数　　D. 节理粗糙度系数

(86)工程岩体的稳定性,与(　　)有关。

A. 岩体基本质量的好坏　　B. 地下水

C. 天然应力　　D. 主要软弱结构面

(87)岩体地质力学分类考虑了以下(　　)条件。

A. 岩块强度　　B. 地下水

C. 初始应力场　　D. 节理间距和条件

(88)影响边坡稳定的因素有(　　)。

A. 边坡中结构面的存在　　B. 河流的冲刷作用

C. 风化作用　　D. 区域构造应力变化

(89)目前,用于分析岩坡稳定性的方法主要有(　　)。

A. 刚体极限平衡法　　B. 赤平投影法

C. 有限元法　　D. 模拟试验法

(90)在岩石边坡刚体极限平衡法稳定分析中(　　)对指定的滑动面进行稳定验算。

A. 均质岩体把滑动面简化为圆弧　　B. 把滑动面简化为平面、折面

C. 把岩体看做刚体　　D. 依据摩尔－库仑强度准则

2.4　参考答案

1)单项选择题答案

(1)A	(2)A	(3)A	(4)B	(5)A	(6)B	(7)C	(8)C
(9)A	(10)D	(11)A	(12)D	(13)D	(14)B	(15)D	(16)B
(17)B	(18)A	(19)B	(20)B	(21)B	(22)B	(23)B	(24)B

(25)B	(26)B	(27)B	(28)C	(29)A	(30)D	(31)A	(32)C
(33)C	(34)A	(35)B	(36)A	(37)B	(38)D	(39)B	(40)C
(41)D	(42)A	(43)B	(44)A	(45)A	(46)C	(47)C	(48)A
(49)B	(50)C	(51)A	(52)D	(53)A	(54)A	(55)A	(56)D
(57)B	(58)A	(59)A	(60)C	(61)A	(62)D	(63)A	(64)D
(65)A	(66)C	(67)C	(68)D	(69)C	(70)A	(71)C	(72)A
(73)A	(74)B	(75)C	(76)C	(77)A	(78)B	(79)B	(80)C
(81)B	(82)C	(83)A	(84)B	(85)C	(86)C	(87)C	(88)A
(89)B	(90)A	(91)A	(92)A	(93)B	(94)A	(95)D	(96)C
(97)D	(98)A	(99)B	(100)D	(101)B	(102)A	(103)A	(104)A
(105)C	(106)D	(107)B	(108)A	(109)B	(110)B	(111)A	(112)B
(113)B	(114)C	(115)D	(116)B	(117)C	(118)A	(119)C	(120)B
(121)B	(122)C	(123)C	(124)C	(125)D	(126)C	(127)C	(128)C
(129)C	(130)A	(131)B					

2)多项择选题答案

(1)ABC	(2)ABC	(3)ABCD	(4)ABD	(5)ABCD	(6)AC
(7)ABC	(8)ACD	(9)BCD	(10)ABC	(11)ABCD	(12)ABCD
(13)ABCD	(14)BD	(15)ABD	(16)ABD	(17)ABC	(18)BC
(19)ABC	(20)ABD	(21)ABCD	(22)AB	(23)ABC	(24)BC
(25)ABD	(26)A	(27)ABC	(28)ABC	(29)AC	(30)BC
(31)AC	(32)AB	(33)BD	(34)ABC	(35)ABD	(36)BCD
(37)ABD	(38)ABCD	(39)ABCD	(40)ABC	(41)ABCD	(42)ABCD
(43)CD	(44)AC	(45)AB	(46)BD	(47)ABD	(48)ABD
(49)ACD	(50)ABCD	(51)DAB	(52)AD	(53)BC	(54)ABC
(55)ABCD	(56)ACD	(57)ABCD	(58)ABC	(59)ABC	(60)ABCD
(61)ACD	(62)ABC	(63)AC	(64)ABD	(65)BCD	(66)ABCD
(67)ABC	(68)ABD	(69)ABC	(70)ABCD	(71)ABCD	(72)ABCD
(73)AD	(74)ABC	(75)ABCD	(76)BCD	(77)ABC	(78)ABCD
(79)ABCD	(80)ABCD	(81)AC	(82)ABC	(83)ABCD	(84)ABCD
(85)ABCD	(86)ABCD	(87)ABD	(88)ABCD	(89)ABCD	(90)ABCD

第 3 章　结构力学

3.1　考试大纲

3.1.1　平面体系的几何组成

几何不变体系的几何组成规律及其应用

3.1.2　静定结构受力分析与特性

静定结构受力分析方法　反力　内力的计算与内力图的绘制　静定结构特性及其应用

3.1.3　静定结构位移

广义力与广义位移　虚功原理　单位荷载法　荷载下静定结构的位移计算　图乘法　支座位移和温度变化引起的位移　互等定理及其应用

3.1.4　超静定结构受力分析及特征

超静定次数　力法基本体系　力法方程及其意义　等截面直杆的刚度方程　位移法基本未知量、基本体系、基本方程及其意义　等截面直杆的转动刚度　力矩分配系数与传递系数　单结点的力矩分配　对称性利用　超静定结构位移　超静定结构特性

3.1.5　影响线及其应用

静力法做影响线　机动法做影响线　连续梁的影响线　影响线的应用

3.1.6　结构的动力特性与动力反应

单自由度体系　自振周期　频率　振幅与最大动内力　阻尼对振动的影响

3.2　复习指导

【例 3.2.1】　试对图 3.2.1 所示体系进行几何构造分析。

解:(1)拆去支座链杆,分析上部体系。

(2)在上部体系中依次拆除二元体(1－4,1－2)、(3－2,3－6)、(2－4,2－6)、(4－7,4－5)、(6－5,6－9)、(5－7,5－9)、(7－10,7－8)、(9－8,9－11)、(8－11,8－10)、(11－14,11－13)、(10－13,10－12)选取链杆 14－13 为刚片Ⅰ、链杆 13－12 刚片Ⅱ。刚片Ⅰ和Ⅱ只有 1 个铰 13 相连。

(3)结论:体系为常变体系。

【例 3.2.2】 试对图 3.2.2 所示体系进行几何构造分析。

解:(1)如图 3.2.2 所示,选取△ABF 为刚片Ⅰ、杆件 CG 为刚片Ⅱ、基础为刚片Ⅲ。

(2)刚片Ⅰ和Ⅱ由平行链杆 BC 和 FG 相连形成水平无穷远瞬铰 $O_{\text{Ⅰ,Ⅱ}}$;刚片Ⅱ和Ⅲ由平行链杆 DC 和 EG 相连形成竖向无穷远瞬铰 $O_{\text{Ⅱ,Ⅲ}}$;刚片Ⅰ和Ⅲ由铰 A 相连。三铰不共线。三个刚片之间的联结符合三刚片规则。

(3)结论:体系为几何不变无多余约束体系。

(思考:①选取基础、杆 BC、杆 FG 分别为刚片Ⅰ、刚片Ⅱ、刚片Ⅲ进行分析是否可以?

②选取基础、杆 BF、杆 GC 分别为刚片Ⅰ、刚片Ⅱ、刚片Ⅲ进行分析是否也可以?)

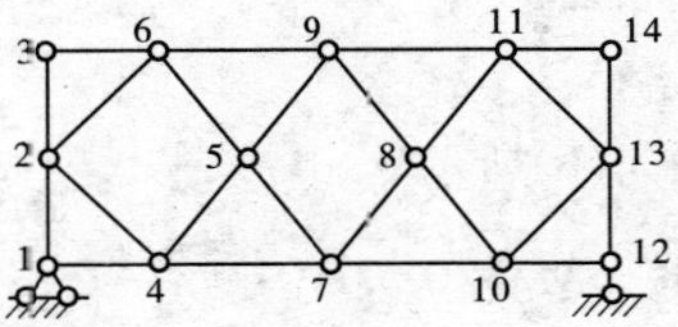

图 3.2.1

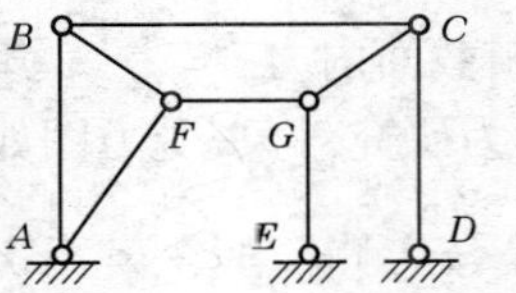

图 3.2.2

【例 3.2.3】 试对图 3.2.3(a)所示体系进行几何构造分析。

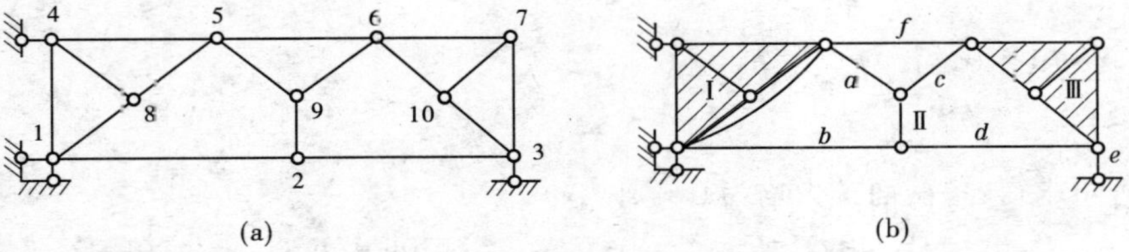

图 3.2.3

解:(1)选取刚片Ⅰ、Ⅱ、Ⅲ如图 3.2.3(b)所示。

(2)刚片Ⅰ、Ⅱ由链杆 a 和 b 相连形成瞬铰 $O_{\text{Ⅰ,Ⅱ}}$;刚片Ⅱ、Ⅲ由链杆 c 和 d 相连形成瞬铰 $O_{\text{Ⅱ,Ⅲ}}$;刚片Ⅰ、Ⅲ由链杆 e 和 f 相连形成瞬铰 $O_{\text{Ⅰ,Ⅲ}}$。三铰不共线。三个刚片之间的联结符合三刚片规则。

(3)结论:体系为几何不变无多余约束体系。

【例 3.2.4】 试作图 3.2.4 所示结构的内力图。

解:(1)求支座反力。

以整体为研究对象,受力图略。

由 $\sum M_A = 0$, 得 $12F_{Y_E} - 40 - 20\times 6 - \frac{1}{2}ql^2 = 0$

解之得 $F_{Y_E} = 20\text{kN}(\uparrow)$

由 $\sum F_Y = 0$,得 $F_{Y_A} + F_{Y_E} - 10\times 4 - 20 = 0$

解之得 $F_{Y_A} = 40\text{kN}(\uparrow)$

由 $\sum F_X = 0$,得 $F_{X_A} = 0$

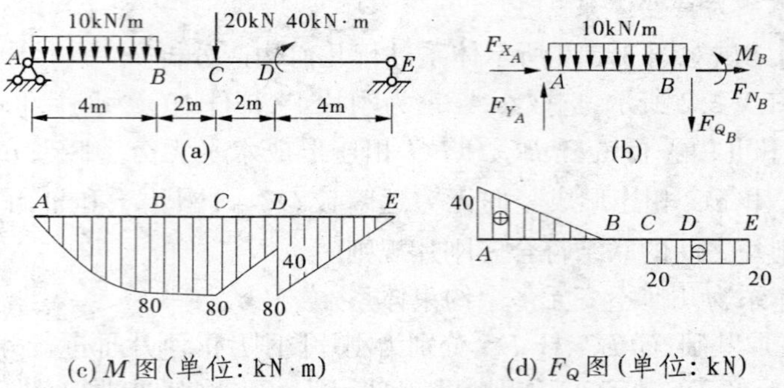

图 3.2.4

(2)求控制截面内力。

以 AB 段为研究对象,受力图如图 3.2.4(b)所示。

由 $\sum M_B=0$,得 $4F_{Y_A}-\frac{1}{2}\times10\times4^2-M_B=0$

解之得 $M_B=80\text{kN}\cdot\text{m}$

由 $\sum F_Y=0$,得 $F_{Q_B}+10\times4-F_{Y_A}=0$

解之得 $F_{Q_B}=0$

由 $\sum F_X=0$,得 $F_{X_A}+F_{N_B}=0$

解之得 $F_{N_B}=0$

同理可求得:各截面轴力均为 0。则

$$F_{Q_{A右}}=40\text{kN};F_{Q_{C左}}=0;F_{Q_{C右}}=-20\text{kN};F_{Q_{E左}}=-20\text{kN}$$

$$M_A=M_E=0;M_C=80\text{kN}\cdot\text{m};M_{D左}=40\text{kN}\cdot\text{m};M_{D右}=80\text{kN}\cdot\text{m}$$

(3)作内力图。

作剪力图:由于剪力图分段为直线,故由控制截面剪力连线即得剪力图如图 3.2.4(c)所示。

作弯矩图:由于 AB 段弯矩图为二次曲线,故需根据叠加原理画出,其他区段弯矩图均为直线,可直接由控制截面弯矩连线得到。弯矩图如图 3.2.4(d)所示。

【例 3.2.5】 试作图 3.2.5(a)所示结构的弯矩图。

解:本例为主从结构,由基本部分 AB 和附属部分 BC 组成。计算顺序为 $BC\rightarrow AB$

(1)求支座反力。

以 BC 部分为研究对象,其受力图如图 3.2.5(b)所示。

由 $\sum F_Y=0$,得 $F_{Y_C}-F_P=0$

解之得 $F_{Y_C}=F_P$

由 $\sum F_X=0$,得 $F_{X_B}=0$

由 $\sum M_B=0$,得 $F_{Y_C}\times a-F_P\times a-M_B=0$

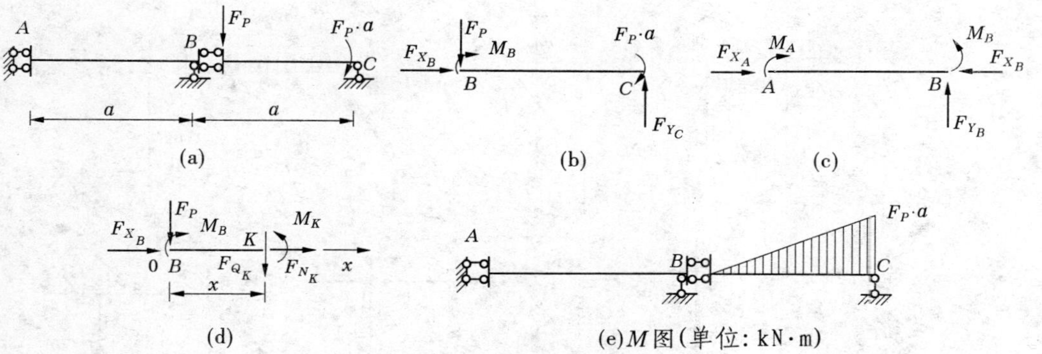

图 3.2.5

解之得　$M_B = 0$

以 AB 部分为研究对象,其受力图如图 3.2.5(c)所示,易得

$$F_{X_A} = F_{X_B} = 0; M_A = 0$$

(2)写出各杆件弯矩表达式。

①杆件 BC。

建立以 B 点为原点水平向右为正向的 x 轴,从杆件 BC 中任一截面 K 处将杆件 BC 截开,取 BK 为研究对象作受力图如图 3.2.5(d)所示。

由 $\sum M_K = 0$, 得　$F_P \times x + M_K = 0$

解之得　$M_K = -F_P x \ (0 \leqslant x < a)$

②杆件 AB。

杆件 AB 各截面弯矩均为 0。

(3)作弯矩图。

杆件 AB 各截面弯矩均为 0,杆件 BC 弯矩图根据 $M_K = -F_P x \ (0 \leqslant x < a)$ 画出。

弯矩图如图 3.2.5(e)所示

【例 3.2.6】　试作图 3.2.6(a)所示结构的内力图。

解:(1)求支座反力。

以整体为研究对象,受力图略。

由 $\sum M_E = 0$, 得　$7F_{Y_A} - \frac{1}{2}ql^2 + 16 + 10 \times 2 = 0$

解之得　$F_{Y_A} = 4\text{kN}(\uparrow)$

由 $\sum F_X = 0$, 得　$F_{X_E} - 10 = 0$

解之得　$F_{X_E} = 10\text{kN}(\leftarrow)$

由 $\sum F_Y = 0$, 得　$F_{Y_A} + F_{Y_E} - 8 \times 4 = 0$

解之得　$F_{Y_E} = 28\text{kN}(\uparrow)$

(2)求控制截面内力。

分别以杆件 AB、ABC、CE 为研究对象,受力图如图 3.2.6(b)所示。

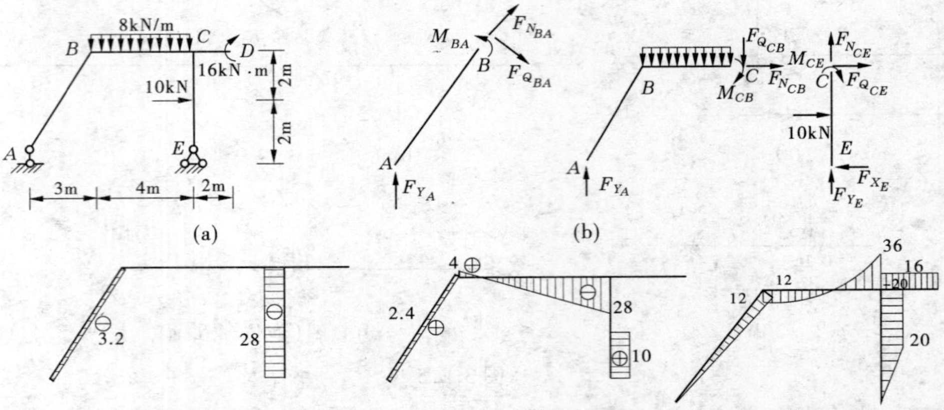

(c) F_N 图(单位: kN)　(d) F_Q 图(单位: kN)　(e) M 图(单位: kN·m)

图 3.2.6

由静力平衡条件可求得各控制截面的内力:

$M_{BA}=12\text{kN·m}$; $F_{Q_{BA}}=2.4\text{kN}$; $F_{N_{BA}}=-3.2\text{kN}$

$M_{CB}=36\text{kN·m}$; $F_{Q_{CB}}=-28\text{kN}$; $F_{N_{CB}}=0$

$M_{CE}=-20\text{kN·m}$; $F_{Q_{CE}}=0$; $F_{N_{CE}}=-28\text{kN}$

同理可求得其他各控制截面内力

$$M_{AB}=0;F_{Q_{AB}}=2.4\text{kN};F_{N_{AB}}=-3.2\text{kN}$$

$$M_{BC}=12\text{kN·m}(\text{顺时针});F_{Q_{BC}}=4\text{kN};F_{N_{BC}}=0$$

其他控制截面略。

(3)作内力图。

轴力图:由于轴力图分段为直线,故由控制截面轴力连线即得轴力图如图 3.2.6(c)所示。

剪力图:由于剪力图分段为直线,故由控制截面剪力连线即得剪力图如图 3.2.6(d)所示。

弯矩图:由于 BC 段弯矩图为二次曲线故需根据叠加原理画出,其他区段弯矩图均为直线可直接由控制截面弯矩连线得到。弯矩图如图 3.2.6(e)所示。

【例 3.2.7】 试作图 3.2.7(a)所示结构的内力图。

解:本例题为主从结构,由基本部分 AC 和附属部分 CB 组成,计算顺序为 BC→AC。

(1)求支座反力。

以 BC 部分为研究对象,其受力图如图 3.2.7(b)所示。

由 $\sum M_C=0$, 得　$m_0-F_{X_B}\times 2a=0$

解之得　$F_{X_B}=\dfrac{m_0}{2a}$

由 $\sum F_X=0$, 得　$F_{X_C}+F_{X_B}=0$

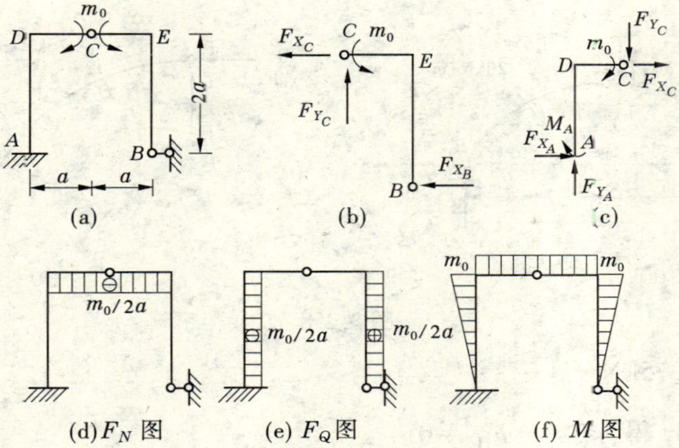

图 3.2.7

解之得　$F_{X_C}=-\dfrac{m_0}{2a}$

由 $\sum F_Y=0$，得　$F_{Y_C}=0$

以 AC 部分为研究对象，其受力图如图 3.2.7(c)所示。

由 $\sum M_A=0$，得　$F_{X_C}\times 2a+m_0+M_A=0$

解之得　$M_A=0$

由 $\sum F_X=0$，得　$F_{X_A}+F_{X_C}=0$

解之得　$F_{X_A}=\dfrac{m_0}{2a}$

由 $\sum F_Y=0$，得　$F_{Y_A}-F_{Y_C}=0$

解之得　$F_{Y_A}=0$

(2)作内力图。

可先求控制截面弯矩，作出弯矩图。再由杆段平衡条件确定各杆段剪力，作剪力图。再由剪力图的结点平衡条件确定各杆段轴力，作轴力图。内力图如图 3.2.7(d)、(e)、(f)所示。

(注：也可根据微分关系作内力图。)

【例 3.2.8】　试求图 3.2.8(a)所示三铰拱的支座反力及截面 D 的内力。已知拱轴线方程为 $y=\dfrac{4f}{l^2}x(l-x)$。

解：(1)求支座反力。

以整体为研究对象，

由 $\sum M_A=0$，得　$F_{V_B}\times 16-20-\dfrac{1}{2}\times 4\times 8^2=0$

解之得　$F_{V_B}=9.25\text{kN}$

由 $\sum F_Y=0$，得　$F_{V_A}+F_{V_B}-4\times 8=0$

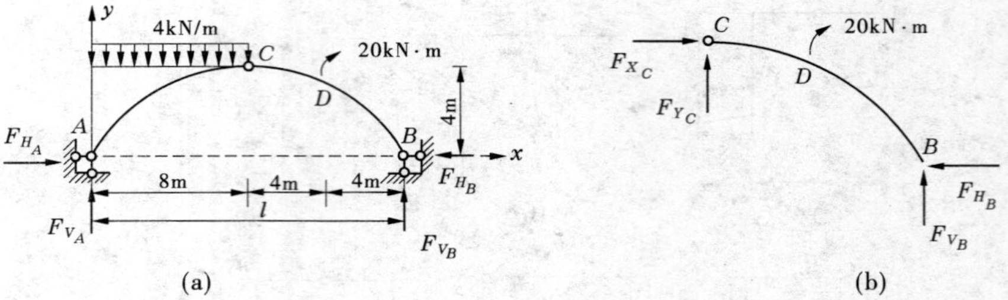

图 3.2.8

解之得　$F_{V_A}=22.75\text{kN}$

由 $\sum F_X=0$，得　$F_{H_A}-F_{H_B}=0$

解之得　$F_{H_A}=F_{H_B}$

再以 CB 部分为研究对象，受力图如图 3.2.8(b)所示

由 $\sum M_C=0$，得　$F_{V_B}\times 8-20-F_{H_B}\times 4=0$

解之得　$F_{H_B}=13.5\text{kN}$

所以

$$F_{H_A}=F_{H_B}=F_H=13.5\text{kN}$$

(2)内力计算。

将 $x_D=12\text{m}$ 代入拱轴线方程得

$$y_D=\frac{4f}{l^2}x_D(l-x_D)=3\text{m}$$

$$\tan\varphi=\frac{\text{d}y}{\text{d}x}=\frac{4f}{l^2}(l-2x)=1-\frac{1}{8}x$$

$$\tan\varphi_D=-0.5,\varphi_D=-26°34'$$

同跨度简支梁在相应荷载作用下截面 D 的弯矩及剪力值为：

$$M_{D左}^0=17\text{kN·m};M_{D右}^0=37\text{kN·m};F_{QD}^0=-9.25\text{kN}$$

由内力计算公式

$$M=M^0-F_Hy$$

$$F_Q=F_Q^0\cos\varphi-F_H\sin\varphi$$

$$F_N=-F_Q^0\sin\varphi-F_H\cos\varphi$$

或直接取 DB 部分为研究对象作受力图利用静力平衡条件可求得：

$$M_{D左}=-23.5;M_{D右}=-3.5;F_{QD}=-1.11;F_{ND}=-17.05$$

【例 3.2.9】　求图 3.2.9(a)所示桁架杆 1、2 的轴力。

解：(1)求支座反力。

以整体为研究对象(受力图略)

由 $\sum M_a=0$，得　$F_b\times 4-10\times 4-10\times 6=0$

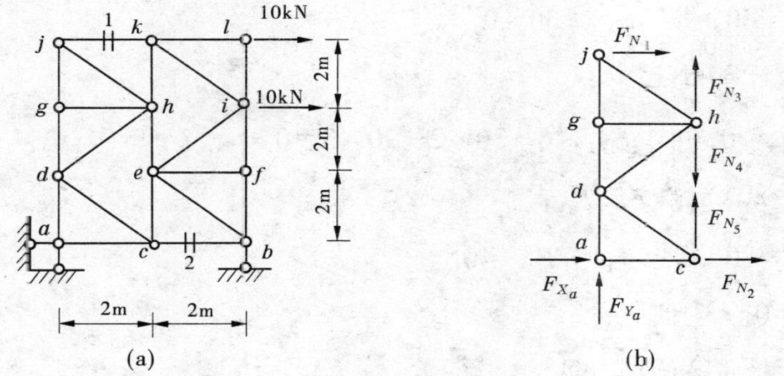

图 3.2.9

解之得　$F_b=25\text{kN}(\uparrow)$

由 $\sum F_X=0$, 得　$F_{X_a}+20=0$

解之得 $F_{X_a}=-20\text{kN·m}$

由 $\sum F_Y=0$, 得　$F_{Y_a}+F_b=0$

解之得　$F_{Y_a}=-25\text{kN·m}$

(2)求指定杆 1、2 的轴力。

取隔离体作受力图如图 3.2.9(b)所示。

由 $\sum M_C=0$, 得　$F_{N_1}\times 6-25\times 2=0$

解之得　$F_{N_1}=8.33\text{kN}$

由 $\sum F_X=0$, 得　$F_{N_2}+F_{N_1}-20=0$

解之得　$F_{N_2}=11.67\text{kN}$

【例 3.2.10】　求图 3.2.10(a)所示桁架杆 1、2 的轴力。

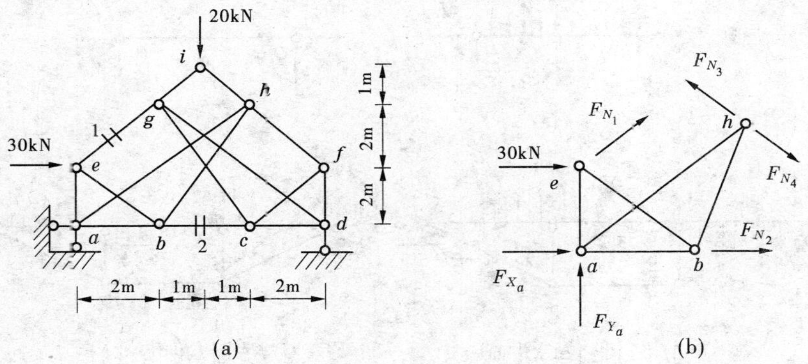

图 3.2.10

解:(1)求支座反力。

以整体为研究对象(受力图略)。

由 $\sum F_X = 0$，得　$F_{X_a} + 30 = 0$

解之得　$F_{X_a} = -30\text{kN}$

由 $\sum M_a = 0$，得　$F_{Y_d} \times 6 - 30 \times 2 - 20 \times 3 = 0$

解之得　$F_{Y_d} = 20\text{kN}(\uparrow)$

由 $\sum F_Y = 0$，得　$F_{Y_a} + F_{Y_d} = 0$

解之得　$F_{Y_a} = 0$

(2)求指定杆 1、2 的轴力。

取隔离体作受力图如图 3.2.10(b)所示，

由 $\sum M_i = 0$，得　$F_{X_a} \times 5 + F_{N_2} \times 5 + 30 \times 3 = 0$

解之得　$F_{N_2} = 12\text{kN}$

由 $\sum M_h = 0$，得　$F_{X_a} \times 4 + F_{N_2} \times 4 + 30 \times 2 - F_{N_1} \times \sqrt{2} = 0$

解之得　$F_{N_1} = -8.49\text{kN}$

【例 3.2.11】　试计算图 3.2.11 所示组合结构中链杆的轴力，并绘制梁式杆的弯矩图、剪力图。

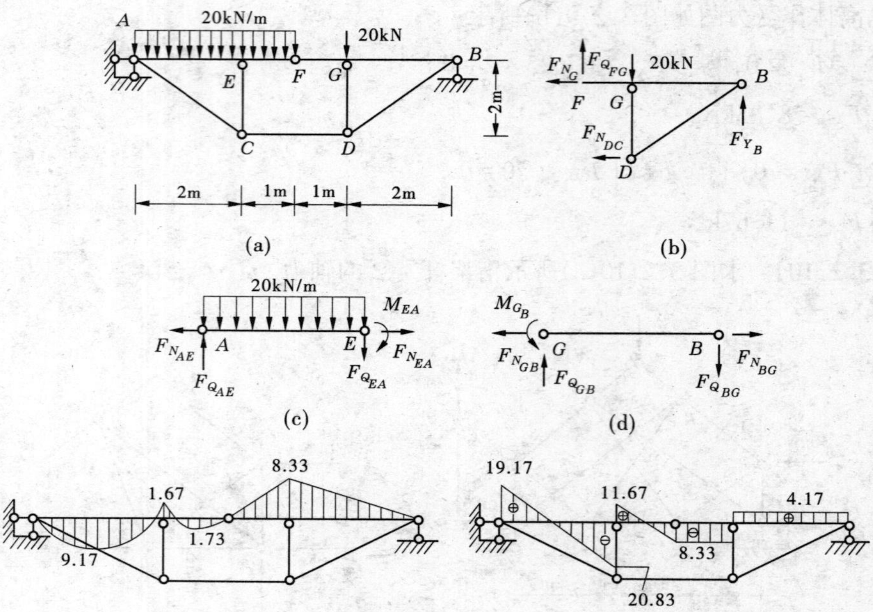

(e) M 图（单位: kN·m）　　(f) F_Q 图（单位: kN）

图 3.2.11

解:此组合结构中除杆 AF、杆 FB 为梁式杆外，其余各杆均为链杆。

(1)求支座反力。

以整体为研究对象(受力图略)

由 $\sum F_X = 0$，得 $\sum F_{X_A} = 0$

由 $\sum M_A = 0$，得 $F_{Y_B} \times 6 - \frac{1}{2} \times 20 \times 3^2 - 20 \times 4 = 0$

解之得 $F_{Y_B} = 28.33\text{kN}$ (↑)

由 $\sum F_Y = 0$，得 $F_{Y_A} + F_{Y_B} - 20 - 20 \times 3 = 0$

解之得 $F_{Y_A} = 51.67\text{kN}$ (↑)

(2)求链杆轴力及梁式杆弯矩、剪力。

取隔离体作受力图如图 3.2.11(b)所示，由平衡条件得：

由 $\sum M_F = 0$，得 $F_{Y_B} \times 3 - 20 \times 1 - F_{N_{DC}} \times 2 = 0$

解之得 $F_{N_{DC}} = 32.5\text{kN}$ (拉力)

由 $\sum F_X = 0$，得 $F_{N_{FG}} + F_{N_{DC}} = 0$

解之得 $F_{N_{FG}} = -32.5\text{kN}$ (压力)

由 $\sum F_Y = 0$，得 $F_{Q_{FG}} + F_{Y_B} - 20 = 0$

解之得 $F_{Q_{FG}} = -8.33\text{kN}$

据此，可求得 AF 杆截面 E 和 FB 杆截面 G 的弯矩分别为：

$$
\begin{aligned}
M_{EA} = M_{EF} &= F_{Q_{FE}} \times 1 + q \times 1 \times 0.5 \\
&= -8.33 \times 1 + 20 \times 1 \times 0.5 \\
&= 1.67(\text{kN·m}) \text{（上部受拉）}
\end{aligned}
$$

$$M_{GF} = M_{GB} = F_{Q_{FG}} \times 1 = -8.33 \times 1 = -8.33(\text{kN·m}) \text{（上部受拉）}$$

分别取结点 D、C 为研究对象(受力图略)，由静力平衡条件可求得各链杆的轴力为

$$F_{N_{AC}} = F_{N_{DB}} = \sqrt{2} F_{N_{DC}} = 46(\text{kN}) \text{（拉力）}$$

$$F_{N_{CE}} = F_{N_{DG}} = -\frac{\sqrt{2}}{2} F_{N_{DB}} = -32.5(\text{kN}) \text{（压力）}$$

取 AE 段为研究对象，由受力图 3.2.11(c)根据静力平衡条件可求得

$$F_{Q_{AE}} = \frac{1}{2}(-M_{EA} + \frac{1}{2} \times 20 \times 4) = 19.17(\text{kN})$$

$$F_{Q_{EA}} = -20 \times 2 + F_{Q_{AE}} = -20.83(\text{kN})$$

取 GB 段为研究对象，由受力图 3.2.11(d)根据静力平衡条件可求得

$$F_{Q_{GB}} = F_{Q_{BG}} = \frac{1}{2} M_{GB} = 4.165(\text{kN})$$

同理可求得

$$F_{Q_{EF}} = -8.33 + 20 \times 1 = 11.67(\text{kN})$$

$$F_{Q_{GF}} = F_{Q_{FG}} = -8.33(\text{kN})$$

(3)绘制弯矩图、剪力图。

应用叠加法绘制弯矩图如图 3.2.11(e)所示。

各控制截面剪力连线可得剪力图如图 3.2.11(f)所示。

【例 3.2.12】 求图 3.2.12(a)所示悬臂梁 A 端转角 θ_A，EI 为常数。

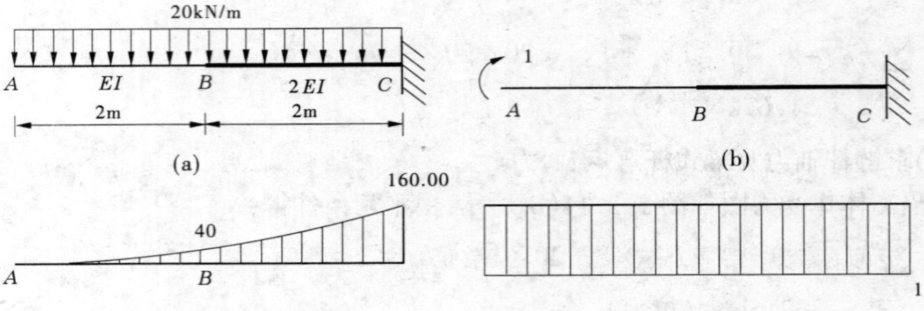

(c) M_P 图（单位：kN·m）　　(d) $\overline{M}$ 图（单位：m）

图 3.2.12

解：(1)建立虚拟状态如图 3.2.12(b)所示。

(2)绘制荷载作用下的弯矩图 M_P 如图 3.2.12(c)所示。

绘制单位荷载作用下的弯矩图 $\overline{M}$ 图如图 3.2.12(d)所示。

(3)求位移。

选 A 点为 x 轴坐标原点，水平向右为 x 轴正向，根据位移计算公式有

$$\begin{aligned}\theta_A &= \int_0^2 \frac{M_P\overline{M}}{EI}\mathrm{d}x + \int_2^4 \frac{M_P\overline{M}}{2EI}\mathrm{d}x \\ &= \int_0^2 \frac{M_P\overline{M}}{2EI}\mathrm{d}x + \int_0^2 \frac{M_P\overline{M}}{2EI}\mathrm{d}x + \int_2^4 \frac{M_P\overline{M}}{2EI}\mathrm{d}x \\ &= \int_0^2 \frac{M_P\overline{M}}{2EI}\mathrm{d}x + \int_0^4 \frac{M_P\overline{M}}{2EI}\mathrm{d}x\end{aligned}$$

所以 $\theta_A = \frac{-1}{2EI}\times(\frac{1}{3}\times 40\times 2\times 1) + \frac{-1}{2EI}\times(\frac{1}{3}\times 160\times 4\times 1) = -\frac{120}{EI}\mathrm{rad}$(↻)

【例 3.2.13】 求图 3.2.13(a)所示结构杆 DE 转角 θ_{DE}。已知各杆 EA 相同且为常数。

解：(1)建立虚拟状态如图 3.2.13(c)所示。

(2)求 F_{N_P} 和 $\overline{F}_N$。

以结构整体为研究对象，求出支座反力，然后分别以点 C、E、B 为研究对象，即可求得各杆轴力 F_{N_P} 如图 3.2.13(b)所示。

同理可求得虚设单位荷载作用下各杆件轴力 $\overline{F}_N$，如图 3.2.13(d)所示。

(3)求 θ_{DE}。

根据桁架位移公式 $\Delta_{DE} = \sum\frac{\overline{F}_N F_{N_P} l}{EA}$，求 θ_{DE}。

具体计算过程见表 3.2.1，由于对称，取半个桁架计算，杆 DE 的长度取一半。

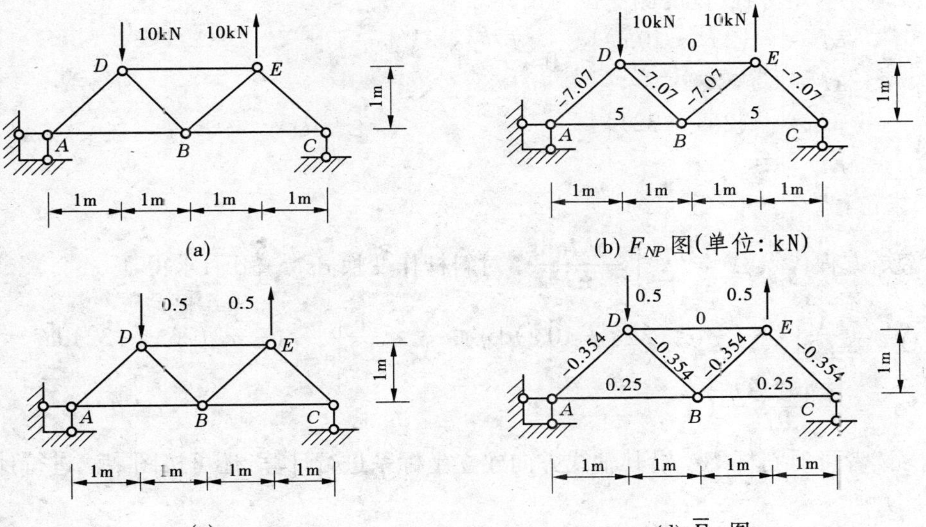

(a) (b) F_{NP} 图(单位: kN)

(c) (d) $\overline{F}_N$ 图

图 3.2.13

求杆 DE 转角的计算过程列表如下见表 3.2.1:

表 3.2.1

杆件	F_{N_P}	$\overline{F}_N$	l	$\overline{F}_N F_{N_P} l/EA$
AB	5	0.25	2	$2.5/EA$
AD	-7.07	-0.354	1.414	$3.539/EA$
DB	-7.07	-0.354	1.414	$3.539/EA$
DE	0	0	1	0

$$\theta_{DE} = 2 \times \left(\frac{2.5}{EA} + \frac{3.539}{EA} + \frac{3.539}{EA}\right) = \frac{19.156}{EA}(\curvearrowleft)$$

【例 3.2.14】 求图 3.2.14(a)所示结构 C 点的竖向位移 Δ_{CV}。已知各杆 EI 相同且为常数。

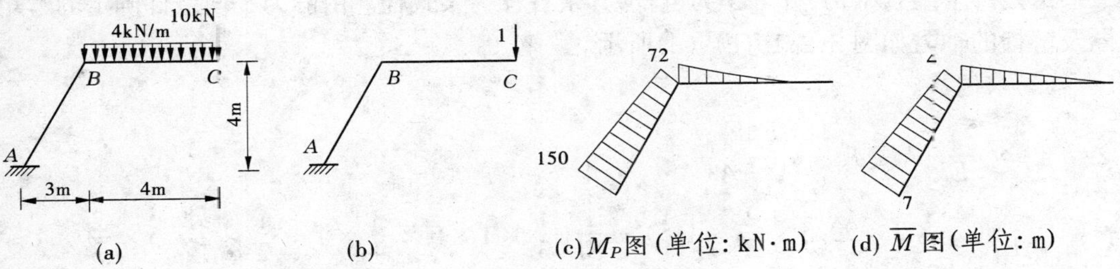

(a) (b) (c) M_P 图(单位: kN·m) (d) $\overline{M}$ 图(单位: m)

图 3.2.14

解:(1)建立虚拟状态如图 3.2.14(b)所示。

(2)作 M_P、$\overline{M}$ 如图 3.2.14(c)、(d)所示。

分段建立弯矩方程(设内侧受拉为正)

$$CB\text{ 段}\quad \left.\begin{aligned} M_P &= -(2x^2+10x) \\ \overline{M} &= -x \end{aligned}\right\}\quad 0\leqslant x\leqslant 4$$

$$BA\text{ 段}\quad \left.\begin{aligned} M_P &= -(26x-32) \\ \overline{M} &= -x \end{aligned}\right\}\quad 4\leqslant x< 7$$

(3)求位移。

将弯矩方程代入 $\Delta = \sum\int \frac{\overline{M}M_P\mathrm{d}s}{EI}$,对斜杆作变换 $\mathrm{d}s=\frac{5}{3}\mathrm{d}x$,求得

$$\Delta_{CV}=\frac{1}{EI}\int_0^4 -(-x)(2x^2+10x)\mathrm{d}x+\frac{5}{3}\times\frac{1}{EI}\int_4^7 -(-x)(26x-32)\mathrm{d}x$$

$$=\frac{3\,491.376}{EI}(\downarrow)$$

(注:读者可对斜杆 BA 沿其轴线方向建立坐标系进行计算,还可按图乘法进行计算,以便对比)

【例 3.2.15】 求图 3.2.15(a)所示结构 E 点的竖向位移 Δ_{EV}。已知各梁式杆 EI 相同且为常数,链杆 EA 为常数,且 $A=3I$。

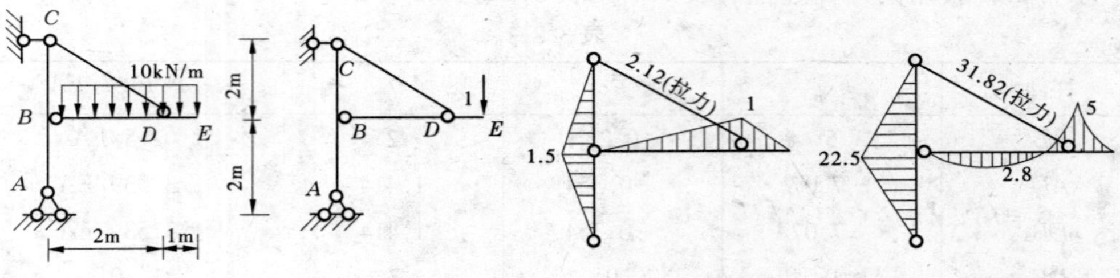

(a) (b) (c) $\overline{M}$ 图(单位: m) (d) M_P 图(单位: kN·m)

图 3.2.15

解:(1)建立虚拟状态如图 3.2.15(b)所示。

(2)绘制外荷载作用下梁式杆的弯矩图 M_P 并求链杆的轴力 F_{N_P}。

绘制单位荷载作用下梁式杆的弯矩图 $\overline{M}$ 并求链杆的轴力 $\overline{F}_N$。

这是一个组合结构,杆 CD 为链杆,其余各杆为梁式杆。由静力平衡条件确定的弯矩图及链杆的轴力如图 3.2.15(c)、(d)所示。

(3)求位移。

$$\Delta_{EV}=\sum\frac{1}{EI}\int M_P\overline{M}\mathrm{d}s+\frac{\overline{F}_N F_{N_P} l}{EA}$$

$$=\frac{2}{EI}\left(\frac{1}{2}\times2\times22.5\times\frac{2}{3}\times1.5\right)+\frac{1}{EI}\left(\frac{1}{3}\times1\times5\times\frac{3}{4}\times1+\frac{1}{2}\times2\times5\times\frac{2}{3}\times1-\right.$$

$$\left.\frac{2}{3}\times2\times5\times\frac{1}{2}\right)+\frac{1}{EA}(2\sqrt{2}\times31.82\times2.12)$$

$$=\frac{109.85}{EI}(\downarrow)$$

【例 3.2.16】 试求图 3.2.16(a)所示结构由于温度改变而引起的 C、D 两点的距离改变量。已知各杆截面为矩形,截面高度为 10cm,$\alpha=1\times10^{-5}$。

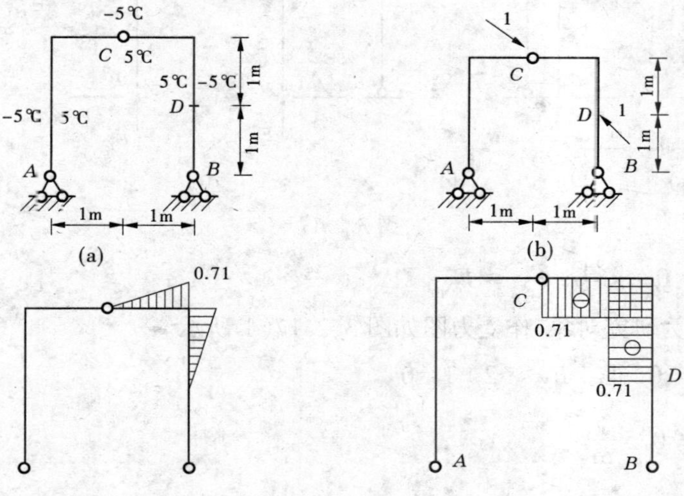

(c) $\overline{M}$ 图(单位: kN·m) (d) $\overline{F}_N$图

图 3.2.16

解:(1)建立虚拟状态如图 3.2.16(b)所示。

(2)作虚设单位荷载作用下的 $\overline{M}$ 图和$\overline{F}_N$图,如图 3.2.16(c)、(d)所示。

$$t_0=\frac{1}{2}(t_1+t_2)=\frac{1}{2}(-5+5)=0$$

$$\Delta t=t_2-t_1=5-(-5)=10(℃)$$

(3)求位移。

$$\begin{aligned}\Delta_{CD}&=\sum\int\overline{F}_N\alpha t_0\mathrm{d}s+\sum\int\overline{M}\frac{\alpha\Delta t}{h}\mathrm{d}s\\&=\sum\frac{\alpha\Delta t}{h}\int\overline{M}\mathrm{d}s\\&=\frac{-10\alpha}{h}\times2\times\frac{1}{2}\times1\times0.71\\&=-0.71\times10^{-3}(\mathrm{m})\\&=-0.71(\mathrm{mm})(\nwarrow\searrow)\end{aligned}$$

【例 3.2.17】 试求图 3.2.17(a)所示结构由于支座位移引起的铰 C 左右两截面的相对转角。

解:(1)建立虚拟状态,如图 3.2.17(b)所示。

(2)求支座反力。

以整体为研究对象,作受力图如图 3.2.17(c)所示。

由 $\sum M_A=0$, 求得 $F_{Y_B}=0$

由 $\sum F_Y=0$, 求得 $F_{Y_A}=0$

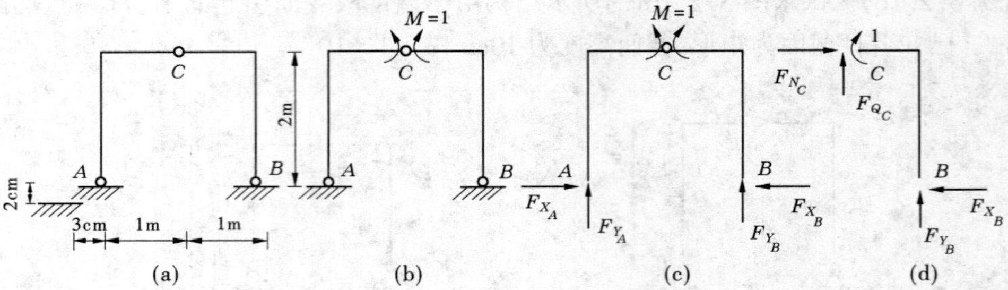

图 3.2.17

由 $\sum F_X = 0$, 求得 $F_{X_A} = F_{X_B}$

以 CB 部分为研究对象,作受力图如图 3.2.17(d)所示。

由 $\sum M_C = 0$, 得 $F_{X_B} \times 2 + 1 = 0$

解之得 $F_{X_B} = -0.5\,\dfrac{1}{\text{m}}$

所以

$$F_{X_A} = -0.5\,\frac{1}{\text{m}}$$

(3)求位移。

$$\varphi_{C左右} = -\sum \overline{F}_{R_K} C_K = -\{(0 \times 0.02) + [-(-0.5) \times 0.03]\} = -0.015\text{rad}(\curvearrowright\curvearrowleft)$$

【例 3.2.18】 用力法计算图 3.2.18(a)所示连续梁并作弯矩图和剪力图。各杆 EI 相同且为常数。

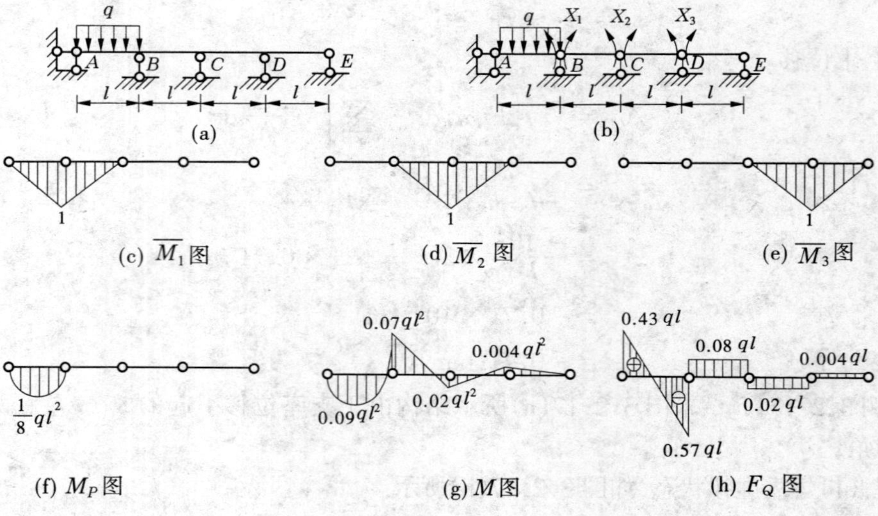

图 3.2.18

解:(1)选取基本体系。

由几何组成分析的知识易知,这是一个三次超静定结构,可将连续梁 $ABCD$ 中 B、C、D 处抵抗转动的约束去掉,得到如图 3.2.18(b)所示的基本体系。

(2)写出力法方程。

由 B 截面左、右相对转角为零；C 截面左、右相对转角为零；D 截面左、右相对转角为零，可得力法方程

$$\left.\begin{aligned}\delta_{11}X_1+\delta_{12}X_2+\delta_{13}X_3+\Delta_{1p}&=0\\\delta_{21}X_1+\delta_{22}X_2+\delta_{23}X_3+\Delta_{2p}&=0\\\delta_{31}X_1+\delta_{32}X_2+\delta_{33}X_3+\Delta_{3p}&=0\end{aligned}\right\}$$

(3)计算系数及自由项。

系数和自由项是基本结构(静定结构)在单位力和荷载分别作用下的位移计算，因此可按下述两步进行。

①画出基本结构在 $X_1=1$ 单独作用下的弯矩图 $\overline{M}_1$(如图 3.2.18(c)所示)，在 $X_2=1$ 单独作用下的弯矩图 $\overline{M}_2$(如图 3.2.18(d)所示)，在 $X_3=1$ 单独作用下的弯矩图 $\overline{M}_3$(如图 3.2.18(e)所示)，在给定外荷载单独作用下的弯矩图 M_P(如图 3.2.18(f)所示)。

②利用静定结构位移计算公式求系数和自由项。

$$\delta_{11}=\sum\int\frac{\overline{M}_1^2}{EI}ds=\frac{1}{EI}\left(\frac{1}{2}\times1\times l\times\frac{2}{3}\times1\right)\times2=\frac{2l}{3EI}$$

$$\delta_{12}=\sum\int\frac{\overline{M}_1\overline{M}_2}{EI}ds=\frac{1}{EI}\left(\frac{1}{2}\times1\times l\times\frac{1}{3}\times1\right)=\frac{l}{6EI}=\delta_{21}$$

$$\delta_{13}=\sum\int\frac{\overline{M}_1\overline{M}_3}{EI}ds=0=\delta_{31}$$

$$\delta_{22}=\sum\int\frac{\overline{M}_2^2}{EI}ds=\frac{1}{EI}\left(\frac{1}{2}\times1\times l\times\frac{2}{3}\times1\right)\times2=\frac{2l}{3EI}$$

$$\delta_{23}=\sum\int\frac{\overline{M}_2\overline{M}_3}{EI}ds=\frac{1}{EI}\left(\frac{1}{2}\times1\times l\times\frac{1}{3}\times1\right)=\frac{l}{6EI}=\delta_{32}$$

$$\delta_{33}=\sum\int\frac{\overline{M}_3^2}{EI}ds=\frac{1}{EI}\left(\frac{1}{2}\times1\times l\times\frac{2}{3}\times1\right)\times2=\frac{2l}{3EI}$$

$$\Delta_{1p}=\sum\int\frac{\overline{M}_1M_p}{EI}ds=\frac{1}{EI}\left(\frac{2}{3}\times l\times\frac{ql^2}{8}\times\frac{1}{2}\times1\right)\times2=\frac{ql^3}{24EI}$$

$$\Delta_{2p}=\sum\int\frac{\overline{M}_2M_p}{EI}ds=0$$

$$\Delta_{3p}=\sum\int\frac{\overline{M}_3M_p}{EI}ds=0$$

(4)解力法方程，求出基本未知量。

将第(3)步算出的系数和自由项代入第(2)步写出的力法方程，得

$$\left.\begin{aligned}\frac{2l}{3EI}X_1+\frac{l}{6EI}X_2+\frac{ql^3}{24EI}&=0\\\frac{l}{6EI}X_1+\frac{2l}{3EI}X_2+\frac{l}{6EI}X_3&=0\\\frac{l}{6EI}X_2+\frac{2l}{3EI}X_3&=0\end{aligned}\right\}$$

解方程组,得　$X_1=-\frac{15}{224}ql^2;X_2=\frac{1}{56}ql^2;X_3=-\frac{1}{224}ql^2$

(5)作弯矩图和剪力图。

①作弯矩图。

多余未知力求出后,可按叠加原理确定控制截面的弯矩值,再进一步作出弯矩图(如图 3.2.18(g)所示)。

由式 $M=\overline{M}_1X_1+\overline{M}_2X_2+\overline{M}_3X_3+M_P$,得

$$M_{AB}=0$$

$$M_{BA}=\overline{M}_1X_1=1\times(-\frac{15}{224}ql^2)=-\frac{15}{224}ql^2=M_{BC}\text{（上侧受拉）}$$

$$M_{CB}=\overline{M}_2X_2=1\times(\frac{1}{56}ql^2)=\frac{1}{56}ql^2=M_{CD}\text{（下侧受拉）}$$

$$M_{DC}=\overline{M}_3X_3=1\times(-\frac{1}{224}ql^2)=-\frac{1}{224}ql^2=M_{DE}\text{（上侧受拉）}$$

$$M_{ED}=0$$

②作剪力图。

可取每一跨杆件作隔离体,由于已知杆端弯矩,因此可利用静力平衡条件求出杆端剪力,然后作出每一跨的剪力图,拼在一起即得原结构的剪力图(如图 3.2.18(h)所示)。具体计算过程略。

(注:读者可尝试选取不同形式的基本体系进行计算,以便积累基本体系选取的经验。)

【例 3.2.19】 用力法计算图 3.2.19(a)所示刚架并作 M 图。各杆 EI 相同且为常数。

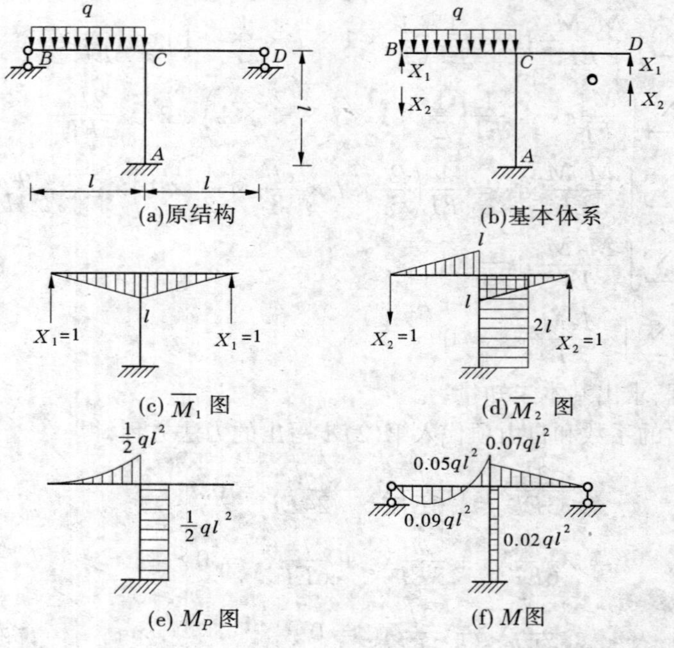

图 3.2.19

解:(1)选取基本体系。

本题采用成对未知力来求解。

将位于对称位置的 B、D 两处的竖向链杆支座反力,分解为一组对称未知力和一组反对称未知力,得如图 3.2.19(b)所示的基本体系。

(2)写出力法方程。

$$\left.\begin{aligned}\delta_{11}X_1+\delta_{12}X_2+\Delta_{1p}=0\\ \delta_{21}X_1+\delta_{22}X_2+\Delta_{2p}=0\end{aligned}\right\}$$

(3)计算系数和自由项。

画出 $\overline{M}_1$、$\overline{M}_2$ 和 M_P 图(如图 3.2.19(c)、(d)、(e)所示)。

系数和自由项分别为

$$\delta_{11}=\sum\int\frac{\overline{M}_1^2}{EI}\mathrm{d}s=\frac{2}{EI}\left(\frac{1}{2}\times l\times l\times\frac{2}{3}\times l\right)=\frac{2l^3}{3EI}$$

$$\delta_{22}=\sum\int\frac{\overline{M}_2^2}{EI}\mathrm{d}s=\frac{1}{EI}\left(\frac{1}{2}\times l\times l\times\frac{2}{3}\times l\times 2+2l\times l\times 2l\right)=\frac{14l^3}{3EI}$$

$$\delta_{12}=\delta_{21}=0$$

$$\Delta_{1p}=\sum\int\frac{\overline{M}_1M_p}{EI}\mathrm{d}s=-\frac{1}{EI}\left(\frac{1}{3}\times l\times\frac{ql^2}{2}\times\frac{3}{4}\times l\right)=-\frac{ql^4}{8EI}$$

$$\Delta_{2p}=\sum\int\frac{\overline{M}_2M_p}{EI}\mathrm{d}s=\frac{1}{EI}\left(\frac{1}{3}\times l\times\frac{ql^2}{2}\times\frac{3}{4}l+\frac{ql^2}{2}\times l\times 2l\right)=\frac{9ql^4}{8EI}$$

(4)解力法方程,求出基本未知量。

将 δ_{11}、δ_{12}、δ_{22}、Δ_{1p}、Δ_{2p} 代入力法方程

$$\left.\begin{aligned}\frac{2l^3}{3EI}X_1+0-\frac{ql^4}{8EI}=0\\ 0+\frac{14l^3}{3EI}X_2+\frac{9ql^4}{8EI}=0\end{aligned}\right\}$$

解方程组,得　$X_1=\frac{3}{16}ql$;$X_2=-\frac{27}{112}ql$

(5)作弯矩图,如图 3.2.19(f)所示。

【例 3.2.20】　用力法计算图 3.2.20(a)所示排架并作弯矩图。$I_1:I_2=1:4$。

解:(1)选取基本体系。

由几何组成分析的知识易知,这是一个一次超静定结构,将链杆 BC 的轴向联系切断,用相应的约束力代替,得到如图 3.2.20(b)所示的基本体系。

(2)写出力法方程。

$$\delta_{11}X_1+\Delta_{1p}=0$$

(3)计算系数及自由项。

①画出基本结构在 $X_1=1$ 单独作用下的弯矩图 $\overline{M}_1$,在给定外荷载单独作用下的弯矩图 M_P(如图 3.2.20(c)、(d)所示)。

②求系数和自由项。

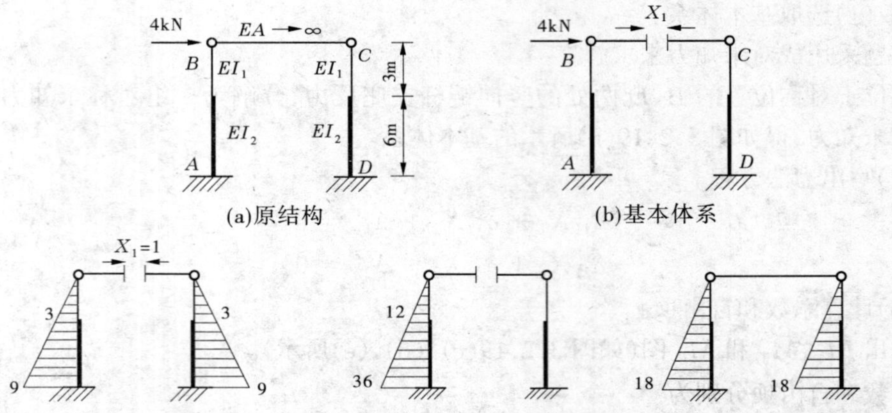

(a)原结构　(b)基本体系

(c) $\overline{M}_1$ 图(单位: m)　(d) M_P 图(单位: kN·m)　(e) M图(单位: kN·m)

图 3.2.20

$$\delta_{11} = \frac{2}{EI_1}\left(\frac{1}{2}\times 3\times 3\times\frac{2}{3}\times 3\right)+\frac{2}{EI_2}\times\frac{6}{6}\times(2\times 3\times 3+2\times 9\times 9+3\times 9+9\times 3)$$

$$= \frac{18}{EI_1}+\frac{468}{EI_2}$$

$$\Delta_{1p} = \frac{1}{EI_1}\left(\frac{1}{2}\times 3\times 3\times\frac{2}{3}\times 12\right)+\frac{1}{EI_2}\times\frac{6}{6}\times(2\times 36\times 9+2\times 3\times 12+3\times 36+9\times 12)$$

$$= \frac{36}{EI_1}+\frac{936}{EI_2}$$

(4)解力法方程,求出基本未知量。

将 δ_{11}、Δ_{1p}代入第(2)步写出的力法方程,得

$$\left(\frac{18}{EI_1}+\frac{468}{EI_2}\right)X_1+\frac{36}{EI_1}+\frac{936}{EI_2}=0$$

解方程,得　$X_1=-2\text{kN}$

(5)作弯矩图。

多余未知力求出后,可按叠加原理 $M=\overline{M}_1X_1+M_p$ 确定控制截面的弯矩值,再进一步作出弯矩图(如图 3.2.20(e)所示)。

【例 3.2.21】 用力法计算图 3.2.21(a)所示桁架各杆的轴力。各杆 EA 相同且为常数。

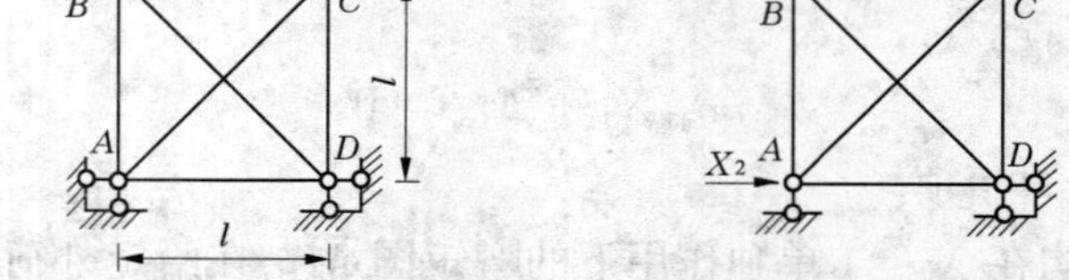

(a)原结构　(b)基本体系

图 3.2.21

解:(1)选取基本体系。

由几何组成分析的知识易知,这是一个两次超静定结构,将 A 点处的水平链杆支座去掉,再将链杆 BC 的轴向联系切断,用相应的约束力代替,得到如图 3.2.21(b)所示的基本体系。

(2)写出力法方程。

$$\left.\begin{aligned}\delta_{11}X_1+\delta_{12}X_2+\Delta_{1p}=0\\ \delta_{21}X_1+\delta_{22}X_2+\Delta_{2p}=0\end{aligned}\right\}$$

(3)计算系数及自由项见表 3.2.2。

表 3.2.2

杆件	AB	BC	CD	DA	AC	BD	δ
$\overline{F}_{N_1}$	1	1	1	1	$-\sqrt{2}$	$-\sqrt{2}$	
$\overline{F}_{N_2}$	0	0	0	-1	0	0	
F_{N_P}	F_P	0	0	0	0	$-\sqrt{2}F_P$	
杆长	l	l	l	l	$\sqrt{2}l$	$\sqrt{2}l$	
$\overline{F}_{N_1}^2 l/EA$	l/EA	l/EA	l/EA	l/EA	$2\sqrt{2}l/EA$	$2\sqrt{2}l/EA$	$\delta_{11}=\dfrac{4(1+\sqrt{2})l}{EA}$
$\overline{F}_{N_2}^2 l/EA$	0	0	0	l/EA	0	0	$\delta_{22}=\dfrac{l}{EA}$
$\overline{F}_{N_1}\overline{F}_{N_2} l/EA$	0	0	0	$-l/EA$	0	0	$\delta_{12}=-\dfrac{l}{EA}$
$\overline{F}_{N_1}F_{N_P} l/EA$	F_Pl/EA	0	0	0	0	$2F_P\sqrt{2}l/EA$	$\Delta_{1P}=\dfrac{(1+2\sqrt{2})F_Pl}{EA}$
$\overline{F}_{N_2}F_{N_P} l/EA$	0	0	0	0	0	0	$\Delta_{2p}=0$

(4)解力法方程,求出基本未知量。

$$\left.\begin{aligned}&\frac{4(1+\sqrt{2})l}{EA}X_1-\frac{l}{EA}X_2+\frac{(1+2\sqrt{2})F_Pl}{EA}=0\\ &-\frac{l}{EA}X_1+\frac{l}{EA}X_2=0\\ &X_1=X_2=-0.442F_P\end{aligned}\right\}$$

(5)求出各杆轴力(见表 3.2.3)。

表 3.2.3

杆件	AB	BC	CD	DA	AC	BD
轴力 F_N	$0.558F_P$	$-0.442F_P$	$-0.442F_P$	0	$0.625F_P$	$-0.789F_P$

【例 3.2.22】 用力法计算图 3.2.22(a)所示组合结构二力杆的轴力,并作受弯杆的弯矩图。

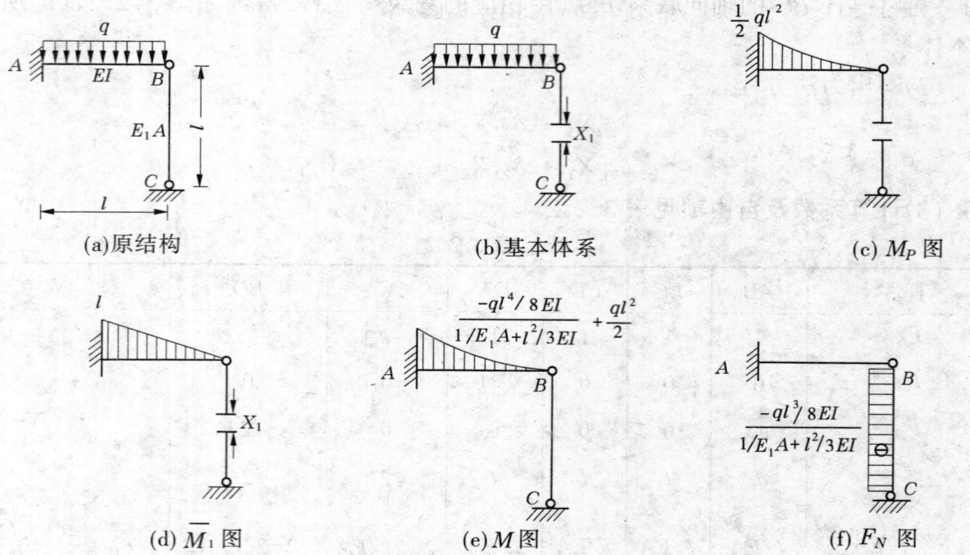

图 3.2.22

解:(1)选取基本体系如图 3.2.22(b)所示。

(2)写出力法方程。

$$\delta_{11}X_1+\Delta_{1P}=0$$

(3)计算系数及自由项。

画出 M_P 和 $\overline{M}_1$ 图(如图 3.2.22(c)、(d)所示)。并易知 $\overline{F}_{N_1}=1,\overline{F}_{N_P}=0$。

系数和自由项分别为

$$\delta_{11}=\sum\frac{\overline{F}_{Ni}^2 l}{EA}+\sum\int\frac{\overline{M}_i^2}{EI}\mathrm{d}s=\frac{l}{E_1A}+\frac{1}{EI}\left(\frac{1}{2}l\times l\times\frac{2}{3}\times l\right)=\frac{l}{E_1A}+\frac{l^3}{3EI}$$

$$\Delta_{1P}=\sum\frac{\overline{F}_{Ni}F_{N_P}l}{EA}+\sum\int\frac{\overline{M}_iM_p}{EI}\mathrm{d}s=0+\frac{1}{EI}\left(\frac{1}{3}l\times\frac{ql^2}{2}\times\frac{3}{4}\times l\right)=\frac{ql^4}{8EI}$$

(4)解力法方程,求出基本未知量。

将 δ_{11}、Δ_{1P} 代入第(2)步写出的力法方程,得

$$\left(\frac{l}{E_1A}+\frac{l^3}{3EI}\right)X_1+\frac{ql^4}{8EI}=0$$

解方程,得

$$X_1=-\frac{\Delta_{1P}}{\delta_{11}}=\frac{-\frac{ql^4}{8EI}}{\frac{l}{E_1A}+\frac{l^3}{3EI}}$$

(5)作弯矩图、轴力图。

多余未知力求出后,可按叠加原理确定控制截面的弯矩值,再进一步作出弯矩图(如

图 3.2.22(e)所示)。

由式 $M=\overline{M}_1X_1+M_P$,得

$$M_{BA}=0$$

$$M_{AB}=\overline{M}_1X_1+M_P=l\times\frac{-\frac{ql^4}{8EI}}{\frac{l}{E_1A}+\frac{l^3}{3EI}}+\frac{ql^2}{2}=\frac{-\frac{ql^4}{8EI}}{\frac{1}{E_1A}+\frac{l^2}{3EI}}+\frac{ql^2}{2}\text{(上侧受拉)}$$

轴力图也易作出如图 3.2.22(f)所示。

(6)讨论。

由上述结果可以看出:

当二力杆 BC 的抗压刚度$E_1A\to0$,则二力杆 BC 的支撑作用将失去,此时该组合结构相当于悬臂梁 $M_{AB}=\frac{ql^2}{2}$(上侧受拉)。

当二力杆 BC 的抗压刚度$E_1A\to\infty$,则二力杆 BC 成为刚性支撑,此时该组合结构相当于一端固定一端为刚性链杆的单跨梁,$M_{AB}=\frac{ql^2}{8}$(上侧受拉)。

【例 3.2.23】 用力法计算图 3.2.23(a)所示刚架并作弯矩图,各杆 EI 相同且为常数。

解:以整体为隔离体,利用静力平衡条件可求出三个支座反力,水平支座反力等于零,两个竖向支座反力都等于 $F_P/2$,加到结构上后如图 3.2.23(b) 所示。该对称结构具有两个对称轴,将荷载作变换,分为两种情况:如图 3.2.23(d)所示,荷载关于两个对称轴均对称。由于受弯杆通常不考虑轴向变形的影响,所以在该组荷载作用下,只有三根纵向杆件承受压力,两边的纵向杆件承受的压力为 $F_P/4$,中间纵向杆件承受的压力为 $F_P/2$,其他杆件无内力。即在该组荷载作用下,该结构处于无弯矩状态。因此,原结构的弯矩图与图 3.2.23(c)所示结构的弯矩图完全相同。此时,荷载关于结构的纵向对称轴对称,关于结构的水平向对称轴反对称。

(1)选取对称的基本结构。

根据对称性知识,可选取图 3.2.23(e)所示的基本体系(基本结构是对称的)。

(2)写出力法方程。

$$\delta_{11}X_1+\Delta_{1P}=0$$

(3)计算系数及自由项。

画出 M_P 和 $\overline{M}_1$ 图(如图 3.2.23(f)、(g)所示)。

系数和自由项分别为

$$\delta_{11}=\sum\int\frac{\overline{M}_1^2}{EI}\mathrm{d}s=\frac{4}{EI}\left(\frac{1}{2}\times\frac{l}{2}\times\frac{l}{2}\times\frac{2}{3}\times\frac{l}{2}+\frac{l}{2}\times l\times\frac{l}{2}\right)=\frac{7l^3}{6EI}$$

$$\Delta_{1P}=\sum\int\frac{\overline{M}_1M_P}{EI}\mathrm{d}s=-\frac{4}{EI}\left(\frac{1}{2}\times l\times\frac{F_Pl}{4}\times\frac{l}{2}\right)=-\frac{F_Pl^3}{4EI}$$

(4)解力法方程,求出基本未知量。

将 δ_{11}、Δ_{1P}代入第(2)步写出的力法方程,得

$$\frac{7l^3}{6EI}X_1-\frac{F_Pl^3}{4EI}=0$$

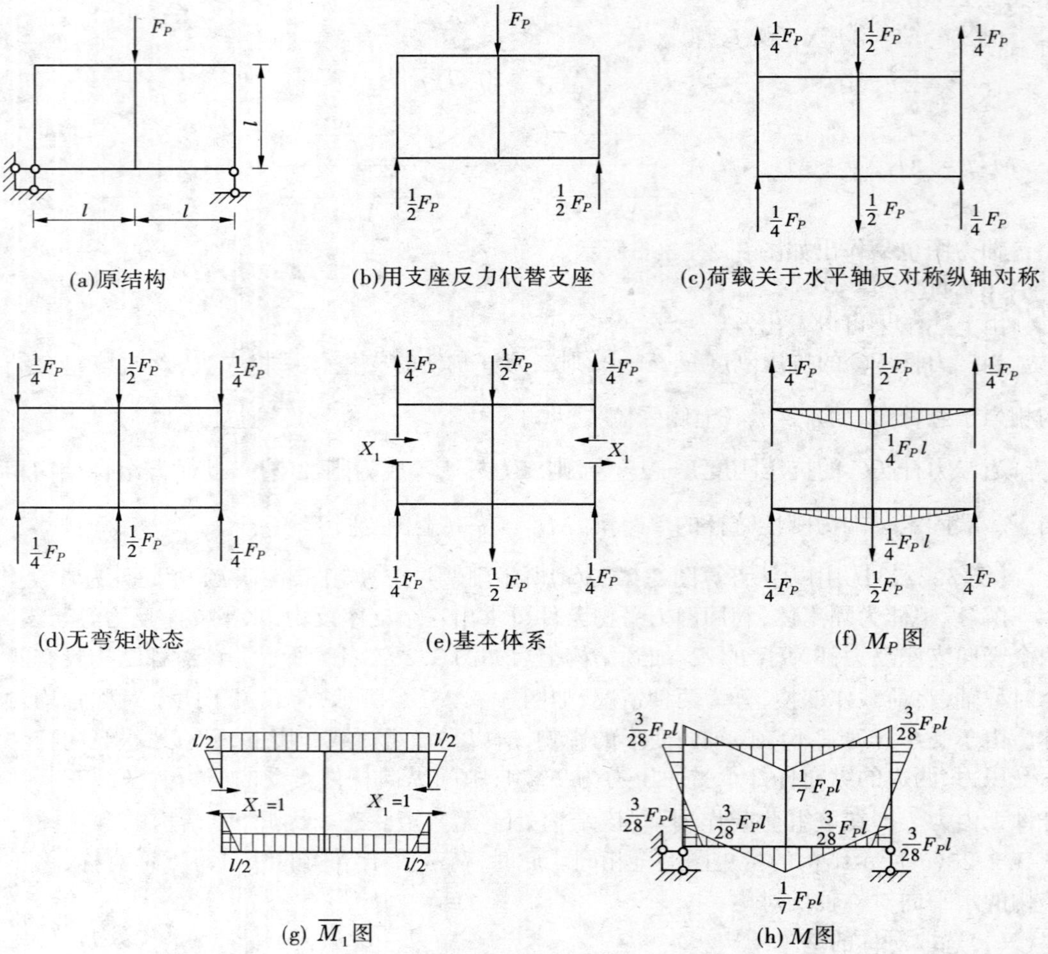

图 3.2.23

解方程，得 $X_1=-\dfrac{\Delta_{1P}}{\delta_{11}}=\dfrac{F_Pl^3}{4EI}\times\dfrac{6EI}{7l^3}=\dfrac{3F_P}{14}$

(5)作弯矩图，如图 3.2.23(h)所示。

【例 3.2.24】 用力法图 3.2.24(a)所示超静定刚架由于温度变化引起的内力，并作内力图。已知各杆 EI 相同且为常数，温度膨胀系数为 α，矩形截面高度为 h。

解：(1)温度变化分析。

已知 $t_1=-5℃$，$t_2=15℃$，杆件截面为矩形。因此

杆件的轴线温度为

$$t_0=\frac{1}{2}(t_1+t_2)=\frac{1}{2}\times(-5+15)=5(℃)$$

杆件的内、外缘温差为

$$\Delta t=t_2-t_1=15+5=20(℃);$$

(2)基本体系。

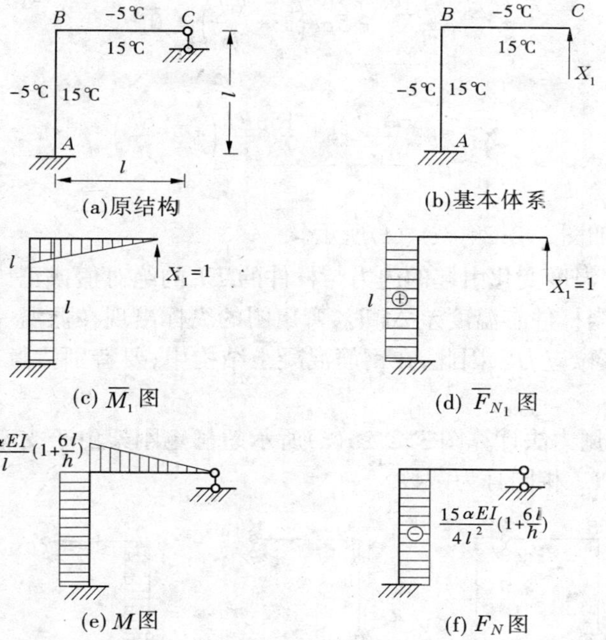

图 3.2.24

此刚架为一次超静定结构，撤去点 C 处的链杆支座，用多余未知力 X_1 代替，得基本体系如图 3.2.24(b)所示。

(3)力法方程。

变形条件为基本结构在温度变化和多余未知力 X_1 共同作用下 C 点的竖向位移与原结构 C 点的竖向位移相同，原结构在 C 点的竖向位移为零。因此，力法方程为

$$\delta_{11}X_1 + \Delta_{1t} = 0$$

(4)计算系数和自由项。

绘制 $\overline{M}_1$ 图和 $\overline{F}_{N_1}$ 图如图 3.2.24(c)、(d)所示。

系数 δ_{11} 的求法与荷载作用时相同：

$$\delta_{11} = \sum\int\frac{\overline{M}_1^2}{EI}\mathrm{d}s = \frac{1}{EI}\left(\frac{1}{2}\times l\times l\times\frac{2}{3}\times l + l\times l\times l\right) = \frac{4l^3}{3EI}$$

自由项要利用静定结构温度作用下的位移计算公式来求解

$$\begin{aligned}\Delta_{1t} &= \sum\int\alpha t_0\overline{F}_{N_i}\,\mathrm{d}s + \sum\int\frac{\alpha\Delta t}{h}\overline{M}_i\,\mathrm{d}s \\ &= \alpha\times5\times1\times l + \frac{20\alpha}{h}\left(\frac{1}{2}\times l\times l + l\times l\right) \\ &= 5\alpha l\left(1+\frac{6l}{h}\right)\end{aligned}$$

(5)解力法方程，求多余未知力。

将 δ_{11}、Δ_{1P} 代入第(3)步写出的力法方程，得

$$\frac{4l^3}{3EI}X_1 + 5\alpha l\left(1 + \frac{6l}{h}\right) = 0$$

解方程,得

$$X_1 = -\frac{\Delta_{1t}}{\delta_{11}} = -\frac{15\alpha EI}{4l^2}\left(1 + \frac{6l}{h}\right)$$

(6)作内力图。

M 图和 F_N 图如图 3.2.24(e)、(f)所示。

计算结果表明,温度变化引起的内力与杆件的 EI 的绝对值成正比,这与荷载作用下的情况是不同的。当杆件有温度差 Δt 时,弯矩图的纵标出现在低温一侧,使高温面产生压应力,低温面产生拉应力。因此,在钢筋混凝土结构中,要特别注意由于降温可能出现裂缝。

【例 3.2.25】 用力法计算图 3.2.25(a)所示超静定刚架由于支座移动引起的内力,并作内力图。各杆 EI 相同且为常数。

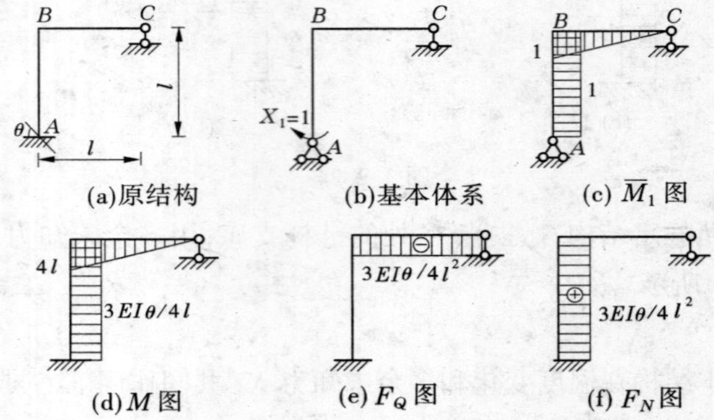

图 3.2.25

解:(1)基本体系。

撤去固定支座 A 限制转动的约束,即取简支梁作为基本结构,以支座 A 的反力偶为多余未知力,得到基本体系如图 3.2.25(b)所示。

(2)力法方程。

变形条件为:基本结构在多余约束力 X_1 作用下 A 截面的转角应与原结构支座 A 的转角相同。原结构支座 A 的转角为 θ,且与所设 X_1 方向相同,因此,力法方程为

$$\delta_{11}X_1 = \theta$$

(3)计算系数和自由项。

绘制 $\overline{M}_1$ 图如图 3.2.25(c)所示。

系数为

$$\delta_{11} = \sum\int\frac{\overline{M}_1^2}{EI}\mathrm{d}s = \frac{1}{EI}\left(\frac{1}{2}\times 1\times l\times\frac{2}{3}\times 1 + 1\times l\times 1\right) = \frac{4l}{3EI}$$

(4)解方程,求多余未知力。

将 δ_{11} 代入第(2)步写出的力法方程,得

$$\frac{4l}{3EI}X_1 = \theta$$

解方程，得

$$X_1 = \frac{3EI\theta}{4l}$$

(5)作弯矩图、剪力图、轴力图(如图 3.2.25(d)、(e)、(f)所示)。

【例 3.2.26】 用位移法(直接平衡法)计算图 3.2.26(a)所示刚架，并绘制弯矩图。

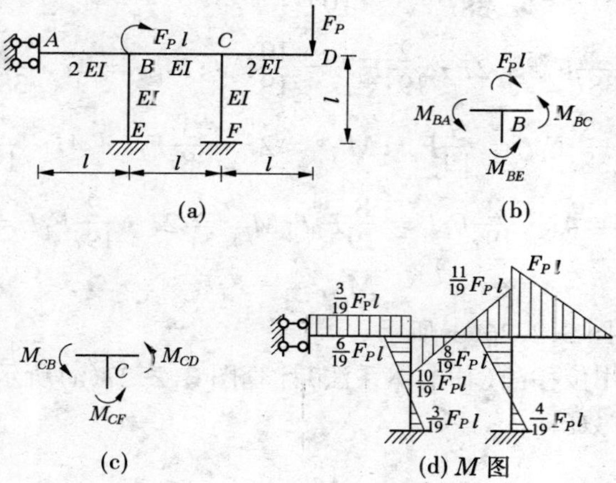

图 3.2.26

解：(1)基本未知量。

此刚架有两个刚结点 B、C，无独立结点线位移，故基本未知量为两个结点角位移 θ_B、θ_C；

(2)写出杆端弯矩表达式。

设线刚度 $i=\frac{EI}{l}$，则由转角位移方程可得各杆端弯矩表达式为

$$M_{BA} = 2i\theta_B;M_{AB} = -2i\theta_B$$

$$M_{BC} = 4i\theta_B + 2i\theta_C;M_{BE} = 4i\theta_B;M_{EB} = 2i\theta_B;M_{CB} = 2i\theta_B + 4i\theta_C$$

$$M_{CF} = 4i\theta_C;M_{FC} = 2i\theta_C$$

$$M_{CD} = -F_P l$$

(3)建立位移法方程。

由刚结点 B(如图 3.2.26(b)所示)的力矩平衡条件 $\sum M_B = 0$，得

$$M_{BA} + M_{BC} + M_{BE} - F_P l = 0$$

即
$$10i\theta_B + 2i\theta_C - F_P l = 0 \quad (1)$$

由刚结点 C(如图 3.2.26(c)所示)的力矩平衡条件 $\sum M_C = 0$，得

$$M_{CB} + M_{CD} + M_{CF} = 0$$

即
$$2i\theta_B + 8i\theta_C - F_P l = 0 \quad (2)$$

(4)求基本未知量。

将方程(1)、(2)联立求解可得：

$$\theta_B = \frac{3}{38i}F_Pl;\theta_C = \frac{2}{19i}F_Pl$$

(5)求杆端弯矩。

将 θ_B、θ_C 带入第(2)步写出的包含基本未知量的各杆端弯矩表达式,可得

$$M_{BA} = 2i\cdot\frac{3}{38i}F_Pl = \frac{3}{19}F_Pl;M_{AB} = -2i\theta_B = -\frac{3}{19}F_Pl$$

$$M_{BC} = 4i\cdot\frac{3}{38i}F_Pl + 2i\cdot\frac{2}{19i}F_Pl = \frac{10}{19}F_Pl;M_{BE} = 4i\cdot\frac{3}{38i}F_Pl = \frac{6}{19}F_Pl;$$

$$M_{EB} = 2i\cdot\frac{3}{38i}F_Pl = \frac{3}{19}F_Pl;M_{CB} = 2i\cdot\frac{3}{38i}F_Pl + 4i\cdot\frac{2}{19i}F_Pl = \frac{11}{19}F_Pl$$

$$M_{CF} = 4i\cdot\frac{2}{19i}F_Pl = \frac{8}{19}F_Pl;M_{FC} = 2i\cdot\frac{2}{19i}F_Pl = \frac{4}{19}F_Pl$$

$$M_{CD} = -F_Pl$$

(6)作弯矩图如图 3.2.26(d)所示。

【例 3.2.27】 用位移法(基本体系法)计算图 3.2.27(a)所示刚架,并绘制弯矩图。各杆 EI 相同且为常数。

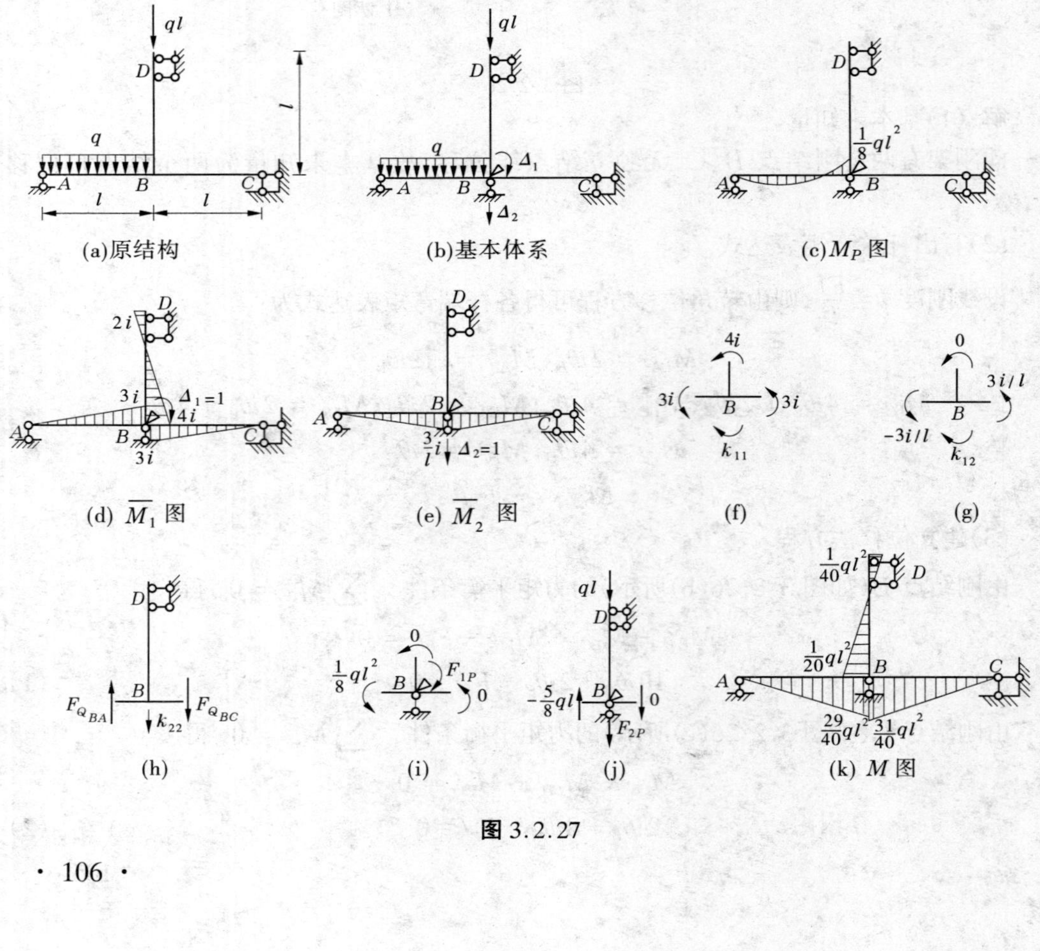

图 3.2.27

解:(1)基本未知量。

经分析,此刚架用位移法分析时有两个基本未知量,分别为结点 B 的角位移 $\Delta_1 \to \theta_B$ 和竖向线位移 $\Delta_2 \to \Delta_{BV}$。

(2)画出基本体系,如图 3.2.27(b)所示。

(3)建立位移法方程。

$$\begin{cases} k_{11}\Delta_1 + k_{12}\Delta_2 + F_{1P} = 0 \\ k_{21}\Delta_1 + k_{22}\Delta_2 + F_{2P} = 0 \end{cases}$$

(4)计算系数和自由项。

设 $i = \dfrac{EI}{l}$

①画 $\overline{M}_i$ 图和 M_P 图。

画出各附加约束分别发生单位位移引起的 $\overline{M}_i$ 图和外荷载单独作用时引起的 M_P 图,如图 3.2.27(c)、(d)、(e)所示。

②计算系数和自由项。

由 $\overline{M}_1$ 图计算 k_{11}(如图 3.2.27(f)所示)

利用 $\sum M_B = 0$,可得

$$k_{11} = 3i + 3i + 4i = 10i$$

由 $\overline{M}_2$ 图计算 k_{22}、k_{12}、k_{21}。

由图 3.2.7(g)、(h)可得

$$k_{12} = k_{21} = 0$$

$$k_{22} = F_{Q_{BA}} - F_{Q_{BC}} = \frac{3i}{l^2} - (-\frac{3i}{l^2}) = \frac{6i}{l^2}$$

由 M_P 图计算 F_{1P}、F_{2P}。

由图 3.2.27(i)、(j),可得

$$F_{1P} = \frac{1}{8}ql^2;F_{2P} = -\frac{13}{8}ql$$

(5)解方程组,求 Δ_1、Δ_2。

将第(4)步计算出的系数、自由项代入第(3)步写出的位移法方程,得

$$\begin{cases} 10i\Delta_1 + \dfrac{1}{8}ql^2 = 0 \\ \dfrac{6}{l^2}i\Delta_2 - \dfrac{13}{8}ql = 0 \end{cases}$$

解方程组,得

$$\Delta_1 = -\frac{1}{80i}ql^2;\Delta_2 = \frac{13}{48i}ql^3$$

(6)作弯矩图。

由叠加原理 $M = \overline{M}_1\Delta_1 + \overline{M}_2\Delta_2 + M_P$ 作出弯矩图如图 3.2.27(k)所示。

【例 3.2.28】 用位移法计算图 3.2.28(a)所示刚架,并绘制弯矩图。各杆 EI 相同且

为常数。

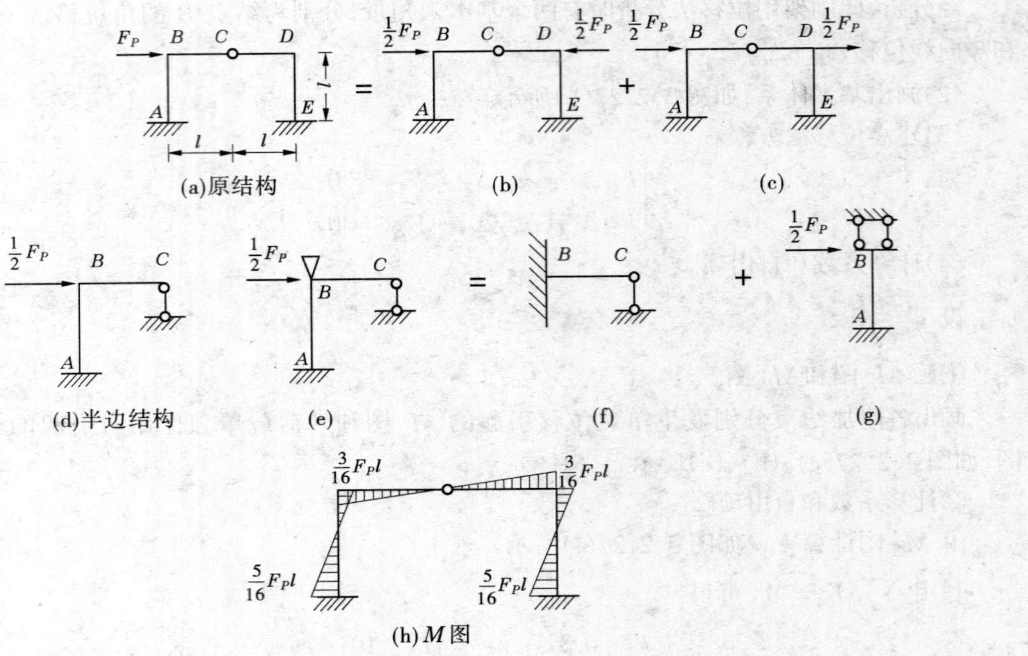

图 3.2.28

解:(1)利用对称性,取半边结构。

该结构为奇数跨的对称刚架,所承受的荷载可分解为对称图 3.2.28(b)和反对称图 3.2.28(c)两部分。由于该对称结构在图 3.2.28(b)所示对称荷载作用下,处于无弯矩状态,所以只需计算承受反对称荷载部分图 3.2.28(c)。利用对称性,取半边结构进行计算,如图 3.2.28(d)所示。

(2)基本未知量。

只选结点 B 的角位移 θ_B 作为基本未知量如图 3.2.28(e)所示。

(3)写出杆端弯矩表达式。

假设 $i=\dfrac{EI}{l}$,依据图 3.2.28(f)、(g)所示单跨梁的形式写出各杆杆端弯矩:

$$M_{BC}=3i\theta_B;M_{AB}=-i\theta_B-\frac{F_Pl}{4};M_{BA}=i\theta_B-\frac{F_Pl}{4}$$

(4)建立位移法方程。

依据刚结点 B 的力矩平衡条件 $\sum M_B=0$,得

$$M_{BA}+M_{BC}=0$$

即

$$4i\theta_B-\frac{F_Pl}{4}=0 \tag{1}$$

(5)求基本未知量。

解方程(1),得 $$\theta_B = \frac{F_P l}{16i}$$

(6)求杆端弯矩。

将求得的 θ_B 代入第(3)步写出的杆端弯矩表达式,得

$$M_{AB} = -\frac{5}{16}F_P l$$

$$M_{BA} = -\frac{3}{16}F_P l$$

$$M_{BC} = \frac{3}{16}F_P l$$

(7)绘制弯矩图,如图 3.2.28(h)所示。

【例 3.2.29】 用力矩分配法计算图 3.2.29(a)所示连续梁,并绘制弯矩图、剪力图。各杆 EI 相同且为常数。

解:(1)图 3.2.29(a)所示连续梁 CD 部分的弯矩图可用静力平衡条件直接求得,所以该连续梁的计算可转换为图 3.2.29(b)所示的结构来计算。

(2)计算转动刚度、分配系数和固端弯矩。

$$S_{BA} = 3i_{BA} = 3\times\frac{EI}{6} = \frac{EI}{2}, S_{BC} = 3i_{BC} = 3\times\frac{EI}{6} = \frac{EI}{2}$$

$$\mu_{BA} = \frac{S_{BA}}{S_{BA}+S_{BC}} = 0.5, \mu_{BC} = \frac{S_{BC}}{S_{BA}+S_{BC}} = 0.5$$

$$M_{AB}^F = 0, M_{BA}^F = \frac{3F_P l}{16} = \frac{3\times 80\times 6}{16} = 90(\text{kN}\cdot\text{m})$$

$$M_{BC}^F = \frac{120}{2} = 60(\text{kN}\cdot\text{m}), M_{CB}^F = 120(\text{kN}\cdot\text{m})$$

(3)计算各杆的杆端弯矩(见表 3.2.4)。

(4)绘制弯矩图、剪力图(如图 3.2.29(c)、(d)所示)。

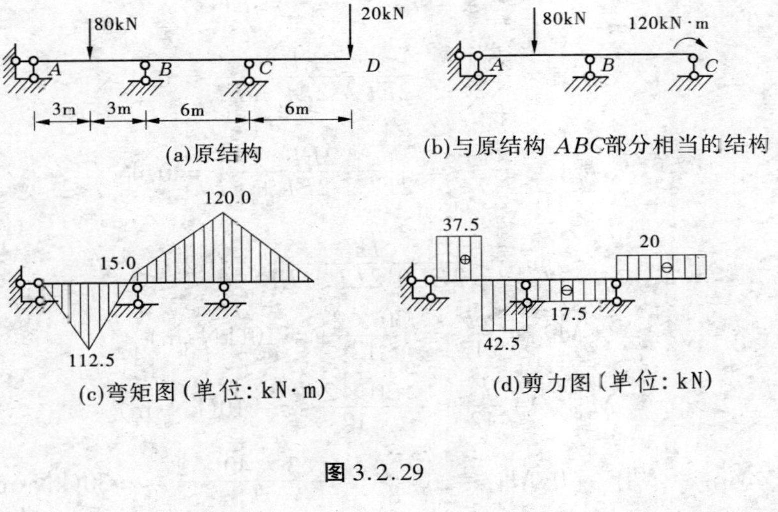

图 3.2.29

表 3.2.4　　　　(单位:kN·m)

结点	A	B		C
杆端	AB	BA	BC	CB
分配系数		0.5	0.5	
固端弯矩	0	90	60	120
分配弯矩		-75	-75	
传递弯矩	0			0
最后杆端弯矩	0	15	-15	120

【例 3.2.30】 用力矩分配法计算图 3.2.30(a)所示刚架,并绘制弯矩图。

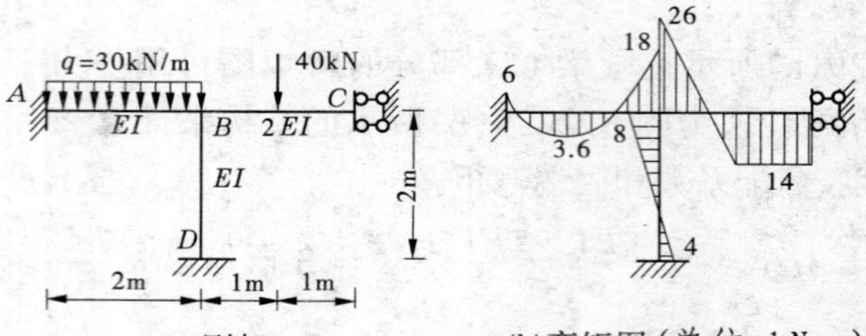

图 3.2.30

解:(1)计算转动刚度、分配系数和固端弯矩。

$$S_{BA} = 4i_{BA} = 4 \times \frac{EI}{2} = 2EI$$

$$S_{BD} = 4i_{BD} = 4 \times \frac{EI}{2} = 2EI$$

$$S_{BC} = i_{BC} = \frac{2EI}{2} = EI$$

$$\mu_{BA} = \frac{S_{BA}}{\sum_B S} = \frac{2EI}{2EI + 2EI + EI} = 0.4$$

$$\mu_{BD} = \frac{S_{BD}}{\sum_B S} = \frac{2EI}{2EI + 2EI + EI} = 0.4$$

$$\mu_{BC} = \frac{EI}{2EI + 2EI + EI} = 0.2$$

$$M_{BA}^F = \frac{ql^2}{12} = \frac{30 \times 2^2}{12} = 10(\text{kN}\cdot\text{m})$$

$$M_{AB}^F = -\frac{ql^2}{12} = -\frac{30 \times 2^2}{12} = -10(\text{kN}\cdot\text{m})$$

$$M_{BD}^F = M_{DB}^F = 0, M_{BC}^F = -\frac{3F_P l}{8} = -\frac{3 \times 40 \times 2}{8} = -30(\text{kN}\cdot\text{m})$$

$$M_{CB}^F = -\frac{F_P l}{8} = -\frac{40 \times 2}{8} = -10(\text{kN} \cdot \text{m})$$

(2)计算各杆的杆端弯矩(见表 3.2.5)。

表 3.2.5 (单位:kN·m)

结点	A	B			C	D
杆端	AB	BA	BD	BC	CB	DB
分配系数		0.4	0.4	0.2		
固端弯矩	−10	10	0	−30	−10	0
分配弯矩		8	8	4		
传递弯矩	4				−4	4
最后杆端弯矩	−6	18	8	−26	−14	4

(3)绘制弯矩图(如图 3.2.30(b)所示)。

【例 3.2.31】 用力矩分配法计算图 3.2.31(a)所示对称刚架,并绘制弯矩图、剪力图。各杆 EI 相同且为常数。

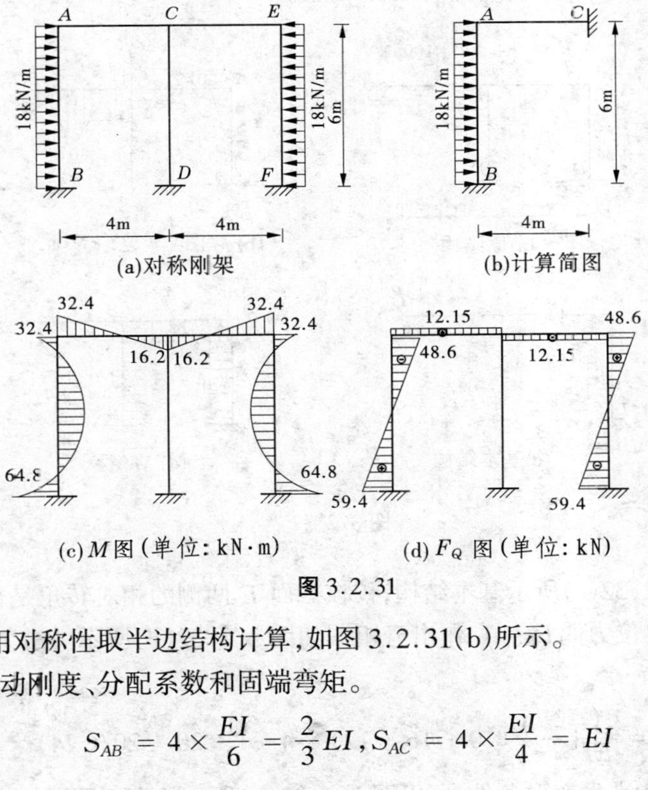

图 3.2.31

解:(1)利用对称性取半边结构计算,如图 3.2.31(b)所示。

(2)计算转动刚度、分配系数和固端弯矩。

$$S_{AB} = 4 \times \frac{EI}{6} = \frac{2}{3}EI, S_{AC} = 4 \times \frac{EI}{4} = EI$$

$$\mu_{AB} = \frac{\frac{2}{3}EI}{\frac{2}{3}EI + EI} = 0.4, \mu_{AC} = \frac{EI}{\frac{2}{3}EI + EI} = 0.6$$

$$M_{AB}^F=\frac{ql^2}{12}=\frac{18\times 6^2}{12}=54(\text{kN}\cdot\text{m}),M_{BA}^F=-\frac{ql^2}{12}=-\frac{18\times 6^2}{12}=-54(\text{kN}\cdot\text{m})$$

(3)计算各杆的杆端弯矩(见表 3.2.6)。

表 3.2.6 （单位:kN·m）

结点	B	A		C
杆端	BA	AB	AC	CA
分配系数		0.4	0.6	
固端弯矩	-54	54	0	0
分配弯矩		-21.6	-32.4	
传递弯矩	-10.8			-16.2
最后杆端弯矩	-64.8	32.4	-32.4	-16.2

(4)绘制弯矩图、剪力图(如图 3.2.31(c)、(d)所示)。

【例 3.2.32】 图 3.2.32(a)所示为一超静定刚架，其最后弯矩图如图 3.2.32(b)所示，试对该弯矩图进行校核，以判别其是否正确。

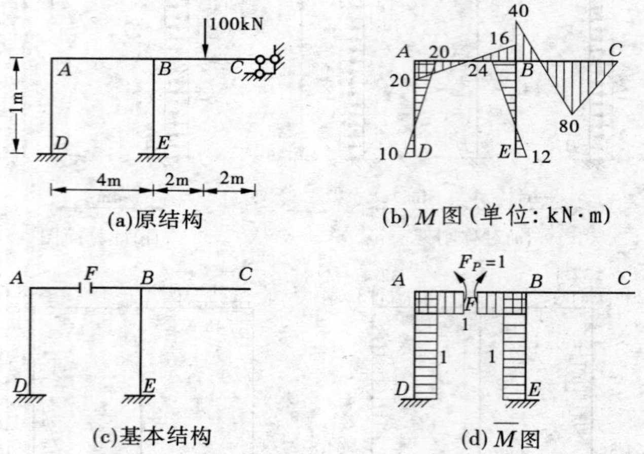

图 3.2.32

解:选取图 3.2.32(c)所示基本结构，校核截面 F 两侧的相对转角是否等于零。在截面 F 两侧加一对单位力偶 $F_P=1$，作出弯矩图如图 3.2.32(d)所示。沿 $DABE$ 无铰封闭框格进行积分，得

$$\varphi_{F_{左右}}=\oint\frac{M}{EI}\mathrm{d}s=\frac{1}{EI}[-\frac{1}{2}(10+16+12)\times 4+\frac{1}{2}(20+20+24)\times 4]=\frac{52}{EI}\neq 0$$

给定 M 图不能满足变形条件，所以图 3.2.32(b)所示的弯矩图是错误的。

(注:读者可选取图 3.2.32(c)所示基本结构校核 Δ_{CH} 是否等于零。并作总结分析)

【例 3.2.33】 试用静力法作图 3.2.33(a)所示伸臂梁 F_{RA}、F_{RB}、F_{QC}、M_C 的影响线。

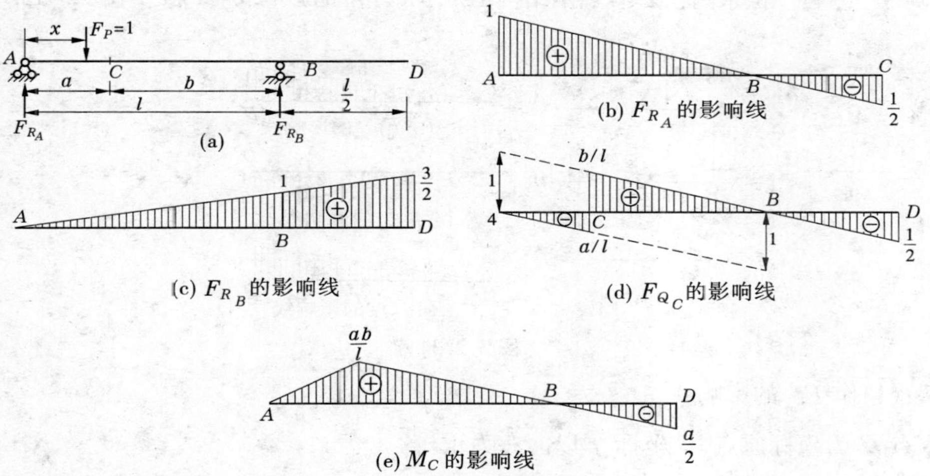

图 3.2.33

解：(1)作 F_{R_A}、F_{R_B} 的影响线。

取点 A 为 x 轴坐标原点，水平向右为横坐标 x 轴正向。

以整体为研究对象，当荷载 $F_P=1$ 移动到梁上任一点 x 时，由静力平衡方程求得

$$F_{R_A}=\frac{l-x}{l}\qquad (0\leqslant x\leqslant l+\frac{l}{2})$$

$$F_{R_B}=\frac{x}{l}\qquad (0\leqslant x\leqslant l+\frac{l}{2})$$

根据上述方程作出 F_{R_A}、F_{R_B} 的影响线如图 3.2.33(b)、(c)所示，支座反力在 AB 段内的影响线与简支梁的影响线完全相同，仍为直线，伸臂端部分的影响线为上述直线的延长线。

(2)作剪力 F_{Q_C} 的影响线。

当 $F_P=1$ 在 AC 段移动(点 C 以左)，取点 C 以右部分为研究对象(受力图略)：

由 $\sum F_Y=0$，可得　$F_{Q_C}=-F_{R_B}$

当 $F_P=1$ 在 CD 段移动(点 C 以右)，取点 C 以左部分为研究对象(受力图略)：

由 $\sum F_Y=0$，可得　$F_{Q_C}=F_{RA}$

作出剪力 F_{Q_C} 的影响线如图 3.2.33(d)所示

(3)作弯矩 M_C 的影响线。

当 $F_P=1$ 在 AC 段移动(点 C 以左)，取点 C 以右部分为研究对象(受力图略)：

由 $\sum M_C=0$，可得　$M_C=F_{R_B}\cdot b$

当 $F_P=1$ 在 CD 段移动(点 C 以右)，取点 C 以左部分为研究对象(受力图略)：

由 $\sum M_C=0$，可得　$M_C=F_{R_A}\cdot a$

作出弯矩 M_C 的影响线如图 3.2.33(e)所示。

【例 3.2.34】 试求图 3.2.34 所示结构 F_{R_B},M_E,F_{Q_E} 的影响线。$F_P=1$ 在 CD 上移动。

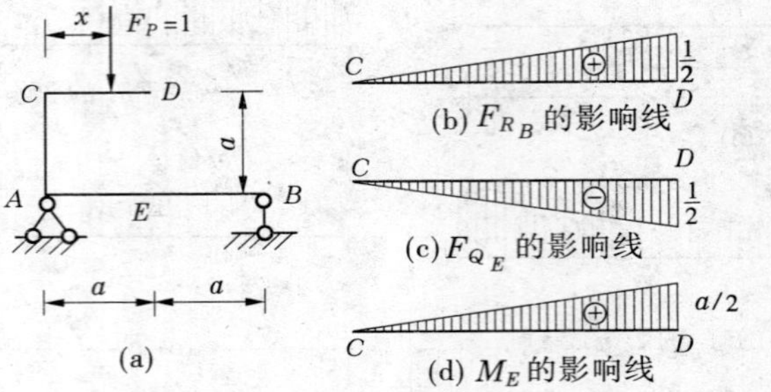

图 3.2.34

解:(1)作 F_{R_B} 的影响线。

取点 C 为坐标原点,横坐标 x 以向右为正。

以整体为研究对象,当荷载 $F_P=1$ 移动到梁 CD 上任一点 x 时,由 $\sum M_A=0$,得

$$F_{R_B}=\frac{x}{2a}\qquad(0\leqslant x\leqslant a)$$

作出 F_{R_B} 的影响线如图 3.2.34(b)所示。

(2)作剪力 F_{Q_E} 的影响线。

当 $F_P=1$ 在 CD 上移动时,得 $F_{Q_E}=-F_{R_B}$,影响线如图 3.2.34(c)所示。

(3)作弯矩 M_E 的影响线。

当 $F_P=1$ 在 CD 上移动时,$M_E=F_{R_B}a=\frac{x}{2}\quad(0\leqslant x\leqslant a)$,影响线如图 3.2.34(d)所示。

【例 3.2.35】 试用机动法作图 3.2.35(a)所示静定多跨梁的 M_H、F_{Q_H}、$F_{Q_{F左}}$、$F_{Q_{F右}}$、M_B 影响线。

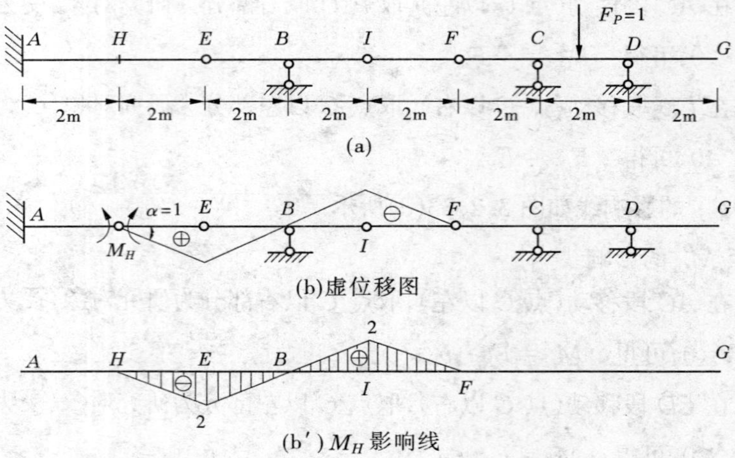

图 3.2.35

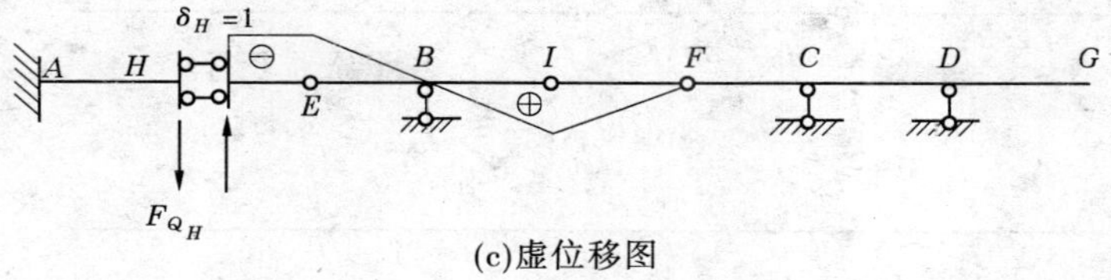

(c)虚位移图

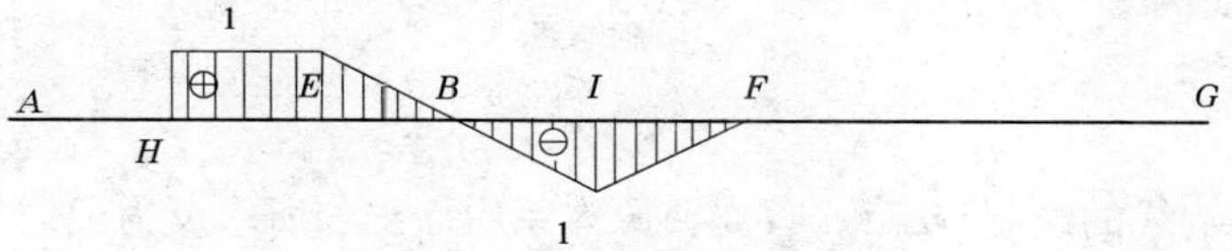

(c′) F_{Q_H} 影响线

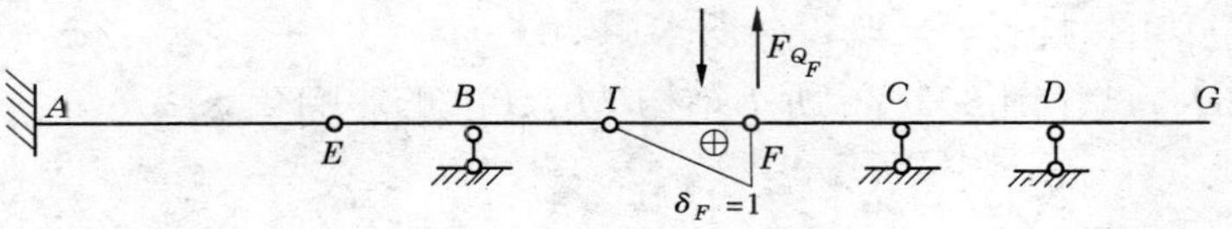

(d)虚位移图

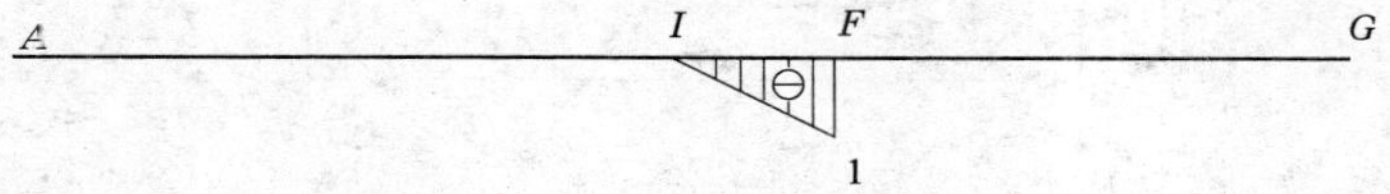

(d′) F_{Q_F} 影响线

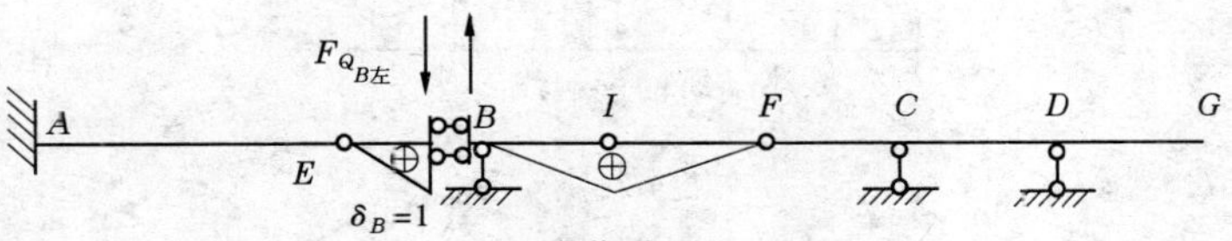

(e)虚位移图

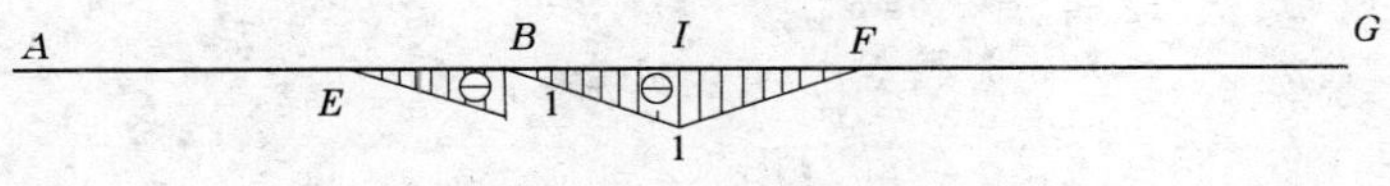

(e′) $F_{Q_{B左}}$ 影响线

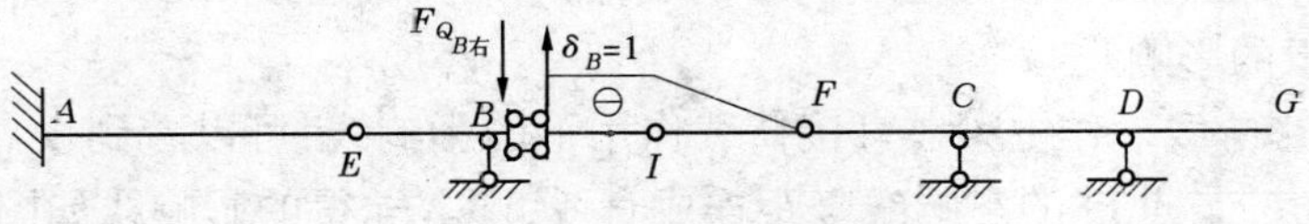

(f)虚位移图

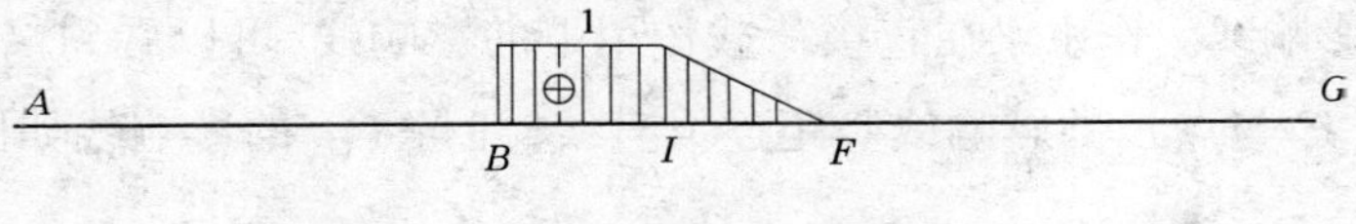

(f′) $F_{Q_{B右}}$ 影响线

续图 3.2.35

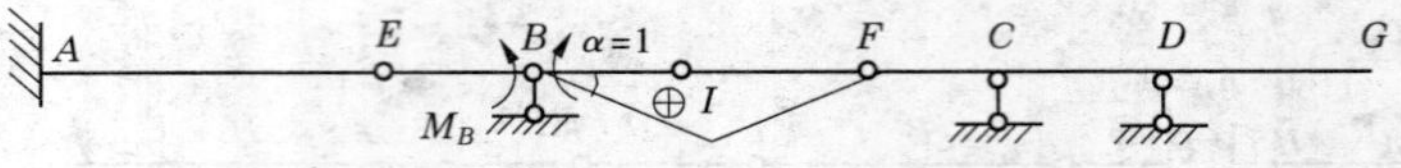

(g)虚位移图

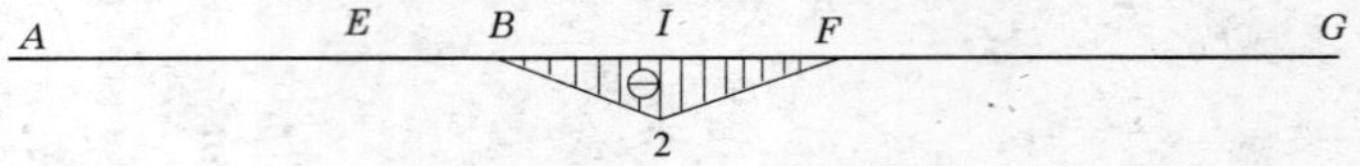

(g′) M_B 影响线

续图 3.2.35

解:各项影响线的绘制步骤为,首先在原体系中撤出与所求反力或内力影响线相应的约束而形成机构;然后沿该约束力的正方向给予单位虚位移以形成虚位移图;最后确定纵坐标并更改虚位移图的正负号,既得各所求影响线。

【例 3.2.36】 试作图 3.2.36 所示结构 M_D、F_{Q_D} 的影响线。

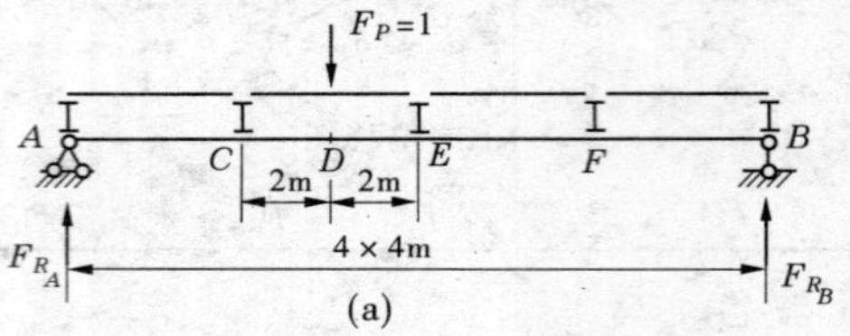

(a)

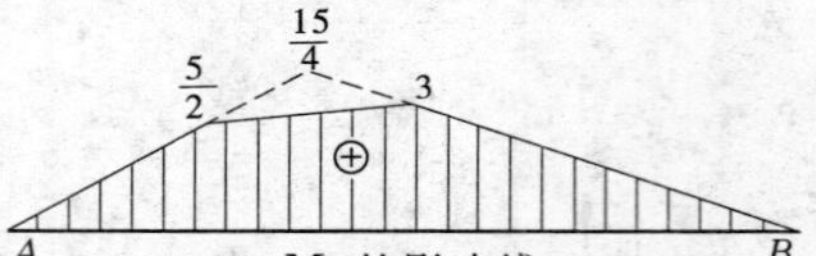

(b) M_D 的影响线

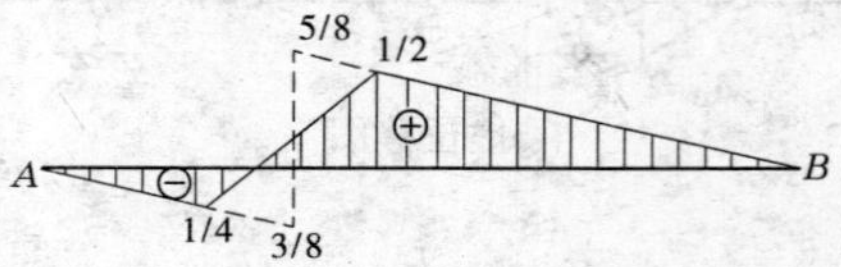

(c) F_{Q_D}的影响线

图 3.2.36

解:先作主梁在直接荷载作用下的影响线,然后用直线连接相邻两结点间的竖距即得结点荷载作用下的影响线。

(1)M_D 的影响线。作主梁在直接荷载作用下的影响线,可以看到仅点 C 与点 D 间不是直线,将点 C 与点 D 的影响线竖距连成直线,即 M_D 得的影响线如图 3.2.36(b)所示。

(2)F_{Q_D} 的影响线。作主梁在直接荷载作用下的影响线,可以看到仅点 C 与点 E 间不是直线,将点 C 与点 E 的影响线竖距连成直线,即得 F_{Q_D} 的影响线如图 3.2.36(c)所示。

【例 3.2.37】 试求图 3.2.37 所示吊车梁在吊车荷载作用下支座 B 的最大反力。其中第一台吊车轮压为 $F_{P_1}=F_{P_2}=478.5\text{kN}$,第二台吊车轮压为 $F_{P_3}=F_{P_4}=324.5\text{kN}$。

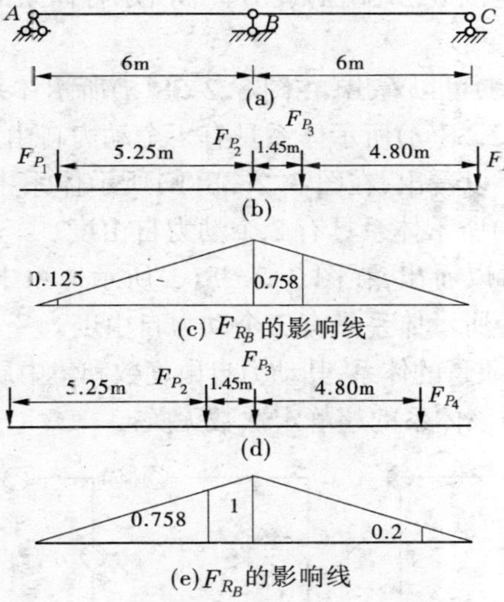

图 3.2.37

解:(1)首先作 F_{R_B} 的影响线如图 3.2.37(c)、(e)所示。

(2)临界荷载的判定。

经分析 F_{P_2}、F_{P_3} 都可能是临界荷载。

假设 F_{P_2} 为临界荷载(如图(b)所示):

荷载向左移 $$\frac{2 \times 478.5}{6} > \frac{324.5}{6}$$

荷载向右移 $$\frac{478.5}{6} < \frac{324.5 + 478.5}{6}$$

由此可知,F_{P_2} 是临界荷载。

假设 F_{P_3} 为临界荷载(如图(d)所示):

荷载向左移 $$\frac{324.5 + 478.5}{6} > \frac{324.5}{6}$$

荷载向右移 $$\frac{478.5}{6} < \frac{324.5 \times 2}{6}$$

由此可知 F_{P_3} 是临界荷载。

(3)求上述两个临界荷载位置对应的 F_{R_B} 极值。

当 F_{P_2} 在 B 点时,求得

$$F_{R_B} = 478.5 \times (0.125 + 1) + 324.5 \times 0.758 = 784.3(\text{kN})$$

当 F_{P_3} 在 B 点时,求得

$$F_{R_B} = 478.5 \times 0.758 + 324.5 \times (0.2 + 1) = 752.1(\text{kN})$$

比较两个极值可知当 F_{P_2} 在 B 点时支座 B 的反力最大,最大值 $F_{R_{B\max}} = 784.3\text{kN}$。

【例 3.2.38】 试确定图 3.2.38(a)、(b)、(c)所示各体系的动力自由度。杆件质量不计,不考虑梁式杆的轴向变形。

解:(1)由图 3.2.38(d)可以看出,在图 3.2.38(a)所示体系中只需加一根链杆即可确定各质点位置,因此图 3.2.38(a)所示体系具有 1 个动力自由度。

(2)由图 3.2.38(e)可以看出,在图 3.2.38(b)所示体系中确定各质点位置需要加两根链杆,因此图 3.2.38(b)所示体系具有 2 个动力自由度。

(3)由图 3.2.38(f)可以看出,在图 3.2.38(c)所示体系中确定各质点位置需要加两根链杆,因此图 3.2.38(c)所示体系具有 2 个动力自由度。

(注:①对于具有集中质量的体系,其动力自由度数和集中质量数可能相等可能不相等;②体系的动力自由度数与该体系的超静定次数无关。)

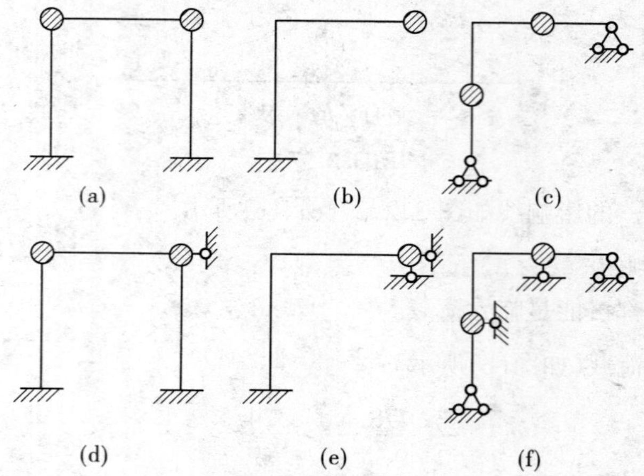

图 3.2.38

【例 3.2.39】 求图 3.2.39(a)所示结构的自振频率和周期。不考虑阻尼影响,不计杆重,不考虑杆件的轴向变形。

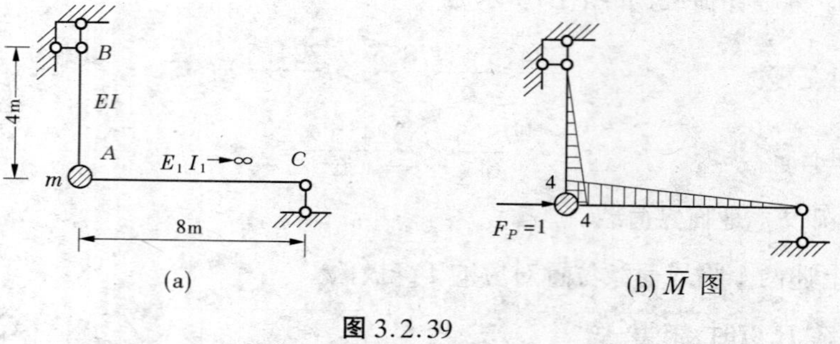

图 3.2.39

解:给定结构为单自由度静定结构。

采用柔度法计算。

沿质点振动方向施加单位力并作 $\overline{M}$ 图如图 3.2.39(b)所示,因此有

$$\delta = \frac{1}{EI} \times \frac{1}{2} \times 4 \times 4 \times \frac{2}{3} \times 4 = \frac{64}{3EI}$$

所以给定结构的自振频率为

$$\omega=\sqrt{\frac{1}{m\delta}}=\frac{1}{8}\sqrt{\frac{3EI}{m}}$$

给定结构的自振周期为：$T=\frac{2\pi}{\omega}=16\pi\sqrt{\frac{m}{3EI}}$

【例 3.2.40】 求图 3.2.40 所示刚架的自振频率。横梁刚度无穷大，其单位长度质量为 $\overline{m}$。不考虑阻尼影响，不计立柱重，不考虑杆件的轴向变形。

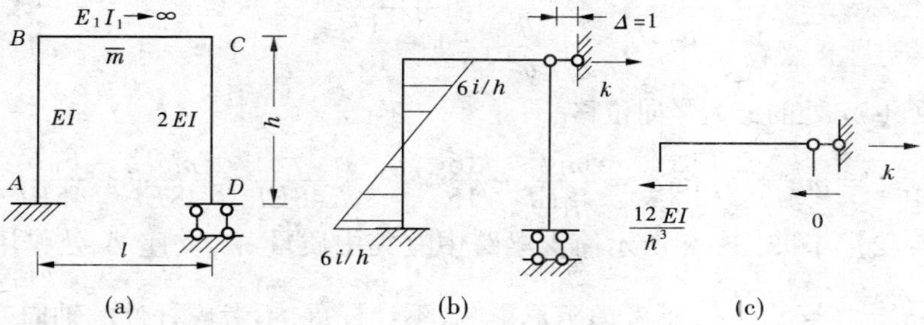

图 3.2.40

解：给定结构为单自由度超静定结构。

采用刚度法计算。

由图 3.2.40(b)和图 3.2.40(c)可得 $k=\frac{12EI}{h^3}$

所以给定结构的自振频率为

$$\omega=\sqrt{\frac{k}{m}}=2\sqrt{\frac{3EI}{\overline{m}lh^3}}$$

【例 3.2.41】 图 3.2.41 所示简支梁跨中有集中质量 m，集中质量 m 上作用有动荷载 $F_P(t)=F_0\sin\theta t$，$\theta=\sqrt{\frac{3EI}{ml^3}}$，不考虑阻尼影响，不计杆重，不考虑杆件的轴向变形，EI 为常数。试求：

(1)动力系数；

(2)求质量 m 处的最大竖向位移。

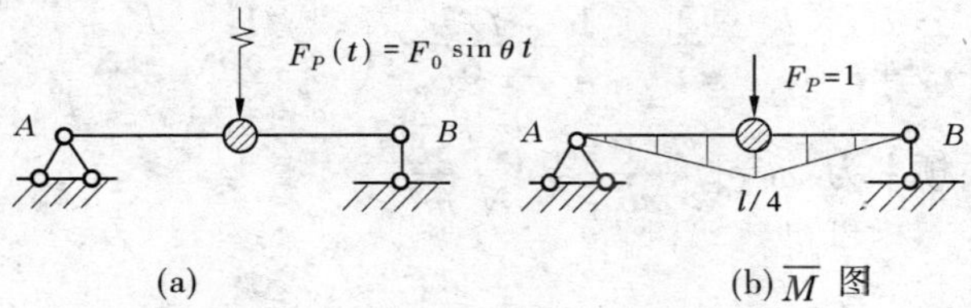

图 3.2.41

解：给定结构为单自由度静定结构。

采用柔度法计算。

沿质点振动方向施加单位力并作 $\overline{M}$ 图如图 3.2.41(b),因此有:

$$\delta = \frac{2}{EI} \times \frac{1}{2} \times \frac{l}{4} \times \frac{l}{2} \times \frac{2}{3} \times \frac{l}{4} = \frac{l^3}{48EI}$$

所以给定结构的自振频率为

$$\omega = \sqrt{\frac{1}{m\delta}} = 4\sqrt{\frac{3EI}{ml^3}}$$

(1)求动力系数。

$$\mu = \frac{1}{1 - \frac{\theta^2}{\omega^2}} = \frac{1}{1 - \frac{1}{16}} = \frac{16}{15}$$

(2)求质量 m 处的最大竖向位移。

$$y_{\max} = mg\delta + \mu F_0 \delta = \frac{mgl^3}{48EI} + \frac{16}{15} \times F_0 \times \frac{l^3}{48EI} = \frac{mgl^3}{48EI} + \frac{F_0 l^3}{45EI}$$

【例 3.2.42】 图 3.2.42 所示简支梁跨中有集中质量 m,支座 A 处作用有动荷载 $M(t) = M_0 \sin\theta t$,$\theta = \sqrt{\frac{3EI}{ml^3}}$,不考虑阻尼影响,不计杆重,不考虑杆件的轴向变形,EI 为常数。试求:

(1)动力系数;

(2)质量 m 处的最大竖向位移。

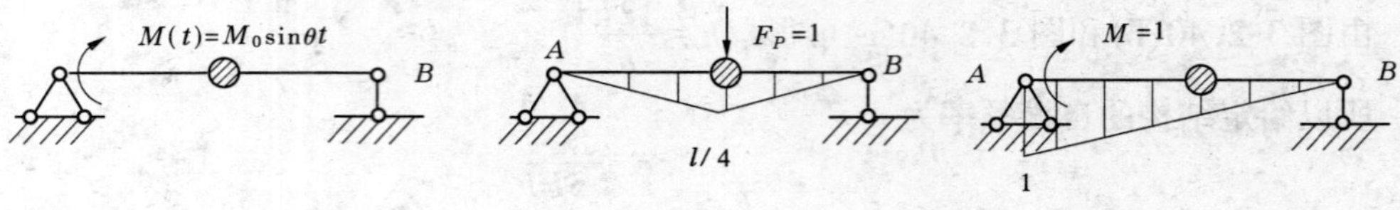

(a) (b) $\overline{M}_1$ 图 (c) $\overline{M}_2$ 图

图 3.2.42

解:给定结构为单自由度静定结构。

采用柔度法计算 δ_{11} 和 δ_{12}。

由图 3.2.42(b) 和图 3.2.42(c),可得

$$\delta_{11} = \frac{2}{EI} \times \frac{1}{2} \times \frac{l}{4} \times \frac{l}{2} \times \frac{2}{3} \times \frac{l}{4} = \frac{l^3}{48EI}$$

$$\delta_{12} = \frac{1}{EI} \times \left[\frac{1}{2} \times \frac{l}{4} \times \frac{l}{2} \times \frac{2}{3} \times \frac{1}{2} + \frac{l/2}{6} \times \left(2 \times \frac{1}{2} \times \frac{l}{4} + 1 \times \frac{l}{4}\right) \right] = \frac{l^2}{16EI}$$

所以给定结构的自振频率为:$\omega = \sqrt{\frac{1}{m\delta_{11}}} = 4\sqrt{\frac{3EI}{ml^3}}$

(1)求动力系数。

$$\mu = \frac{1}{1 - \frac{\theta^2}{\omega^2}} = \frac{1}{1 - \frac{1}{16}} = \frac{16}{15}$$

(2)求质量 m 处的最大竖向位移。

$$Y_{max}=mg\delta_{11}+\mu M_0\delta_{12}=\frac{mgl^3}{48EI}+\frac{16}{15}\times M_0\times\frac{l^2}{16EI}$$

$$=\frac{mgl^3}{48EI}+\frac{M_0l^2}{15EI}$$

【例 3.2.43】 图 3.2.43 所示排架,两根立柱的质量不计,横梁总质量为 m,横梁 $EA\to\infty$。在柱顶施加 40kN 水平外力时,测得柱顶产生了 5cm 的水平位移,这时突然撤除外力,排架作自由振动,测得该排架的自振周期为 $T=1.5$s 及振动一周后的柱顶侧移为 4cm。试求:该排架的侧移刚度系数 k、横梁总质量 m、阻尼比 ξ、阻尼系数 c 及振动 6 周后的振幅。

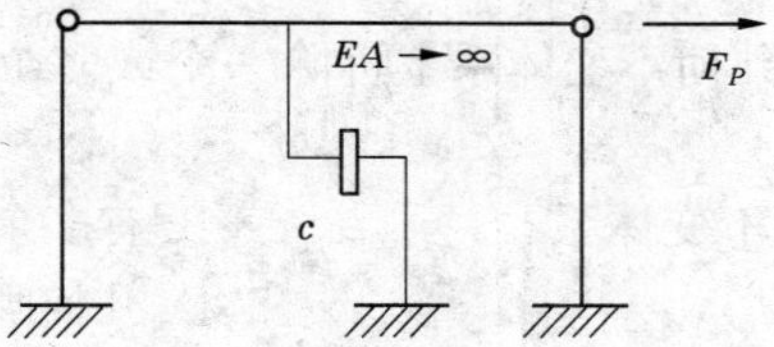

图 3.2.43

解:排架的侧移刚度系数 $k=\frac{40}{0.05}=8\times10^5$(N/m)

由于阻尼对频率、周期的影响很小,因此可近似取 $\omega=\frac{2\pi}{T}=\frac{2\pi}{1.5}$

由 $\omega^2=\frac{k}{m}$,有$\frac{k}{m}=(\frac{2\pi}{1.5})^2$,得横梁总质量

$$m=\left(\frac{1.5}{2\pi}\right)^2k=4.56\times10^4(\text{kg})=45.6(\text{t})$$

阻尼比为

$$\xi=\frac{1}{2\pi}\ln\frac{y_n}{y_{n+1}}=\frac{1}{2\pi}\ln\frac{y_0}{y_1}=\frac{1}{2\pi}\ln\frac{5}{4}=0.036$$

由此得阻尼系数

$$c=2m\omega\xi=2\times4.56\times10^4\times\frac{2\pi}{1.5}\times0.036=1.37\times10^4(\text{kg/s})$$

振动 6 周后的振幅 $\frac{y_6}{y_0}=e^{-\xi\omega6T},\frac{y_1}{y_0}=e^{-\xi\omega T}$

故 $$y_6=(\frac{y_1}{y_0})^6y_0=(\frac{4}{5})^6\times0.05=0.013(\text{m})$$

3.3 复习题

单项选择题

(1)瞬变体系在一般荷载作用下(　　)。

A.产生很小的内力　　　　B.不产生内力

C. 可产生很大的内力　　　　　　　　　　D. 不存在静力解答

(2)图 3.3.1 中不是二元体的是(　　)。

A. 图(a)　　　　B. 图(b)　　　　C. 图(c)　　　　D. 图(d)

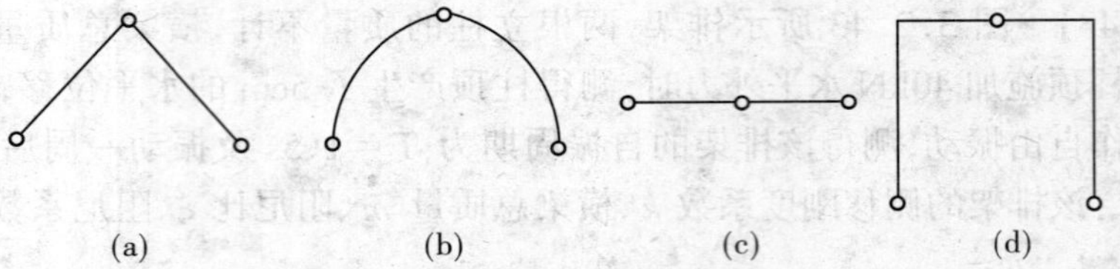

图 3.3.1

(3)从一个无多余约束的几何不变体系上拆除一个或多个二元体后得到的新体系是(　　)。

A. 无多余约束的几何不变体系　　　　B. 有多余约束的几何不变体系

C. 几何常变体系　　　　D. 几何瞬变体系

(4)两个刚片之间用一个铰和一根链杆相连接构成的体系是(　　)。

A. 几何常变体系　　　　B. 无多余约束的几何不变体系

C. 几何瞬变体系　　　　D. 不确定

(5)两个刚片之间用三根链杆相连接构成的体系是(　　)。

A. 几何常变体系　　　　B. 无多余约束的几何不变体系

C. 几何瞬变体系　　　　D. 不确定

(6)下列各说法中正确的是(　　)。

A. 几何可变体系一定无多余约束

B. 静定结构一定无多余约束

C. 几何可变体系中各刚片的自由度之和一定大于引入的约束数之和

D. 有多余约束的体系一定是超静定结构

(7)三个刚片用三个铰两两相连接构成的体系是(　　)。

A. 几何常变体系　　　　B. 无多余约束的几何不变体系

C. 几何瞬变体系　　　　D. 不确定

(8)图 3.3.2 所示体系的几何组成为(　　)。

A. 无多余约束的几何不变体系　　　　B. 有多余约束的几何不变体系

C. 几何常变体系　　　　D. 几何瞬变体系

(9)图 3.3.3 所示体系的几何组成为(　　)。

A. 无多余约束的几何不变体系　　　　B. 有多余约束的几何不变体系

C. 几何常变体系　　　　D. 几何瞬变体系

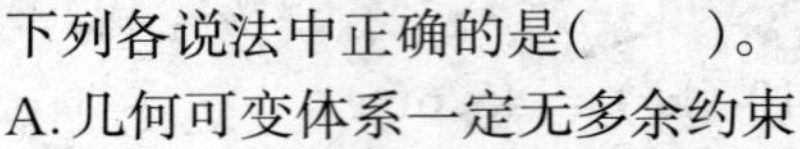

图 3.3.2

图 3.3.3

(10)图 3.3.4 所示体系的几何组成为(　　)。

A. 无多余约束的几何不变体系　　B. 有多余约束的几何不变体系
C. 几何常变体系　　D. 几何瞬变体系

(11)图 3.3.5 所示体系的几何组成为(　　)。

A. 无多余约束的几何不变体系　　B. 有多余约束的几何不变体系
C. 几何常变体系　　D. 几何瞬变体系

(12)图 3.3.6 所示体系的几何组成为(　　)。

A. 无多余约束的几何不变体系　　B. 有多余约束的几何不变体系
C. 几何常变体系　　D. 几何瞬变体系

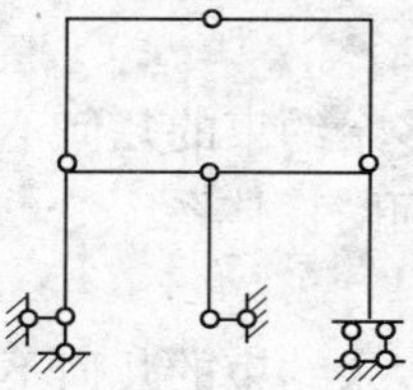

图 3.3.4

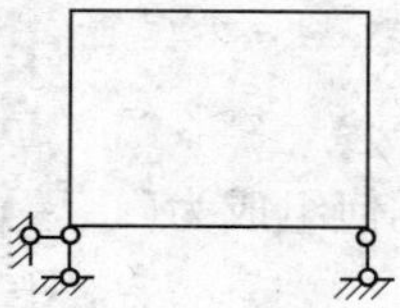

图 3.3.5

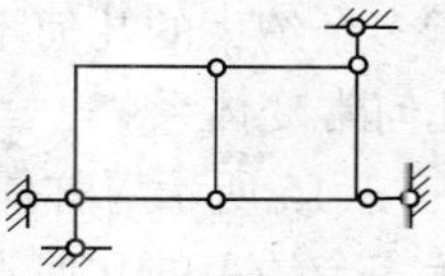

图 3.3.6

(13)图 3.3.7 所示体系的几何组成为(　　)。

A. 无多余约束的几何不变体系　　B. 有多余约束的几何不变体系
C. 几何常变体系　　D. 几何瞬变体系

(14)图 3.3.8 所示体系的几何组成为(　　)。

A. 无多余约束的几何不变体系　　B. 有多余约束的几何不变体系
C. 几何常变体系　　D. 几何瞬变体系

(15)图 3.3.9 所示体系的几何组成为(　　)。

A. 无多余约束的几何不变体系　　B. 有多余约束的几何不变体系
C. 几何常变体系　　D. 几何瞬变体系

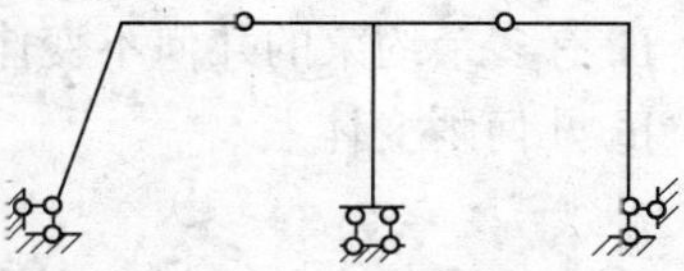

图 3.3.7

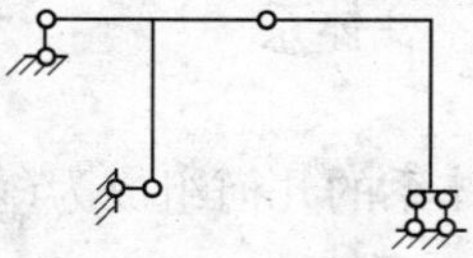

图 3.3.8

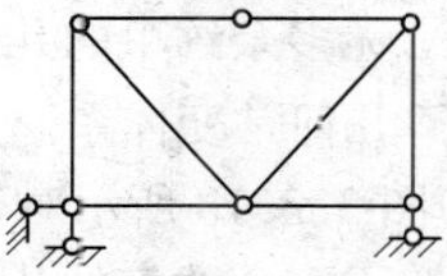

图 3.3.9

(16)图 3.3.10 所示平面体系的几何组成为(　　)。

A. 无多余约束的几何不变体系　　B. 有多余约束的几何不变体系
C. 几何常变体系　　D. 几何瞬变体系

(17)图 3.3.11 所示体系的几何组成为(　　)。

A. 无多余约束的几何不变体系　　B. 有多余约束的几何不变体系
C. 几何常变体系　　D. 几何瞬变体系

(18)图 3.3.12 所示体系的几何组成为(　　)。

A. 无多余约束的几何不变体系　　B. 有 1 个多余约束的几何不变体系
C. 几何可变体系　　D. 有 2 个多余约束的几何不变体系

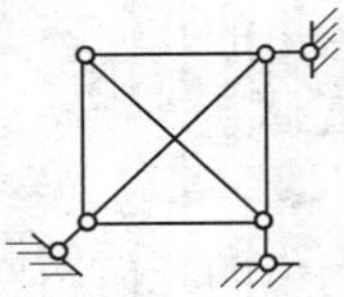

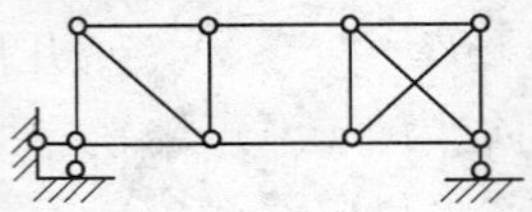

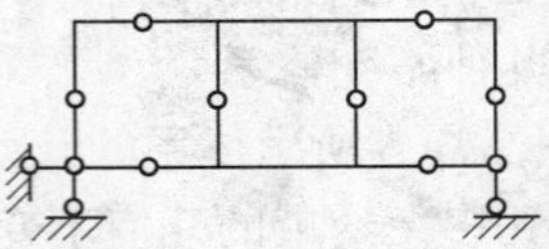

图 3.3.10　　图 3.3.11　　图 3.3.12

(19)图 3.3.13 所示体系的几何组成为(　　)。

A. 无多余约束的几何不变体系　　B. 有多余约束的几何不变体系

C. 几何常变体系　　D. 几何瞬变体系

(20)图 3.3.14 所示体系的几何组成为(　　)。

A. 无多余约束的几何不变体系　　B. 有多余约束的几何不变体系

C. 几何常变体系　　D. 几何瞬变体系

(21)图 3.3.15 所示对称体系的几何组成为(　　)。

A. 无多余约束的几何不变体系　　B. 有多余约束的几何不变体系

C. 几何常变体系　　D. 几何瞬变体系

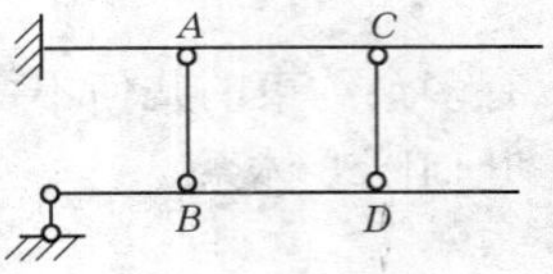

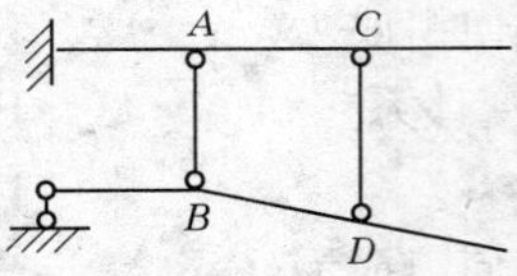

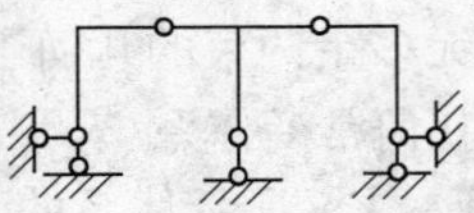

图 3.3.13　　图 3.3.14　　图 3.3.15

(22)图 3.3.16 所示体系的几何组成为(　　)。

A. 无多余约束的几何不变体系　　B. 有多余约束的几何不变体系

C. 几何常变体系　　D. 几何瞬变体系

(23)图 3.3.17 所示体系的几何组成为(　　)。

A. 无多余约束的几何不变体系　　B. 有多余约束的几何不变体系

C. 几何常变体系　　D. 几何瞬变体系

(24)图 3.3.18 所示对称体系的几何组成为(　　)。

A. 无多余约束的几何不变体系　　B. 有多余约束的几何不变体系

C. 几何常变体系　　D. 几何瞬变体系

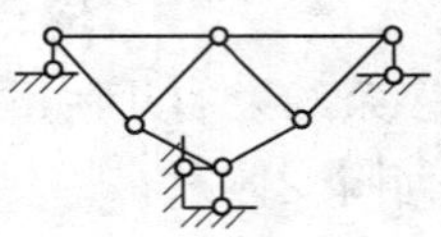

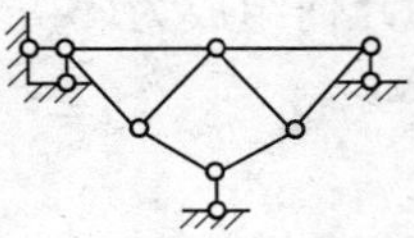

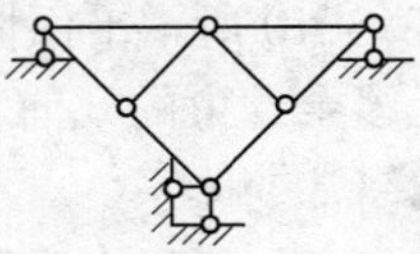

图 3.3.16　　图 3.3.17　　图 3.3.18

(25)用三刚片组成规则对图 3.3.19 所示体系作几何组成分析时,应选的三个刚片为(　　)。

A. △1-4-3,△3-2-5,基础　　B. △1-4-3,△3-2-5,△4-6-5

C. △1-4-3,杆 6 - 5,基础　　D. △3-5-2,杆 4 - 6,基础

(26)在图 3.3.20 所示具有三个多于约束的体系中,下述可同时视为多余约束的三根链杆为(　　)。

A. 5、6、9　　B. 5、6、7　　C. 3、6、8　　D. 1、6、7

(27)图 3.3.21 所示体系,铰 K 相当约束的个数为(　　)。

A. 4　　B. 5　　C. 6　　D. 7

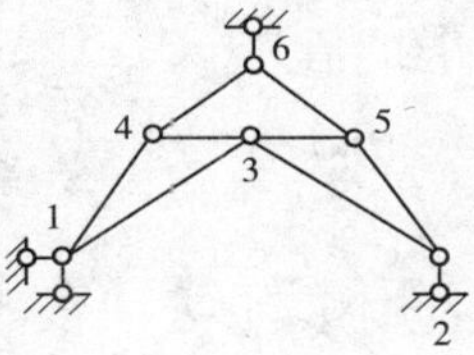

图 3.3.19

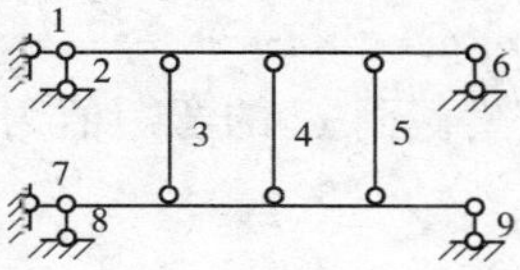

图 3.3.20

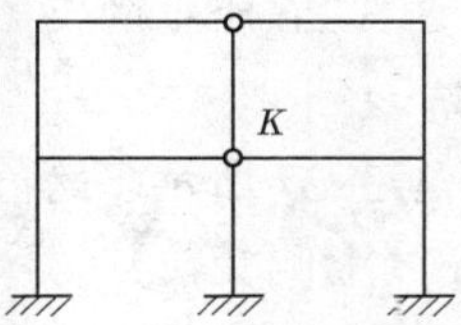

图 3.3.21

(28)结构各杆件中弯矩图发生拐折处作用的外荷载应是(　　)。

A. 轴向集中力　　B. 横向集中力　　C. 集中力偶　　D. 无外力

(29)结构各杆件中弯矩图发生突变处作用的外荷载应是(　　)。

A. 轴向集中力　　B. 横向集中力　　C. 集中力偶　　D. 无外力

(30)结构各杆件中剪力图发生突变处作用的外荷载应是(　　)。

A. 轴向集中力　　B. 横向集中力　　C. 集中力偶　　D. 无外力

(31)如杆端无集中力偶作用,下列哪些位置杆端弯矩可能不等于零?(　　)。

A. 自由端　　B. 与铰支座相连杆端

C. 与铰节点相连杆端　　D. 与刚结点相连杆端

(32)判别图 3.3.22(a)所示结构的 M 图形状如图 3.3.22(b)所示是否正确,结论应是(　　)。

A. 正确的　　B. 错误的

C. 有一部分是错误的　　D. 一定条件下是正确的

(33)图 3.3.23 所示简支斜梁受荷载 F_P 作用,若改变支座 B 链杆方向,则梁的内力情况为(　　)。

A. M、F_Q、F_N 都改变　　B. M、F_N 不变,F_Q 改变

C. M、F_Q 不变,F_N 改变　　D. M 不变,F_Q、F_N 改变

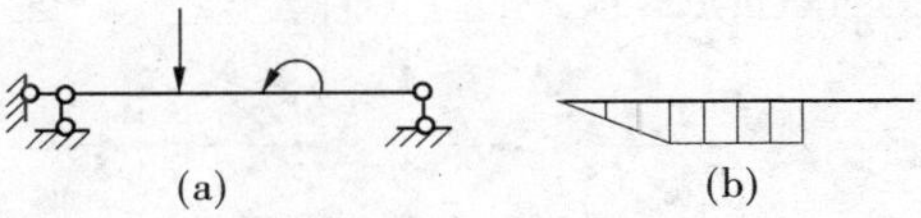

图 3.3.22

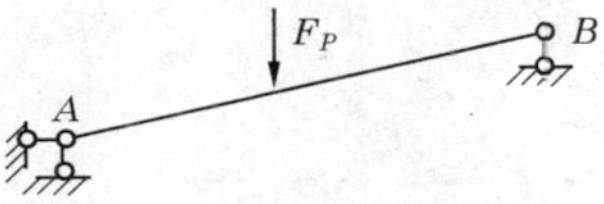

图 3.3.23

(34)已知梁的剪力图形状如图 3.3.24 所示,则其弯矩图的可能形状是(　　)。

A. 图(a)　　B. 图(b)　　C. 图(c)　　D. 图(d)

(35)图 3.3.25 所示简支梁在给定荷载作用下,跨中 F_{Q_C} 的值为(　　)。

A. $F_P/2$　　B. $-F_P/2$　　C. F_P　　D. 不确定

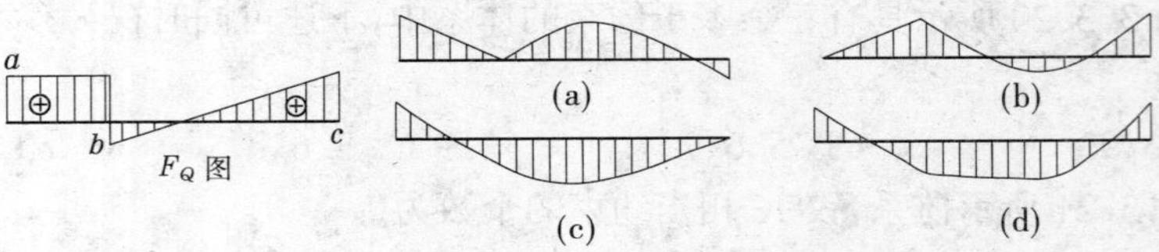

图 3.3.24

(36)图 3.3.26 所示简支梁在给定荷载作用下,跨中 M_C 的值为(　　)。

A. $m/2$(上拉)　　B. $m/2$(下拉)　　C. m(下拉)　　D. 不确定

(37)图 3.3.27 所示多跨静定梁截面 C 的弯矩值为(　　)。

A. F_P(上侧受拉)　　B. F_P(下侧受拉)

C. $F_P/2$(上侧受拉)　　D. $F_P/2$(下侧受拉)

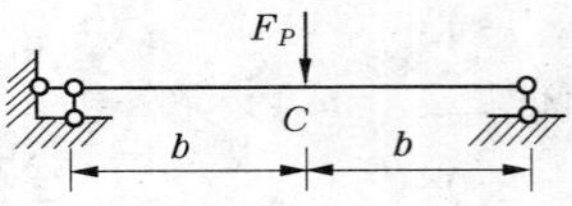

图 3.3.25

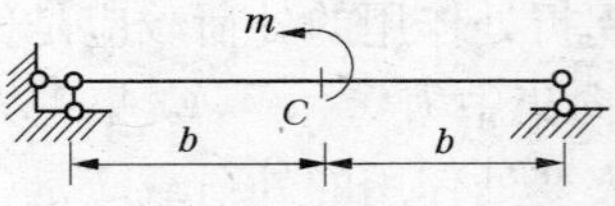

图 3.3.26

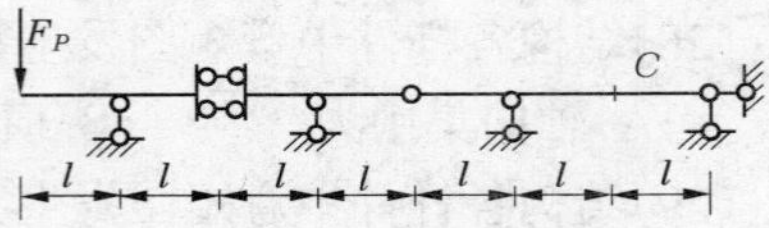

图 3.3.27

(38)作用于静定多跨梁基本部分上的荷载在附属部分上(　　)。

A. 绝对不会产生内力　　B. 一般不会产生内力

C. 一般会产生内力　　D. 一定会产生内力

(39)图 3.3.28 所示结构在给定荷载作用下支座 B 的反力为(　　)。

A. 15kN　　B. 22.5kN　　C. 26.6kN　　D. 20kN

(40)图 3.3.29 所示结构在给定荷载作用下支座 A 的反力矩 M_A 为(　　)。

A. $-ql^2/2$　　B. $ql^2/2$　　C. ql^2　　D. $2ql^2$

(41)图 3.3.30 所示结构在给定荷载作用下 M_{DC} 为(　　)。

A. 3.5kN·m(内拉)　　B. 2.5kN·m(内拉)

C. 1kN·m(外拉)　　D. 5.5kN·m(外拉)

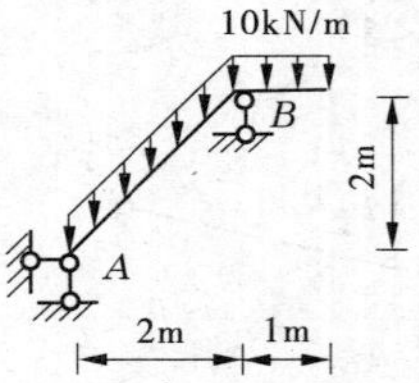

图 3.3.28

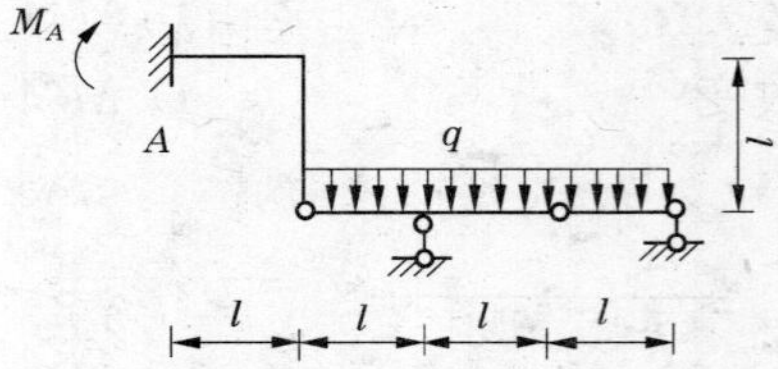

图 3.3.29

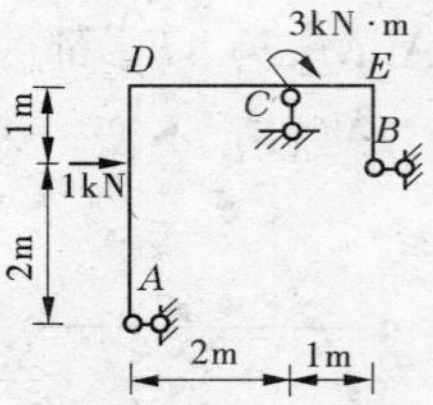

图 3.3.30

(42)图 3.3.31 所示结构在给定荷载作用下 A 截面的剪力为(　　)。

A. F_P　　B. $-F_P$　　C. $0.5F_P$　　D. $-0.5F_P$

(43)图 3.3.32 所示结构在给定荷载作用下支座 B 的反力矩(以右侧受拉为正)为(　　)。

A. $ql^2/4$　　B. $-ql^2/4$　　C. $-ql^2/8$　　D. $ql^2/8$

(44)图 3.3.33 所示结构在给定荷载作用下支座 A 的反力矩(以下侧受拉为正)为(　　)。

A. m　　B. $-m$　　C. $-2m$　　D. 0

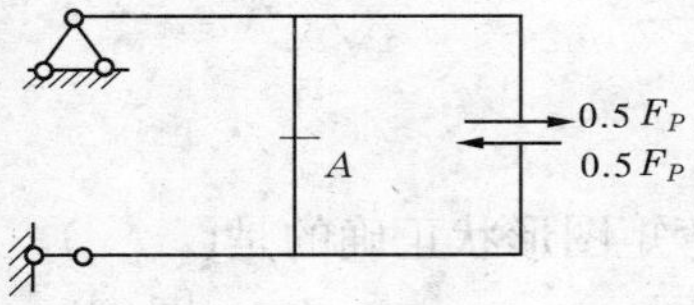

图 3.3.31

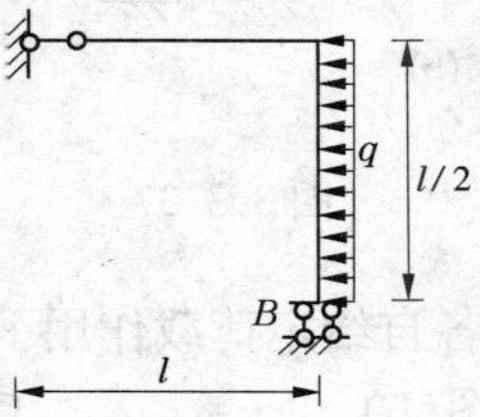

图 3.3.32

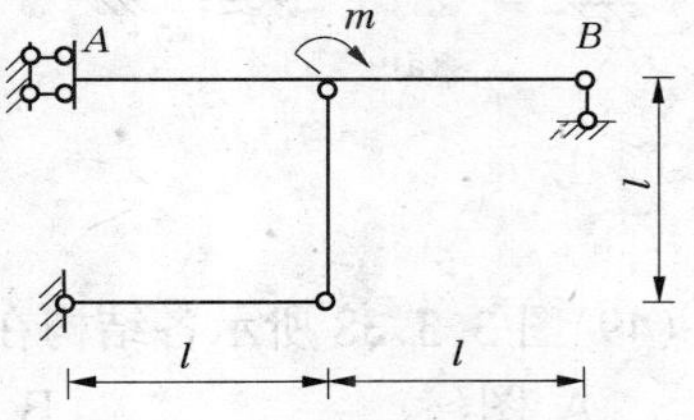

图 3.3.33

(45)图 3.3.34(a)、(b)所示为同一结构受两种荷载作用,对应支座处的对应支座反力的关系为(　　)。

A. 完全相同　　B. 完全不同

C. 竖向反力相同,水平反力不同　　D. 水平反力相同,竖向反力不同

(46)图 3.3.35 所示为两结构,图 3.3.35(a)刚架外侧温度升高 t℃内侧无变化,图 3.3.35(b)刚架内侧温度升高 t℃外侧无变化,下述结论正确的是(　　)。

A. 图(a)有内力,图(b)无内力　　B. 图(a)、图(b)都无内力

C. 图(a)无内力,图(b)有内力　　D. 图(a)、图(b)都有内力

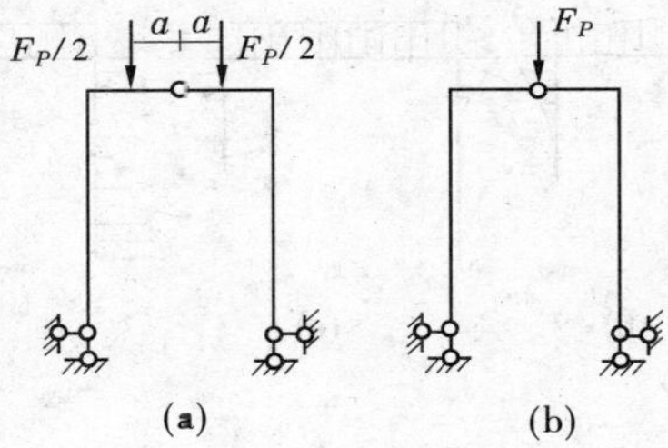

图 3.3.34

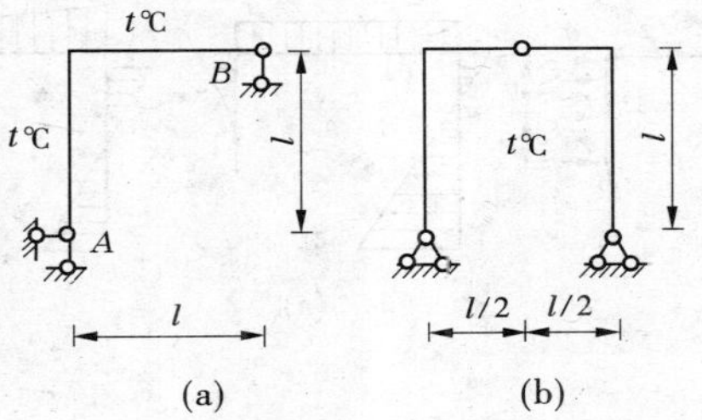

图 3.3.35

(47)图 3.3.36 所示各结构在各自给定荷载作用下弯矩图形状正确的是(　　)。

A. 图(a)　　B. 图(b)　　C. 图(c)　　D. 图(d)

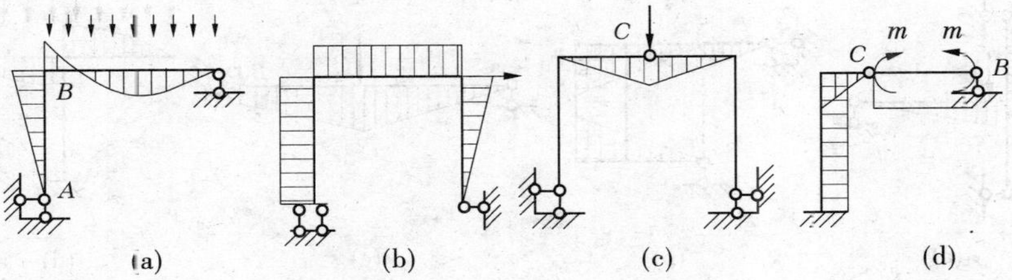

图 3.3.36

(48)图 3.3.37 所示各结构在各自给定荷载作用下弯矩图形状正确的是(　　)。

A. 图(a)　　B. 图(b)　　C. 图(c)　　D. 图(d)

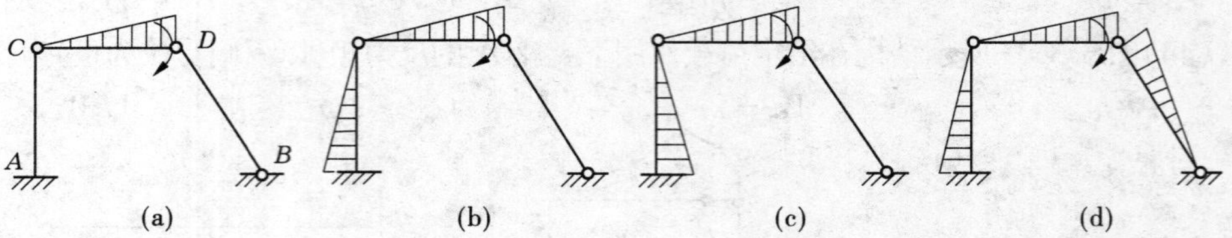

图 3.3.37

(49)图 3.3.38 所示各结构在各自给定荷载作用下弯矩图形状正确的是(　　)。

A. 图(a)　　　　B. 图(b)　　　　C. 图(c)　　　　D. 图(d)

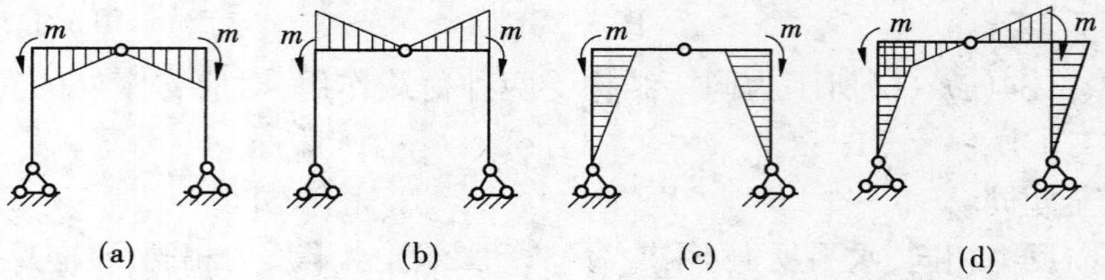

图 3.3.38

(50)图 3.3.39 所示结构在给定荷载作用下弯矩图形状正确的是(　　)。

A. 图(a)　　　　B. 图(b)　　　　C. 图(c)　　　　D. 图(d)

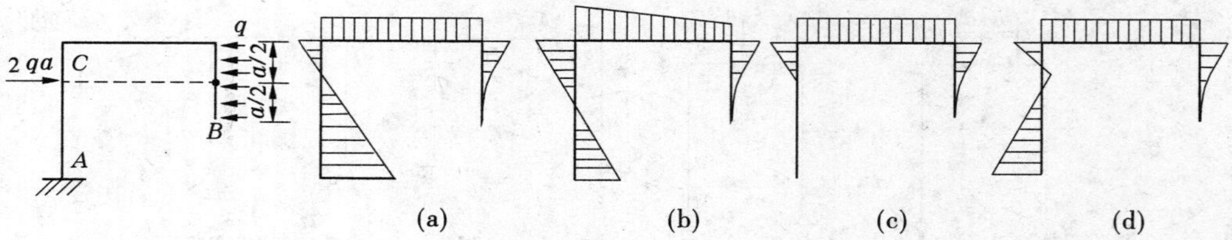

图 3.3.39

(51)图 3.3.40 所示各结构在各自给定荷载作用下弯矩图形状正确的是(　　)。

A. 图(a)　　　　B. 图(b)　　　　C. 图(c)　　　　D. 图(d)

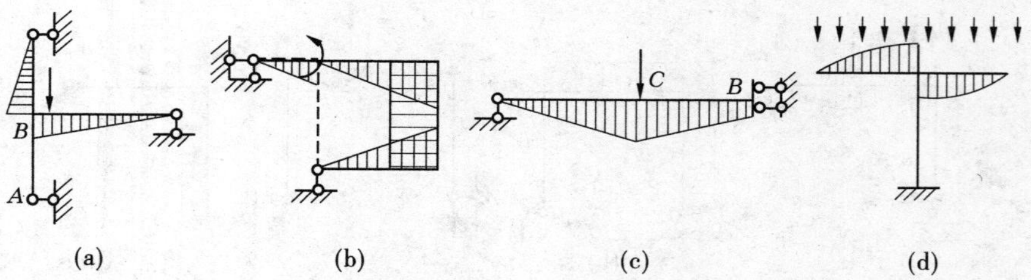

图 3.3.40

(52)图 3.3.41 所示各结构在各自给定荷载作用下弯矩图形状正确的是(　　)。

A. 图(a) B. 图(b) C. 图(c) D. 图(d)

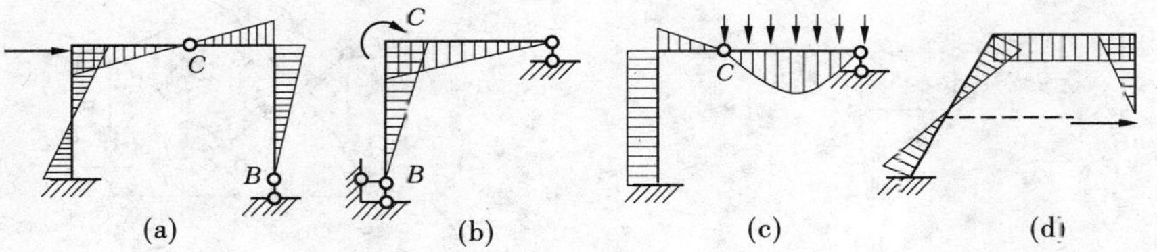

图 3.3.41

(53)图 3.3.42 所示三铰拱的水平推力 F_H 为(　　)。

A. 50kN B. 25kN C. 22.5kN D. 31.2kN

(54)图 3.3.43 所示三铰拱，支座 A、B 的水平反力为(　　)。

A. $F_{H_A}=F_P/2, F_{H_B}=F_P/2$

B. $F_{H_A}=0, F_{H_B}=F_P$

C. $F_{H_A}=F_P, F_{H_B}=0$

D. 以上都不对

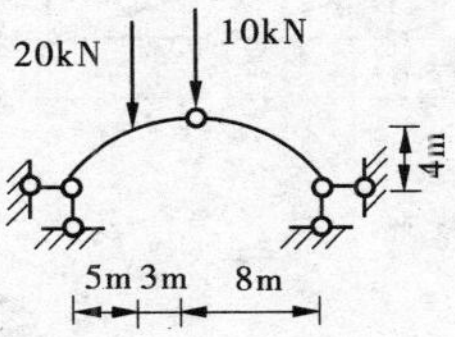

图 3.3.42

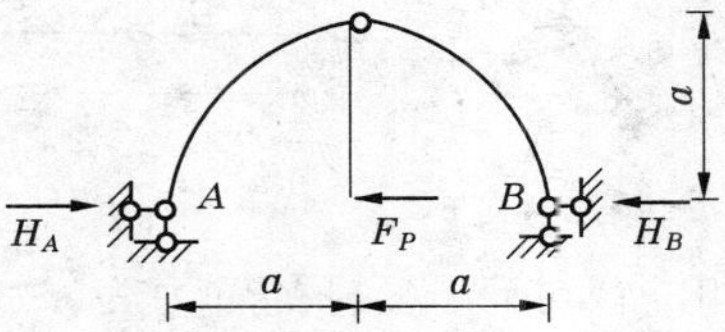

图 3.3.43

(55)三铰拱的水平推力(　　)。

A. 与拱高成正比

B. 与拱高成反比且与拱轴形状有关

C. 与拱高无关

D. 与拱高成反比且与拱轴形状无关

(56)三铰拱的合理拱轴线为(　　)。

A. 任意荷载下均为合理轴线

B. 确定荷载下且跨度给定时为合理轴线

C. 合理轴线的跨度可以任意

D. 合理轴线时弯矩为零，但剪力不一定为零

(57)区别拱和梁的主要标志是(　　)。

A. 杆轴线的形状

B. 弯矩的大小

C. 在竖向荷载作用下是否产生水平推力

D. 内力的大小

(58)图 3.3.44 所示桁架中零杆有(　　)根。

A. 6 B. 7 C. 8 D. 9

(59)图 3.3.45 所示桁架中零杆有(　　)根。

A. 6 B. 7 C. 8 D. 9

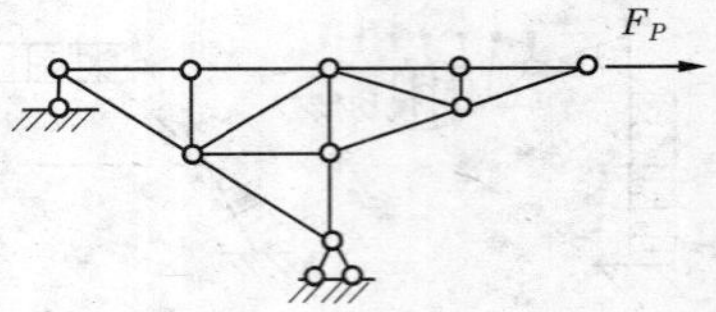

图 3.3.44

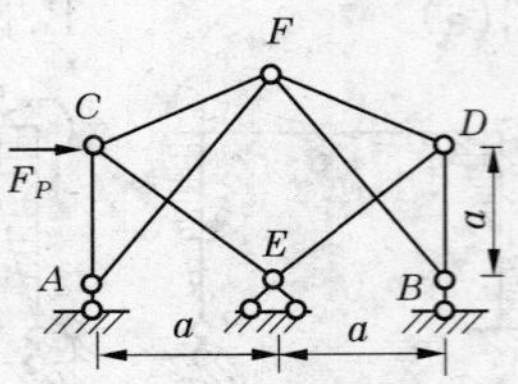

图 3.3.45

(60)图 3.3.46 所示桁架 a 杆的轴力为(　　)。

A. $2F_P$　　B. $-2F_P$　　C. $-3F_P$　　D. $3F_P$

(61)图 3.3.47 所示桁架 b 杆的轴力为(　　)。

A. 0;　　B. $-F_P/3$;　　C. $-F_P/2$;　　D. $-F_P$

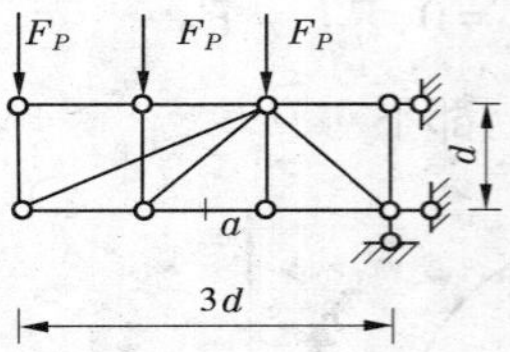

图 3.3.46

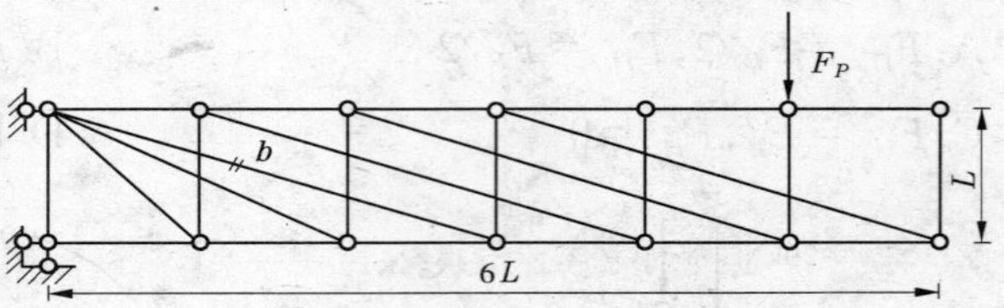

图 3.3.47

(62)图 3.3.48 所示桁架 C 杆的轴力为(　　)。

A. F_P　　B. $-F_P/2$　　C. $F_P/2$　　D. 0

(63)图 3.3.49 所示结构杆 1 的轴力为(　　)。

A. 0　　B. $-F_P$　　C. F_P　　D. $-F_P/2$

(64)图 3.3.50 所示结构杆 1 的轴力为(　　)。

A. $-F_P$　　B. F_P　　C. $2F_P$　　D. 0

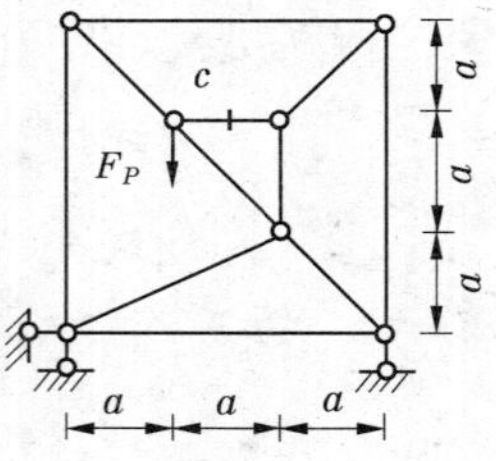

图 3.3.48

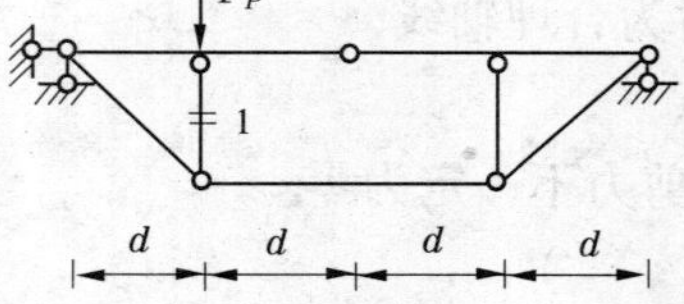

图 3.3.49

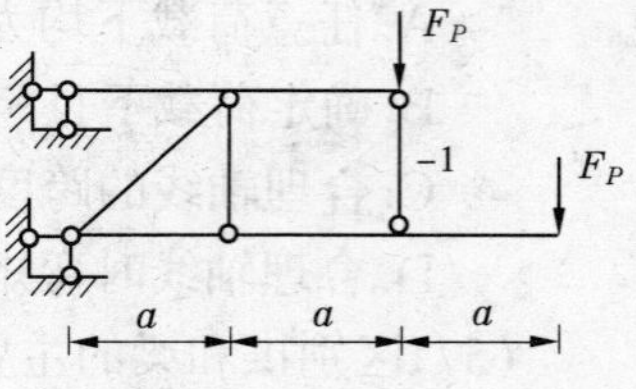

图 3.3.50

(65)若静定结构仅在其某一几何不变部分上作用有一组平衡力系,则该静定结构的支座反力(　　)。

A. 恒为零　　B. 不一定为零　　C. 恒大于零　　D. 恒小于零

(66)图 3.3.51 所示两桁架结构在各自给定荷载作用下,杆 AB 的轴力分别记为 F_{N_1} 和 F_{N_2},则二者关系为(　　)。

A. $F_{N_1} > F_{N_2}$　　B. $F_{N_1} < F_{N_2}$

C. $F_{N_1}=F_{N_2}$　　　　　　　　　　D. $F_{N_1}=-F_{N_2}$

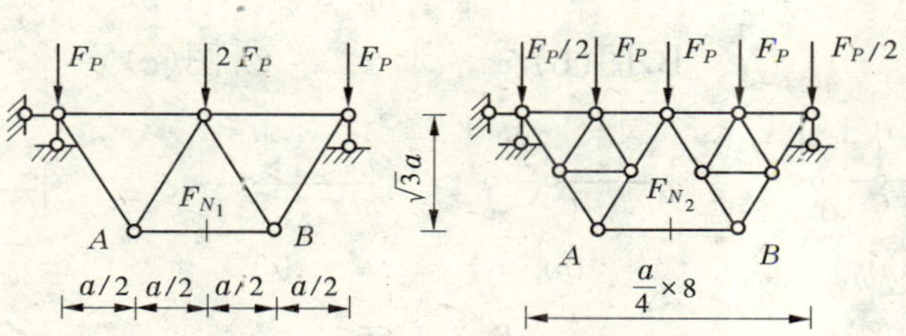

图 3.3.51

(67)静定结构的内力与组成结构的各杆刚度的关系为(　　)。

A. 有关　　B. 比值有关　　C. 绝对大小有关　　D. 无关

(68)静定结构仅受温度改变作用，下述结论正确的是(　　)。

A. 有内力、有位移、无应变　　B. 无内力、有位移、有应变

C. 有内力、无位移、无应变　　D. 无内力、无位移、有应变

(69)静定结构仅受支座沉降(位移)作用，下述结论正确的是(　　)。

A. 有内力、有位移、无应变　　B. 无内力、有位移、有应变

C. 有内力、无位移、无应变　　D. 无内力、有位移、无应变

(70)建立虚功方程时，位移状态与力状态的关系是(　　)。

A. 彼此独立无关　　B. 位移状态必须是由力状态产生的

C. 互为因果关系　　D. 力状态是由位移状态引起的

(71)在应用虚功原理时，要求力系应满足(　　)条件。

A. 连续　　B. 物理　　C. 约束　　D. 平衡

(72)图 3.3.52 所示虚设的力状态可求出(　　)。

A. A、B 两点的相对位移　　B. A、B 两点间距离的改变量

C. A、B 两截面的相对转动　　D. A、B 两点的相对水平位移

(73)图 3.3.53 所示结构，求 A、B 两点间距离的改变量时，虚设力状态应为在 A、B 两点分别施加(　　)。

A. 竖直反向单位力　　B. 水平反向单位力

C. 沿 A、B 两点连线方向反向单位力　　D. 反向单位力偶

(74)图 3.3.54 所示虚拟力状态可求出(　　)。

A. A、B 两截面的相对位移　　B. A、B 两截面的相对转角

C. A、B 两截面相对转角的 m 倍　　D. A、B 两点连线的转角

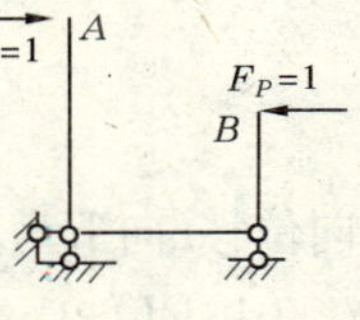

图 3.3.52

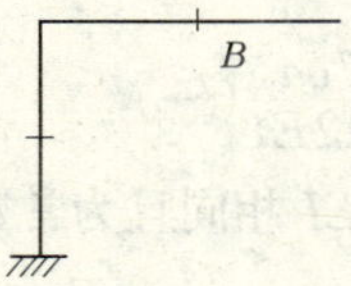

图 3.3.53

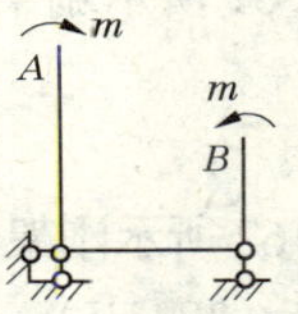

图 3.3.54

(75)求图 3.3.55 所示各虚设力状态哪一个是用于求解多跨梁铰 C 左、右两侧截面相对转角的？应取(　　)。

A. 图(a)　　B. 图(b)　　C. 图(c)　　D. 图(d)

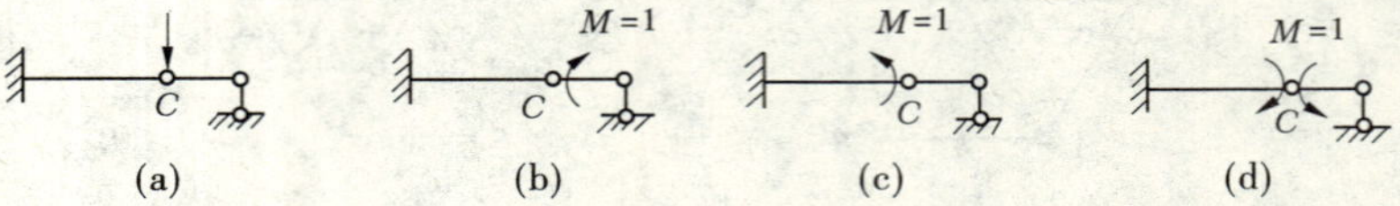

图 3.3.55

(76)图 3.3.56 所示装配式桁架各杆 EA 相同且为常数，杆 CD 加工后比原设计尺寸短了 Δ，则装配后 B 点(　　)。

A. 将向左移动　　B. 将向右移动　　C. 水平位移为零　　D. 不确定

(77)图 3.3.57 所示桁架各杆 EA 相同且为常数，在荷载 F_P 作用下，K 点的竖向位移为(　　)。

A. 0　　B. $F_Pa/(4EA)(\uparrow)$

C. $F_Pa/(2EA)(\uparrow)$　　D. $F_Pa/(8EA)(\uparrow)$

(78)图 3.3.58 所示结构各杆 EA 相同且为常数，则杆 DE 转角(逆时针为正)为(　　)。

A. $3F_Pa/(4EA)$　　B. $F_Pa^2/(4EA)$

C. 0　　D. $3F_Pa^2/(8EA)$

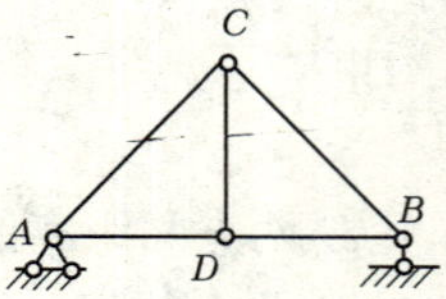

图 3.3.56

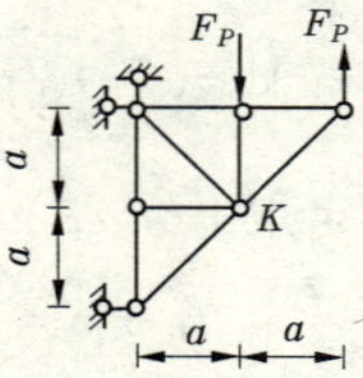

图 3.3.57

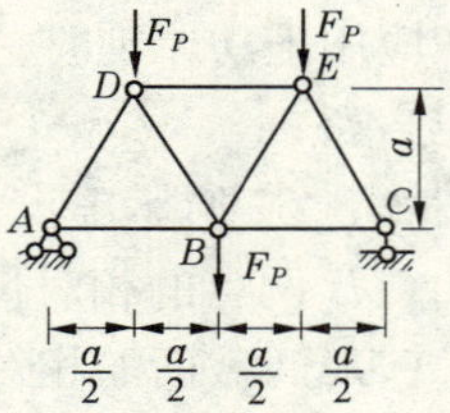

图 3.3.58

(79)图 3.3.59 所示简支梁(EI=常数)跨中 C 点的竖向位移(向下为正)为(　　)。

A. $3ql^4/(36EI)$　　B. $5ql^4/(36EI)$

C. $7ql^4/(36EI)$　　D. $9ql^4/(36EI)$

(80)图 3.3.60 所示结构各杆 EI 相同且为常数，则其 C 端的水平位移(向右为正)为(　　)。

A. $225/(4EI)$　　B. $225/(8EI)$　　C. 0　　D. $80/(EI)$

(81)图 3.3.61 所示刚架(EI=常数)B 点水平位移 Δ_{H_B} 为(　　)。

A. $\dfrac{qa^4}{4EI}(\rightarrow)$　　B. $\dfrac{7qa^4}{12EI}(\rightarrow)$　　C. 0　　D. $\dfrac{qa^4}{3EI}(\rightarrow)$

(82)图 3.3.62 所示刚架各杆 EI 相同且为常数，C 点竖向位移(向下为正)为(　　)。

A. $5F_Pl^3/(384EI)$　　B. $F_Pl^2/(48EI)$

C. $F_Pl^3/(48EI)$　　D. $F_Pl^3/(3EI)$

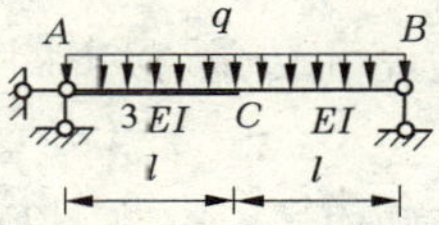

图 3.3.59

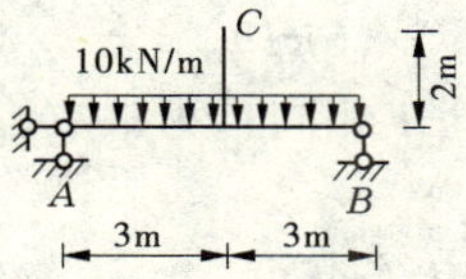

图 3.3.60

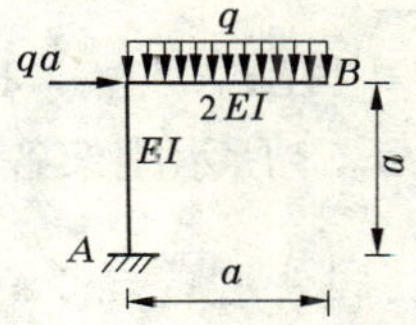

图 3.3.61

(83)图 3.3.63(a)所示结构(EI = 常数)的 M_P 图示于图 3.3.63(b),则 B 点的水平位移(向右为正)为(　　)。

A. $\dfrac{5ql^4}{24EI}$　　B. $\dfrac{25ql^4}{48EI}$　　C. $\dfrac{48ql^4}{5EI}$　　D. $\dfrac{16ql^4}{32EI}$

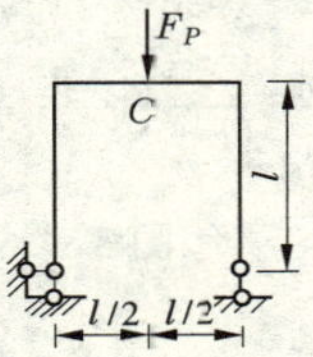

图 3.3.62

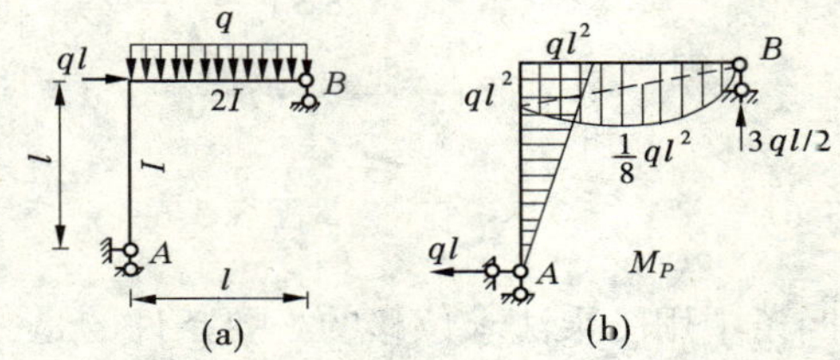

图 3.3.63

(84)图 3.3.64 所示结构各杆 EI 相同且为常数,C 点的水平位移为(　　)。

A. $23ql^4/(24EI)$(向右)　　B. $23ql^4/(24EI)$(向左)

C. $7ql^4/(8EI)$(向左)　　D. $19ql^4/(24EI)$(向右)

(85)图 3.3.65 所示结构各杆 EI 相同且为常数,A、B 两点相对水平位移(以相背离为正)为(　　)。

A. $-2qa^4/(3EI)$　　B. $2qa^4/(3EI)$

C. $-qa^4/(12EI)$　　D. $qa^4/(12EI)$

(86)图 3.3.66 所示结构各杆 EI 相同且为常数,C 点的水平位移(向左为正)为(　　)。

A. $180/(EI)$　　B. $220/(EI)$　　C. $360/(EI)$　　D. $640/(EI)$

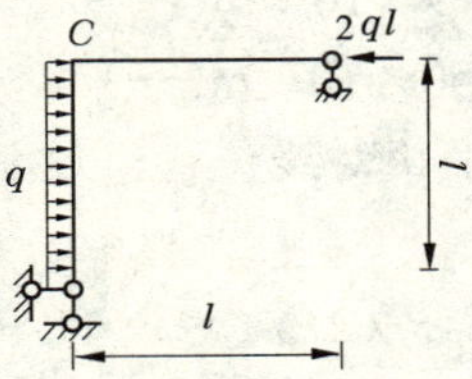

图 3.3.64

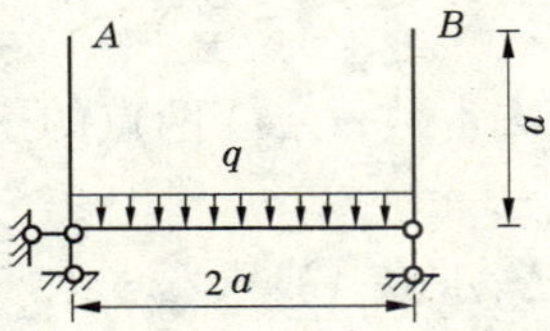

图 3.3.65

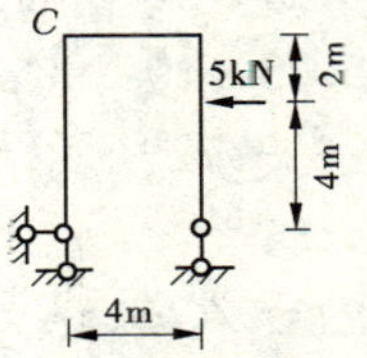

图 3.3.66

(87)图 3.3.67 所示刚架各杆 EI 相同且为常数,各杆长均为 l,A 截面的转角(以顺时针为正)为(　　)。

A. $ql^3/(24EI)$　　B. $ql^3/(6EI)$　　C. $ql^3/(48EI)$　　D. $ql^3/(12EI)$

(88)图 3.3.68 所示刚架各杆 EI 相同且为常数,A 截面的转角(以逆时针转角为正)为(　　)。

A. 0　　B. $17/(EI)$　　C. $34/(EI)$　　D. $144/(EI)$

(89)图 3.3.69 所示结构各杆 EI 相同且为常数,F 截面的转角(以顺时针转角为正)为(　　)。

A. $qa^3/(3EI)$　　B. $-qa^3/(3EI)$　　C. $qa^2/(EI)$　　D. $-qa^2/(EI)$

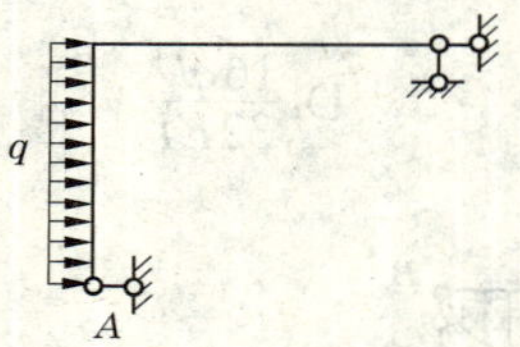

图 3.3.67

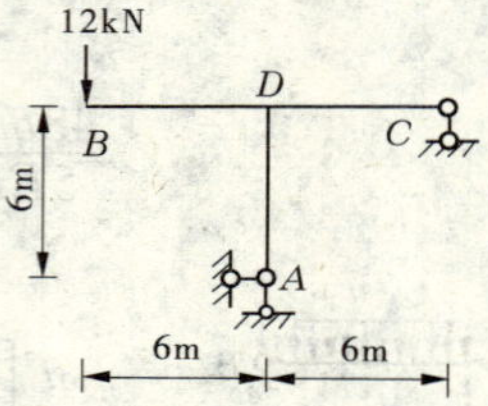

图 3.3.68

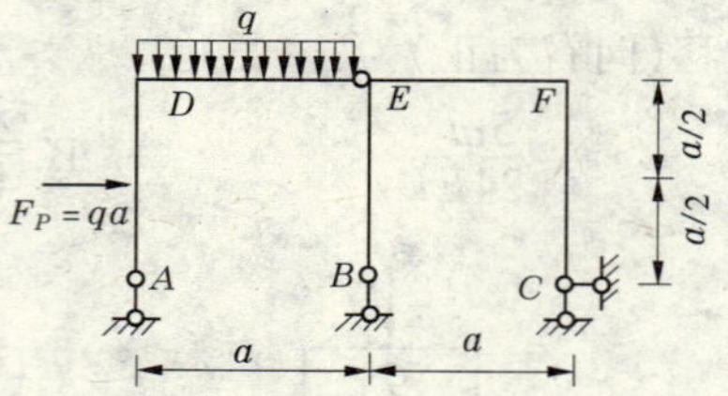

图 3.3.69

(90)下述四条中用图乘法求位移的必要条件的是(　　)。

A. 单位荷载作用下的弯矩图为一直线

B. 结构全部可分为等截面直杆段

C. 所有杆件 EI 为常数且相同

D. 结构必须是静定的

(91)下述四条中不是用图乘法求位移必须满足的条件的是(　　)。

A. 所有杆件均为直杆　　B. EI 为常数

C. M_P、$\overline{M}$ 至少有一个为直线图　　D. M_P、$\overline{M}$ 都必须是直线图

(92)图 3.3.70 所示刚架(EI = 常数),A 截面的转角为(　　)。

A. $280/(EI)$(逆时针)　　B. $280/(EI)$(顺时针)

C. $400/(EI)$(逆时针)　　D. $400/(EI)$(顺时针)

(93)结构内力如图 3.3.71 所示,$EI=2.1\times10^4\text{kN}\cdot\text{m}^2$,$CD$ 杆 $EA=4\times10^3\text{kN}$,C 点的水平位移为(　　)。

A. 4.20×10^{-3}m(→)　　B. 4.99×10^{-3}m(→)

C. 5.73×10^{-3}m(→)　　D. 4.50×10^{-2}m(→)

(94)图 3.3.72 所示结构,EA = 常数,C、D 两点的水平相对线位移(以相背离为正)为(　　)。

A. $2F_Pa/(EA)$　　B. $F_Pa/(EA)$　　C. $3F_Pa/(2EA)$　　D. $F_Pa/(3EA)$

(95)图 3.3.73 所示刚架线胀系数为 α,矩形截面高为 h,由于温度变化引起 C 点的水平位移为(　　)。

A. $5a\alpha(1+a/h)$(←)　　B. $5a\alpha(1+a/h)$(→)

C. $5a\alpha(1-a/h)$(←)　　D. $5a\alpha(1-a/h)$(→)

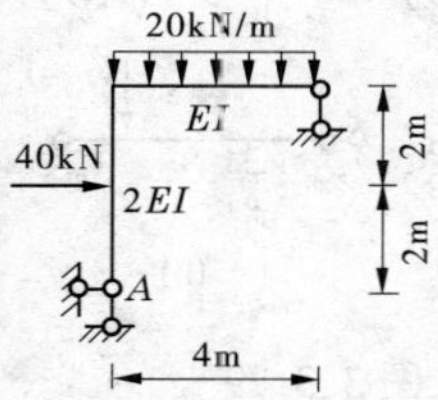

图 3.3.70

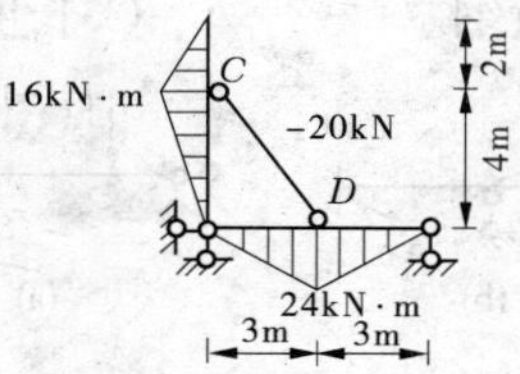

图 3.3.71

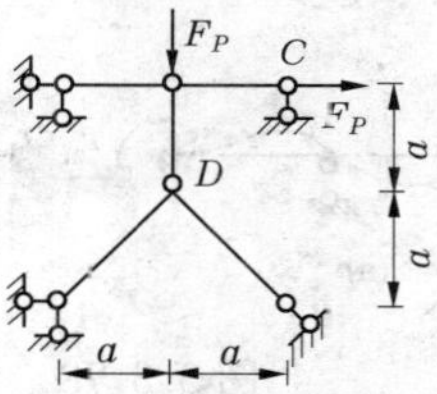

图 3.3.72

(96)图 3.3.74 所示三铰拱的拉杆发生均匀温升 t ℃,由此引起的 C 点竖向位移为(　　)。

A. $a\alpha t$(↑)　　B. $a\alpha t$(↓)　　C. $2a\alpha t$(↑)　　D. $2a\alpha t$(↓)

(97)图 3.3.75 所示三铰刚架,支座 B 发生了向下的位移 b 和向右的位移 a,C 点的水平位移为(　　)。

A. $0.5(a+b)(\rightarrow)$　　B. $0.5(a+b)(\leftarrow)$

C. $0.5(a-b)(\rightarrow)$　　D. $0.5(a-b)(\leftarrow)$

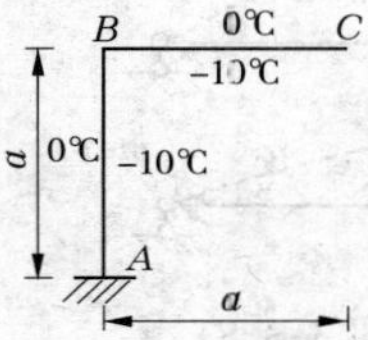

图 3.3.73

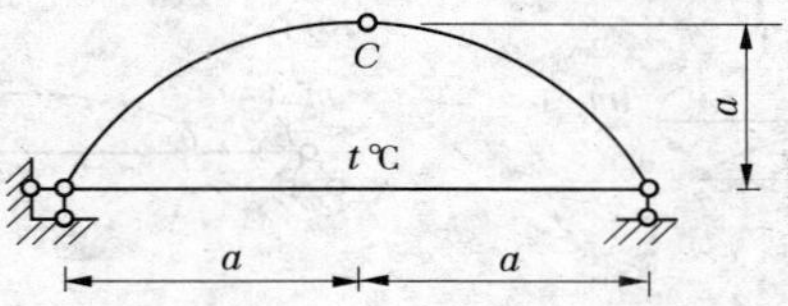

图 3.3.74

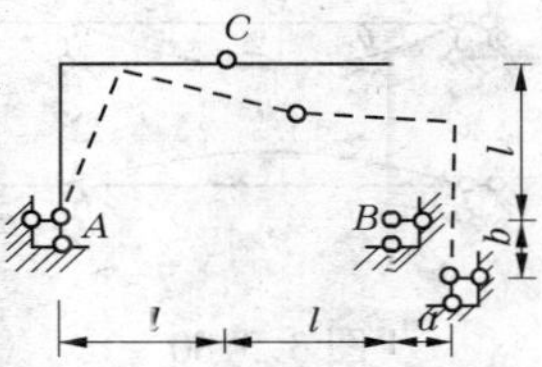

图 3.3.75

(98)图 3.3.76 所示简支梁先加 F_{P_1} 后加 F_{P_2},则下述四项中虚功项是(　　)。

A. $F_{P_1}\Delta_1$　　B. $F_{P_2}\Delta_2$　　C. $F_{P_1}\Delta_1'$　　D. $F_{P_2}\Delta_2'$

(99)图 3.3.77(a)、(b)为同一结构的两种不同受力状态,转角 φ、竖向位移 δ 分别为与另一状态单位力对应方向的位移,则(　　)。

A. $\delta=\varphi$　　B. $\delta>\varphi$

C. $\delta<\varphi$　　D. δ 与 φ 关系不定

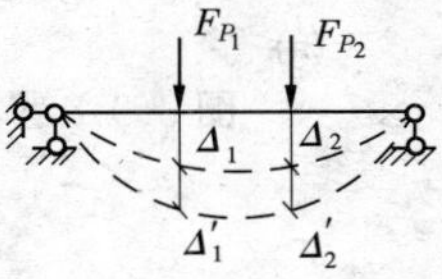

图 3.3.76

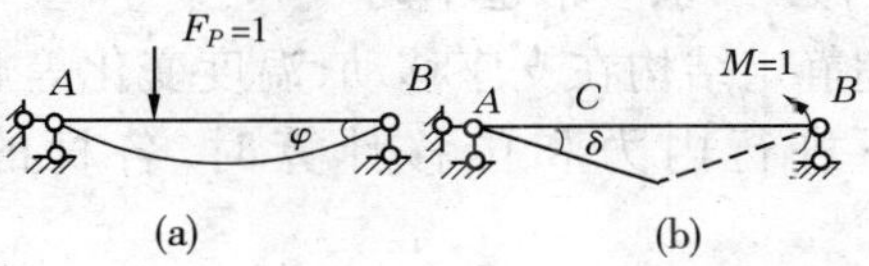

图 3.3.77

(100)图 3.3.78(a)、(b)所示同一结构的两种状态,由反力互等定理有 $r_{12}=r_{21}$,其中 r_{12} 和 r_{21} 的量纲为(　　)。

A. 力×长度　　B. 无量纲　　C. 力　　D. 长度

(101)图 3.3.79 所示同一结构的两种状态,由位移互等定理有 $\delta_{12}=\delta_{21}$,其中 δ_{12} 和 δ_{21} 的量纲为(　　)。

A. 长度　　B. 无量纲　　C. 长度/力　　D. 力/长度

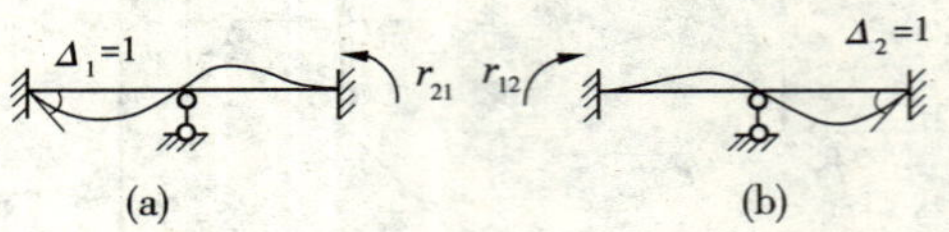

图 3.3.78

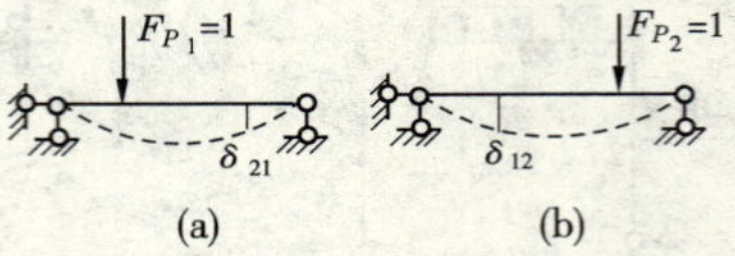

图 3.3.79

(102)图 3.3.80 所示同一结构的两种状态,根据位移互等定理下列式子中正确的是(　　)。

A. $\Delta_1=\Delta_3$　　B. $\theta_2=\theta_4$　　C. $\Delta_3=\theta_2$　　D. $\Delta_1=\theta_4$

(103)图 3.3.81 所示同一结构的两种状态,根据位移互等定理下列式子中正确的是(　　)。

A. $\alpha=\gamma+\theta$　　B. $\alpha=\theta$

C. $\gamma=\alpha+\beta$　　D. $\gamma+\theta=\alpha+\beta$

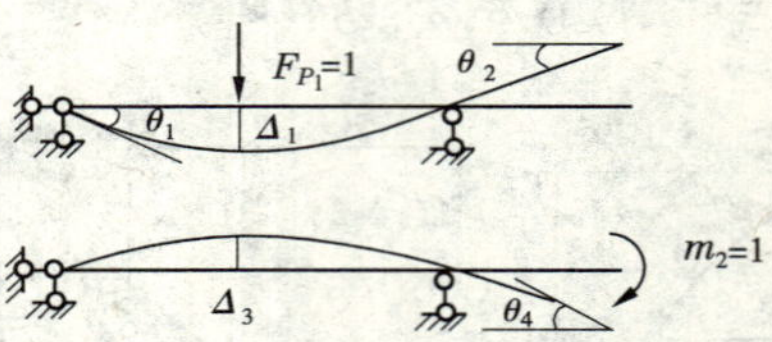

图 3.3.80

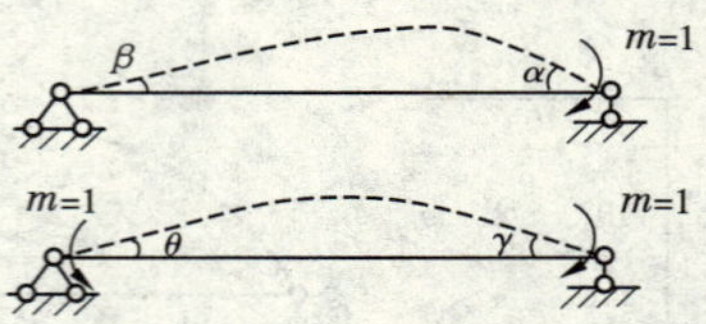

图 3.3.81

(104)力法基本方程的使用条件是(　　)构成的超静定结构。

A. 弹塑性材料　　B. 任意变形的任何材料

C. 小变形、线性弹性材料　　D. 任意变形的线性弹性材料

(105)图 3.3.82(a)、(b)所示两个刚架的关系是(　　)。

A. 内力相同,变形也相同

B. 内力相同,变形不同

C. 内力不同,变形相同

D. 内力不同,变形也不同

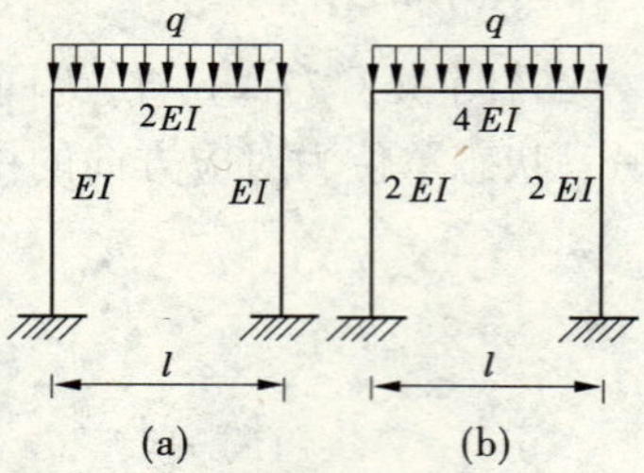

图 3.3.82

(106)超静定结构在支座移动,温度变化等非荷载因素作用下进行内力和位移计算时,各杆的刚度(　　)。

A. 应取绝对值

B. 对内力取绝对值,对位移取相对值

C. 应取相对值

D. 对内力取相对值,对位移取绝对值

(107)有关力法求解超静定结构问题,下列说法正确的是(　　)。

A. 力法基本体系可以是瞬变体系

B. 静定结构可以用力法进行求解

C. 超静定结构可以作为力法的基本体系

D. 结构的超静定次数不一定等于多余联系个数

(108)超静定结构在荷载作用下的内力和位移计算中,各杆的刚度(　　)。

A. 应取相对值

B. 应取绝对值

C. 内力计算用绝对值,位移计算用相对值

D. 内力计算可用相对值,位移计算须用绝对值

(109)对某一无铰封闭图形最后弯矩图进行校核时,最简便的方法为(　　)。

A. 校核任一截面的相对水平位移　　B. 校核任一截面的相对转角

C. 校核任一截面的绝对位移　　D. 校核任一截面的相对竖向位移

(110)图 3.3.83 所示结构的超静定次数为(　　)。

A. 3 次　　B. 2 次　　C. 4 次　　D. 5 次

(111)图 3.3.84 所示结构的超静定次数为(　　)。

A. 3 次　　B. 5 次　　C. 4 次　　D. 2 次

(112)图 3.3.85 所示结构的超静定次数为(　　)。

A. 5 次　　B. 6 次　　C. 8 次　　D. 7 次

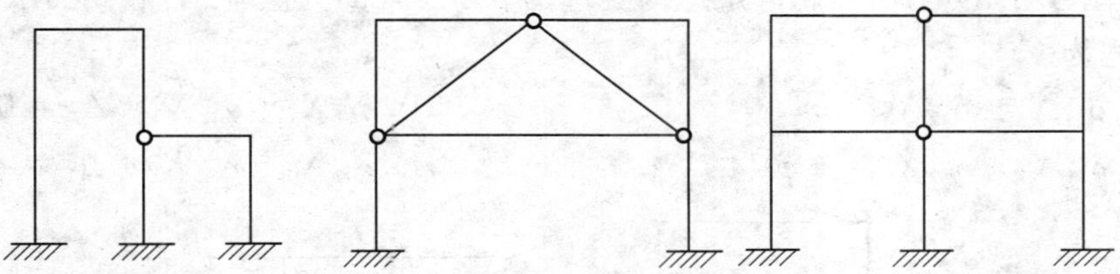

图 3.3.83　　图 3.3.84　　图 3.3.85

(113)图 3.3.86 所示超静定刚架,用力法计算时,可选取的基本体系是(　　)。

A. 图(a)、(b)和(c)　　B. 图(a)、(b)、(c)和(d)

C. 图(b)、(c)和(d)　　D. 图(a)、(c)和(d)

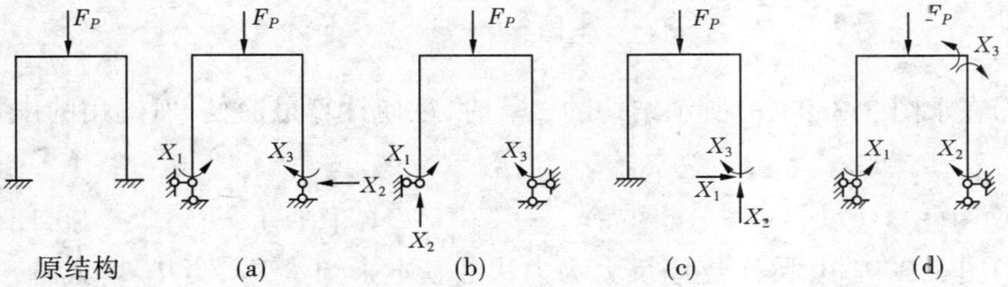

图 3.3.86

(114)图 3.3.87(a)所示结构,$EI=$常数,取图 3.3.87(b)为力法基本体系,则下述结果中错误的是(　　)。

A. $\delta_{23}=0$　　B. $\delta_{31}=0$　　C. $\Delta_{2F_P}=0$　　D. $\delta_{12}=0$

(115)图 3.3.88(a)所示梁用力法计算时,计算最简单的基本体系为(　　)。

A. 图(b)　　　　B. 图(c)　　　　C. 图(d)　　　　D. 图(e)

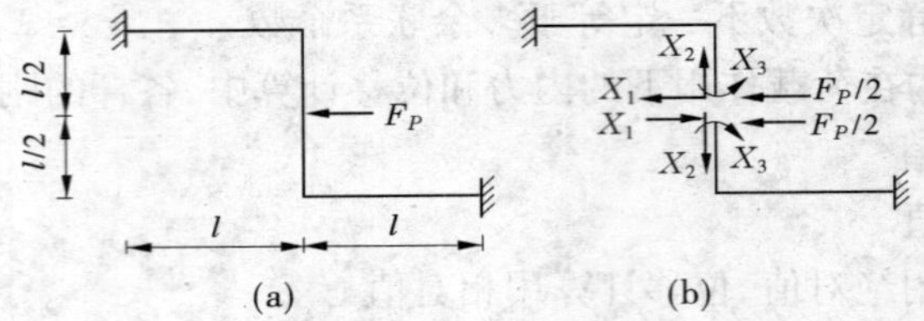

图 3.3.87

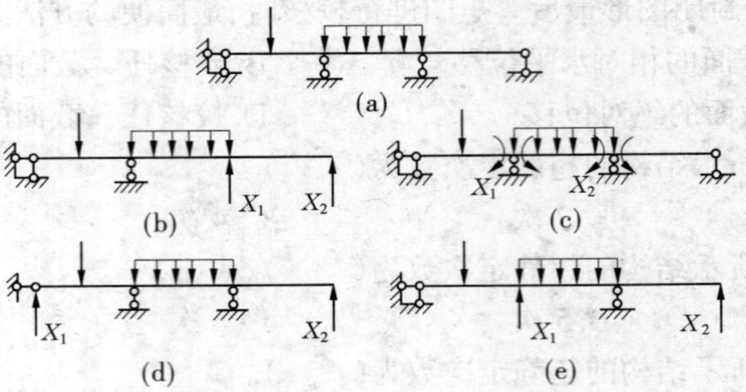

图 3.3.88

(116)图 3.3.89(a)所示超静定结构若选图 3.3.89(b)为基本结构,则力法方程组中的第一方程为(　　)。

A. $\delta_{11}X_1+\delta_{12}X_2=\varphi$　　　　B. $\delta_{11}X_1+\delta_{12}X_2+\Delta_{1c}=0$

C. $\delta_{11}X_1+\delta_{12}X_2=-\varphi$　　　　D. $\delta_{11}X_1+\delta_{12}X_2+\Delta_{1c}=\varphi$

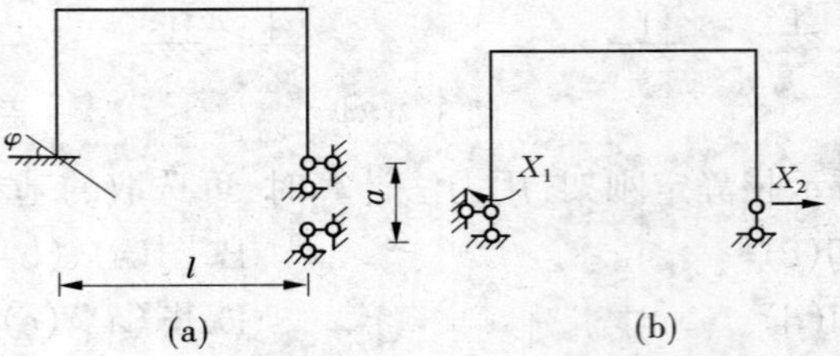

图 3.3.89

(117)在求图 3.3.90(a)所示结构的 Δ_{H_C} 时,欲使计算最简便,所选用的虚拟力状态应是(　　)。

A. 图(b)　　　　B. 图(c)　　　　C. 图(d)　　　　D. 图(e)

(118)图 3.3.91 中取 A 支座反力为力法的基本未知量 X_1,当 I_1 增大时,柔度系数 δ_{11}将(　　)。

A. 变大　　　　B. 变小

C. 不变　　　　D. 或变大或变小,取决于 I_1/I_2 的值

(119)图 3.3.92(a)所示结构,$EI=$常数,取图 3.3.92(b)为力法基本体系,各杆均为矩形截面,截面高度 $h=l/10$,线膨胀系数为 α,则自由项为(　　)。

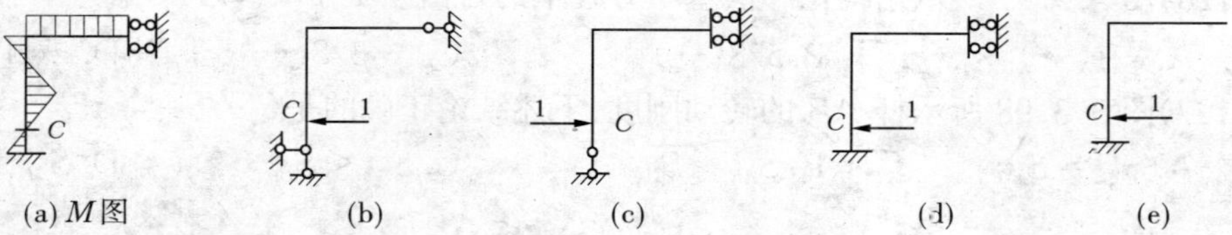

图 3.3.90

A. $\Delta_{1t}=-40atl,\Delta_{2t}=-30atl$　　B. $\Delta_{1t}=20atl,\Delta_{2t}=15atl$

C. $\Delta_{1t}=40atl,\Delta_{2t}=30atl$　　D. $\Delta_{1t}=-20atl,\Delta_{2t}=-15atl$

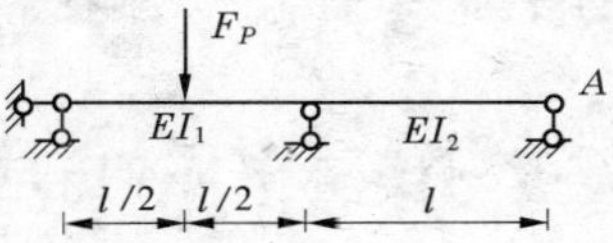

图 3.3.91

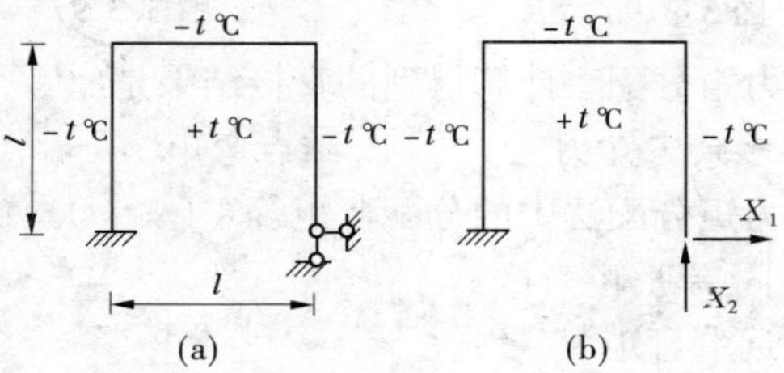

图 3.3.92

(120)位移法的适用范围是(　　)。

A. 不能解静定结构　　B. 只能解超静定结构

C. 只能解平面刚架　　D. 可解任意结构

(121)位移法计算图 3.3.93 所示结构内力时,基本未知量个数为(　　)。

A. 3 个　　B. 4 个　　C. 7 个　　D. 6 个

(122)位移法计算图 3.3.94 所示结构内力时,基本未知量个数为(　　)。

A. 3 个　　B. 4 个　　C. 7 个　　D. 6 个

(123)位移法计算图 3.3.95 所示结构内力时,基本未知量个数为(　　)。

A. 3　　B. 4　　C. 5　　D. 6

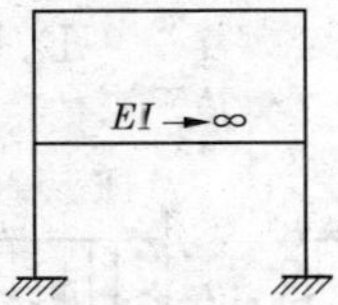

图 3.3.93

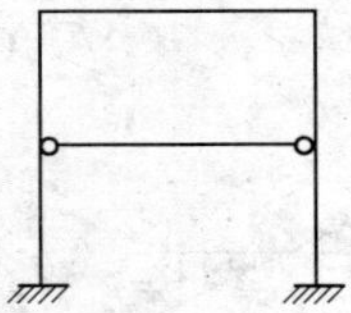

图 3.3.94

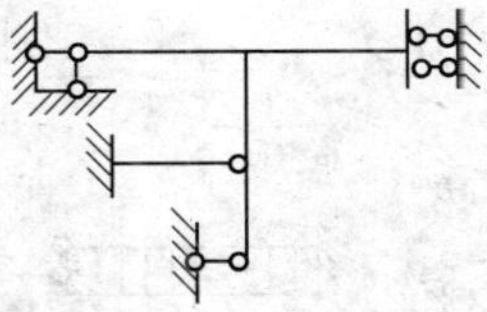

图 3.3.95

(124)位移法典型方程中的系数是(　　)。

A. 单位位移引起的杆端力或杆端弯矩

B. 单位位移引起的附加联系的反力或反力矩

C. 单位荷载引起的杆端力或杆端弯矩

D. 单位荷载引起的附加联系的反力或反力矩

(125)图 3.3.96 所示结构位移法基本方程的系数 $k_{11}=($　　$)EI/l$。

A. 11　　B. 18　　C. 20　　D. 22

(126)图 3.3.97 所示结构位移法基本方程中的自由项 F_{1P} =(　　)ql。

A. $-1(\rightarrow)$　　B. $5/8(\rightarrow)$　　C. $-3/8(\leftarrow)$　　D. $-11/8(\leftarrow)$

(127)图 3.3.98 所示杆 AB 的转动刚度,下述结论正确的是(　　)。

A. $S_{AB}=S_{BA}$　　B. $S_{AB}>S_{BA}$　　C. $S_{AB}<S_{BA}$　　D. $S_{AB}=i$

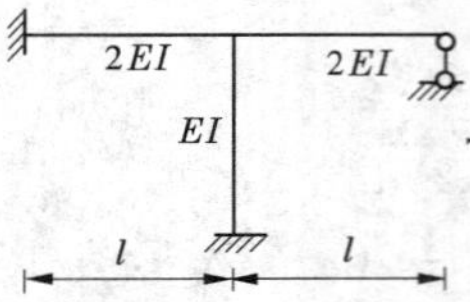

图 3.3.96

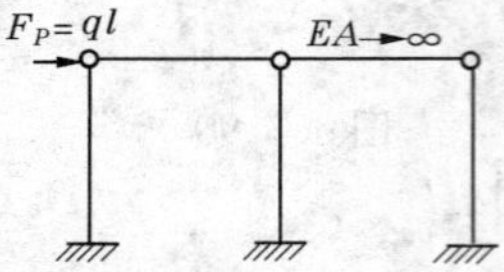

图 3.3.97

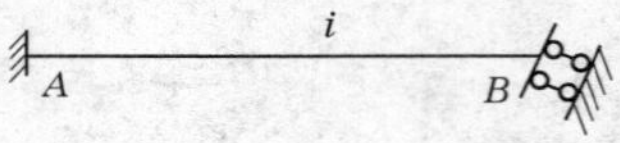

图 3.3.98

(128)力矩分配法计算得到的直接结果是(　　)。

A. 多余未知力　　B. 结点弯矩　　C. 杆端弯矩　　D. 结点角位移

(129)力矩分配法中的分配弯矩等于(　　)。

A. 固端弯矩

B. 远端弯矩

C. 不平衡力矩(即约束力矩)变号再乘以分配系数

D. 固端弯矩乘以分配系数

(130)等截面直杆 AB 的弯矩传递系数 C_{AB} 的大小(　　)。

A. 与 B 端支承条件及杆件刚度有关　　B. 只与 B 端支承条件有关

C. 与 A、B 端支承条件有关　　D. 只与 A 端支承条件有关

(131)力矩分配法的适用范围是(　　)。

A. 只能求解刚性支座的连续梁

B. 只能求解刚架

C. 可以求解刚性支座的连续梁和刚架

D. 可以求解刚性支座的连续梁和无结点线位移的刚架

(132)图 3.3.99(a)所示等截面梁正确的 M 图是(　　)。

A. 图(b)　　B. 图(c)　　C. 图(d)　　D. 图(e)

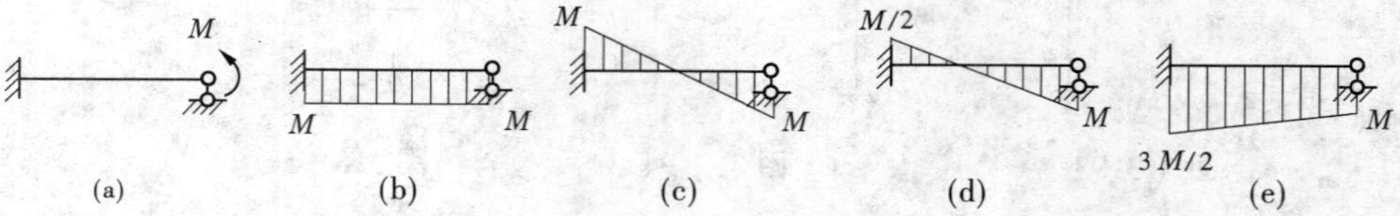

图 3.3.99

(133)图 3.3.100 所示结构,要使结点 B 产生单位转角,则在结点 B 需施加外力偶为(　　)。

A. $13i$　　B. $5i$　　C. $10i$　　D. $8i$

(134)当杆件的转动刚度 $S_{AB}=3i$ 时,杆件 B 端为(　　)。

A. 自由端　　　　　　B. 固定端

C. 铰支承　　　　　　D. 定向支承

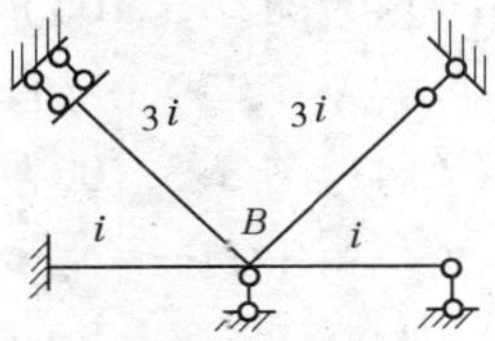

图 3.3.100

(135)如图 3.3.101 所示，下列各结构可直接用力矩分配法计算的为(　　)。

A. 图(a)　　　　　　B. 图(b)

C. 图(c)　　　　　　D. 图(d)

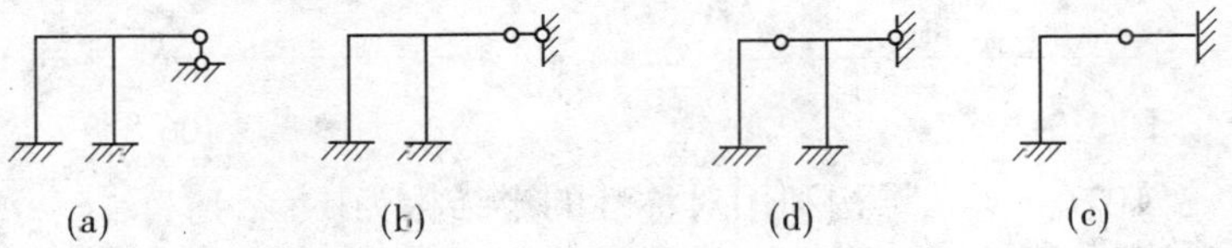

图 3.3.101

(136)图 3.3.102(a)所示各结构杆件的 E、I、l 均相同，图(a)杆件的转动刚度与图(b)、图(c)、图(d)、图(e)中转动刚度相同的是(　　)。

A. 图(b)　　　　　　B. 图(c)　　　　　　C. 图(d)　　　　　　D. 图(e)

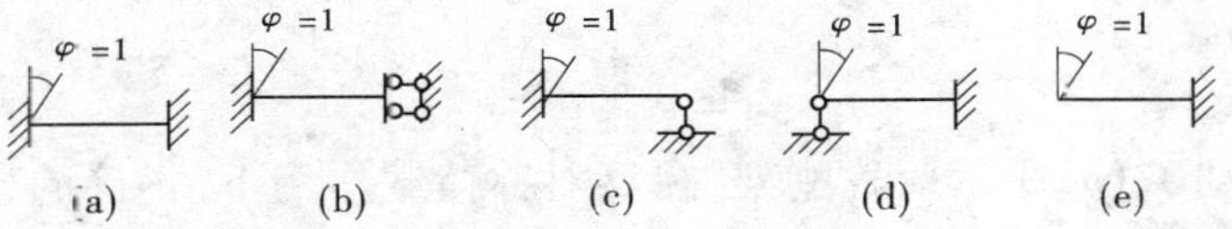

图 3.3.102

(137)等直杆的 AB 的弯矩传递系数 C_{AB}(　　)。

A. 与 B 端的支撑条件及刚度系数有关

B. 只与 B 端的支撑条件有关

C. 与 A、B 端的支撑条件有关

D. 只与 A 端的支撑条件有关

(138)用力矩分配法计算图 3.3.103 所示结构时，力矩分配系数 μ_{BA} 应为(　　)。

A. 1/2　　　　　　B. 4/7　　　　　　C. 4/5　　　　　　D. 1

(139)若用力矩分配法计算图 3.3.104 所示刚架，则结点 A 的不平衡力矩(约束力矩)为(　　)。

A. $M-\frac{3}{16}F_Pl$　　　　B. $\frac{3}{16}F_Pl$　　　　C. $-M-\frac{3}{16}F_Pl$　　　　D. $\frac{1}{8}F_Pl$

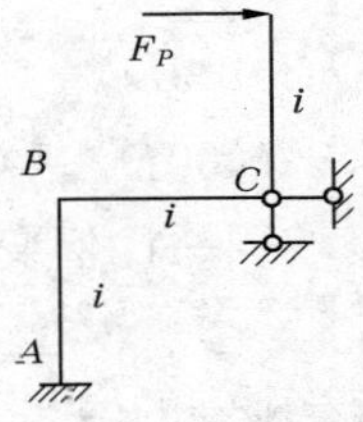

图 3.3.103

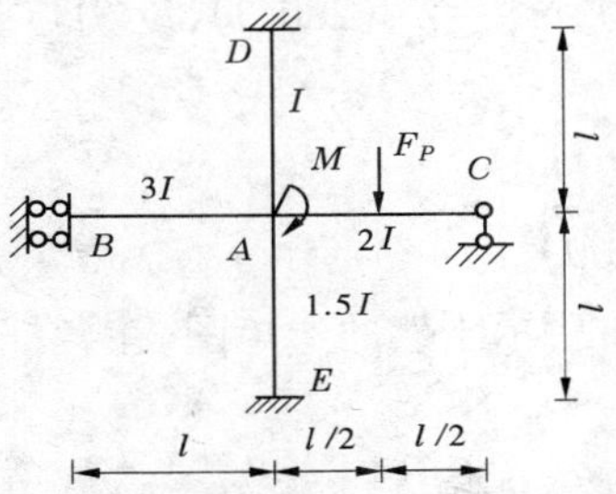

图 3.3.104

(140)图 3.3.105 所示连续梁中,力矩分配系数 μ_{BC} 与 μ_{CB} 分别等于(　　)。

A.0.429,0.571　　B.0.5,0.5　　C. 0.571,0.5　　D.0.6,0.4

(141)图 3.3.106 所示结构用力矩分配法计算时,分配系数为 μ_{BA}(　　)。

A.3/11　　B.3/7　　C.4/7　　D.8/11

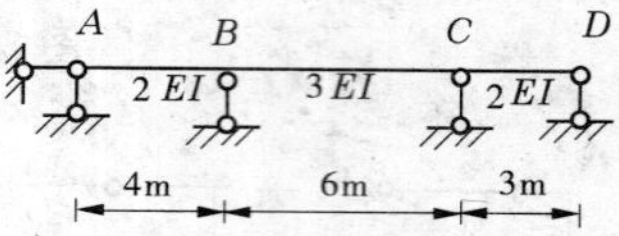

图 3.3.105

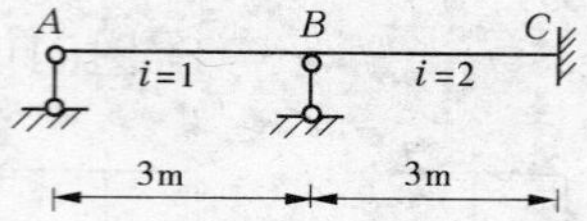

图 3.3.106

(142)图 3.3.107(a)所示结构利用对称性的半结构为(　　)。

A.图(b)　　B.图(c)　　C.图(d)　　D.图(e)

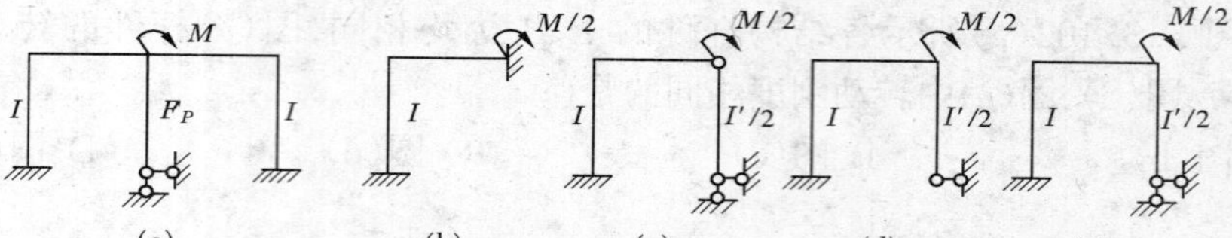

图 3.3.107

(143)图 3.3.108(a)所示对称刚架,在反对称荷载作用下,正确的半边结构图号为(　　)。

A.图(b)　　B.图(c)　　C.图(d)　　D.图(e)

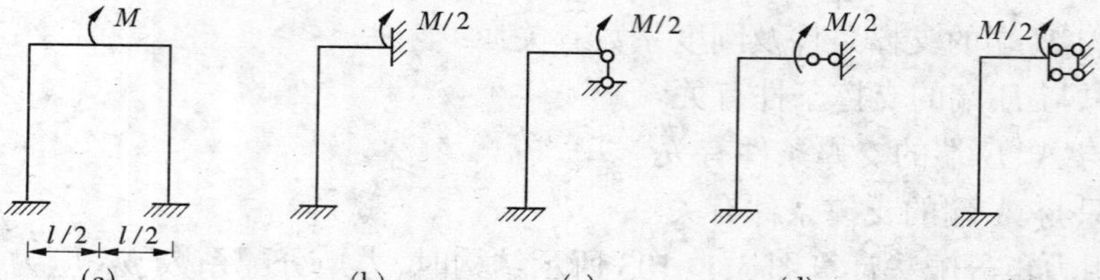

图 3.3.108

(144)图 3.3.109 所示结构 H_B 为(　　)。

A. F_P　　B. $-F_P/2$　　C. $F_P/2$　　D. $-F_P$

(145)图 3.3.110 所示排架,已知各单柱柱顶有单位水平力时产生柱顶水平位移为 $\delta_{AB}=\delta_{EF}=h/(100D)$,$\delta_{CD}=h/(200D)$,$D$ 为与柱刚度有关的给定常数,则此结构柱顶水平位移为(　　)。

A. $5F_Ph/(200D)$　　B. $F_Ph/(100D)$

C. $F_Ph/(200D)$　　D. $F_Ph/(400D)$

(146)图 3.3.111 所示刚架的弯矩图,在各杆抗弯刚度按同一比例变化时,其弯矩值为(　　)。

A. 随着刚度增大而增大　　B. 随着刚度的增大而减小

C. 保持不变　　D. 需重新计算确定

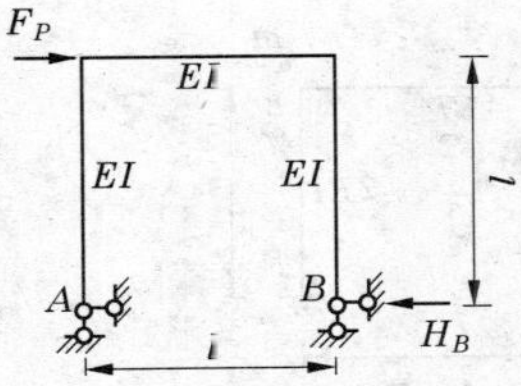

图 3.3.109

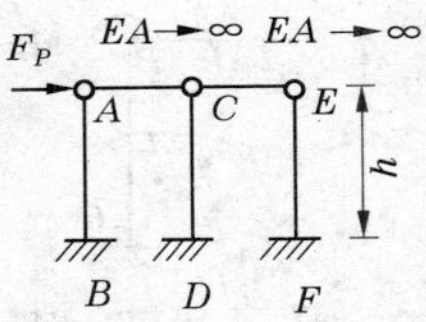

图 3.3.110

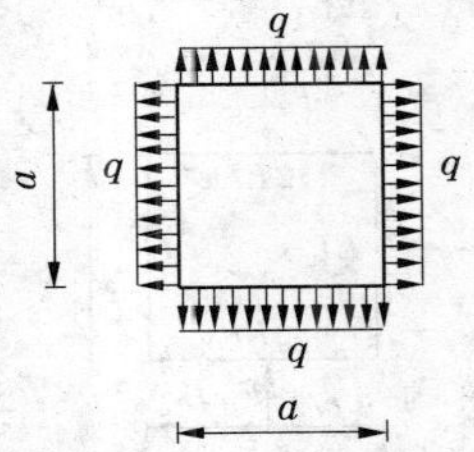

图 3.3.111

(147)图 3.3.112 所示两刚架的 EI 均为常数，并分别为 $EI=1$ 和 $EI=10$，这两刚架的内力关系为(　　)。

A. M 图相同

B. M 图不同

C. 图(a)刚架各截面弯矩大于图(b)刚架各相应截面弯矩

D. 图(a)刚架各截面弯矩小于图(b)刚架各相应截面弯矩

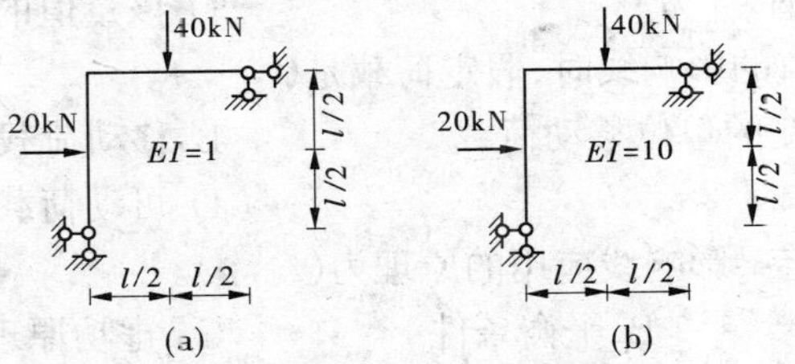

图 3.3.112

(148)图 3.3.113 所示对称结构 EI = 常数，中点截面 C 及 AB 杆内力应满足(　　)。

A. $M\neq0, F_Q=0, F_N=0, F_{N_{AB}}\neq0$　　B. $M=0, F_Q\neq0, F_N=0, F_{N_{AB}}\neq0$

C. $M=0, F_Q\neq0, F_N=0, F_{N_{AB}}\neq0$　　D. $M\neq0, F_Q=0, F_N=0, F_{N_{AB}}=0$

(149)图 3.3.114 所示结构中，n_1、n_2 均为比例常数，当 n_1 大于 n_2 时，则(　　)。

A. M_A 大于 M_B　　B. M_A 小于 M_B　　C. M_A 等于 M_B　　D. 不定

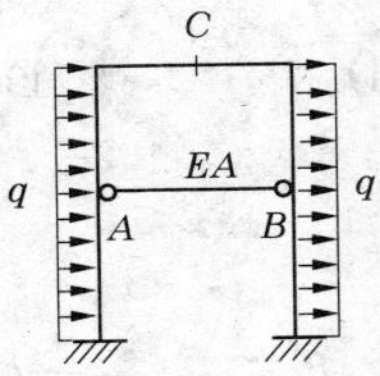

图 3.3.113

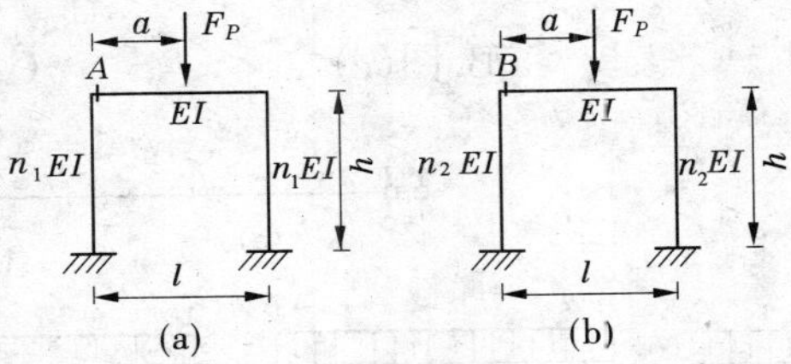

图 3.3.114

(150)图 3.3.115 所示结构，四个角点的弯矩值均为外侧受拉，其值是(　　)。

A. $F_Pl/8$　　B. $F_Pl/12$　　C. $F_Pl/16$　　D. $F_Pl/24$

(151)图 3.3.116 所示两结构中有(　　)。

A. $|M_A|=|M_C|$　　B. $|M_D|=|M_F|$

C. $M_A = M_D$　　　　　　　　　　　　　　　　　　　D. $\varphi_B = \varphi_E$

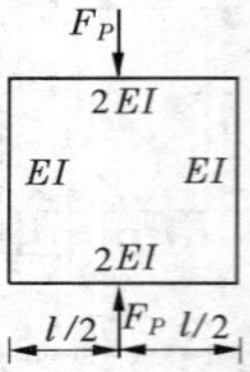

图 3.3.115

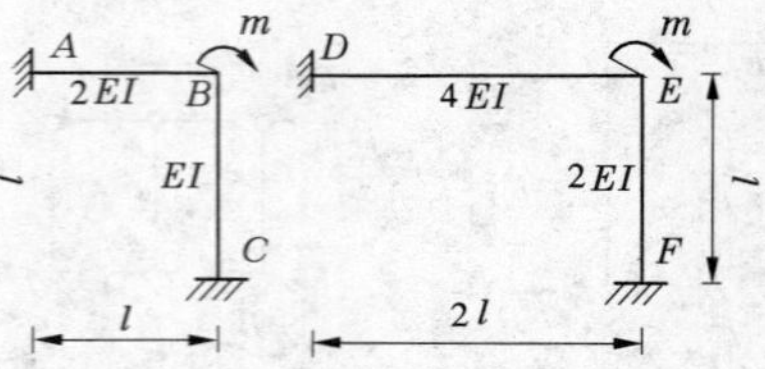

图 3.3.116

(152)结构某一截面某一指定内力影响线将(　　)而改变。

A. 随实际荷载　　　　　　　　　　　　　　　　B. 不随实际荷载

C. 因选择不同的坐标系　　　　　　　　　　　　D. 随实际荷载作用位置

(153)结构上某量值的影响线的量纲是(　　)。

A. 该量值的量纲　　　　　　　　　　　　　　　B. 该量值的量纲/[力]

C. 该量值的量纲×[力]　　　　　　　　　　　　D. 该量值的量纲/[长度]

(154)绘制任一量值的影响线时,假定荷载是(　　)。

A. 一个方向不变的单位移动荷载　　　　　　　　B. 移动荷载

C. 动力荷载　　　　　　　　　　　　　　　　　D. 可动荷载

(155)机动法作静定梁影响线应用的原理为(　　)。

A. 变形条件　　　　B. 平衡条件　　　　C. 虚功原理　　　　D. 叠加原理

(156)图 3.3.117 所示结构某截面的弯矩影响线已作出如图 3.3.117 所示,其中竖标 Y_C 是表示(　　)。

A. $F_P=1$ 在 E 时,C 截面的弯矩值

B. $F_P=1$ 在 C 时,A 截面的弯矩值

C. $F_P=1$ 在 C 时,E 截面的弯矩值

D. $F_P=1$ 在 C 时,D 截面的弯矩值

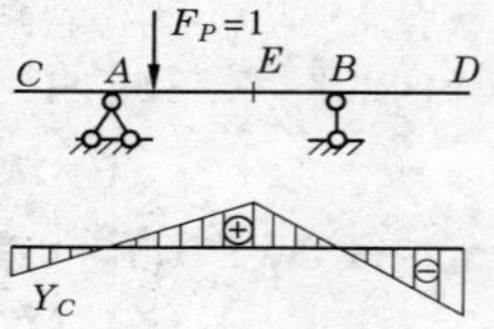

图 3.3.117

(157)单位力偶 $M=1$ 沿图 3.3.118(a)所示梁 AB 移动,设反力 F_{R_A} 向上为正,其影响线形状为(　　)。

A. 图(b)　　　　B. 图(c)　　　　C. 图(d)　　　　D. 图(e)

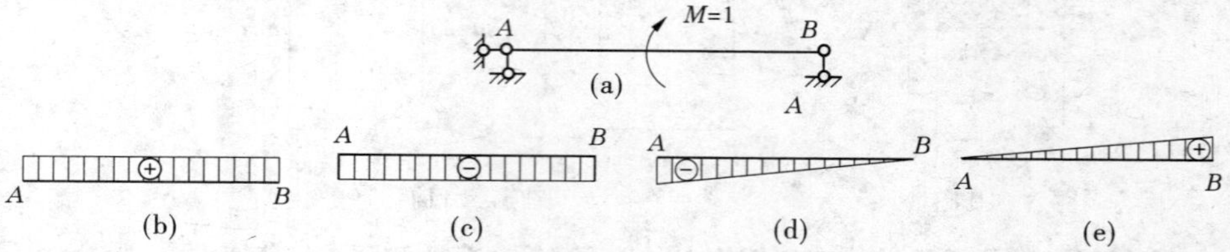

图 3.3.118

(158)支座反力 F_{R_C} 的影响线形状(见图 3.3.119(a))应为(　　)。

A. 图(b)　　　　B. 图(c)　　　　C. 图(d)　　　　D. 图(e)

(179)图 3.3.138 所示静定梁在移动荷载作用下，M_C 的最大值（绝对值）为（　　）。

A. 20kN·m　　B. 30kN·m　　C. 40kN·m　　D. 50kN·m

(180)图 3.3.139 所示连续梁上布置的均布荷载对（　　）最不利，将令其产生最大值。

A. B 支座反力　　B. D 支座反力

C. BC 跨中正弯矩　　D. E 截面的负弯矩

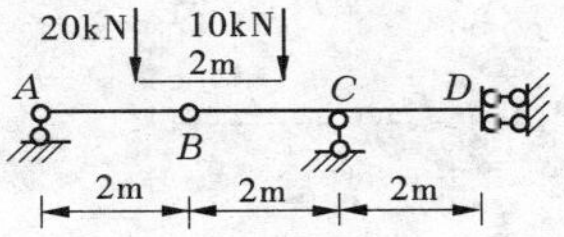

图 3.3.138

图 3.3.139

(181)图 3.3.140 所示连续梁，要使 $D_{左}$ 截面正剪力取得最大值，可任意布置的均布活荷载应布置在（　　）。

A. AB、CD、EF 跨　　B. BC、CD、EF 跨

C. BC、EF 跨　　D. AB、DE 跨

(182)图 3.3.141 所示连续梁，要使 CD 跨中正弯矩取得最大值，可任意布置的均布活荷载应布置在（　　）。

A. AB、CD、EF 跨　　B. BC、CD、DE 跨　　C. AB、CD、DE 跨　　D. BC、DE 跨

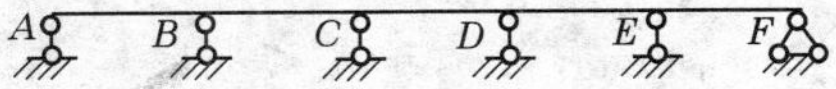

图 3.3.140

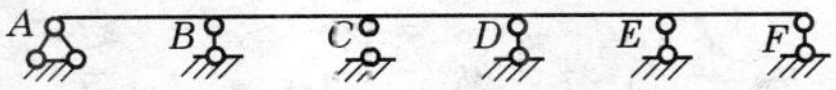

图 3.3.141

(183)图 3.3.142 所示单跨超静定梁，M_C 的影响线在 K 处的竖标为（　　）。

A. 0.25m　　B. 0.5m

C. 0.75m　　D. 1.0m

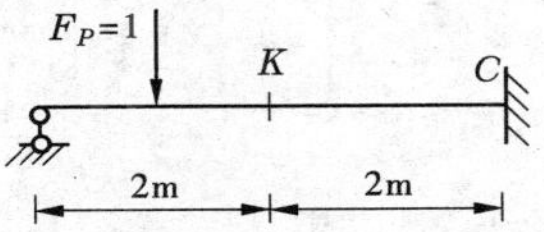

图 3.3.142

(184)体系的动力自由度数取决于（　　）。

A. 质点数及多余约束数　　B. 质点数及体系对质点的约束

C. 质点数　　D. 质点数及结构结点情况

(185)忽略杆件的轴向变形，图 3.3.143 所示结构的动力自由度为（　　）。

A. 2　　B. 3　　C. 4　　D. 5

(186)忽略杆件的轴向变形，图 3.3.144 所示结构的动力自由度为（　　）。

A. 2　　B. 3　　C. 4　　D. 5

(187)不计阻尼，不计自重，不考虑杆件的轴向变形，图 3.3.145 所示体系的自振频率为（　　）。

A. $\sqrt{\dfrac{3EI}{ml^3}}$　　B. $\sqrt{\dfrac{3EI}{2ml^3}}$　　C. $\sqrt{\dfrac{12EI}{ml^3}}$　　D. $\sqrt{\dfrac{6EI}{ml^3}}$

(188)在动力计算中，图 3.3.146 所示各单自由度体系自振周期的关系为（　　）。

A. (a) = (b)　　B. (a) = (c)　　C. (b) = (c)　　D. 都不等

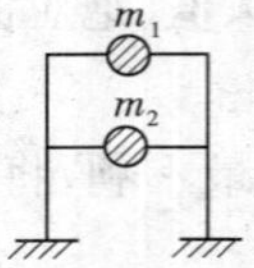

图 3.3.143

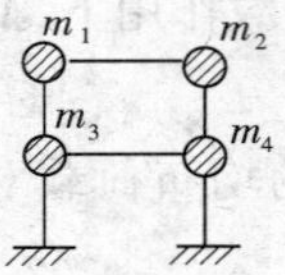

图 3.3.144

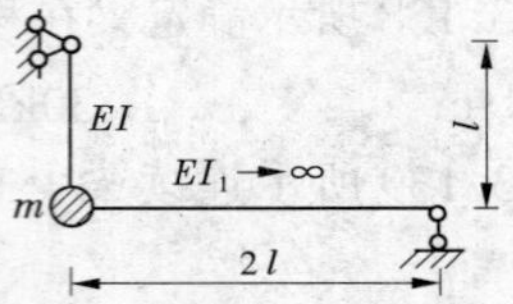

图 3.3.145

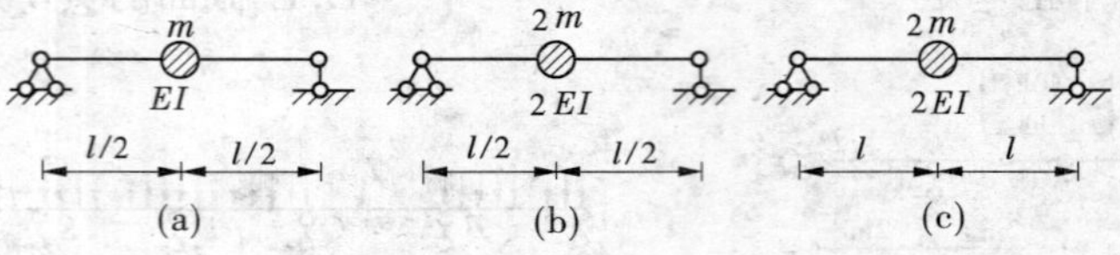

图 3.3.146

(189)无阻尼单自由度体系的自由振动方程为 $y(t) = C_1\sin\omega t + C_2\cos\omega t$，则质点的振幅 $A =$(　　)。

A. C_1　　B. $C_1 + C_2$　　C. $\sqrt{C_1^2 + C_2^2}$　　D. $C_1^2 + C_2^2$

(190)图 3.3.147 所示四结构，质量均集中在横梁上，柱子质量不计。横梁刚度无穷大，柱子的刚度、高度均相同。不计阻尼，设自左至右各结构的自振频率分别为 ω_1、ω_2、ω_3、ω_4，那么它们的关系是(　　)。

A. $\omega_1 = \omega_2 < \omega_3 < \omega_4$　　B. $\omega_1 < \omega_2 < \omega_3 < \omega_4$

C. $\omega_1 = \omega_2 = \omega_3 = \omega_4$　　D. $\omega_1 < \omega_2 = \omega_3 < \omega_4$

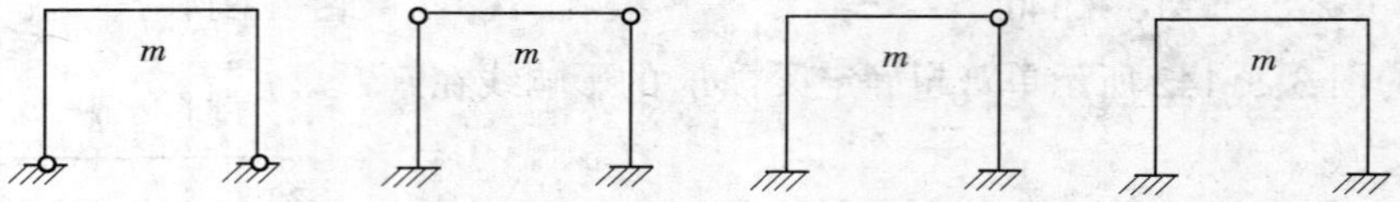

图 3.3.147

(191)图 3.3.148 所示四结构，质量均集中在横梁上，柱子质量不计。横梁刚度无穷大，柱子的刚度、高度均相同。不计阻尼，设自左至右各结构的自振频率分别为 ω_1、ω_2、ω_3、ω_4，那么它们的关系是(　　)。

A. $\omega_1 = \omega_2 < \omega_3 < \omega_4$　　B. $\omega_1 < \omega_2 < \omega_3 < \omega_4$

C. $\omega_1 = \omega_2 = \omega_3 = \omega_4$　　D. $\omega_1 < \omega_2 = \omega_3 < \omega_4$

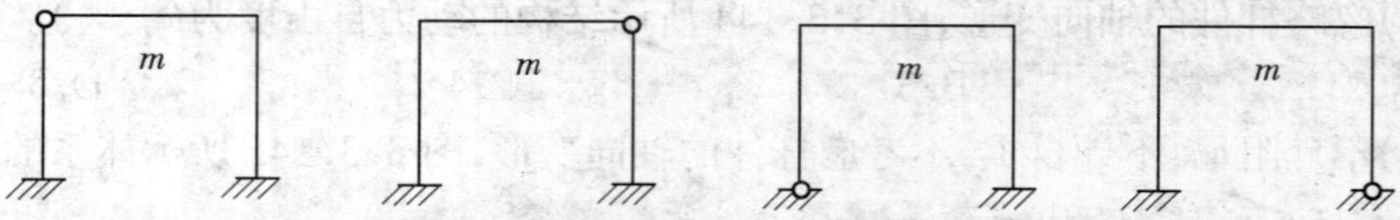

图 3.3.148

(192)体系的自振频率 ω 表示(　　)。

A. 每秒内完成的振动的次数　　B. 2π 秒内完成的振动的次数

C. 干扰力在 2π 秒内变化的周数　　D. 振动一次所需时间

(193)单自由度体系在简谐荷载作用下动力系数 μ(取绝对值)的变化规律是(　　)。

A.干扰力频率越小,μ 越大　　B.干扰力频率越大,μ 越大

C.干扰力频率越接近自振频率,μ 越大　　D.有阻尼时,阻尼越大,μ 越大

(194)若 ω、ω_D 分别为同一体系不考虑阻尼和考虑阻尼时的自振频率,则 ω 与 ω_D 的关系为(　　)。

A. $\omega_D < \omega$　　B. $\omega_D > \omega$　　C. $\omega_D = \omega$　　D.不确定

(195)在建立单自由度体系运动方程 $\ddot{y} + 2\xi\omega\dot{y} + \omega^2 y = F_P(t)/m$ 时未考虑质体重力是因为(　　)。

A.重力在弹性力内考虑了

B.重力与其他力相比,可略去不计

C.以重力作用时的静平衡位置为 y 坐标零点

D.重力是静力,不在动平衡方程中考虑

(196)不计阻尼,图 3.3.149 所示体系在给定动荷载作用下的运动方程为(　　)。

A. $m\ddot{y} + \dfrac{24EI}{l^3}y = M\sin\theta t$　　B. $m\ddot{y} + \dfrac{24EI}{l^3}y = \dfrac{3M\sin\theta t}{l}$

C. $m\ddot{y} + \dfrac{3EI}{l^3}y = \dfrac{3M\sin\theta t}{8l}$　　D. $m\ddot{y} + \dfrac{24EI}{l^3}y = \dfrac{3M\sin\theta t}{8l}$

(197)不计阻尼,图 3.3.150 所示体系稳态阶段的最大动位移 $y_{max} = 7Fl^3/(9EI)$,其最大动力弯矩为(　　)。

A. $7F_Pl/3$　　B. $4F_Pl/3$　　C. F_Pl　　D. $F_Pl/3$

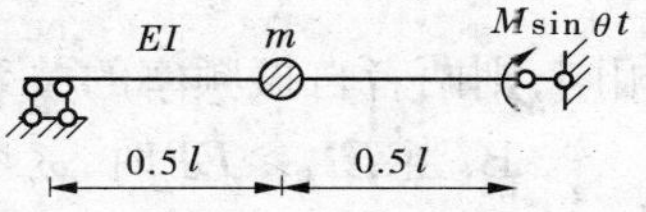

图 3.3.149

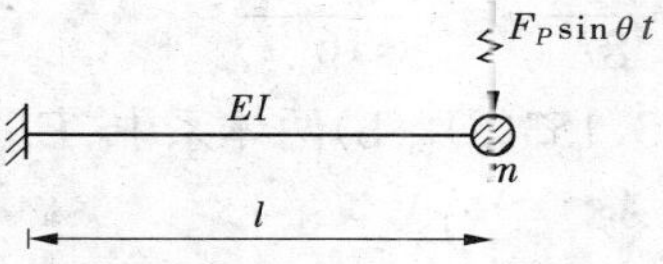

图 3.3.150

(198)阻尼对单自由度体系振动的影响是(　　)。

A.阻尼越大,周期越大　　B.阻尼越大,振幅越大

C.阻尼越大,频率越大　　D.阻尼越大,动力系数越大

(199)如果体系的阻尼数值增大,下列论述错误的是(　　)。

A.自由振动的振幅衰减速度将加快

B.自振周期将减小

C.动力系数将减小

D.位移和简谐荷载的相位差将变大

(200)在动力计算中,组成体系的各杆件长度、约束、质点位置不变,自振频率最小的情况是(　　)。

A.质量小,刚度小　　B.质量大,刚度大

C.质量小,刚度大　　D.质量大,刚度小

(201)当结构发生共振时(考虑阻尼),结构的(　　)。

A. 动平衡条件不能满足

B. 干扰力与阻尼力平衡,惯性力与弹性力平衡

C. 干扰力与惯性力平衡,弹性力与阻尼力平衡

D. 干扰力与弹性力平衡,惯性力与阻尼力平衡

(202)设 ω 为结构的自振频率,θ 为荷载频率,μ 为动力系数下列论述正确的是( )。

A. ω 越大,μ 越大　　B. θ 越大,μ 越大

C. θ/ω 越大,μ 越大　　D. θ/ω 越接近 1,μ 越大

(203)当简谐荷载作用在有阻尼的单自由度体系的质点上时,若荷载频率远远大于体系的自振频率,则此时与动荷载相平衡的主要是( )。

A. 弹性恢复力　　B. 阻尼力　　C. 惯性力　　D. 重力

(204)在图 3.3.151 所示结构中,若要使其自振频率 ω 增加,可以( )。

A. 增加 F_P　　B. 增加 m　　C. 增加 EI　　D. 增加 l

(205)图 3.3.152 所示体系的运动方程为( )。

A. $m\ddot{y}+\dfrac{3EI}{l^3}y=\dfrac{5F_P\sin\theta t}{16}$

B. $y=\dfrac{F_P\sin\theta t-m\ddot{y}}{3EI}$

C. $m\ddot{y}+\dfrac{3EI}{l^3}y=F_P\sin\theta t$

D. $m\ddot{y}+\dfrac{3EI}{8l^3}y=\dfrac{5F_P\sin\theta t}{16}$

(206)图 3.3.153(a)、(b)两体系中,EI、m 相同,则两者自振频率的关系是( )。

A. $\omega_a>\omega_b$　　B. 当 $EI_1\gg EI$ 时,$\omega_a\approx\omega_b$

C. $\omega_a=\omega_b$　　D. 当 $EI_1\ll EI$ 时,$\omega_a\approx\omega_b$

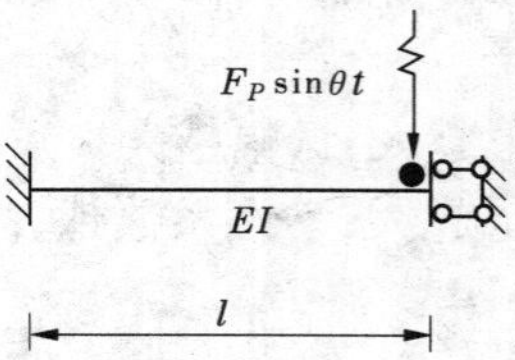

图 3.3.151

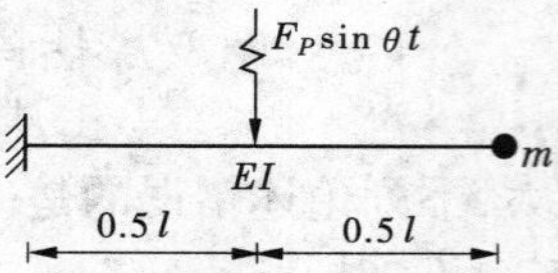

图 3.3.152

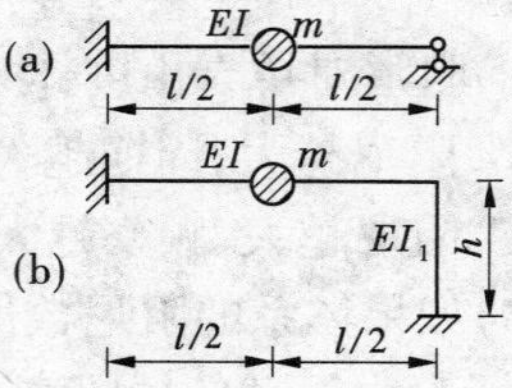

图 3.3.153

(207)一单自由度振动体系,由初始位移 0.685,初始速度为零产生自由振动,振动一个周期后最大位移 0.50cm,体系的阻尼比为( )。

A. $\xi=0.05$　　B. $\xi=0.10$　　C. $\xi=0.15$　　D. $\xi=0.20$

(208)一单自由度振动体系,其阻尼比为 ζ,共振时的动力系数为 μ,则( )。

A. $\xi=0.05,\mu=10$　　B. $\xi=0.10,\mu=15$

C. $\xi=0.15,\mu=20$　　D. $\xi=0.20,\mu=25$

(209)图 3.3.154 所示体系,当荷载频率 θ 接近结构的自振频率 ω 时( )。

A. 可作为静荷载处理　　B. 可以不考虑阻尼对频率的影响

C. 荷载影响非常小　　D. 可以不考虑阻尼对振幅的影响

(210)图 3.3.155 所示体系，当 $\theta \gg \omega$ 时，质点位移幅值(　　)。

A. 是无穷大　　B. 很大

C. 很小　　D. 等于静位移 y_{st}

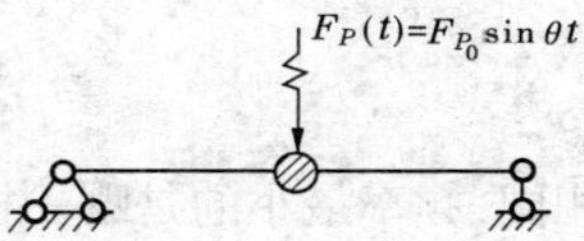

图 3.3.154

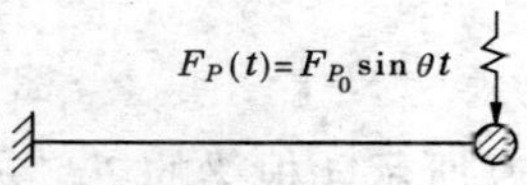

图 3.3.155

(211)在低阻尼体系中不能忽略阻尼对什么的影响？(　　)。

A. 频率　　B. 周期　　C. 振幅　　D. 主振型

(212)下列哪些振动是简谐振动？(　　)。

①无阻尼的自由振动　　②$F_P\sin\theta t$ 产生的有阻尼体系的纯强迫振动

③有阻尼的自由振动　　④突加荷载引起的无阻尼强迫振动

A. ①②③　　B. ①②④　　C. ②　　D. ③

(213)在单自由度体系受迫振动的动位移幅值计算公式 $y_{max}=\mu y_{st}$ 中，y_{st} 是(　　)。

A. 质量的重力所引起的静位移

B. 动荷载的幅值所引起的静位移

C. 动荷载引起的动位移

D. 重力和动荷载幅值所引起的静位移

(214)已知结构的自振周期 $T=0.3$s，阻尼比 $\xi=0.1$，质量 m，在 $y_0=3$mm，$v_0=0$ 的初始条件下开始振动，则经过几个周期后振幅可以衰减到 0.1mm 以下(　　)。

A. 3　　B. 4　　C. 5　　D. 6

(215)单自由度体系的自由振动主要计算(　　)。

A. 频率与周期　　B. 振型　　C. 频率与振型　　D. 动力反应

(216)为了提高图 3.3.156 所示梁的自振频率，下列措施正确的是(　　)。

①缩短跨度　②增大截面　③将梁端化成固定端

④减小质量　⑤增大电机转速

A. ①②③　　B. ①②③④　　C. ②③④　　D. ①②③④⑤

(217)图 3.3.157 所示体系 B 点的最大位移为(　　)。

A. $\Delta_{st}+y_{st}$　　B. $\Delta_{st}+\mu y_{st}$　　C. $\Delta_{st}+|\mu|y_{st}$　　D. $\mu(\Delta_{st}+y_{st})$

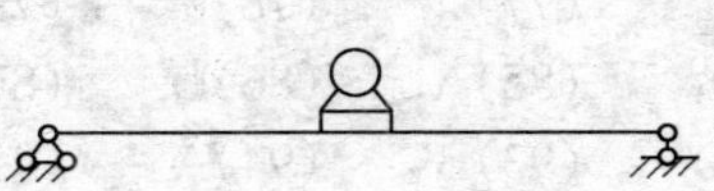

图 3.3.156

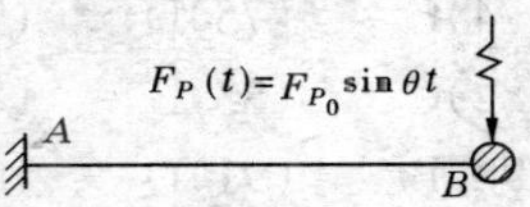

图 3.3.157

(218)图 3.3.158 所示,已知一单自由度体系的阻尼比为ξ =12,则该体系的 $y-t$ 曲线形状可能是(　　)。

A.图(a)　　　　B.图(b)　　　　C.图(c)　　　　D.图(d)

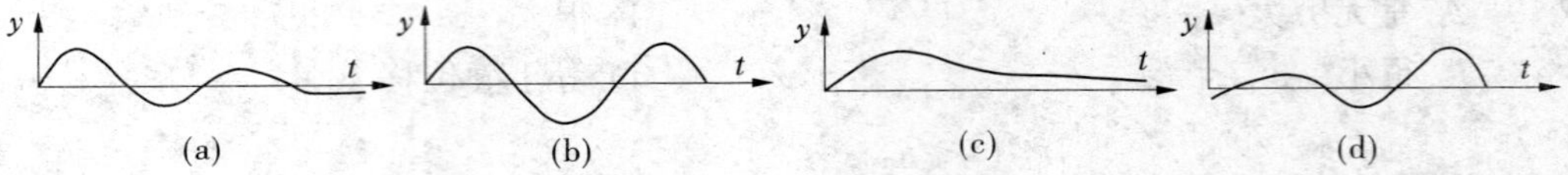

图 3.3.158

(219)图 3.3.159 所示 4 根梁的 EI、m、l 相同,频率最小的是哪一根?(　　)

A.图(a)　　　　B.图(b)　　　　C.图(c)　　　　D.图(d)

图 3.3.159

(220)如要增大图 3.3.160 所示梁的自振频率 ω,可采取下列哪些措施?(　　)

①减小 m　②增大 EI　③增大 k　④增大 F_P

⑤将质量移近支座

A.①②③　　　　B.①②③④

C.②③④　　　　D.①②③⑤

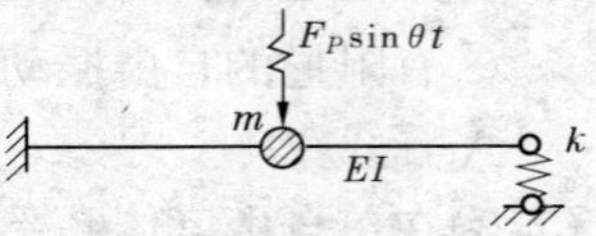

图 3.3.160

3.4　参考答案

单项选择题答案

(1)C	(2)C	(3)A	(4)D	(5)D	(6)B	(7)D	(8)B
(9)A	(10)A	(11)B	(12)D	(13)B	(14)A	(15)C	(16)D
(17)C	(18)B	(19)D	(20)D	(21)D	(22)A	(23)A	(24)D
(25)D	(26)C	(27)C	(28)B	(29)C	(30)B	(31)D	(32)D
(33)C	(34)A	(35)D	(36)D	(37)D	(38)A	(39)C	(40)B
(41)D	(42)C	(43)C	(44)B	(45)C	(46)B	(47)B	(48)C
(49)C	(50)D	(51)B	(52)D	(53)C	(54)C	(55)D	(56)B
(57)C	(58)D	(59)A	(60)C	(61)A	(62)A	(63)D	(64)C
(65)A	(66)C	(67)D	(68)B	(69)D	(70)A	(71)D	(72)D
(73)C	(74)C	(75)D	(76)C	(77)C	(78)C	(79)B	(80)C
(81)B	(82)C	(83)B	(84)B	(85)A	(86)D	(87)A	(88)D
(89)A	(90)B	(91)D	(92)D	(93)B	(94)A	(95)A	(96)B
(97)A	(98)D	(99)A	(100)A	(101)C	(102)C	(103)C	(104)C
(105)B	(106)A	(107)C	(108)D	(109)B	(110)C	(111)B	(112)D

(113)D	(114)D	(115)B	(116)D	(117)D	(118)B	(119)C	(120)D
(121)D	(122)D	(123)A	(124)B	(125)B	(126)A	(127)B	(128)C
(129)C	(130)B	(131)D	(132)B	(133)C	(134)C	(135)B	(136)C
(137)B	(138)B	(139)C	(140)A	(141)A	(142)D	(143)C	(144)C
(145)D	(146)C	(147)A	(148)C	(149)A	(150)D	(151)B	(152)B
(153)B	(154)A	(155)C	(156)C	(157)B	(158)A	(159)B	(160)B
(161)A	(162)C	(163)A	(164)C	(165)A	(166)C	(167)B	(168)A
(169)A	(170)B	(171)A	(172)D	(173)B	(174)B	(175)D	(176)B
(177)D	(178)B	(179)C	(180)B	(181)C	(182)C	(183)C	(184)B
(185)C	(186)A	(187)A	(188)A	(189)C	(190)A	(191)C	(192)B
(193)C	(194)A	(195)C	(196)B	(197)A	(198)A	(199)B	(200)D
(201)B	(202)D	(203)C	(204)C	(205)A	(206)D	(207)A	(208)A
(209)B	(210)C	(211)C	(212)B	(213)B	(214)D	(215)A	(216)C
(217)A	(218)C	(219)B	(220)D				

第 4 章　工程测量

4.1　考试大纲

4.1.1　测量工作特点

形状和大小　地面点位的确定　测量工作基本概念

4.1.2　水准测量

水准测量原理　水准仪的构造　使用与检验校正　水准测量方法及成果整理

4.1.3　角度测量

经纬仪的构造　使用和检验校正　水平角观测　垂直角观测

4.1.4　距离测量

卷尺量距　视距测量　光电测距

4.1.5　测量误差

测量误差分类与特性　评定精度的标准　观测值的精度评定　误差传播定律

4.1.6　控制测量

平面控制网的定位与定向　导线测量　交会定点　高程控制测量

4.1.7　地形图测绘

地形图基本知识　地物平面图测绘　等高线地形图测绘

4.1.8　地形图应用

地形图应用的基本技术　工程设计中的地形图应用　规划设计中的地形图应用

4.1.9　工程测量

工程控制测量　施工放样测量　安装测量　建筑物变形观测

4.1.10　3S 技术

RS 的基本技术及数字图像　GIS 的基本要求　GPS 的基本要求及定位技术　3S 技

术在水利工程中的应用

4.2 复习指导

4.2.1 工程测量应掌握的内容

土木类《工程测量》是一门实践性强，理论与实践密切结合的课程。应掌握测量的基础理论知识，掌握水准仪、经纬仪、测距仪等测量仪器的操作使用方法，掌握测量误差理论的基本知识，熟悉全站仪、GPS 接收机等现代测绘仪器的性能和使用，了解现代数字测绘技术，掌握小区域大比例尺地形图测绘基本技术，掌握土木工程施工放样基本方法，具备正确使用测绘资料的能力。具体要求如下：

4.2.1.1 测量的基本概念

掌握地球的形状和大小，地面点的表示方法，测量基准面、坐标系，高斯投影的概念，测量工作的基本原则。了解测量工作中的基本观测量，地球弯曲对观测量的影响。

4.2.1.2 水准测量

掌握水准测量原理，高差的概念，水准测量的基本方法，普通水准仪的基本结构，普通水准仪的使用，水准路线的布设形式，水准路线高程计算，水准仪轴系关系，水准仪 i 角的检验与校正。了解三、四等水准测量，水准测量误差的来源及其消减方法。

4.2.1.3 角度测量

掌握水平角和竖直角的概念，J_6 光学经纬仪结构及其使用，经纬仪的轴系关系，水平角测量，垂直角测量。了解 J_6 光学经纬仪的检验与校正、水平角测量误差及其消减措施。

4.2.1.4 距离测量

掌握尺长方程式的概念，钢尺量距成果整理，视距测量方法及其平距和高差的计算，光电测距仪的种类，光电测距仪的精度指标。了解电磁波测距基本原理。

4.2.1.5 测量误差的基本知识

掌握观测条件，测量误差的概念，偶然误差的特性，评定精度的标准，贝塞尔公式的意义。了解误差传播定律的运用。

4.2.1.6 控制测量

掌握控制测量的概念，直线定向的概念，坐标方位角的推算，图根控制测量方法，坐标正算，坐标反算，导线计算，高程控制测量方法。了解三角测量方法。

4.2.1.7 地形图测绘

掌握地形图的基本知识：地形的概念、比例尺、比例尺精度、地物符号、等高线的概念。掌握等高线的特性，平面图的测绘方法，地貌测绘方法。了解控制点的展绘、经纬仪测图的方法，全站仪数字测图的方法。

4.2.1.8 地形图应用

掌握地形图的识读，地形图应用的基本知识，求点的坐标、高程、两点间平距、直线的方位角、坡度；按限制坡度选线，确定汇水面积；场地平整时的土方计算。了解地形图上面积量算，按设计路线绘制纵断面图，水下地形的概念。

4.2.1.9 **工程测量**

掌握施工控制网的布设，测设的基本工作，建筑物变形的观测方法。了解测设点的平面位置，已知坡度直线的测设，纵横断面图测绘，变形观测数据处理。

4.2.1.10 **“3S”技术基础**

掌握GPS、RS、GIS的基本概念，GPS定位原理、特点、基本方法、主要用途，RS的基本原理、主要技术、应用范围，GIS的基本原理、系统特征、主要用途。了解“3S”集成及其在土建水利工程的应用。

4.2.2 例题分析

【例4.2.1】 P点的高斯平面直角坐标系中$x_P=3\ 832.76$km，$y_P=19\ 438.00$km，该点在6°带中，离该带中央子午线的水平距离是多少？

解：P点离该带中央子午线的水平距离是62km。

评析：P点离该带中央子午线的水平距离，可以认为是P点高斯平面直角坐标系中横坐标（自然坐标）的绝对值。

本题知识要点：高斯平面直角坐标系的x，y轴的定义与笛卡儿坐标系的x，y轴的定义不同；高斯平面直角坐标系的自然坐标与通用坐标有区别，自然坐标y值等于通用坐标y值去掉带号再减去500km。

【例4.2.2】 地面上某点经度为116°48′，则该点所处3°带的带号是多少？该带的中央子午线经度是多少？

解：该点所处3°带的带号是39，该带的中央子午线经度是117°。

评析：3°带是从1.5°开始每隔3°为1带。第一带的带号为1，中央子午线是3°，第二带的带号为2，中央子午线是6°，依次类推。116°48′离117°的中央子午线之差小于1.5°。该题要求掌握3°带的划分方法。

【例4.2.3】 图4.2.1为一附合水准路线，各测段观测高差值及测站数均注于图中，请计算水准点P_1、P_2、P_3的高程（$f_{h容}=\pm 12\sqrt{n}$mm，n为测站总数）。

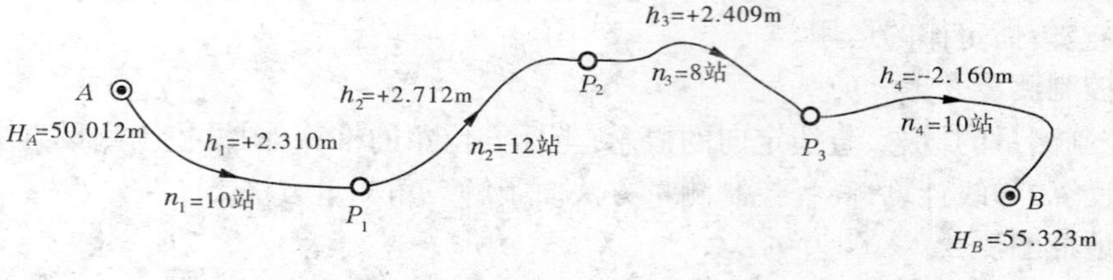

图4.2.1

解：水准点P_1、P_2、P_3的高程为：$H_{P_1}=52.332$m，$H_{P_2}=55.056$m，$H_{P_3}=57.473$m。

评析：本题可以用表格计算，也可以用公式计算。本题要掌握的知识要点很多，如：高差的概念，高程的计算，水准路线闭合差的概念，高差改正数的计算等。严格地讲，此题应计算出水准路线闭合差f_h，容许闭合差$f_{h容}$，4段高差改正数，4段改正后高差，3个点的高程。

【例 4.2.4】 用 J_6 级光学经纬仪(盘左时,望远镜上仰,读数减小)观测一目标时,盘左竖盘读数为 81°45′24″,盘右竖盘读数为 278°15′12″,则其竖直角是多少?指标差是多少?如用这台仪器只在盘左位置观测另一目标,盘左竖盘读数为 94°58′00″,则其正确的竖直角是多少?

解:一目标的竖直角是 8°14′54″,该仪器的指标差是 +18″;另一目标的竖直角是 −4°57′42″。

评析:本题概念性很强,涉及的知识点多。主要应掌握:竖直角的概念,六十进制的角度计算,竖直角的观测方法,竖直角的计算公式,指标差的概念及其计算公式。

【例 4.2.5】 在表 4.2.1 中,已知 A、B 两点的坐标和相邻两点间的坐标方位角及其距离,计算 1、2、3 点坐标。

表 4.2.1

点号	坐标方位角	距离	改正前纵增量 $\Delta X'$	改正数 V_x	纵坐标增量 ΔX	改正前横增量 $\Delta Y'$	改正数 V_y	横坐标增量 ΔY	纵坐标 X	横坐标 Y
	° ′ ″	m	m	mm	m	m	mm	m	m	m
A									4 534.570	8 252.462
	186 24 24	160.593								
1										
	123 47 36	171.845								
2										
	61 58 12	161.506								
3										
	75 33 08	148.649								
B									4 392.398	8 663.857
Σ										

$f_x =$

$f_y =$

解:1、2、3 点坐标分别是:$x_1 = 4\ 374.983$,$y_1 = 8\ 234.540$;$x_2 = 4\ 279.407$,$y_2 = 8\ 377.350$;$x_3 = 4\ 355.307$,$y_3 = 8\ 519.910$。

评析:本题可以用表格计算(计算内容见表 4.2.2),也可以用公式直接计算。

本题知识要点:导线计算方法,坐标正算,坐标闭合差的计算,坐标增量改正数的计算。

【例 4.2.6】 图 4.2.2 为一闭合导线测量,各转折角的观测数据如图 4.2.2 所示,已知 $\alpha_{14} = 30°30'30''$,试按导线计算的要求计算 α_{12},α_{23},α_{34},α_{41} 各是多少?($f_{\beta容} = \pm 60''\sqrt{n}$,$n$ 为

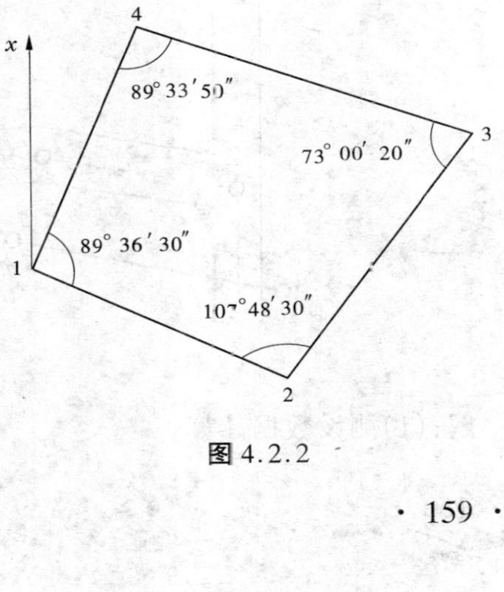

图 4.2.2

表 4.2.2

点号	坐标方位角	距离	改正前纵增量 $\Delta X'$	改正数 V_x	纵坐标增量 ΔX	改正前横增量 $\Delta Y'$	改正数 V_y	横坐标增量 ΔY	纵坐标 X	横坐标 Y
	° ′ ″	m	m	mm	m	m	mm	m	m	m
A										
			−159.590	+3	−159.587	−17.920	−2	−17.922		
1									4 374.983	8 234.540
			−95.580	+4	−95.576	+142.812	−2	+142.810		
2									4 279.407	8 377.350
			+75.895	+4	+75.700	+142.562	−2	+142.560		
3									4 355.307	8 519.910
			+37.088	+3	+37.091	+143.948	−1	+143.947		
B										
Σ		642.593	−142.186	+14	−142.172	+411.402	−7	+411.395		

$f_x = -142.186 - (4\,392.398 - 4\,534.570) = -0.014(\mathrm{m})$

$f_y = 411.402 - (8\,663.857 - 8\,252.462) = +0.007(\mathrm{m})$

转折角个数)。

解: $\alpha_{12} = 120°07'12''$　　$\alpha_{23} = 47°55'55''$

$\alpha_{34} = 300°56'28''$　　$\alpha_{41} = 210°30'30''$

评析: 坐标方位角的计算在导线计算中占有重要的分量。

本题知识要点: 坐标方位角的概念,坐标方位角的推算,角度闭合差的分配。

【例 4.2.7】 如图 4.2.3 所示,已知设计管道的主点 A、B、C、…($X_A = 574.30\mathrm{m}$, $Y_A = 328.20\mathrm{m}$; $X_B = 586.30$, $Y_B = 400.10\mathrm{m}$)的坐标,在此管线附近有导线点 1、2、3、4、…,其坐标已知($X_1 = 481.11\mathrm{m}$, $Y_1 = 322.00\mathrm{m}$; $X_2 = 562.20\mathrm{m}$, $Y_2 = 401.90\mathrm{m}$),试求:在导线点 2 安置经纬仪,采用极坐标法测设 A 点所需的测设数据,画图并简述放样步骤。

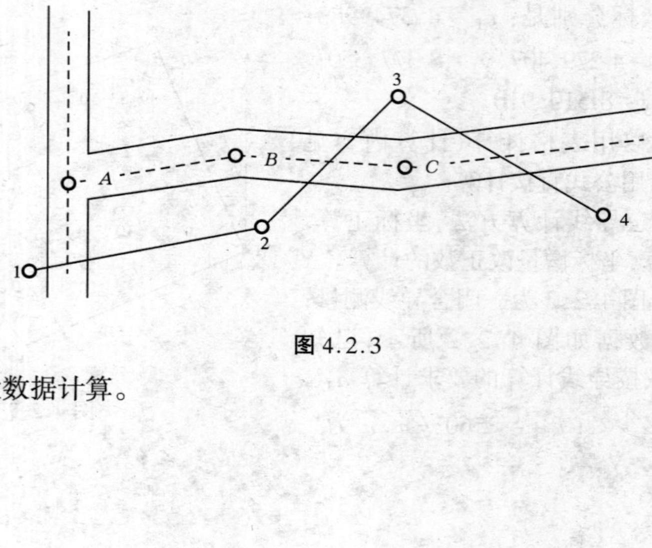

图 4.2.3

解:(1)测设数据计算。

$$R_{21}=\arctan\frac{Y_1-Y_2}{X_1-X_2}=\arctan\frac{-79.9}{-81.09}=44°34'35''(第三象限)$$

故 $\alpha_{21}=180°+44°34'35''=224°34'35''$

同理　$R_{2A}=80°40'35''$(第四象限)

故　$\alpha_{2A}=360°-80°40'35''=279°19'25''$

则有　$\beta=\alpha_{2A}-\alpha_{21}=54°44'50''$

$$D_{2A}=\sqrt{(Y_A-Y_2)^2+(X_A-X_2)^2}=\sqrt{(-73.7)^2+(12.1)^2}=74.687(\text{m})$$

(2)测设步骤。

在2号点安置经纬仪,盘左瞄准1号点并配置度盘0°00′00″,测设出β角,在$2A$方向线上量距离D_{2A},即得A点,如图4.2.4所示。

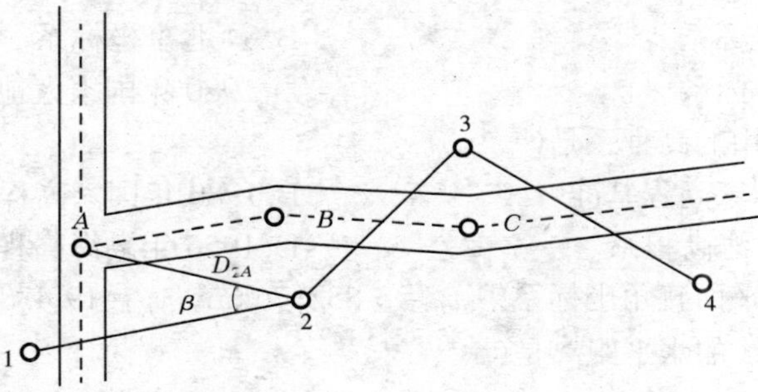

图 4.2.4

评析:此题是一道综合性很强的题目,也是施工人员常遇到的问题。

本题知识要点:坐标方位角的概念,坐标反算方法,角度的计算,利用坐标增量的符号判断坐标方位角所在的象限,要掌握极坐标法测设地面点的方法。

【例 4.2.8】　在视距测量中,测站高程为37.450m,仪器高为1.37m,竖直角为-3°21′,标尺中丝读数为2.00m,上丝读数为2.37m,下丝读数为1.63m,求测站点到立尺点的水平距离和立尺点的高程。

解:测站点到立尺点的水平距离为73.75m,立尺点的高程为32.50m。

评析:视距测量在图解法测图中经常采用。此题要掌握经纬仪视距方法,掌握视距测量求平距和高程的计算公式,还要理解视距测量在测图中的应用。

【例 4.2.9】　在水准测量中,水准仪架设在两标尺中间,可以消除或削弱哪些误差?在角度观测中,通常使用经纬仪进行盘左、盘右观测,取其平均值可以消除或削弱哪些误差?

解:水准仪架设在两标尺中间,可以消除或削弱的误差有:i角误差、调焦差、地球弯曲差;经纬仪盘左、盘右观测取其平均值,可以消除或削弱的误差有:视准轴误差、水平轴误差、竖盘指标差、照准部偏心差。

评析:测水准时水准仪一般要架设在两标尺中间,而角度通常要使用经纬仪进行盘左、盘右观测,这是常识,但不少人不知道为什么?此题有一定难度,但对于技术人员要明白某种作业方法可以消除或削弱哪些误差。

【例 4.2.10】 测绘学科的“3S”指的是什么？

解：“3S”指 GPS(全球定位导航系统)、RS(遥感)、GIS(地理信息系统)。

评析：“3S”是现代测绘新技术。工程技术人员对 GPS、RS、GIS 的原理和应用范围应有所了解，工作中要自觉地应用“3S”技术，提高工作效率。

4.3 复习题

1)单项选择题

(1)水准面是处处与(　　)方向垂直的连续曲面。

A. 重力　　B. 引力　　C. 法线　　D. 正常重力

(2)目前我国使用的大地坐标系是(　　)。

A. 56 北京坐标系　　B. 54 北京坐标系

C. 80 北京坐标系　　D. 1980 年国家大地坐标系

(3)目前我国使用的高程系是(　　)。

A. 1985 年国家高程基准　　B. 1980 年国家高程基准

C. 1956 年黄海高程系　　D. 1956 年渤海高程系

(4)P 点的高斯平面直角坐标系中 $x_P = 3\ 832.76$km，$y_P = 19\ 438.00$km，该点在 6°带中，离该带中央子午线的水平距离是(　　)。

A. 19 438km　　B. 438km　　C. 62km　　D. 3 832.76km

(5)地面上某点经度为 116°48′，则该点所处 3°带的代号为(　　)。

A. 37　　B. 38　　C. 39　　D. 116

(6)建筑工地上常采用假定高程求建筑物的高度，其起算面是(　　)。

A. 大地水准面　　B. 平均海平面　　C. 旋转椭球面　　D. 任意水准面

(7)地面上某点经度为 118°10′，则该点所处 3°带的中央子午线经度为(　　)。

A. 116°　　B. 117°　　C. 118°　　D. 119°

(8)微倾式普通水准仪使用的基本操作有(　　)。

A. 对中，整平，瞄准，调焦，读数　　B. 粗平，瞄准，调焦，精平，读数

C. 对中，整平，定向，调焦，读数　　D. 定向，瞄准，调焦，精平，读数

(9)用微倾式水准仪进行水准测量时，每次读数之前都要(　　)。

A. 重新转动脚螺旋整平仪器　　B. 转动脚螺旋使水准管气泡居中

C. 转动微倾螺旋使水准管气泡居中　　D. 重新调好圆水准器和水准管气泡

(10)DS_3 型微倾式水准仪的微倾螺旋之作用是(　　)。

A. 使物像清晰　　B. 使竖直轴处于铅直状态

C. 使圆水准器气泡居中　　D. 使水准管轴水平

(11)水准仪在正常情况下，当圆水准器气泡居中时，圆水准轴处于(　　)位置。

A. 水平　　B. 铅直　　C. 倾斜　　D. 任意

(12)已知 $H_A = 132.476$m，$H_B = 125.068$m，则两点高差 $h_{AB} =$(　　)。

A. +7.408m　　B. −7.408m　　C. +57.544m　　D. −57.544m

(13) A、B 两点高差 $h_{AB}=-2.345$m，表明 A 点(　　)于 B 点。

A. 高　　B. 低　　C. 远　　D. 近

(14)在水准测量中每测段间应为偶数站的规定可以消除(　　)。

A. 仪器升降误差　　B. 标尺零点误差　　C. 调焦差　　D. i 角误差

(15)水准测量某站读数 $a=1.234$m，$b=2.075$m，该站高差为 $h_{AB}=$(　　)。

A. +3.309m　　B. −3.309m　　C. +0.841m　　D. −0.841m

(16)一条闭合水准路线，各测段的观测高差分别为 +3.460m，−5.477m，+6.742m，−4.759m，该水准路线的闭合差为(　　)。

A. +34mm　　B. −34mm　　C. +38mm　　D. −38mm

(17)普通光学经纬仪使用的基本操作有(　　)。

A. 对中，整平，瞄准，调焦，读数　　B. 粗平，瞄准，调焦，精平，读数

C. 对中，整平，定向，调焦，读数　　D. 定向，瞄准，调焦，精平，读数

(18)在使用经纬仪进行水平角观测时，瞄准与测站同一竖直面内不同高度的两点，在不顾及仪器误差和观测误差的情况下，水平度盘上的读数(　　)。

A. 点位越高，读数越大　　B. 点位越低，读数越小

C. 与点位高低无关，读数相同　　D. 点位在水平视线上时读数最大

(19)测角精度要求较高时，应变换度盘不同位置。观测 n 个测回取平均值，变换水平度盘位置的计算公式是(　　)。

A. 90°/n　　B. 180°/n　　C. 270°/n　　D. 360°/n

(20)在 A 点安置 J_6 经纬仪，用测回法观测水平角∠BAC 一个测回，读数依次为：0°05′48″，62°01′24″，242°01′42″，180°06′00″，该水平角∠BAC=(　　)。

A. 61°55′36″　　B. 61°55′42″　　C. 61°55′39″　　D. 62°01′24″

(21)竖直角观测中，采用盘左、盘右观测可消除(　　)。

A. 视准轴误差　　B. 横轴不水平误差　　C. 对中误差　　D. 竖盘指标差

(22)用 DJ_6 光学经纬仪进行竖直角观测时，P 点的盘左读数为 81°47′24″，盘右读数为 278°12′24″，则该台经纬仪竖盘指标差为(　　)。

A. +06″　　B. −06″　　C. +12″　　D. −12″

(23)使用 DJ_6 级光学经纬仪(盘左时，望远镜上仰，读数减小)观测一目标，盘左竖盘读数为 86°42′54″，盘右竖盘读数为 273°17′12″，则其竖直角为(　　)。

A. +3°17′06″　　B. −3°17′06″　　C. +3°17′09″　　D. −3°17′12″

(24)用经纬仪的望远镜瞄准目标时，发现有视差，则其产生的原因是(　　)。

A. 观测员是近视眼　　B. 目标的影像模糊

C. 外界光线弱　　D. 目标的影像与十字丝平面不重合

(25)名义长度为 30m 的钢尺，检定长度为 30.003 8m，实测某尺段长度为 29.995 4m，则尺长改正 Δl_d 为(　　)。

A. +4.6mm　　B. +5.4mm　　C. +3.8mm　　D. +6.2mm

(26)普通视距测量的精度为(　　)。

A. 1/100～1/200　B. 1/200～1/300　C. 1/500～1/800　D. 1/1 000～1/2 000

(27)用视距法测定 A、B 两点高差，设在 A 点安置经纬仪，仪器高为 1.55m，照准 B 点标杆 2m 处，测得竖直角为 0°00′00″(该仪器竖盘指标差为 0″)，则 A，B 两点高差 h_{AB} = (　　)。

A. +1.55m　B. +0.45m　C. −0.45m　D. +3.55m

(28)用经纬仪视距测得垂直角所对应的高差为 +3.0m，若仪器高为 1.5m，照准标尺中丝高为 2.0m，测站到标尺立尺点高差为(　　)。

A. +6.5m　B. +4.5m　C. +3.5m　D. +2.5m

(29)在视距测量中，仪器高为 1.37m，竖直角为 −3°21′，标尺中丝读数为 2.00m，视距间隔为 0.740m，则水平距离为(　　)。

A. 74.0m　B. 73.75m　C. 73.24m　D. 73.12m

(30)在视距测量中，测站高程为 37.450m，仪器高为 1.37m，竖直角为 −3°21′，标尺中丝读数为 2.00m，上丝读数为 2.37m，下丝读数为 1.63m，该碎部点的高程为(　　)。

A. 36.08m　B. 36.82m　C. 33.50m　D. 32.50m

(31)用 DJ_6 经纬仪观测水平角时，照准误差和读数误差属于(　　)。

A. 绝对误差　B. 系统误差　C. 偶然误差　D. 相对误差

(32)两段直线距离测量结果为 S_{ab} = 100m ± 10mm，S_{cd} = 1 000m ± 10mm，则两直线的(　　)。

A. 测量中误差相同，相对误差不同　B. 测量中误差相同，相对误差相同

C. 测量中误差不相同，相对误差不同　D. 测量中误差不相同，相对误差相同

(33)为确保观测成果的质量，规范通常规定以(　　)中误差为偶然误差的允许误差。

A. 1～2 倍　B. 2～3 倍　C. 3～4 倍　D. 4 倍

(34)一个角的测角中误差为 6″，等精度观测的三角形闭合差中误差约为(　　)。

A. ±6″　B. ±10″　C. ±12″　D. ±18″

(35)在 1∶1 000 比例尺地形图上，量得某坝的坝轴线长为 d = 345.5mm，其中误差为 ±0.1mm，则坝轴线实地长度的中误差 m_d 为(　　)。

A. ±0.1m　B. ±0.01m　C. ±0.1mm　D. ±0.5mm

(36)在水准测量中，若读数中误差 $m_{读}$ = ±2.0mm，则一个测站的观测高差中误差 $m_{站}$ 为(　　)。

A. ±2.0mm　B. ±2.8mm　C. ±4.0mm　D. ±1.4mm

(37)当某未知量的真值无法知道时，对其进行一组 n 次观测，则该组观测值中误差的计算公式为(　　)。

A. $m = \pm\sqrt{\dfrac{[\Delta\Delta]}{n}}$　B. $m = \pm\sqrt{\dfrac{[VV]}{n-1}}$

C. $m = \pm\sqrt{\dfrac{[\Delta\Delta]}{n-1}}$　D. $m = \pm\sqrt{\dfrac{[VV]}{n(n-1)}}$

(38)已知 A(1 000m，2 000m)，B(1 500m，1 500m)两点坐标，则直线 AB 的坐标方位角 α_{AB} = (　　)。

A. 45°　　B. 135°　　C. 225°　　D. 315°

(39)已知 A(2 000m,3 000m),B(1 000m,2 000m)两点坐标,则 A、B 两点间平距 D_{AB} =(　　)。

A. 1 000.000m　　B. 1 414.214m　　C. 1 732.051m　　D. 2 000.000m

(40)在导线测量中,导线全长闭合差 f_D 的产生原因为(　　)。

A. 水平角测量误差　　B. 边长测量误差

C. 水平角与边长测量均有误差　　D. 坐标增量计算误差

(41)设闭合导线计算方向为 $A \to B \to C \to D \to A$,计算相邻点的纵坐标增量分别为:$\Delta X_{AB} = +200.00$m,$\Delta X_{BC} = +150.00$m,$\Delta X_{DC} = +100.04$m,$\Delta X_{AD} = +250.01$m,则该闭合导线的纵坐标增量闭合差为(　　)。

A. +0.03m　　B. −0.03m　　C. +0.05m　　D. −0.05m

(42)测角后方交会定点至少需要(　　)已知点。

A. 1 个　　B. 2 个　　C. 3 个　　D. 4 个

(43)已知 A 点坐标为 $X_A = 500$m,$Y_A = 500$m,A 点至 B 点的方位角为 $\alpha_{AB} = 125°30'00''$,$A$ 点至 B 点的水平距离 $D = 105.22$m,则 B 点的纵坐标为(　　)。

A. $X_B = 585.661$m,$Y_B = 438.898$m　　B. $X_B = 438.898$m,$Y_B = 585.661$m

C. $X_B = 605.220$m,$Y_B = 605.220$m　　D. $X_B = 438.898$m,$Y_B = 438.898$m

(44)设地面上两点间的平距为 123.6m,其在 1∶2 000 地形图上的长度应为(　　)。

A. 61.8mm　　B. 30.9mm　　C. 24.7mm　　D. 123.6mm

(45)同一坡度两个地形点高程分别为 71.6m 和 78.4m,若等高距为 2m,则通过这两点间的等高线高程为(　　)。

A. 73.6m,75.6m,77.6m　　B. 72.6m,74.6m,76.6m

C. 72m,74m,76m,78m　　D. 73m,75m,77m

(46)地形图上加粗等高线称(　　)。

A. 首曲线　　B. 间曲线　　C. 山脊线　　D. 计曲线

(47)等高线与山脊线相交时,其弯曲点(　　)于山脊降低的方向。

A. 平行　　B. 垂直　　C. 凸向　　D. 凹向

(48)1∶500 地形图的比例尺精度为(　　)m。

A. 0.000 1　　B. 0.05　　C. 0.1　　D. 0.5

(49)欲测绘一张地形图,要求在图上能表示实地 0.1m 的长度,则测图时应选用的最小比例尺为(　　)。

A. 1∶5 000　　B. 1∶2 000　　C. 1∶1 000　　D. 1∶500

(50)测定地形(地物、地貌)点最常采用的方法是(　　)。

A. 直角坐标法　　B. 极坐标法　　C. 角度交会法　　D. 距离交会法

(51)已知 A、B 两点的高程分别为 $H_A = 95.70$m,$H_B = 94.70$m,A、B 两点的平距为 500m,则 A 点到 B 点的坡度 i_{AB} 为(　　)。

A. +2%　　B. −2%　　C. +2‰　　D. −2‰

(52)围成汇水面积的边界线应该是(　　)。

A. 等高线　　B. 山谷线　　C. 山脊线　　D. 坡度线

(53)设 M 点的高程为 240.00m，MN 的平距为 50.00m，$M \rightarrow N$ 的坡度为 -1%，则 N 点的高程为(　　)。

A. 235.0m　　B. 239.5m　　C. 240.0m　　D. 240.5m

(54)对城市进行详细规划时，通常选用(　　)比例尺的地形图。

A. 1∶10 000 或 1∶5 000　　B. 1∶5 000 或 1∶2 000

C. 1∶2 000 或 1∶1 000　　D. 1∶1 000 或 1∶500

(55)建筑基线的测设一般是利用周围已有测区控制点，利用(　　)放样参数，按极坐标法施测。

A. 坐标正算求出　　B. 坐标反算求出　　C. 测定得　　D. 图上量算得

(56)已知 A 点的高程为 238.446m，欲测设 B 点，使其高程为 237.621m。在 A、B 两点间安置水准仪，读得立在 A 点的标尺读数为 1.234m，则测设 B 点的标尺读数为(　　)。

A. 0.825m　　B. 1.825m　　C. 2.059m　　D. 2.621m

(57)某楼房倾斜，将楼顶一个棱角点 A' 用经纬仪投影到地面上为 A''，用钢尺丈量 A'' 偏离地面点 A(A 与 A' 在同一棱上)的水平距离为 0.36m，楼房的高度 $AA' = 68.5\text{m}$，该楼房的倾斜度为(　　)。

A. 0.005 255 5　　B. 0.301 113 7　　C. 0.525 547 4　　D. 18′04″

(58)建筑物沉降观测主要采用(　　)。

A. 纵横断面测量　　B. 挠度测量　　C. 三角高程测量　　D. 精密水准测量

(59)遥感技术主要是根据物体反射或发射(　　)的特征不同来判读地面目标物和有关现象的。

A. 黑白程度　　B. 色彩　　C. 波纹　　D. 电磁波

(60)GPS 是采用空间(　　)原理来进行定位的。其中，已知点坐标是卫星瞬时坐标，由导航电文得到，观测量是 GPS 卫星至用户接收机天线之间的距离，由 GPS 接收机测定。

A. 前方角度交会　　B. 前方距离交会　　C. 后方角度交会　　D. 后方距离交会

(61)GPS 定位相对定位精度(　　)绝对定位精度。

A. 高于　　B. 低于　　C. 等于　　D. 大于

(62)GPS 信号是调制波，主要包含(　　)。

A. 载波、数据码、精码　　B. 载波、测距码、捕获码

C. 测距码、数据码、捕获码　　D. 载波、测距码、数据码

(63)地理信息系统中贮存和处理的数据可以分成两大类：(　　)。

A. 图形数据和文字数据　　B. 图形数据和属性数据

C. 空间数据和专用数据　　D. 文字数据和属性数据

(64)GPS 定位测量至少要同时接收(　　)颗卫星的信号。

A. 2　　B. 3　　C. 4　　D. 6

2)多项选择题

(1)测量学的主要内容包括(　　)两个部分。

A. 测角　B. 测定　C. 测距　D. 测设　E. 测高

(2)为了限制测量误差,测量工作通常按照(　　)的原则进行。

A. 从整体到局部　B. 先控制后碎部

C. 先外业后内业　D. 由高级到低级

E. 由远距离到近距离

(3)在测量中表示地面点平面位置通常用(　　)。

A. 高斯平面直角坐标　B. 独立平面直角坐标　C. 极坐标

D. 地理坐标　E. 笛卡儿坐标

(4)测量定位元素指(　　)。

A. 距离　B. 方向　C. 角度　D. 高差　E. 坐标

(5)使用自动安平水准仪进行水准测量时,基本操作有(　　)。

A. 对中　B. 粗平　C. 瞄准

D. 调焦(消除视差)　E. 读数

(6)水准测量中,对一测站高差的检核常用(　　)。

A. 变动仪器高法　B. 方向观测法　C. 双面尺法　D. 测回法

(7)水准仪应满足的几何条件有(　　)。

A. 圆水准轴平行于竖轴　B. 视准轴垂直于水准管轴

C. 视准轴平行于水准管轴　D. 十字丝横丝垂直于竖轴

(8)消除视差的方法是反复转动(　　)。

A. 目镜对光螺旋　B. 照准部微动螺旋

C. 望远镜微动螺旋　D. 物镜对光螺旋

(9)在水准测量中,水准仪架设在两标尺中间,可以消除或削弱的误差是(　　)。

A. 仪器升降误差　B. 标尺零点误差　C. 调焦差

D. i 角误差　E. 地球弯曲差

(10)单一水准路线的布设形式有(　　)。

A. 闭合水准路线　B. 附合水准路线

C. 水准网　D. 支水准路线

(11)DJ_6 级光学经纬仪的基本操作包括(　　)。

A. 对中　B. 整平　C. 瞄准　D. 读数

(12)经纬仪进行盘左、盘右观测取平均值,这样可以消除或削弱(　　)。

A. 视准轴误差　B. 水平轴误差　C. 竖盘指标差

D. 竖直轴误差　E. 照准部偏心差

(13)测量中常用的距离测量方法有(　　)。

A. 钢尺丈量　B. 视距测量　C. 密位测量　D. 光电测距

(14)用经纬仪视距法测量地面上两点间的水平距离时,需要在经纬仪和标尺上读取的读数为(　　)。

A. 上丝读数　　B. 中丝读数　　C. 下丝读数

D. 水平度盘读数　　E. 竖直度盘读数

(15)用钢尺精密丈量时一般要进行(　　)。

A. 尺长改正　　B. 加常数改正　　C. 乘常数改正

D. 温度改正　　E. 倾斜改正

(16)使用光电测距时一般要进行(　　)。

A. 尺长改正　　B. 加常数改正　　C. 乘常数改正

D. 气象改正　　E. 倾斜改正

(17)光电测距仪测距原理(方式)主要有(　　)。

A. 相位法测距　　B. 伪距测量　　C. 激光测距　　D. 脉冲法测距

(18)测量工作中的观测条件是指(　　)。

A. 天气情况　　B. 外界自然条件

C. 仪器精度　　D. 观测者的技术水平

(19)偶然误差的特性有(　　)。

A. 抵偿性　　B. 对称性　　C. 有界性　　D. 累积性　　E. 密集性

(20)在测量工作中,用来衡量精度的指标是(　　)。

A. 中误差　　B. 系统误差　　C. 偶然误差　　D. 容许误差　　E. 相对误差

(21)目前图根平面控制测量常用的方法有(　　)。

A. 水准测量　　B. 导线测量　　C. 交会定点测量

D. 三角高程测量　　E. GPS 测量

(22)在测量工作中常用的起始方向有(　　)。

A. 真子午线方向　　B. 磁子午线方向

C. 坐标纵轴方向　　D. 坐标横轴方向

(23)导线测量的外业工作有(　　)。

A. 踏勘选点和建立标志　　B. 测角　　C. 量边　　D. 连测

(24)在闭合导线计算中出现的闭合差有(　　)。

A. 导线全长闭合差　　B. 高差闭合差

C. 角度闭合差　　D. 坐标(增量)闭合差

(25)目前小区域图根高程控制测量常用的方法有(　　)。

A. 水准测量　　B. 气压高程测量　　C. 三角高程测量　　D. 导线测量

(26)平面控制测量中单导线的布设形式有(　　)。

A. 闭合导线　　B. 附合导线　　C. 单结点导线　　D. 支导线

(27)交会定点测量主要包括(　　)。

A. 距离交会　　B. 前方交会　　C. 侧方交会

D. 后方交会　　E. 方向交会

(28)在同一幅地形图上,其相邻两等高线间的平距与坡度的关系是(　　)。

A. 平距越小,坡度越缓　　B. 平距越大,坡度越缓

C. 平距越小,坡度越陡　　D. 平距越大,坡度越陡

E. 平距相同，坡度相同

(29)用经纬仪法测图时，在测碎部点之前安置经纬仪的基本操作包括(　　)。

A. 对中　　B. 整平　　C. 定向　　D. 量仪器高

(30)在地形图上，等高线近似椭圆形状的地形可能是(　　)。

A. 山头　　B. 山脊　　C. 山谷　　D. 洼地　　E. 鞍部

(31)同一条等高线上所有点高程相等是等高线的基本特性，此外，等高线还有以下特性：(　　)。

A. 等高线是连续的闭合曲线　　B. 高线与山脊线和山谷线正交

C. 除悬崖和峭壁处以外，等高线通常不能相交　　D. 等高线互相平行

E. 同一幅地形图上等高距相同，等高线密度越大，表示地面越陡

(32)测设(放样)工作的基本内容是测设已知(　　)三个方面。

A. 水平角　　B. 竖直角　　C. 水平距离　　D. 高程

(33)建筑物水平位移监测方法通常采用(　　)。

A. 角度前方交会法　　B. 基准线法　　C. 测小角法　　D. 静水准法

(34)测绘学科的"3S"指(　　)。

A. DPS　　B. GIS　　C. GPS　　D. RS

(35)全球定位系统 GPS 的主要功能是(　　)。

A. 定位　　B. 导航　　C. 通讯　　D. 授时

(36)选定 GPS 控制点时(　　)。

A. 相邻点之间可以不通视　　B. 相邻点之间必须通视

C. 可以选在已知三角点上　　D. 可以选在已知导线点上

E. 可以选在大树下

4.4　参考答案

1)单项选择题答案

(1)A	(2)D	(3)A	(4)C	(5)C	(6)D	(7)B	(8)B
(9)C	(10)D	(11)B	(12)B	(13)A	(14)B	(15)D	(16)B
(17)A	(18)C	(19)B	(20)C	(21)D	(22)B	(23)C	(24)D
(25)C	(26)B	(27)C	(28)D	(29)B	(30)D	(31)C	(32)A
(33)B	(34)B	(35)A	(36)B	(37)B	(38)D	(39)B	(40)C
(41)D	(42)C	(43)B	(44)A	(45)C	(46)D	(47)C	(48)B
(49)C	(50)B	(51)D	(52)C	(53)B	(54)D	(55)B	(56)C
(57)A	(58)D	(59)D	(60)D	(61)A	(62)D	(63)B	(64)C

2)多项选择题答案

(1)BD	(2)ABD	(3)ABD	(4)ACD	(5)BCDE	(6)AC
(7)ACD	(8)AD	(9)CDE	(10)ABD	(11)ABCD	(12)ABCE
(13)ABD	(14)ACE	(15)ADE	(16)BCDE	(17)AD	(18)BCD

(19)ABCE	(20)ADE	(21)BCE	(22)ABC	(23)ABCD	(24)ACD
(25)AC	(26)ABD	(27)ABCD	(28)BCE	(29)ABCD	(30)AD
(31)ABCE	(32)ACD	(33)ABC	(34)BCD	(35)ABD	(36)ACD

第5章 建筑材料

5.1 考试大纲

5.1.1 材料科学与物质结构

材料的组成:化学组成 矿物组成及其对材料性质的影响

材料的微观机构及其对材料性质的影响:原子结构 离子键 金属键 共价键 晶体与无定型(玻璃体)

材料的宏观机构及其对材料性质的影响

5.1.2 建筑材料的性质

密度 表观密度与堆积密度 孔隙与孔隙率

5.1.3 建筑材料的工程特性

材料的力学性能 亲水性与憎水性 吸水性与吸湿性 耐水性 抗水性 抗冻性 导热性与变形性 脆性与韧性

5.1.4 无机胶凝材料

气硬性胶凝材料 石膏和石灰技术性质与应用

5.1.5 水硬性胶凝材料

水泥的组成 水化与凝结硬化机理 性能与应用

5.1.6 混凝土

原材料技术要求 拌和物的和易性及其影响因素 强度性能与变形性能 耐久性 抗渗性 抗冻性 碱-骨料反应 混凝土外加剂与配合比设计

5.1.7 建筑钢材

组成、组织与性能的关系 加工处理及其对钢材性能的影响 建筑钢材和种类与选用

5.1.8 土工合成材料

常见土工合成材料的特性及其工程应用

5.2 复习指导

5.2.1 复习指导

建筑材料是土木建筑工程的物质基础。通过本章的学习，应掌握主要土木工程材料的性质、用途和使用方法以及检测和质量控制方法，并了解工程材料性质与材料组成结构的关系，以及性能改善的途径。在学习过程中，应以材料的技术性质、性能特性、应用和质量检测等为重点，同时注意了解材料的组成、结构和生产加工过程对其性能的影响，并注意各种性能之间的联系。土木工程材料品种较多，必须注意分析和比较同类材料不同品种之间的共性和特性，以及不同种类材料之间的异同点，以利于在选择材料时，能针对实际条件作出正确的抉择。

综观各类土木工程材料考试，提出以下几点建议：

(1)土木工程材料题目涉及范围广，大纲要求的知识点均要复习到，因此复习时不仅要认真复习好有关土木工程材料的教科书，同时还要留意各种标准、规程、规范。

(2)尽管考试内容较广泛，但通过分析不难发现所考内容主要针对概念、性质、性能、应用等的理解。通过良好的理解支持，学习的内容不再枯燥，记忆也就自然简单了，面对考题也能迅速作出正确答案。另外，在理解的基础上，有些重要参数需要记忆。

(3)做习题时要善于分析题目，每一题目都有其特定的知识点，能够准确反映土木工程材料某一方面的知识，因此要能从做题中学习掌握土木工程材料知识。

(4)在做题时，要能正确运用所学知识和做题技能答题。有些题目可以通过记忆准确找出答案，有些题目可以通过排除法得出正确答案，因此要会采用不同的技巧答题。

5.2.2 例题分析

【例 5.2.1】 当材料的润湿边角 θ 为(　　)时，称为憎水性材料。

A. $>90°$　　B. $\leqslant 90°$　　C. 0°　　D. 180°

答：A

评注：材料的润湿角 $\theta \leqslant 90°$为亲水性材料；材料的润湿角 $\theta > 90°$时为憎水性材料。

【例 5.2.2】 坍落度是表示塑性混凝土(　　)的指标。

A. 和易性　　B. 流动性　　C. 粘聚性　　D. 保水性

答：B

评注：新拌塑性混凝土流动性评价指标为其坍落度值的大小，故本题答案为 B。题中 A 为综合评价混凝土施工性能的指标，C、D 为混凝土和易性指标所包含的另两个方面内容，但不能使用坍落度值来衡量。

【例 5.2.3】 配制混凝土用砂、石应尽量使(　　)。

A. 总表面积大些、总空隙率小些

B. 总表面积大些、总空隙率大些

C. 总表面积小些、总空隙率小些

D. 总表面积小些、总空隙率大些

答:C

评注:本题主要考查混凝土用材料选择原则与方法。其考查点为当所选用砂、石材料具有较小的总面积和较小的空隙率时,在相同的和易性条件下,使用较少的水泥量包裹砂、石材料,可以降低材料成本,故答案为C。

【例 5.2.4】 在常见的胶凝材料中属于水硬性的胶凝材料的是(　　)。

A. 石灰　　B. 石膏　　C. 水泥　　D. 水玻璃

答:C

评注:本题主要考查对水硬性胶凝材料和气硬性胶凝材料概念的区别以及常见胶凝材料凝结硬化条件和特性的了解。只能在空气中凝结硬化的胶凝材料为气硬性胶凝材料,答案A、B、D三种材料只能在空气中凝结硬化,故为气硬性胶凝材料;既能在空气中凝结硬化,又能在水中凝结硬化的胶凝材料为水硬性胶凝材料,水泥不仅可以在空气中凝结硬化,也可以在水中凝结硬化,故为水硬性胶凝材料,故答案应为C。

【例 5.2.5】 不宜用来生产蒸汽养护混凝土构件的水泥是(　　)。

A. 普通水泥　　B. 火山灰水泥　　C. 矿渣水泥　　D. 粉煤灰水泥

答:A

评注:本题主要考查掺混合材硅酸盐水泥的水化条件及水化特性。因普通水泥中所掺混合材较少,硅酸盐水泥熟料较多,水化放热速度较快,蒸汽养护易引起混凝土早期开裂。而火山灰水泥、矿渣水泥、粉煤灰水泥中所掺混合材较多且具有一定的活性,在蒸汽养护环境下能较快发生二次水化反应,提高混凝土的早期强度。且由于三者中硅酸盐熟料较少,早期水化热不高,不会引起早期开裂问题。综上可知,本题答案为A。

【例 5.2.6】 测定混凝土立方体抗压强度时,试件的标准养护条件是(　　)。

A. 温度(20±3)℃,相对湿度90%以上　　B. 温度(20±3)℃,相对湿度95%以上

C. 温度(20±2)℃,相对湿度90%以上　　D. 温度(20±2)℃,相对湿度95%以上

答:D

评注:本题主要考查考生对土木工程材料检测规范、规程、标准的了解。这种题目可以通过试验记住并准确作答。

【例 5.2.7】 某混凝土设计强度等级为C40,水泥强度等级为42.5,粗集料为碎石,坍落度为15~20mm,则水灰比正确的应为(　)。

A. 2.00　　B. 0.34　　C. 0.43　　D. 2.10

答:C

评注:本题答案可以通过两种途径得出正确答案。

方法一:数学计算,过程如下:

$$f_{cu,0} = 40 + 1.645\sigma = 40 + 1.645 \times 6 = 49.9(\text{MPa})$$

$$f_c = 1.13 \times 42.5 = 48.0(\text{MPa})$$

$$\frac{W}{C} = \frac{Af_c}{f_{cu,0} + ABf_c} = \frac{0.46 \times 48}{49.9 + 0.07 \times 0.46 \times 48} = 0.43$$

方法二:排除法,水灰比不可能大于1,故AD答案首先可以排除,其次,普通混凝土

在不掺减水剂的条件下,水灰比不可能小于 0.34,故只有 0.43 答案正确。

【例 5.2.8】 某混凝土配合比设计中,已知单位用水量为 180kg,水灰比为 0.4,砂率为 40%,则单位石子用量为( )。

A. 687kg　　B. 1 770kg　　C. 1 062kg　　D. 708kg

答:C

评注:由水灰比可知,水泥用量为 $C=\frac{180}{0.4}=450\text{kg}$,由假设表观密度为 2 400kg/m³,则集料用量为 $2\ 400-180-450=1\ 770(\text{kg})$,故由 $S_P=40\%$,得$\frac{S}{S+G}=\frac{S}{1\ 770}=40\%$,可知 $S=708\text{kg}$,由此可知 $G=1\ 770-708=1\ 062(\text{kg})$,答案为 C。

【例 5.2.9】 在下列( )情况下,水泥应作废品处理。

A. 强度低于该强度等级　　B. 初凝时间不合格　　C. 终凝时间不合格

D. 安定性不合格　　E. 水化热太小

答:BD

评注:我国现行国家标准(GB175—1999)规定:凡氧化镁、三氧化硫、初凝时间、安定性中任一项不合格的水泥为废品水泥。凡细度、终凝时间、不溶物和烧失量中任一项不合格,或混合材料掺加量超过最大限量和强度低于商品强度等级的指标时为不合格产品。故本题答案为 BD。

【例 5.2.10】 钢材在常温下进行冷加工,使其产生塑性变形,则钢材的( )。

A. 抗拉强度明显提高　　B. 屈服点明显提高

C. 塑性韧性明显降低　　D. 吸收能量性能提高

E. 冷弯性能明显提高

答:BC

评注:钢材在常温下加工产生塑性变形后,其屈服强度增加,塑性和韧性降低。故本题答案为 BC。本题考点是冷加工对钢材性能的影响。

【例 5.2.11】 经过冷加工并时效后的钢筋具有如下特点:( )。

A. 提高了塑性和韧性

B. 适宜用于承受冲击荷载的结构

C. 提高了屈服点

D. 提高了抗拉强度

E. 降低了钢筋塑性与韧性

答:CDE

评注:本题考查钢材冷加工及时效对钢材技术性能的影响,其对工程中钢材的正确使用会产生很大影响。由于钢材经过冷加工后改变了钢的晶体结构,其强度和硬度明显提高,塑性和韧性降低。经时效处理后溶于铁素体中的过饱和氮、氧原子分别以 Fe_4N、FeO 的形式析出,逐渐扩散到晶体的应力区或晶界上,阻碍晶粒发生滑移,增加了抵抗变形的能力。因此,经时效处理后屈服强度和抗拉强度都有提高,而塑性和韧性降低。故本题答案为 CDE。

【例 5.2.12】 活性混合材料的主要成分为(　　)

A. SiO_2　　B. Al_2O_3　　C. f－CaO　　D. f－MgO　　E. SO_3

答:AB

评注:活性混合材料的活性主要是其活性成分 SiO_2、Al_2O_3 与碱性氧化物发生水化反应生成具有胶结性能的水化硅酸钙和水化铝酸钙。故本题答案为 AB。

【例 5.2.13】 高强混凝土、夏季大体积混凝土、负温施工混凝土、抗冻融混凝土宜选用的外加剂为(　)。

A. 萘系减水剂、早强剂、木钙减水剂、引气剂

B. 木钙减水剂、萘系减水剂、引气剂、早强剂

C. 萘系减水剂、木钙减水剂、早强剂、引气剂

D. 萘系减水剂、木钙减水剂、引气剂、早强剂

答:C

评注:配制高强混凝土关键是小的水灰比,所以应掺加适量减水剂;夏季大体积混凝土施工关键是要降低混凝土水化速度,即控制水化热释放,木钙减水剂具有缓凝增强作用,因而适用;混凝土负温下强度发展缓慢,甚至不发展,为满足施工要求,需掺加早强剂,提高混凝土早期强度;混凝土掺加引气剂,引入大小适当、分布均匀、封闭的微小孔隙,因而能提高混凝土的抗冻性。故选 C。

【例 5.2.14】 某栋普通楼房建筑造价 1 000 万元,据此估计建筑材料费用大约为下列哪一项?(　　)

A. 125 万元　　B. 350 万元　　C. 450 万元　　D. 500 万～600 万元

答:D

评注:在土木工程中,材料费用一般要占工程总造价的 50%左右,有的可高达 70%。故应选 D。

5.3　复习题

1)单项选择题

(1)建筑材料按其基本成分可以分为(　　)。

A. 无机材料、有机材料、复合材料　　B. 结构材料、功能材料

C. 高分子材料　　D. 无机材料、有机材料

(2)材料的堆积密度是指(　　)材料在自然堆积状态下单位体积的质量。

A. 块体　　B. 颗粒　　C. 固体　　D. 液体

(3)材料的表观密度是指材料在(　　)下单位体积的质量。

A. 绝对密实状态　　B. 自然状态

C. 自然堆积状态　　D. 含水饱和状态

(4)当材料长时间承受一定荷载作用时,变形随时间而增长,这种现象称(　　)。

A. 应变　　B. 韧性　　C. 松弛　　D. 徐变

(5)从组成上看,导热系数存在如下关系(　　)。

A. 金属材料＞无机非金属材料＞有机材料

B. 金属材料＞有机材料＞无机非金属材料

C. 有机材料＞无机非金属材料＞金属材料

D. 无机非金属材料＞金属材料＞有机材料

(6)一般来说,与材料的孔隙率没有关系的性能是(　　)。

A. 强度　　B. 密度　　C. 导热性　　D. 抗冻性、抗渗性

(7)憎水性材料是指润湿角(　　)。

A. $\theta<90^{\circ}$　　B. $\theta>90^{\circ}$　　C. $\theta=90^{\circ}$　　D. $\theta=0^{\circ}$

(8)材料的耐水性可用(　　)表示。

A. 亲水性　　B. 憎水性　　C. 抗渗性　　D. 软化系数

(9)(　　)是衡量材料轻质高强性能的重要指标。

A. 强度　　B. 抗拉强度　　C. 比强度　　D. 弹性

(10)在100g含水率为3%的湿砂中,其中水的质量为(　　)。

A. 3.0g　　B. 2.5g　　C. 3.3g　　D. 2.9g

(11)某材料吸水饱和后的质量为20kg,烘干到恒重时,质量为16kg,则材料的(　　)。

A. 质量吸水率为25%　　B. 质量吸水率为20%

C. 体积吸水率为25%　　D. 体积吸水率为20%

(12)以下不会发生收缩变形的过程是(　　)。

A. 混凝土碳化　　B. 石灰硬化　　C. 石膏硬化　　D. 混凝土失水

(13)材料吸水后将材料的(　　)提高。

A. 耐久性　　B. 强度和导热系数

C. 密度　　D. 表观密度和导热系数

(14)材料在绝对密实状态下的体积为 V,开口孔隙体积为 V_k,闭口孔隙体积为 V_b,材料在干燥状态下的质量为 m,则材料的体积密度为 ρ_0(　　)。

A. m/V　　B. $m/(V+V_k)$

C. $m/(V+V_k+V_b)$　　D. $m/(V_k+V_b)$

(15)提高材料抗冻性的方法之一是提高材料内部的(　　)。

A. 开口孔隙数量　　B. 毛细孔隙数量　　C. 闭口孔隙数量　　D. 粗大孔隙数量

(16)用于吸声的材料,要求其具有(　　)孔隙的多孔结构材料,吸声效果最好。

A. 大孔　　B. 内部连通而表面封死

C. 封闭小孔　　D. 开口细孔

(17)为了达到保温隔热的目的,在选择建筑物围护结构用的材料时,应选用(　　)的材料。

A. 导热系数小,热容量也小　　B. 导热系数大,热容量小

C. 导热系数小,热容量大　　D. 导热系数大,热容量也大

(18)材料在外力的作用下,抵抗破坏的能力称为材料的(　　)。

A. 刚度　　B. 强度　　C. 稳定度　　D. 几何可变性

(19)混凝土抗冻等级 F_{50} 是指所能承受的最大冻融次数不小于(　　)次。

A. 150　　B. 100　　C. 50　　D. 200

(20)塑性的正确表示是(　　)。

A. 外力取消后仍能保持变形后的形状和尺寸,不产生裂隙

B. 外力取消后仍能保持变形后的形状和尺寸,但产生裂隙

C. 外力取消后不能保持变形后的形状和尺寸,不产生裂隙

D. 外力取消后不能保持变形后的形状和尺寸,但产生裂隙

(21)材料的弹性模量是衡量材料在弹性范围内抵抗变形能力的指标。弹性模量 E 越小,则材料的受力变形(　　)。

A. 越小　　B. 不变　　C. 越大　　D. E 和变形无关

(22)下列关于材料比强度的说法错误的是(　　)。

A. 材料的比强度是材料强度与材料密度的比值

B. 材料的比强度是材料强度与材料容重的比值

C. 材料的比强度是按单位质量计算的材料的强度

D. 材料的比强度是反映材料轻质高强性能的指标

(23)建筑材料可分为脆性材料和韧性材料,其中脆性材料具有的特征是(　　)。

A. 破坏前没有明显变形　　B. 抗压强度是抗拉强度 8 倍以上

C. 抗冲击破坏时吸收的能量大　　D. 破坏前不产生任何变形

(24)下述导热系数最小的是(　　)。

A. 水　　B. 冰　　C. 密闭空气　　D. 木材

(25)下述材料中比热容最大的是(　　)。

A. 木材　　B. 石材　　C. 钢材　　D. 水

(26)石膏制品不宜用作(　　)。

A. 吊顶材料　　B. 影剧院穿孔贴面板

C. 非承重隔墙板　　D. 冷库内墙贴面

(27)建筑石膏的化学分子式是(　　)。

A. $CaSO_4 \cdot 2H_2O$　　B. $CaSO_4 \cdot 1/2H_2O$

C. $CaSO_4$　　D. $CaSO_4 \cdot H_2O$

(28)为减小石灰硬化过程中的收缩,可以(　　)。

A. 加大用水量　　B. 减少单位用水量

C. 加入麻刀、纸筋　　D. 加入水泥

(29)有关建筑石膏的性质,下列叙述不正确的是(　　)。

A. 加水后凝结硬化快,且具有明显的体积收缩

B. 硬化后有很强的吸湿性

C. 制品具有较好的防火性

D. 适用于室内装饰、绝热、保温、吸声

(30)石灰的碳化反应式是(　　)。

A. $Ca(OH)_2 + CO_2 = CaCO_3 + H_2O$

B. $CaO + H_2O = Ca(OH)_2$

C. $Ca(OH)_2 + CO_2 + nH_2O = CaCO_3 + (n+1)H_2O$

D. $CaCO_3 = CaO + CO_2$

(31)建筑石膏硬化后强度不高，其原因是(　)。

A. $CaSO_4$ 强度低　　B. β 晶型强度低

C. 结构中孔隙率大　　D. 杂质含量高

(32)生石灰在使用前的陈伏处理，使其在储灰池中存放 14d 以上的目的是为了(　　)。

A. 有利于结晶　　B. 蒸发多余水分

C. 消除过火石灰的危害　　D. 降低发热量

(33)生石灰消解反应的特点是(　　)。

A. 放出大量的热且体积大大膨胀　　B. 吸收大量的热且体积大大膨胀

C. 放出大量的热且体积收缩　　D. 吸收大量热

(34)建筑石膏在使用时，通常掺入一定量的动物胶，其目的是为了(　　)。

A. 缓凝　　B. 提高强度　　C. 促凝　　D. 提高耐久性

(35)由于石灰浆体硬化时(　　)，以及硬化强度低等缺点，所以不宜单独使用。

A. 吸水性大　　B. 需水量大　　C. 体积收缩大　　D. 体积膨胀大

(36)石灰膏在储灰池中陈伏的主要目的是(　　)。

A. 充分熟化　　B. 增加产浆量　　C. 减少收缩　　D. 降低发热量

(37)浆体在凝结硬化过程中，其体积发生微小膨胀的是(　　)。

A. 石灰　　B. 石膏　　C. 普通水泥　　D. 粘土

(38)国家标准水泥胶砂强度试验中，水泥胶砂的水灰比为(　　)。

A. 0.46　　B. 0.48　　C. 0.50　　D. 0.44

(39)水泥强度是指按规定制成胶砂试件，在标准温度的水中养护，测(　　)的试件抗折和抗压强度划分强度等级。

A. 3d 和 7d　　B. 3d 和 14d　　C. 3d 和 28d　　D. 7d 和 28d

(40)硅酸盐水泥中不掺混合材料的水泥，代号(　　)

A. P·O　　B. P·I　　C. P·Ⅱ　　D. P·Z

(41)硅酸盐水泥初凝时间不得早于 45min，终凝时间不得迟于(　　)min。

A. 300　　B. 390　　C. 600　　D. 690

(42)水化热大的水泥可用于(　)。

A. 大体积混凝土　　B. 冬季施工　　C. 大型基础　　D. 水坝

(43)在完全水化的硅酸盐水泥中，(　　)是主要水化产物。

A. 水化硅酸钙凝胶　　B. 氢氧化钙晶体

C. 水化铝酸钙晶体　　D. 水化铁酸钙凝胶

(44)纯(　　)与水反应是很强烈的，导致水泥立即凝结，故常掺入适量石膏以便调节凝结时间。

A. C_3S　　B. C_2S　　C. C_3A　　D. C_4AF

(45)安定性不合格的水泥(　　)。

A. 应降低标号使用　　B. 不允许使用

C. 掺入混合料后才能使用　　D. 使用时应加强养护

(46)有耐热要求的混凝土优先选用(　　)。

A. 硅酸盐水泥　　B. 矿渣硅酸盐水泥

C. 粉煤灰硅酸盐水泥　　D. 火山灰质硅酸盐水泥

(47)有抗渗要求的工程,应优先选用(　　)。

A. 硅酸盐水泥　　B. 矿渣硅酸盐水泥

C. 粉煤灰硅酸盐水泥　　D. 火山灰质硅酸盐水泥

(48)粉煤灰硅酸盐水泥中粉煤灰的掺量为:(　　)。

A. 5%～15%　　B. 20%～40%　　C. 20%～70%　　D. 20%～50%

(49)硅酸盐水泥的运输和储存应按国家标准规定进行,存放超过(　　)的水泥须重新试验。

A. 1个月　　B. 3个月　　C. 6个月　　D. 1年

(50)以下工程适合使用硅酸盐水泥的是(　　)。

A. 大体积的混凝土工程　　B. 受化学及海水侵蚀的工程

C. 耐热混凝土工程　　D. 早期强度要求较高的工程

(51)采用沸煮法测得硅酸盐水泥的安定性不良的原因之一是水泥熟料中(　　)含量过多。

A. 化合态的氧化钙　　B. 游离态氧化钙

C. 游离态氧化镁　　D. 二水石膏

(52)不宜用来生产蒸汽养护混凝土构件的水泥是(　　)。

A. 普通水泥　　B. 火山灰水泥　　C. 矿渣水泥　　D. 粉煤灰水泥

(53)矿渣水泥比硅酸盐水泥抗硫酸盐腐蚀能力强的原因是由于矿渣水泥的(　　)。

A. 水化产物中氢氧化钙较少

B. 水化反应速度较慢

C. 水化热较低

D. 水化产物中氢氧化钙和水化铝酸钙都较少

(54)硅酸盐水泥硬化后,由于环境中含有较高的硫酸盐而引起水泥石膨胀开裂,这是由于产生了(　　)。

A. $CaSO_4$　　B. $Ca(OH)_2$　　C. $MgSO_4$　　D. 钙矾石

(55)为了制造快硬高强的水泥,不能采取的措施是(　　)。

A. 增加矿物组成中 C_3S 和 C_3A 的含量

B. 提高石膏的含量

C. 提高水泥的细度

D. 增加 C_3A 和 C_2S 的含量

(56)水泥的凝结硬化程度与下列因素有关的是(　　):Ⅰ水泥的体积与质量;Ⅱ细度;Ⅲ拌和水量(占水泥质量的百分数);Ⅳ硬化时间。

A. Ⅰ、Ⅱ、Ⅲ　B. Ⅰ、Ⅱ、Ⅳ　C. Ⅱ、Ⅲ、Ⅳ　D. Ⅰ、Ⅲ、Ⅳ

(57)国标规定普通硅酸盐水泥的细度指标采用(　　)。

A. 0.08mm 方孔筛筛余量　B. 0.2mm 方孔筛筛余量

C. 细度　D. 比表面积

(58)水泥试验中需检测水泥的标准稠度用水量，其检测目的是(　　)。

A. 使得凝结时间和体积安定性测定具有准确可比性

B. 判断水泥是否合格

C. 判断水泥的需水性大小

D. 该项指标是国家标准规定的必检项目

(59)下列材料中，属于非活性混合材料的是(　　)。

A. 石灰石粉　B. 粒化高炉矿渣　C. 火山灰　D. 粉煤灰

(60)在生产水泥时，若掺入的石膏量不足则会发生(　　)。

A. 快凝现象　B. 水泥石收缩

C. 体积安定性不良　D. 缓凝现象

(61)水泥石产生腐蚀的内因是：水泥石中存在(　　)。

A. $3CaO \cdot 2SiO_2 \cdot 3H_2O$　B. $Ca(OH)_2$

C. CaO　D. 钙矾石

(62)硅酸盐水泥石耐热性差，主要是因为水泥石中含有较多的(　　)。

A. 水化铝酸钙　B. 水化铁酸钙

C. 水化硅酸钙和氢氧化钙　D. 钙矾石

(63)同厂家、同品种、同强度等级、同批次的水泥，应以(　　)为一个取样单位。

A. 60t　B. 400t　C. $60m^3$　D. $400m^3$

(64)设计混凝土配合比时，单位用水量的确定原则是(　　)。

A. 满足流动性要求的前提下选小值　B. 满足和易性要求

C. 满足和易性和强度要求　D. 满足强度和耐久性要求

(65)普通混凝土用砂的细度模数范围一般在(　　)之间，以其中的中砂细度模数为宜。

A. 3.7～3.1　B. 3.0～2.3　C. 2.2～1.6　D. 3.7～1.6

(66)普通硅酸盐水泥有(　　)个强度等级。

A. 4　B. 5　C. 6　D. 7

(67)混凝土配合比的试配调整中规定，在混凝土强度试验时至少采用 3 个不同的配合比，其中一个应为(　　)配合比。

A. 初步　B. 实验室　C. 施工　D. 基准

(68)抗渗混凝土是指其抗渗等级等于或大于(　　)级的混凝土。

A. P4　B. P6　C. P8　D. P10

(69)碳化可使混凝土的(　　)。

A. 碱度降低　B. 抗压强度不变　C. 抗拉强度提高　D. 塑性增大

(70)高强度混凝土是指混凝土强度等级为(　　)及其以上的混凝土。

A. C30　　B. C40　　C. C50　　D. C60

(71)流动性混凝土是指坍落度在(　　)mm 的混凝土。

A. 0～40　　B. 50～90　　C. 100～150　　D. 大于 160

(72)欲设计 C30 普通混凝土($\sigma=5$),其试配强度为(　)。

A. 21.8MPa　　B. 38.2MPa　　C. 30MPa　　D. 40MPa

(73)施工所需的混凝土拌和物坍落度的大小主要由(　　)来选取。

A. 水灰比和砂率

B. 水灰比和捣实方式

C. 集料的性质、最大粒径和级配

D. 构件的截面尺寸大小,钢筋疏密,捣实方式

(74)混凝土配合比设计中,水灰比的值是根据混凝土的(　　)要求来确定的。

A. 强度及耐久性　　B. 强度　　C. 耐久性　　D. 和易性与强度

(75)在拌制混凝土选用水泥时,当(　　)时,需对水泥中碱含量加以控制。

A. 集料表面存在酸性污染物　　B. 集料中含有活性二氧化硅

C. 用于制作盛酸性介质的设备　　D. 集料中含泥较多

(76)确定混凝土强度等级的依据是(　　)。

A. 立方体抗压强度　　B. 立方体抗压强度标准值

C. 轴心抗压强度　　D. 抗拉强度

(77)混凝土外加剂是指在拌制混凝土的过程中掺入的不超过水泥重量(　　)(特殊情况除外)的,用以改善混凝土性能的外掺材料。

A. 2%　　B. 5%　　C. 10%　　D. 15%

(78)选择混凝土集料时,应使其(　　)。

A. 总表面积大,空隙率大　　B. 总表面积小,空隙率大

C. 总表面积小,空隙率小　　D. 总表面积大,空隙率小

(79)普通混凝土用砂应选择(　　)较好。

A. 空隙率小　　B. 尽可能粗

C. 越粗越好　　D. 在空隙率较小的条件下尽可能粗

(80)普通混凝土立方体强度测试,采用 100mm×100mm×100mm 的试件,其强度换算系数为(　　)。

A. 0.90　　B. 0.95　　C. 1.05　　D. 1.00

(81)测定混凝土立方体抗压强度时,混凝土标准试件的尺寸是(　　)。

A. 100mm×100mm×100mm　　B. 150mm×150mm×150mm

C. 200mm×200mm×200mm　　D. 40mm×40mm×160mm

(82)在原材料质量不变的情况下,决定混凝土强度的主要因素是(　　)。

A. 水泥用量　　B. 砂率　　C. 单位用水量　　D. 水灰比

(83)在混凝土配合比一定的情况下,砂率过大,混凝土拌和物的流动性(　　)。

A. 越大　　B. 越小　　C. 不变　　D. 不一定

(84)提高混凝土拌和物的流动性,可采取的措施是(　　)。

A. 减少单位用水量　　　　　　　　B. 提高砂率

C. 增大水灰比

D. 在保持水灰比一定的条件下，同时增加水泥用量和用水量

(85)在选择粗集料时，通常其粗集料的抗压强度与所配制混凝土强度之比不小于(　　)。

A. 2.5　　B. 2.0　　C. 1.5　　D. 1.0

(86)卵石混凝土与碎石混凝土相比较，其(　　)。

A. 流动性好　　B. 粘聚性好　　C. 保水性好　　D. 强度高

(87)合理砂率是指在用水量和水泥用量一定的情况下，能使混凝土拌和物获得(　　)流动性，同时保持良好粘聚性和保水性的砂率值。

A. 最大　　B. 最小　　C. 一般　　D. 不变

(88)测定混凝土立方体抗压强度时，试件的标准养护条件是(　　)。

A. 温度(20±3)℃，相对湿度 90%以上

B. 温度(20±3)℃，相对湿度 95%以上

C. 温度(20±2)℃，相对湿度 90%以上

D. 温度(20±2)℃，相对湿度 95%以上

(89)混凝土的水灰比值在一定范围内，其值越大，则其强度(　　)。

A. 越低　　B. 越高　　C. 不变　　D. 不一定

(90)关于混凝土性质下列哪一项是错误的(　　)。

A. 气温越高，硬化速度越快　　　　B. 抗剪强度比抗压强度小

C. 与钢筋的线膨胀系数大致相同　　D. 水灰比越大，强度越高

(91)混凝土施工质量验收规范规定，粗集料的最大粒径不得大于钢筋最小间距的(　　)。

A. 1/2　　B. 1/3　　C. 3/4　　D. 1/4

(92)石子的最大粒径不得超过结构截面最小尺寸的(　　)。

A. 1/4　　B. 1/2　　C. 1/3　　D. 3/4

(93)某施工工地需要石子 1 600t，要配制砂率为 36%的混凝土，所需要砂的数量为(　　)。

A. 576t　　B. 700t　　C. 900t　　D. 1 024t

(94)能有效反映混凝土质量波动的主要指标为(　)。

A. 平均强度　　　　　　　　B. 强度标准差

C. 强度变异系数　　　　　　D. 强度保证率

(95)评定细集料粗细程度和级配好坏的指标为(　　)。

A. 筛分析法　　　　　　　　B. 筛分曲线和细度模数

C. 合理砂率　　　　　　　　D. 细度模数

(96)下列叙述正确的是(　　)。

A. C30 的混凝土的立方体抗压强度标准值不小于 30MPa

B. C30 的混凝土的立方体抗压强度平均值等于 30MPa

C. C30 的混凝土的立方体抗压强度平均值不小于 30MPa

D. C30 的混凝土的立方体抗压强度标准值小于 30MPa

(97)夏季施工的大体积混凝土工程,应优先选用的外加剂为(　　)。

A. 减水剂　　B. 早强剂　　C. 缓凝剂　　D. 膨胀剂

(98)当砂堆的体积最大时,砂的含水率为(　　)。

A. 1%～4%　　B. 5%～7%　　C. 7%～10%　　D. 11%～17%

(99)某混凝土的配合比为:水泥∶砂子∶石子∶水 = 1∶2∶3∶0.45。其砂率为(　　)。

A. 32%　　B. 40%　　C. 30%　　D. 35%

(100)混凝土坍落度用于表征(　　)。

A. 混凝土和易性　　B. 水灰比　　C. 用水量　　D. 混凝土强度

(101)影响混凝土强度的因素是(　　)。

A. 水泥强度与水灰比、集料的性质

B. 养护条件、龄期、施工质量

C. 水泥强度与水灰比、集料的性质、龄期

D. 水泥强度与水灰比、集料的性质以及养护条件、龄期等

(102)试配混凝土强度等级为 C35,其表观密度为 2 420kg/m^3,水泥用量为 408kg,用水量为 172kg,该混凝土集料用量为(　　)。

A. 1 284kg　　B. 1 840kg　　C. 1 498kg　　D. 1 584kg

(103)在混凝土配合比设计时,如果使混凝土的配制强度值等于混凝土的强度等级值,则混凝土的强度保证率为(　　)。

A. 95%　　B. 84%　　C. 70%　　D. 50%

(104)泵送混凝土中,宜加入(　　)。

A. 早强剂　　B. 减水剂　　C. 速凝剂　　D. 防水剂

(105)某混凝土设计强度等级为 C40,水泥强度等级为 42.5,粗集料为碎石,坍落度 15～20mm,计算水灰比正确的应为(　　)。

A. 2.00　　B. 0.34　　C. 0.43　　D. 2.10

(106)如果施工现场测得混凝土标准试件 28d 抗压强度等于 23MPa,则其强度等级可定为(　　)。

A. C20　　B. C23　　C. C25　　D. C28

(107)在设计混凝土配合比时,配制强度要比设计强度要求的强度等级要求高些,提高的大小取决于(　　)。

A. 设计强度等级要求的高低　　B. 施工单位管理水平的高低

C. 要求的强度保证率　　D. B + C

(108)某混凝土配合比设计中,已知单位用水量为 180kg,水灰比为 0.4,砂率为 40%,则石子用量为(　　)。

A. 687kg　　B. 1 770kg　　C. 1 062kg　　D. 708kg

(109)下列有关混凝土徐变说法不正确的是(　　)。

A. 可使钢筋混凝土构件截面中应力重新分布,从而消除或减少内部应力集中现

象

B. 对于预应力钢筋混凝土构件，会造成预应力损失

C. 对于大体积混凝土能消除一部分温度应力

D. 徐变的发展愈来愈慢，一般可延续数月

(110)建筑中主要应用的是(　　)号钢。

A. Q195　　B. Q215　　C. Q235　　D. Q275

(111)钢材抵抗冲击荷载的能力称为(　　)。

A. 塑性　　B. 冲击韧性　　C. 弹性　　D. 硬度

(112)钢的含碳量为(　　)。

A. 小于 2.06%　　B. 大于 3.0%　　C. 大于 2.06%　　D. 小于 1.26%

(113)钢的冷脆性直接受(　　)的影响。

A. 断面收缩率　　B. 冷弯性　　C. 冲击韧性　　D. 所含化学元素

(114)工程用碳素钢中的低碳钢的含碳量(　　)。

A. 小于 0.25%　　B. 小于 0.52%

C. 小于 0.6%　　D. 大于 0.25%，小于 0.52%

(115)伸长率是衡量钢材的(　　)指标。

A. 弹性　　B. 塑性　　C. 脆性　　D. 耐磨性

(116)普通碳素结构钢随钢号的增加，钢材的(　　)。

A. 强度增加、塑性增加　　B. 强度降低、塑性增加

C. 强度降低、塑性降低　　D. 强度增加、塑性降低

(117)在低碳钢的应力应变图中，有线性关系的是(　　)阶段。

A. 弹性阶段　　B. 屈服阶段　　C. 强化阶段　　D. 颈缩阶段

(118)抗拉性能是建筑钢材最重要的性能，设计时，强度取值的依据一般是(　　)。

A. 强度极限　　B. 屈服极限　　C. 弹性极限　　D. 比例极限

(119)从便于加工塑性和焊接性好的角度出发，应选择(　　)。

A. Ⅰ级钢筋　　B. Ⅱ级钢筋　　C. Ⅲ级钢筋　　D. Ⅳ级钢筋

(120)伸长率是反映钢材塑性的重要技术指标，对于同一钢材，一般(　　)。

A. $\delta_5 < \delta_{10}$　　B. $\delta_5 > \delta_{10}$　　C. $\delta_5 = \delta_{10}$　　D. 不能确定

(121)受振动或冲击荷载作用的结构用钢，应特别注意选用(　　)。

A. 屈服强度高的钢材　　B. 冲击韧性好的钢材

C. 伸长率好的钢材　　D. 冷弯性能好的钢材

(122)冷拉后的钢筋，再做拉伸试验则(　　)。

A. 屈服强度降低，伸长率提高　　B. 屈服强度提高，伸长率提高

C. 屈服强度降低，伸长率降低　　D. 屈服强度提高，伸长率降低

(123)钢材的含碳量小于 0.8%时，碳含量增加将提高(　　)。

A. 抗拉强度和硬度　　B. 焊接性能

C. 耐腐蚀性能　　D. 塑性和韧性

(124)冷弯性能是指钢材在常温下承受弯曲变形的能力，它表示在恶劣变形条件下钢

材的(　　)。

A. 弹性　　B. 变形性　　C. 延伸性　　D. 塑性

(125)钢材中磷是有害元素,它会造成钢的(　　)。

A. 热脆性　　B. 冷脆性

C. 焊接性能提高　　D. 塑性和韧性提高

(126)在设计中,屈强比 σ_s/σ_b 有参考价值,在一定范围内 σ_s/σ_b 小,则说明钢材在超过屈服点工作时(　　)。

A. 可靠性较高　　B. 可靠性较低　　C. 不够安全　　D. 变形较小

(127)热轧钢筋的级别高,则其(　　)。

A. 屈服强度、抗拉强度高,且塑性好　　B. 屈服强度、抗拉强度高,且塑性差

C. 屈服强度、抗拉强度低,且塑性好　　D. 屈服强度、抗拉强度低,且塑性差

(128)碳素结构钢的牌号所包含的四部分的正确的顺序是(　　)。

A. 屈服点字母—屈服强度值—质量等级符号—脱氧方法字母

B. 屈服强度值—屈服点字母—质量等级符号—脱氧方法字母

C. 质量等级符号—屈服点字母—屈服强度值—脱氧方法字母

D. 屈服点字母—屈服强度值—脱氧方法字母—质量等级符号

(129)用于排水的土工合成材料宜采用(　　)、塑料排水板、带钢圈和滤布及加强合成纤维组成的加劲式透水管。

A. 土工格栅　　B. 无纺布土工织物

C. 土工网　　D. 土工膜

(130)下列土工织物特点说法不正确的是(　　)

A. 重量轻　　B. 施工方便　　C. 抗拉强度高　　D. 抗紫外线

2)多项选择题

(1)关于耐水性说法不正确的是(　　)。

A. 有孔材料的耐水性用软化系数表示

B. 材料的软化系数在 0~1 之间波动

C. 软化系数大于 0.85 的材料称为耐水材料

D. 软化系数小于 0.85 的材料称为耐水材料

E. 软化系数越大,材料吸水饱和后强度降低越多,耐水性越差

(2)土木工程材料按基本成分分类有(　　)。

A. 有机材料　　B 复合材料　　C. 无机材料

D. 金属材料　　E. 非金属材料

(3)与水有关的建筑材料性质包括(　　)。

A. 耐水性　　B. 抗塑性　　C. 抗冻性

D. 抗渗性　　E. 抗剪性

(4)建筑材料力学性质主要包括(　　)。

A. 耐水性　　B. 强度　　C. 弹性

D. 塑性　　E. 密度

(5)建筑材料的物理性质有(　　)。

A.弹性　　B.表观密度　　C.密度

D.塑性　　E.徐变

(6)当材料孔隙率发生变化时,材料的(　　)也会随之发生变化。

A.强度　　B.吸水率　　C.耐水性

D.抗冻性　　E.密度

(7)反映材料密实程度的指标是(　　)。

A.密度　　B.表观密度　　C.密实度

D.堆积密度　　E.孔隙率

(8)颗粒材料的体积由(　　)几部分构成。

A.固体物质部分体积　　B.开口孔隙体积　　C.闭口孔隙体积

D.空隙体积　　E.表观体积

(9)对于材料弹性和塑性的描述,正确的是(　　)。

A.弹性变形和塑性变形均为破坏变形

B.弹性变形和塑性变形均改变了材料的原始形状和尺寸

C.弹性变形和塑性变形均不会导致材质产生裂隙破坏

D.弹性和塑性会随温度和外力条件的改变而转换

E.有的材料既具有弹性变形特征,又具有塑性变形特征

(10)材料在外力作用下产生变形的形式有(　　)。

A.弹性变形　　B.塑性变形　　C.脆性变形

D.韧性变形　　E.柔性变形

(11)作为建筑结构材料一般应该同时满足(　　)。

A.技术性能　　B.美观　　C.耐久性

D.工艺性　　E.经济性

(12)属于复合材料的建筑材料有(　　)。

A.玻璃钢　　B.合成橡胶　　C.水玻璃

D.钢纤维混凝土　　E.菱苦土

(13)下列材料中,属于胶凝材料的是(　　)。

A.石灰　　B.水泥　　C.生石膏

D.沥青　　E.水玻璃

(14)材料含水导致其(　　),一般会影响材料的使用。

A.弹性模量减小　　B.导热性增大　　C.粘结力增大

D.强度降低　　E.体积膨胀

(15)关于材料特性,下列说法正确的是(　　)。

A.耐水性是反映材料长期在饱水作用下其强度不明显降低的特性

B.吸湿性随周围环境湿度和温度的变化而不同

C.抗冻性是指材料在吸水饱和状态下冻结后强度降低的特性

D.吸水性与其弹性密切相关

E.塑性是材料受力后脆断破坏的特性

(16)下列叙述中正确的是(　　)。

A.孔隙率与密实度两者乘积为1

B.$K_{软}$越小则材料耐水性越差

C.材料吸湿性大小,用孔隙率表示

D.材料渗透系数越大,则抗渗性越强

E.比强度是衡量材料轻质高强的指标

(17)建筑石膏的物理特性包括(　　)。

A.抗冻性好　　B.微膨胀性　　C.多孔性

D.耐水性差　　E.建筑石膏初凝和终凝时间长

(18)建筑石膏在土木建筑工程中的主要用途有(　　)。

A.制成石膏抹灰材料　　B.墙体材料　　C.雕塑制品

D.装饰石膏板　　E.砌筑砂浆

(19)生石灰熟化后(　　)

A.重量增加　　B.体积增加　　C.重量减小

D.化学成分不变　　E.化学成分变化

(20)石灰硬化时产生的现象有(　　)。

A.放出大量的热　　B.放出大量的水分并蒸发

C.体积膨胀　　D.体积收缩　　E.体积不变

(21)水泥水化早期放热量大小与之有关系的是(　　)。

A.水泥品种　　B.熟料的矿物组成　　C.水泥细度

D.体积安定性　　E.掺合料

(22)硅酸盐水泥、普通水泥的应用正确的是(　　)。

A.在工程应用的适应范围内两种水泥是一致的

B.用于重要结构的高强度混凝土

C.冬季施工

D.用于受海水和矿物水等作用的工程

E.均不宜用于大体积混凝土构筑物

(23)矿渣水泥与硅酸盐水泥、普通水泥相比具有以下特性:(　　)。

A.早期强度低,后期强度增长较快　　B.水化热低

C.抗腐蚀能力较强　　D.抗冻性差

E.耐热性好

(24)提高混凝土耐久性的主要技术措施有(　　)。

A.合理选择水泥品种　　B.严格控制水灰比和水泥用量

C.选用质量较好的集料　　D.保证混凝土施工质量

E.掺入适当的外加剂

(25)硅酸盐水泥及普通水泥的技术性质有(　　)。

A.细度　　B.凝结时间　　C.体积安定性

D. 碱含量　　　　　　　E. 微膨胀性

(26)以下叙述正确的有(　　)。

A. 安定性不合格的水泥不可用于工程,应废弃

B. 安定性不合格的水泥,视为不合格

C. 水泥初凝时间不合要求,该水泥报废

D. 终凝时间不合要求,视为不合格

E. 水泥初凝时间不合要求,视为不合格

(27)不宜用于大体积混凝土工程、化学侵蚀及海水侵蚀工程的水泥有(　　)。

A. 硅酸盐水泥　　　　B. 普通硅酸盐水泥　　　　C. 矿渣硅酸盐水泥

D. 火山灰硅酸盐水泥　　E. 粉煤灰硅酸盐水泥

(28)抗硫酸盐侵蚀的普通混凝土工程用水泥是(　　)。

A. 硅酸盐水泥　　　　B. 矿渣硅酸盐水泥　　　　C. 普通硅酸盐水泥

D. 火山灰硅酸盐水泥　　E. 粉煤灰硅酸盐水泥

(29)混凝土大量使用在现代建筑工程中,是由于其具有以下优点(　　)。

A. 原材料丰富,来源广泛　　　　　　　　B. 体积密度大

C. 抗压强度较高

D. 能与钢筋共同工作,并保护钢筋不生锈　　E. 成本低廉

(30)混凝土掺入减水剂的技术经济效果有(　　)。

A. 提高混凝土强度

B. 可增大混凝土坍落度

C. 可稍增加水泥用量就能满足泵送混凝土的施工要求

D. 改善混凝土的密实度

E. 提高耐久性

(31)以下说法正确的有(　　)。

A. 为了加速水泥的凝结硬化,提高混凝土的早期强度应掺入氯化钙早强剂

B. 硫酸钠(Na_2SO_4)早强剂,又称元明粉

C. 解决混凝土遭受冰冻、海水侵蚀等作用时的耐久性问题,可采用早强剂

D. 无论哪种混凝土中掺引气剂或引气减水剂,其掺量都十分微小

E. 萘系减水剂使用后易致混凝土坍落度损失

(32)减少混凝土干缩的主要技术措施有(　　)。

A. 减少水泥用量　　　　B. 减少集料中的含泥量　C. 降低水灰比

D. 充分养护　　　　　　E. 增加水泥用量

(33)混凝土和易性主要包含(　　)等方面的内容。

A. 流动性　　　　　　　B. 稠度　　　　　　　　C. 粘聚性

D. 保水性　　　　　　　E. 密实性

(34)减水剂常用品种主要有(　　)。

A. 氯化钙($CaCl_2$)　　B. 氯化钠(NaCl)　　　C. NNO

D. 木钙粉　　　　　　　E. 树脂系 ST

(35)早强剂多用于抢修工程和冬季施工的混凝土。目前常用的早强剂有(　　)。

A. 氯盐　　B. 硫酸盐　　C. 三乙醇胺

D. 木质素磺酸钙　　E. 氯化亚铁

(36)大体积混凝土工程中控制温度变形的措施有(　　)。

A. 采用低热水泥　　B. 减少水泥用量

C. 加强外部混凝土的保温　　D. 采用内部混凝土散热措施

E. 增加水泥用量

(37)影响混凝土拌和物和易性的主要因素有(　　)。

A. 水泥强度等级　　B. 砂率　　C. 水灰比

D. 水泥浆量　　E. 集料种类

(38)混凝土配合比设计的基本要求是(　　)。

A. 满足施工和易性要求　　B. 强度达到所设计的强度等级要求

C. 满足耐久性要求　　D. 经济合理　　E. 材料种类尽量少

(39)石子粒径取决于构件截面尺寸和配筋的疏密。石子最大颗粒尺寸不得超过(　　)。

A. 结构截面最小尺寸的1/4

B. 不得大于钢筋最小净间距的3/4

C. 对混凝土实心板,不宜超过板厚的1/2

D. 对混凝土实心板,不超过50mm

E. 应尽量选用级配所要求的小值

(40)混凝土配合比设计的3个基本参数是(　　)。

A. 水灰比　　B. 和易性　　C. 单位用水量

D. 砂率　　E. 强度

(41)以下说法正确的有(　　)。

A. 缓凝剂用于大体积混凝土或炎热气候条件下施工的混凝土

B. 缓凝剂用于长距离运输的混凝土

C. 常用缓凝剂有三乙醇胺和以其为基础的复合缓凝剂

D. 混凝土缓凝剂对后期强度发展无不利影响的外加剂

E. 蒸汽养护的混凝土和预应力混凝土,宜掺用引气减水剂

(42)对高强混凝土组成材料的要求有(　　)。

A. 应选用强度等级不低于42.5级的硅酸盐水泥或普通硅酸盐水泥

B. 高强度混凝土的水泥用量不应大于550kg/m^3

C. 水泥和矿物掺合料的总量不应大于600kg/m^3

D. 细集料的细度模数不宜小于2.6,且含泥量不应大于2.0%

E. 对强度等级为C60的混凝土,其粗集料的最大粒径不应大于60mm

(43)混凝土碱-集料反应必须具备什么条件才能发生?(　　)

A. 混凝土中水泥和外加剂中总碱含量偏高　　B. 使用了活性集料

C. 混凝土在潮湿环境条件下　　D. 混凝土在干燥环境条件下

E. A+B

(44)混凝土拌和物流动性降低的原因可能是(　　)。

A. 停放时间长　B. 温度升高　C. 水泥浆数量加大

D. 水灰比增大　E. 集料体积增大

(45)砂率增大则会产生的影响有(　　)。

A. 集料的空隙率增大　B. 集料的总表面积增大　C. 粘聚性、保水性改善

D. 流动性增大　E. 总表面积下降

(46)影响混凝土强度的因素包括(　　)。

A. 水泥强度和水灰比　B. 集料　C. 养护温度和湿度

D. 龄期　E. 砂率

(47)混凝土中水泥的品种是根据(　　)来选择的。

A. 施工要求的和易性　B. 粗集料的种类　C. 工程的特点

D. 工程所处的环境　E. 材料成本

(48)下列混凝土变形中不属于物理化学因素引起的变形是(　　)。

A. 徐变　B. 短期荷载下的变形　C. 碳化收缩

D. 干湿变形　E. 温度变形

(49)混凝土的耐久性通常包括(　　)。

A. 抗冻性　B. 抗渗性　C. 抗侵蚀性

D. 抗老化性　E. 抗碱－集料反应

(50)混凝土配合比设计的基本要求有(　　)。

A. 满足混凝土设计强度的要求　B. 满足施工要求的和易性

C. 满足水灰比　D. 满足耐久性要求

E. 满足节约水泥、降低成本的要求

(51)目前常用的混凝土外加剂有(　　)。

A. 减水剂　B. 早强剂　C. 引气剂

D. 缓凝剂　E. 防腐剂

(52)在混凝土中加入引气剂,可以提高混凝土的(　　)。

A. 抗冻性　B. 耐水性　C. 抗渗性

D. 抗碱－集料反应　E. 抗碳化

(53)混凝土配筋的防锈措施应考虑(　　)。

A. 限制水灰比　B. 掺加氯盐外加剂　C. 限制水泥用量

D. 采取措施保证混凝土的密实性　E. 加阻锈剂

(54)用压碎指标表示强度指标的材料是(　　)。

A. 普通混凝土　B. 碎石　C. 卵石

D. 轻集料混凝土　E. 轻集料

(55)低合金结构钢与碳素结构钢相比,其特点是(　　)。

A. 塑性好　B. 强度高　C. 可焊性好

D. 韧性好　E. 综合性能好

(56)钢含碳量小于0.8%时,随着含碳量提高,则其(　　)。

A.抗拉强度提高　　B.硬度提高　　C.塑性提高

D.韧性降低　　E.焊接性能降低

(57)钢材的工艺性能主要有(　　)。

A.抗拉性能　　B.冷弯性能　　C.冲击韧性

D.焊接性能　　E.耐磨性能

(58)经过冷加工并时效后的钢筋具有如下特点(　　)。

A.提高了塑性和韧性

B.适宜用于承受冲击荷载的结构

C.提高了屈服点

D.提高了抗拉强度

E.降低了钢筋塑性与韧性

(59)低合金钢具有(　　)等性能。

A.较高的强度　　B.较好的可塑性　　C.可焊性

D.较好的抗冲击韧性　　E.较好的冷弯性

(60)钢材中磷是有害元素,会引起(　　)。

A.冷脆性　　B.耐蚀性降低　　C.耐磨性下降

D.可焊性下降　　E.韧性和塑性下降

(61)钢材中含硫会引起(　　)。

A.热脆现象　　B.可焊性下降　　C.冲击韧性提高

D.耐疲劳性提高　　E.抗蚀性上升

(62)钢材中含氧会引起(　　)。

A.韧性下降　　B.可焊性下降　　C.强度下降

D.耐磨性上升　　E.抗蚀性上升

(63)关于冷弯性能正确的是(　　)。

A.指钢材在常温下承受弯曲变形的能力

B.表征在恶劣变形条件下钢材的塑性

C.能揭示内应力、杂质等缺陷

D.可用于焊接质量的检验

E.指钢材在低温下承受弯曲变形的能力

(64)普通碳素结构钢Q235-A表示(　　)。

A.抗拉强度为235MPa、A级　　B.屈服强度为235N/mm^2、A级

C.弹性极限为235MPa、A级　　D.镇静钢

E.沸腾钢

(65)热轧带肋钢筋的牌号为(　　)。

A.HPB235　　B.HRB335　　C.HRB400

D.CRB550　　E.Q235

(66)土木工程中常用的主要钢种是(　　)。

A. 碳素钢　B. 优质低碳钢　C. 低合金钢
D. 高合金钢　E. 其他钢种

(67)影响钢材冲击韧性的主要因素为(　　)。
A. 钢材的化学成分　B. 钢材的组织状态　C. 钢材的内在缺陷
D. 环境温度　E. 其他

(68)应用于处理软土地基的土工织物主要作用有(　　)。
A. 渗漏排水作用　B. 隔离作用　C. 过滤作用
D. 加筋作用　E. 固化作用

(69)土工合成材料其力学特性指标主要有(　　)。
A. 撕裂强度　B. 抗拉强度　C. 穿透及握持强度
D. 刺破强度　E. 顶破强度

(70)下列属于土工合成材料的是(　　)。
A. 复合型土工合成材料　B. 特种土工合成材料
C. 有机土工合成材料　D. 土工织物　E. 土工膜

(71)以下对土工织物的特点说法正确的是(　　)。
A. 土工织物抗紫外线的能力低
B. 土工织物重量轻、施工方便
C. 土工织物抗拉强度低
D. 土工织物抗腐蚀能力强
E. 无纺土工织物的强度没有显著的方向性

(72)影响土工织物渗透性的主要因素有(　　)。
A. 试样面积大小　B. 织物的结构类型及孔隙分布
C. 测试仪器的性能　D. 水温　E. 水压

(73)土工膜防渗层的结构包括(　　)。
A. 排水层　B. 垫层　C. 保护层
D. 土工膜　E. 支持层

(74)粘土的主要技术性能包括(　　)。
A. 延度　B. 可塑性　C. 烧结性能
D. 稀释性能　E. 收缩性

(75)土木合成材料具备(　　)等特点。
A. 成本低，价格便宜　B. 施工过程中不需要大型设备，铺设方便
C. 工程性质稳定　D. 便于施工
E. 对周边环境造成的影响小

5.4　参考答案

1)单项选择题答案

(1)A　(2)B　(3)B　(4)D　(5)A　(6)B　(7)B　(8)D

(9)C (10)D (11)A (12)C (13)D (14)C (15)C (16)D
(17)C (18)B (19)C (20)A (21)C (22)A (23)A (24)C
(25)D (26)D (27)B (28)C (29)A (30)C (31)C (32)C
(33)A (34)A (35)C (36)A (37)B (38)C (39)C (40)B
(41)B (42)B (43)A (44)C (45)B (46)B (47)D (48)B
(49)B (50)D (51)B (52)A (53)D (54)D (55)D (56)C
(57)A (58)A (59)A (60)A (61)B (62)C (63)B (64)A
(65)D (66)C (67)D (68)B (69)A (70)D (71)C (72)B
(73)D (74)A (75)B (76)B (77)B (78)C (79)D (80)B
(81)B (82)D (83)B (84)D (85)C (86)A (87)A (88)D
(89)A (90)D (91)C (92)A (93)C (94)C (95)B (96)A
(97)C (98)B (99)B (100)A (101)D (102)B (103)D (104)B
(105)C (106)A (107)D (108)C (109)D (110)C (111)B (112)A
(113)D (114)A (115)B (116)D (117)A (118)B (119)A (120)B
(121)B (122)D (123)A (124)D (125)B (126)A (127)B (128)A
(129)B (130)D

2)多项选择题答案

(1)DE (2)ABC (3)ACD (4)BCD (5)BC (6)ABCD
(7)CE (8)ABCD (9)CE (10)AB (11)ACE (12)AD
(13)ABCDE (14)BDE (15)AB (16)BE (17)BCD (18)ABCD
(19)ABE (20)BD (21)ABCE (22)ABCE (23)ABCDE (24)ABCDE
(25)ABCD (26)ACD (27)AB (28)BDE (29)ACDE (30)ABDE
(31)ABE (32)ABD (33)ACD (34)CDE (35)ABCE (36)ABCD
(37)BDE (38)ABCD (39)ABCD (40)ACD (41)ABD (42)ABCD
(43)ABC (44)ABE (45)ABC (46)ABCD (47)CD (48)AB
(49)ABCE (50)ABDE (51)ABCD (52)AC (53)ADE (54)BC
(55)ABCDE (56)ABDE (57)BD (58)CDE (59)ABCD (60)ADE
(61)AB (62)ABC (63)ABCD (64)BD (65)BC (66)ABC
(67)ABCD (68)ABCD (69)ABCDE (70)ABDE (71)ABDE (72)ABCDE
(73)CDE (74)BCDE (75)ABDE

第6章　工程水文学基础

6.1　考试大纲

6.1.1　水文循环与径流形成

水文循环与水量平衡　河流与流域　降水　土壤水、下渗与地下水　径流

6.1.2　水文测验

水位观测　流量测验　泥沙测验与计算　水文调查　水文数据处理

6.1.3　流域产、汇流

降雨径流要素　产流计算　汇流计算

6.1.4　设计洪水

水文频率分析　样本分析　相关分析　设计洪水计算

6.1.5　设计年径流

频率分析　时程分配

6.2　复习指导

本章第一节简单介绍了水文学及工程水文学的研究内容与作用,考试大纲虽没作要求,但考生应有一定的了解。

第二节主要介绍水文学的一些基本概念,是学习本课程的入门知识。通过本节的学习,应该了解水循环的概念与水量平衡原理,熟悉河流与流域的概念,掌握降水、蒸发、下渗、径流、土壤水与地下水的形成机理及有关分析计算方法。

第三节介绍了水文测验及水文资料收集的基本方法,包括:水位、流量、泥沙的测验与计算方法;水文调查方法;水文数据处理方法等。水文资料是水文分析计算的依据,应了解水文资料的来源、观测手段和整理过程,掌握收集资料的方法与途径。

第四节讲述了流域产、汇流原理与分析计算方法,应了解降雨、径流的要素及统计计算方法,掌握流域产、汇流计算方法。

第五节介绍了水文统计的基本知识与设计洪水的计算方法,应理解频率计算与相关分析的原理,掌握设计洪水的计算方法。

第六节介绍了设计年径流计算，应熟悉频率计算求设计年径流量的方法，掌握年内分配的确定方法。

6.3 复习题

1)单项选择题

(1)水文学是研究地球上(　　)的一门科学。

A.地表水体　　B.各种水体　　C.流动水体　　D.各种流体

(2)水资源是指可供人类利用的(　　)。

A.水体　　B.地表水　　C.淡水　　D.地表水和地下水

(3)水资源每年可以(　　)。

A.更新　　B.增多　　C.减少　　D.不变

(4)中国水资源总量约为(　　)。

A.2.45 万亿 m^3　　B.3.18 万亿 m^3　　C.2.72 万亿 m^3　　D.2.95 万亿 m^3

(5)中国水资源总量排世界第(　　)位。

A.4　　B.5　　C.6　　D.8

(6)中国人均水资源占有量约为世界人均占有量的(　　)

A.1/2　　B.1/3　　C.1/4　　D.1/5

(7)地球上的水因蒸发成为水汽，经输送、上升、冷却、凝结，并在适当条件下再降落到地面，这种不断的循环过程，称为(　　)。

A.水文循环　　B.自然循环　　C.物质运动　　D.大循环

(8)从海洋上蒸发出来的一部分水汽，被气流带到大陆上空，冷凝后降落到陆地表面。其中一部分重新蒸发又回到大气中，一部分从地面和地下汇入河流，最后注入海洋。这种海陆间的水循环称为(　　)。

A.大循环和小循环　　B.海、陆循环

C.海、陆、空循环　　D.大循环

(9)水资源具有(　　)。

A.可替代性　　B.可再生性　　C.可持续性　　D.多样性

(10)水循环的途径及循环的强弱，决定了水资源的(　　)。

A.地区分布　　B.量与质　　C.时程变化　　D.A+C

(11)根据质量守恒定律，在水文循环过程中，对于任一区域、任一时段内，进入的水量与输出的水量之差额必等于其蓄水量的变化量，这称为(　　)。

A.运动永恒原理　　B.收支平衡原理

C.等价变换原理　　D.水量平衡原理

(12)根据水量平衡原理，全球多年平均降水量相比多年平均蒸发量(　　)。

A.多　　B.少　　C.相等　　D.或多或少

(13)根据水量平衡原理，大陆多年平均径流量与多年平均蒸发量之和相比多年平均降水量(　　)。

A. 多　B. 少　C. 相等　D. 或多或少

(14)根据水量平衡原理,海洋上多年平均降水量与多年平均流入的径流量之和相比,其多年平均蒸发量(　　)。

A. 多　B. 少　C. 相等　D. 或多或少

(15)(　　)是构成河流的两个要素。

A. 河床与河堤　B. 支流与干流

C. 水流与泥沙　D. 水流与河槽

(16)河流不都具有(　　)。

A. 河源　B. 河口　C. 干流　D. 上、中、下游

(17)直接汇入二级支流的称为(　　)级支流。

A. 一　B. 三　C. 高　D. 低

(18)河流干支流及(　　)等组成的水流系统,称为水系、河系或河网。

A. 池塘　B. 水井　C. 湖泊　D. 地下暗河

(19)一级支流与二级支流相比(　　)。

A. 长　B. 短　C. 或长或短　D. 水量多

(20)垂直于(　　)方向的断面称为河流横断面。

A. 河岸　B. 河堤　C. 水流　D. 水平

(21)河流中沿(　　)方向各横断面最大水深点的连线,称为中泓线。

A. 水流　B. 河岸　C. 河槽　D. 水平

(22)沿河流中泓线的剖面,称为河流的(　　)。

A. 横断面　B. 纵断面　C. 横剖面　D. 纵分割面

(23)河段两端河底高程差称为(　　)。

A. 高差　B. 落差　C. 纵比降　D. 高程

(24)中泓线上单位河长的落差称为(　　)。

A. 河流纵比降　B. 平均落差　C. 平均高差　D. 平均高程

(25)某河段两端河底高程差为10m,河长为1 000m,河段纵比降为(　　)。

A. 1‰　B. 10‰　C. 10%　D. 5‰

(26)河流的集水区域称为(　　)。

A. 区域　B. 集水面积　C. 流域　D. 水文分区

(27)相邻流域的分界线称为(　　)。

A. 边界线　B. 周界线　C. 合水线　D. 分水线

(28)除喀斯特地区外,地面分水线与地下分水线相重合的流域称为(　　)。

A. 独立流域　B. 封闭流域

C. 非闭合流域　D. 闭合流域

(29)一般大中流域(　　)闭合流域考虑。

A. 多按　B. 不按　C. 不能按　D. 很少按

(30)在1:10 000地形图上量出某流域图面面积为1 200cm²,该流域面积为(　　)。

A. 12km²　B. 12 000 000cm²

C. $120km^2$ D. $1.2km^2$

(31)流域的地理位置以流域所处的(　　)来表示。

A.坐标 B.行政区域 C.经纬度 D.水文分区

(32)流域的下垫面条件不包括(　　)。

A.地形 B.植被 C.湖泊、沼泽 D.蒸发

(33)(　　)不属于流域下垫面条件。

A.地质 B.土壤 C.地貌 D.降水

(34)将流域地形图划分成(　　)的正方格,依次定出每个方格交叉点上的高程以及与等高线正交方向的坡度,取其平均值即为流域平均高度与平均坡度。

A.10 个以上 B.40 个以上 C.90 个以上 D.100 个以上

(35)降水是指液态或固态的水汽凝结物从空中降落到地面的现象,不包括(　　)。

A.雨 B.雪 C.雹 D.沙尘暴

(36)降水的特征常用几个基本要素来表示,不包括(　　)。

A.降水量 B.降水历时 C.降水强度 D.降水水质

(37)降水量常用单位是(　　)。

A. kg B. m^3 C. cm D. mm

(38)降水按空气抬升形成动力冷却的原因分成的四种类型,不包括(　　)。

A.对流雨 B.地形雨 C.锋面雨 D.雷降雨 E.气旋雨

(39)平原地区不发生(　　)。

A.对流雨 B.地形雨 C.锋面雨 D.雷阵雨 E.气旋雨

(40)在一次降雨过程中,迎风坡的降雨相比背风坡(　　)。

A.多 B.少 C.相同 D.或多或少

(41)用雨量器观测降水量一般采用二段制观测,即每日(　　)各观测 1 次。

A.6 时和 18 时 B.8 时和 20 时 C.10 时和 22 时 D.12 时和 24 时

(42)自记雨量计有三种类型,不包括(　　)。

A.称重式 B.虹吸式 C.自动式 D.翻斗式

(43)用于水文方面的气象雷达有效范围一般是(　　)km。

A.20～40 B.30～60 C.40～80 D.40～200

(44)利用气象雷达不能预报探测范围内的(　　)。

A.降雨量 B.雨强

C.降雨开始和终止时刻 D.雨期蒸发量

(45)利用卫星云图和人机交互系统(　　)降雨量计算、雨区移动预测等项工作。

A.能够进行 B.不能进行 C.将来能进行 D.将来也难进行

(46)水文学中把存于包气带中的水称为(　　)。

A.浅层地下水 B.土壤水 C.非承压水 D.潜水

(47)在包气带中,水压力(　　)大气压。

A.大于 B.小于 C.等于 D.约等于

(48)在饱和带中,水压力(　　)大气压。

A. 大于　　B. 小于　　C. 等于　　D. 约等于

(49)由土粒分子力所结合的水分的最大量称为(　　)。

A. 最大吸湿量　　B. 田间持水量

C. 土壤含水量　　D. 最大分子持水量

(50)当土壤对水分的吸力等于 15 个大气压时的土壤含水量称为(　　)。

A. 最大吸湿量　　B. 最大分子持水量

C. 凋萎含水量　　D. 田间持水量

(51)土壤中所能保持的最大毛管悬着水量称为(　　)。

A. 最大吸湿量　　B. 数大分子持水量

C. 田间持水量　　D. 凋萎含水量

(52)自然渗入土中的水分,不受(　　)力作用。

A. 分子力　　B. 毛管力　　C. 重力　　D. 机械力

(53)下渗的水分被土壤颗粒吸收而形成薄膜水的阶段称为(　　)。

A. 渗透阶段　　B. 渗润阶段　　C. 渗漏阶段　　D. 入渗阶段

(54)下渗水分主要在毛管力、重力作用下,沿土壤孔隙向下作不稳定流动,直到使土壤孔隙填充饱和的阶段叫(　　)。

A. 渗润阶段　　B. 渗漏阶段　　C. 渗透阶段　　D. 下渗阶段

(55)单位时间内渗入单位面积土壤中的水量称为(　　)。

A. 下渗率　　B. 下渗量　　C. 渗润率　　D. 渗漏率

(56)充分供水条件的下渗率称为(　　)。

A. 最大下渗率　　B. 下渗强度　　C. 下渗能力　　D. 最大下渗强度

(57)下渗曲线是一条(　　)。

A. 下降曲线　　B. 上升曲线　　C. 水平线　　D. 下降直线

(58)当土壤水分达到饱和后,下渗率会(　　)。

A. 逐渐减小　　B. 趋于稳定　　C. 等于零　　D. 逐渐增大

(59)描述下渗率变化规律的霍顿公式中的参数 f_0、f_c、β 是(　　)。

A. 理论的　　B. 经验性的　　C. 稳定的　　D. 通用的

(60)单位时间内的蒸发量称为(　　)。

A. 蒸发率　　B. 蒸发能力　　C. 蒸腾速度　　D. 散发能力

(61)在充分供水条件下,某一蒸发面的蒸发量称为(　　)。

A. 放大蒸发量　　B. 蒸发能力

C. 蒸散发量　　D. 最大蒸发率

(62)各种蒸发器观测的蒸发量相比大水体水面蒸发量(　　)。

A. 大　　B. 小　　C. 相等　　D. 接近

(63)流域总蒸发不包括(　　)。

A. 水面蒸发　　B. 土壤蒸发　　C. 植物散发　　D. 动物消耗量

(64)闭合流域多年平均降水量(　　)多年平均径流量与多年平均蒸发量之和。

A. 等于　　B. 大于　　C. 小于　　D. 接近

(65)闭合流域在某一年的降水量减去该年的径流量与蒸发量之和(   )。

A. 等于零　B. 大于零　C. 小于零　D. 等于蓄水增量

(66)径流形成过程可概化为降水阶段、流域蓄渗阶段、坡面漫流阶段和(   )。

A. 河道泄流阶段　B. 河槽集流阶段

C. 洪水形成阶段　D. 径流形成阶段

(67)影响径流的主要因素不包括(   )。

A. 气候因素　B. 下垫面因素

C. 人类活动影响因素　D. 动物活动影响因素

(68)河川水文情势的特点不包括(   )。

A. 不重复性　B. 地区性　C. 周期性　D. 破坏性

(69)径流的表示方法有(   )种。

A. 3　B. 4　C. 5　D. 6

(70)单位流域面积上产生的流量称为(   )。

A. 径流系数　B. 平均流量　C. 径流模数　D. 径流深

(71)下面对径流系数的描述正确的是(   )。

A. 无量纲,小于1　B. 有量纲,小于1

C. 无量纲,大于1　D. 有量纲,等于1

(72)已知降雨深为80mm,形成的径流深为32mm,径流系数为(   )。

A. 0.32　B. 0.4　C. 0.5　D. 0.3

(73)某流域面积为100km^2,多年平均径流量为60m^3/s则多年平均径流模数为(   )。

A. 0.06m^3/(s·km^2)　B. 600L/(s·km^2)

C. 16.67m^3/(s·km^2)　D. 166L/(s·km^2)

(74)3(m^3/s)·d可以换算为(   )

A. 72m^3/s　B. 72m^3　C. 259 200m^3　D. 259 200m^3/s

(75)某河流1h内的径流总量为7 200m^3,其平均流量为(   )。

A. 2m^3　B. 2m^3/s　C. 2　D. 2mm

(76)某流域面积为100km^2,当径流总量为7 200m^{3}时,折合径流深为(   )。

A. 7.2mm　B. 72mm　C. 0.072mm　D. 0.72mm

(77)降雨深相比其产生的径流深(   )。

A. 大　B. 小　C. 相等　D. 接近

(78)某流域10mm径流深折合1 000m^{3}总径流量,该流域面积为(   )。

A. 10km^2　B. 1km^2　C. 100km^2　D. 0.1km^2

(79)土壤水不包括(   )。

A. 吸湿水　B. 毛管水　C. 薄膜水　D. 承压水

(80)当降雨强度i大于等于下渗能力f_p时,土壤按(   )下渗。

A. i　B. f_p　C. 小于f_p　D. 大于f_p

(81)下面对潜水的描述不正确的是(   )。

A. 埋藏于饱和带中　　B. 处于第一个不透水层以上
C. 能补充河流　　D. 能补充深层地下水

(82)下面对承压水的描述不正确的为(　　)。
A. 埋藏于饱和带中　　B. 处于两个不透水层之间
C. 具有压力水头　　D. 不能补充河流

(83)台风暴雨下渗总水量相比雨强大且均匀的暴雨下渗总水量(　　)。
A. 大　　B. 小　　C. 基本相同　　D. 或大或小

(84)径流系数大的流域，径流总量相比径流系数小的流域(　　)。
A. 大　　B. 小　　C. 相同　　D. 大小不确定

(85)径流模数大的流域，径流总量相比径流模数小的流域(　　)。
A. 大　　B. 小　　C. 相同　　D. 大小不确定

(86)径流深大的流域相比径流深小的流域径流总量(　　)。
A. 大　　B. 小　　C. 相同　　D. 大小不确定

(87)径流深相同的流域，径流模数(　　)。
A. 相同　　B. 大流域的大　　C. 大流域的小　　D. 大小不确定

(88)径流模数相同的流域，径流总量(　　)。
A. 相同　　B. 大流域的大　　C. 大流域的小　　D. 大小不确定

(89)平均流量相同的流域，径流总量(　　)。
A. 相同　　B. 大流域的大　　C. 大流域的小　　D. 大小不确定

(90)平均流量相同的流域，径流模数(　　)。
A. 相同　　B. 大流域的大　　C. 大流域的小　　D. 大小不确定

(91)平均流量相同的流域，年径流系数(　　)。
A. 相同　　B. 大流域的大　　C. 大流域的小　　D. 大小不确定

(92)多年平均流量相同的流域，多年平均径流总量(　　)。
A. 相同　　B. 大流域的大　　C. 小流域的大　　D. 大小不确定

(93)多年平均径流量大的流域，多年平均径流深(　　)。
A. 大　　B. 大流域的大　　C. 相同　　D. 大小不确定

(94)承压水与本流域降水(　　)。
A. 无关　　B. 降水多则承压水多
C. 干旱时承压水少　　D. 有无关系不确定

(95)土壤水丰富的流域，径流系数(　　)。
A. 大　　B. 小
C. 与土壤水少的流域相同　　D. 大小不确定

(96)潜水水位高的流域，包气带(　　)。
A. 厚　　B. 薄
C. 与潜水水位低的流域相同　　D. 厚薄不确定

(97)承压水丰富的流域，径流总量(　　)。
A. 多　　B. 少

C.多少不确定　　D.与承压水缺乏的流域相同

(98)承压水丰富的流域,其潜水水位(　　)。

A.高　　B.低

C.高低不确定　　D.与承压水缺乏流域相同

(99)同一地区内,植物繁茂的流域径流系数(　　)。

A.大　　B.小

C.与植被差的流域相同　　D.大、小不确定

(100)流域修建水库以后,坝下的多年平均流量(　　)。

A.增加　　B.减小　　C.不变　　D.多少不能确定

(101)水文资料的主要来源是(　　)对各项水文要素的长期观测。

A.水文测站　　B.水文局　　C.水利局　　D.气象站

(102)水文测站可分三类,不包括(　　)。

A.基本站　　B.中心站　　C.实验站　　D.专用站

(103)基本站是国家(　　)主管部门在全国大中河流上统一布设和分级管理的水文测站。

A.气象　　B.水文　　C.通讯　　D.卫生

(104)选择测验河段,应尽量选择(　　)的河段。

A.顺直、稳定　　B.宽、浅　　C.窄、深　　D.距城镇近

(105)测验河段的顺直长度应不小于洪水时主槽宽度的(　　)倍。

A.1～2　　B.1～2.5　　C.2.5　　D.3～5

(106)测验河段应避开的不利影响,不包括(　　)。

A.变动回水　　B.急剧冲淤变化　　C.严重漫滩　　D.水质污染

(107)(　　)是设立水文站的首要项目。

A.基线和浮标测流断面

B.基线和基本测流断面

C.基本水尺断面和流速仪测流断面

D.水尺断面和比降断面

(108)水准点分为基本水准点和(　　)。

A.校核水准点　　B.临时水准点

C.专用水准点　　D.假定基面水准点

(109)水位是自由水面相对于某一固定基面的高程。目前高程基面全国统一采用(　　)。

A.黄海基面　　B.珠江基面

C.大沽基面　　D.吴淞基面

(110)水位观测的常用设备有(　　)和自记水位计两类。

A.水尺　　B.钢尺　　C.塔尺　　D.标杆

(111)按水尺构造形式不同,可分为几类。其不包括(　　)。

A.直立式　　B.倾斜式　　C.矮桩式　　D.移动式

(112)(　　)能自动记录水位变化的连续过程。

A. 直立式水尺　　B. 倾斜式水尺

C. 悬锤式水尺　　D. 自记水位计

(113)水面在水尺上的读数加上水尺(　　)高程即为当时的水位值。

A. 起点　　B. 零点　　C. 顶点　　D. 中心点

(114)水位观测数据整理内容不包括(　　)。

A. 日平均水位　　B. 月平均水位

C. 季平均水位　　D. 年平均水位

(115)日平均水位计算若(　　),则不能采用算术平均法。

A. 一日内水位变化缓慢

B. 水位变化较大,但采用等时距人工观测

C. 从自记水位计资料上摘录

D. 水立变化较大且采用不等时距观测

(116)水位变化较大且采用不等时距观测的资料,计算日平均水位应采用(　　)。

A. 算术平均法　　B. 面积包围法

C. 线性内插法　　D. 对比自记水位计数据法

(117)根据日平均水位不能计算出(　　)。

A. 月平均水位　　B. 年平均水位

C. 保证率水位　　D. 兴利水位

(118)水文年鉴不记载各站的(　　)。

A. 日平均水位　　B. 月平均水位

C. 年平均水位　　D. 保证率水位

(119)流速仪法测流包括测过水断面和(　　)。

A. 流速　　B. 流向　　C. 流线　　D. 水位

(120)对流速产生影响的因素不包括(　　)。

A. 河底纵坡　　B. 河道弯曲情况　　C. 冰情　　D. 水质

(121)在过水断面上(　　)。

A. 水平方向不同,位置流速相同

B. 垂直方向不同,位置流速相同

C. 水平方向、垂直方向位置不同,流速不同

D. 水平方向、垂直方向位置相同,流速不同

(122)部分面积乘以其平均流速为(　　)。

A. 部分流量　　B. 断面流量　　C. 平均流量　　D. 部分水量

(123)部分流量之和称为(　　)。

A. 断面水量　　B. 全断面流量　　C. 平均流量　　D. 全部流量

(124)当某个部分面积一定时,其平均流速越大(　　)。

A. 部分流量越大　　B. 部分流量越小

C. 断面流量越大　　D. 断面水量越大

(125)当各部分流量越大(　　)。

A. 各部面积越大　　B. 各部分流速越大

C. 断面流量越大　　D. 断面流速越大

(126)已知部分面积为 $10m^2$,平均流速为 5m/s,则部分流量为(　　)。

A. $50m^3/s$　　B. $50m^3$　　C. 50mm　　D. $50(m^3/s)\cdot d$

(127)若某部分面积为 $10m^2$,其部分流量为 $50m^3/s$ 时,平均流速为(　　)。

A. 5　　B. 5m/s　　C. 5m　　D. 500mm

(128)若某部分流量为 $50m^3/s$,当平均流速为 5m/s 时,其部分面积为(　　)。

A. $10m^2$　　B. 10　　C. $250m^2$　　D. 10mm

(129)测深垂线的位置,应根据断面情况布设于河床变化的转折处,并且(　　)。

A. 主槽较密、滩地较稀　　B. 均匀布置

C. 主槽较稀、滩地较密　　D. 深水较稀、浅水较密

(130)测深垂线处的河底高程(　　)。

A. 用水准仪测量　　B. 用水位减水深计算

C. 用超声波测量　　D. 用水尺施测

(131)测深垂线的起点距是指该垂线至(　　)。

A. 基线上起点桩之间的水平距离

B. 基线上起点桩之间的斜线距离

C. 河岸的水平距离

D. 河岸的斜线距离

(132)大河上测量起点距常用仪器不包括(　　)。

A. 经纬仪　　B. 六分仪　　C. 平板仪　　D. 水准仪

(133)河道断面扩展至历年最高洪水位以上 0.5~1.0m 的断面称为(　　)。

A. 大断面　　B. 洪水断面　　C. 最高断面　　D. 备用断面

(134)常用流速仪不包括(　　)。

A. 旋杯式　　B. 旋桨式　　C. 旋杯式和旋桨式　　D. 自动式

(135)垂线平均流速计算,当采用一点法时,取相对水深(　　)处的测量流速。

A. 0.6　　B. 0.8　　C. 0.2　　D. 0.5

(136)垂线平均流速计算,当采用二点法时,取相对水深(　　)处的平均值。

A. 0.2 和 0.6　　B. 0.2 和 0.8　　C. 0.4 和 0.6　　D. 0.3 和 0.7

(137)垂线平均流速计算,当采用三点法时,取相对水深(　　)处的平均值。

A. 0.2、0.6、0.8　　B. 0.2、0.4、0.6

C. 0.4、0.5、0.6　　D. 0.4、0.6、0.8

(138)部分面积上的平均流速计算,岸边部分采用邻岸流速乘岸边流速系数,斜坡岸取(　　)。

A. 0.67~0.75　　B. 0.80~0.90　　C. 0.60　　D. 0.50

(139)部分面积上的平均流速计算,岸边部分采用邻岸流速乘岸边流速系数,陡岸取(　　)。

A. 0.67~0.75　B. 0.80~0.90　C. 0.60　D. 0.50

(140)部分面积上的平均流速计算,岸边部分采用邻岸流速乘岸边流速系数,死水边取(　　)。

A. 0.67~0.75　B. 0.80~0.90　C. 0.60　D. 0.50

(141)部分面积上的平均流速计算,中间部分取相邻两条垂线平均流速的(　　)值。

A. 平均　B. 较大　C. 较小　D. 相加值

(142)当使用流速仪测流有困难时,可(　　)。

A. 免测　B. 用浮标法测流

C. 用水位—流量关系推算　D. 经验估计

(143)浮标所测的流速为(　　)。

A. 水面流速　B. 断面流速　C. 浮标虚流速　D. 垂线流速

(144)断面虚流量(　　),即得断面流量。

A. 乘以浮标系数　B. 除以浮标系数

C. 乘岸边系数　D. 乘径流系数

(145)河流泥沙不包括(　　)。

A. 悬移质　B. 推移质　C. 河床质　D. 溶解质

(146)悬浮于水中并随水流运动的泥沙称为(　　)。

A. 悬移质　B. 推移质　C. 河床质　D. 溶解质

(147)单位体积水体内所含干沙的质量称为(　　)。

A. 含沙率　B. 含沙量　C. 输沙率　D. 输沙量

(148)单位时间内流过河流某断面的干沙质量称为(　　)。

A. 含沙率　B. 含沙量　C. 输沙率　D. 输沙量

(149)含沙量的单位为(　　)。

A. kg/m^3　B. mm　C. kg　D. kg/s

(150)输沙率的单位为(　　)。

A. kg/m^3　B. mm　C. kg　D. kg/s

(151)含沙量高时,输沙率(　　)。

A. 大　B. 小　C. 不变　D. 不一定大

(152)某断面流量为 $10m^3/s$,含沙量为 $1kg/m^3$,输沙率为(　　)。

A. 1kg　B. 1kg/s　C. 10kg/s　D. 10mm

(153)悬移质不能转化为(　　)。

A. 河床质　B. 推移质　C. 溶解质　D. 泥沙

(154)洪水调查不包括(　　)调查。

A. 洪水痕迹　B. 洪水发生时间

C. 洪水灾情　D. 洪水含沙量

(155)对洪水调查成果进行分析,不推算(　　)。

A. 洪峰流量　B. 洪水总量　C. 重现期　D. 输沙率

(156)洪水调查属于(　　)。

A. 水文调查　　B. 暴雨调查　　C. 枯水调查　　D. 流域调查

(157)暴雨调查不包括(　　)。

A. 暴雨成因　　B. 暴雨量　　C. 暴雨起讫时间　　D. 雨水水质

(158)我国多数河流,洪水的大小与暴雨的大小(　　)。

A. 无关　　B. 密切相关

C. 相关关系不好　　D. 有一些关系

(159)为推算历史洪水洪峰流量,不需要进行(　　)。

A. 洪痕高程测量　　B. 河段纵断面测量

C. 河道横断面测量　　D. 河床质分析

(160)暴雨调查属于(　　)。

A. 水文调查　　B. 洪水调查　　C. 枯水调查　　D. 水量调查

(161)枯水调查属于(　　)。

A. 水文调查　　B. 洪水调查　　C. 暴雨调查　　D. 雨情调查

(162)枯水调查的主要目的是确定历史(　　)。

A. 最高水位　　B. 最低水位　　C. 平均水位　　D. 平均流量

(163)水文遥感技术不能进行(　　)。

A. 流域调查　　B. 水资源调查　　C. 水质监测　　D. 历史洪水调查

(164)水文遥感技术不能进行(　　)。

A. 枯水调查　　B. 流域调查　　C. 水质监测　　D. 水资源调查

(165)水文遥感技术不能进行(　　)。

A. 流域调查　　B. 水资源调查　　C. 水质监测　　D. 历史暴雨调查

(166)遥感技术成为收集水文信息的一种重要手段,可应用于(　　)。

A. 流域调查　　B. 洪水调查　　C. 枯水调查　　D. 暴雨调查

(167)各种水文测站测得的原始数据,按科学的方法和统一的格式整理、分析、统计、提炼成为系统、完整、有一定精度的水文资料,这个过程称为(　　)。

A. 水文数据处理　　B. 水文数据储存

C. 水文计算　　D. 水文测验

(168)水文数据处理的工作内容不包括(　　)。

A. 收集校核原始数据　　B. 编制实测成果表

C. 推求逐时、逐日值　　D. 洪水调查

(169)水文数据处理的工作内容不包括(　　)。

A. 编制逐日表及洪水要素摘录表　　B. 合理性检查

C. 编制处理说明书　　D. 暴雨调查

(170)水位流量关系曲线的确定属于(　　)工作。

A. 流量资料整编　　B. 洪水调查

C. 暴雨调查　　D. 枯水调查

(171)稳定的水位流量关系,点绘的水位流量点据分布成带状,75%以上的中高水流速仪测流点据与平均关系线偏离不超过(　　)。

A. ±3%　　B. ±5%　　C. ±10%　　D. ±30%

(172)稳定的水位流量关系是应满足同一水位的流量等于面积与流速乘积,误差应在(　　)以内。

A. ±3%　　B. ±5%　　C. ±10%　　D. ±15%

(173)确定水位流量关系曲线的主要目的是利用水位推算(　　)。

A. 流量　　B. 流速　　C. 过水面积　　D. 输沙率

(174)不稳定的水位流量关系,是指测验河段受某些因素影响,使水位流量间的关系不呈单值函数关系,这些因素不包括(　　)。

A. 断面冲淤　　B. 洪水涨落　　C. 变动回水　　D. 水质恶化

(175)高水位时水位流量关系曲线延长幅度一般不应超过当年实测流量所占水位变幅的(　　)。

A. 30%　　B. 20%　　C. 40%　　D. 10%

(176)低水位流量关系曲线延长幅度一般不应超过当年实测流量所占水位变幅的(　　)。

A. 20%　　B. 10%　　C. 15%　　D. 30%

(177)水位流量关系曲线高水位部分延长常用方法不包括(　　)。

A. 利用水位面积、水位流速关系法　　B. 曼宁公式法

C. 斯蒂文斯法　　D. 经验趋势法

(178)水文年鉴刊载的水文资料不包括(　　)。

A. 各站的水位、流量　　B. 各站的泥沙、水温、冰情

C. 各站的降水量、蒸发量　　D. 各站的人员编制与设施

(179)水文年鉴刊布(　　)的成果。

A. 基本站　　B. 专用站　　C. 实验站　　D. 气象站

(180)水文年鉴每(　　)刊布一次。

A. 一年　　B. 二年　　C. 三年　　D. 五年

(181)水文手册和水文图集由(　　)编制。

A. 国家统一　　B. 各地区水文部门

C. 水文年鉴编辑部门　　D. 环境监测部门

(182)水文手册和水文图集载有水文特征值等值线图及计算水文特征值的经验公式,可用其估算无水文资料流域的(　　)。

A. 水文特征值　　B. 气候特征值

C. 地理特征值　　D. 水质特征值

(183)降雨转化为净雨的过程称为(　　)。

A. 损失过程　　B. 产流过程　　C. 汇流过程　　D. 蒸发过程

(184)净雨深(　　)它所形成的径流深。

A. 大于　　B. 小于　　C. 等于　　D. 约等于

(185)净雨沿地面和地下汇入河网并流出流域出口的过程称为(　　)。

A. 产流过程　　B. 集流过程　　C. 漫流过程　　D. 汇流过程

(186)流域出口断面的径流过程由几部分组成,不包括(　　)。

A. 地面径流　　B. 壤中流

C. 浅层和深层地下径流　　D. 暗河径流

(187)降水强度过程线以降水强度为纵标,以(　　)为横标。

A. 降水量　　B. 笼罩面积　　C. 降水历时　　D. 降水中心

(188)降水量累积曲线上任意一点的坡度就是该时刻的(　　)。

A. 降水量　　B. 累积降水量

C. 瞬时降水强度　　D. 降水历时

(189)流域平均降雨量计算,通常有三种方法,不包括(　　)。

A. 算术平均法　　B. 垂直平分法

C. 等雨量线法　　D. 随机抽样法

(190)算术平均法计算流域平均雨量时,要求雨量站分布(　　)、地形起伏变化(　　)。

A. 不均匀、不大　　B. 较均匀、不大

C. 较均匀、较大　　D. 不均匀、较大

(191)算术平均法计算流域平均雨量时,是将流域(　　)的各站同时段雨量相加除以站数。

A. 内　　B. 外　　C. 附近　　D. 内和附近

(192)垂直平分法计算流域平均雨量,所用雨量站是流域(　　)的。

A. 内　　B. 外　　C. 附近　　D. 内和附近

(193)当雨量站分布较(　　)时,可采用等雨量线法计算流域平均雨量。

A. 密　　B. 稀　　C. 均匀　　D. 不均匀

(194)算术平均法计算流域平均雨量采用的公式为 $\overline{P}=\frac{1}{n}\sum_{i=1}^{n}p_i$,其中 n 表示(　　)。

A. 流域内雨量站数　　B. 降雨时段数

C. 流域外雨量站数　　D. 流域附近雨量站数

(195)算术平均法计算流域平均雨量采用的公式为 $\overline{P}=\frac{1}{n}\sum_{i=1}^{n}P_i$,其中 P_i 表示(　　)。

A. 流域内第 i 个雨量站同时段雨量

B. 流域内第 i 个雨量站总雨量

C. 流域附近第 i 个雨量站同时段雨量

D. 流域附近第 i 个雨量站总雨量

(196)垂直平分法计算流域平均雨量采用的公式为 $\overline{P}=\frac{1}{n}\sum_{i=1}^{n}P_i\frac{f_i}{F}$,其中 f_i 为(　　)。

A. 第 i 个雨量站所在多边形面积

B. 第 i 个雨量站同时段雨量

C. 第 i 个时段的多边形面积

D. 第 i 个雨量站所在的流域面积

(197)等雨量线法计算流域平均雨量公式为 $\bar{P}=\frac{1}{F}\sum_{i=1}^{n}P_i f_i$，其中 P_i 相应于 f_i 的平均雨深，一般采用两条相邻等雨量线的(　　)。

A. 平均值　　B. 较大值　　C. 较小值　　D. 相加值

(198)等雨量线法计算流域平均雨量公式为 $\bar{P}=\frac{1}{F}\sum_{i=1}^{n}P_i f_i$，其中 F 表示(　　)

A. 流域面积　　B. 相邻两条等雨量线之间的流域面积

C. 最外等雨量线包围的面积　　D. 多边形面积

(199)当流域内雨量站分布较均匀，地形起伏变化不大时，应采用(　　)计算流域平均雨量。

A. 垂直平分法　　B. 算术平均法

C. 等雨量线法　　D. 随机抽样法

(200)当流域内雨量站分布不太均匀，地形起伏变化较大，并且雨量站分布较稀时，应采用(　　)法计算流域平均雨量。

A. 垂直平分法　　B. 算术平均法

C. 等雨量线法　　D. 随机抽样法

(201)当雨量站较密时，最好采用(　　)计算流域平均雨量。

A. 算术平均法　　B. 垂直平分法

C. 等雨量线法　　D. 随机抽样法

(202)深层地下径流比较稳定，流量也比较小，称为(　　)。

A. 稳定流　　B. 基流　　C. 潜流　　D. 地下流

(203)基流的分割方法，一般取历年最枯流量的平均值或本年汛前最枯流量用(　　)分割。

A. 曲线　　B. 斜线　　C. 垂直线　　D. 水平线

(204)取多次实测洪水过程的退水部分，绘在透明线上，然后沿时间轴平移，使它们尾部重合，作出光滑的下包线，这就是流域地下水(　　)。

A. 退水曲线　　B. 涨水曲线　　C. 分割曲线　　D. 平均退水线

(205)直接径流终止点 B 用流域地下退水曲线来确定，使退水曲线尾部与流量过程线退水段尾部重合，(　　)点即为 B 点。

A. 分离点　　B. 终止点　　C. 起始点　　D. 中心点

(206)从洪水起涨点到直接径流终止点 B 连一直线，该直线以上为直接径流，其以下部分与基流以上部分为浅层地下径流，这种简便的分割方法称为(　　)分割法。

A. 直线　　B. 斜线　　C. 曲线　　D. 退水曲线

(207)采用斜线分割法划分水源后，斜线以下和基流以上部分即为(　　)。

A. 深层地下径流　　B. 浅层地下径流

C. 直接径流　　D. 总径流

(208)降雨开始时，流域包气带土壤含水量，可用前期影响雨量(　　)表示。

A. P B. P_a C. P_i D. P

(209)已知 8 月 5 日前期影响雨量为 60mm,该日无雨,消退系数 $K=0.90$,则 8 月 6 日的前期影响雨量为(　　)mm。

A. 60 B. 54 C. 59.1 D. 60.9

(210)已知 7 月 6 日前期影响雨量为 50mm,消退系数 $K=0.9$,该日降雨 10mm,未产流,则 7 月 7 日的前期影响雨量为(　　)mm。

A. 60 B. 54 C. 59.1 D. 59

(211)已知 6 月 3 日前期影响雨量为 50mm,消退系数 $K=0.9$,该日降雨 30mm,产流 10mm,则 6 月 4 日的前期影响雨量为(　　)。

A. 63 B. 72 C. 67 D. 69.1

(212)已知流域最大蓄水容量 $WM=100$mm,6 月 6 日前期影响雨量为 80mm,该日降雨 60mm,消退系数 $K=0.9$,则 6 月 7 日前期影响雨量为(　　)mm。

A. 126 B. 100 C. 134 D. 139.1

(213)流域最大蓄水容量 WM 不包括(　　)。

A. 植物截留量 B. 填洼损失量

C. 土壤饱和缺水量 D. 河槽容蓄量

(214)流域最大蓄水容量 WM 一般用(　　)分析确定

A. 实测雨洪资料 B. 专家建议值

C. 霍顿公式 D. 径流形成原理

(215)流域实际蓄水量在(　　)之间变化。

A. 0～∞ B. －∞～∞ C. ± WM D. 0～WM

(216)我国大部分地区,流域最大蓄水容量 WM 为(　　)mm。

A. 80～120 B. 100～140

C. 120～160 D. 140～180

(217)分析计算流域最大蓄水容量 WM 值,可选取久旱无雨后一次降雨量较大且(　　)产流的雨洪资料。

A. 不 B. 全流域 C. 部分面积 D. 中心区域

(218)消退系数 K 综合反映流域蓄水量因蒸散发而减少的特性,可以用(　　)分析确定。

A. 水文气象资料 B. 径流形成原理

C. 水量平衡原理 D. 实验资料

(219)实用中一般假定流域蒸散发量 E 与流域蓄水量 W(　　)。

A. 无关 B. 相关 C. 成正比 D. 成反比

(220)流域日蒸散发能力 EM 可用(　　)蒸发器观测的水面蒸发值作为近似值。

A. E_{601} 型 B. ϕ20 型 C. ϕ80 型 D. 套盒式

(221)降雨径流相关图是以次降雨量为纵坐标,相应的次径流深为横坐标,降雨开始时的(　　)为参数建立起来的。

A. 蒸发量 E B. 前期影响雨量 P_a

C. 下渗量 f　　　　　　　　D. 植物截量 I_s

(222)在降雨径流相关图上，所有的点据应在45°线(　　)。

A. 以上　　B. 以下　　C. 上　　D. 附近

(223)在降雨径流相关图上，当降雨量 P 相同时，P_a 越大，径流深 R(　　)。

A. 越小　　B. 越大　　C. 相同　　D. 大小不一定

(224)降雨量 P 大，在降雨径流相关图上，查得的径流深 R(　　)。

A. 大　　B. 小　　C. 不变　　D. 大小不一定

(225)当前期影响雨量 P_a 相同时，降雨量 P 大，在降雨径流相关图上查得的径流深 R(　　)。

A. 大　　B. 小　　C. 不变　　D. 大小不一定

(226)在降雨径流相关图上，P_a 等值线的规律是从左向右(　　)。

A. 减小　　B. 增大　　C. 不变　　D. 大小不定

(227)在降雨径流相关图上，45°线相当于 P_a(　　)的等值线。

A. 等于 WM　　B. 大于 WM　　C. 小于 WM　　D. 等于零

(228)利用降雨径流相关图进行产流计算时，若某次降雨分为两个时段，分别为 P_1、P_2，前期影响雨量为 P_a，正确的查算方法为(　　)。

A. 由 P_1 查 P_a 等值线得 R_1，P_2 查 P_a 等值线得 R_2

B. 由 P_1 查 P_a 等值线得 R_1，P_2 查 (P_a+P_1) 等值线得 R_2

C. 由 P_1 查 P_a 等值线得 R_1，(P_1+P_2) 查 P_a 等值线得 (R_1+R_2)，再计算出 R_2

D. 由 (P_1+P_2) 查 P_a 等值线得出 (R_1+R_2) 即可

(229)若计算的前期影响雨量 P_a 没有等值线，可用(　　)查算。

A. $P_a=0$ 的等值线　　　　B. $P_a=WM$ 的等值线

C. 邻近的等值线　　　　D. 内插的一条等值线

(230)包气带土壤含水量达到田间持水量后才产流，称为(　　)。

A. 超渗产流　　B. 蓄满产流　　C. 正常产流　　D. 非正常产流

(231)蓄满产流模式在产流期内的下渗率(　　)

A. 为零　　B. 为 f_c　　C. 大于 f_c　　D. 小于 f_c

(232)蓄满产流模式，产流期内按 f_c 下渗的雨量形式成(　　)。

A. 地面径流　　　　B. 浅层地下径流

C. 深层地下径流　　　　D. 壤中流

(233)蓄满产流模式，超渗的雨量形成(　　)。

A. 地面径流　　　　B. 浅层地下径流

C. 深层地下径流　　　　D. 壤中流

(234)蓄满产流模型是(　　)水文专家研制的。

A. 美国　　B. 苏联　　C. 意大利　　D. 中国

(235)包气带缺水量的分布用(　　)表示。

A. 蓄水容量曲线　　　　B. P_a 等值线

C. 等雨量线　　D. 地下水面线

(236)蓄水容量曲线一般用(　　)表示。

A. B 次抛物线　　B. 幂函数

C. 指数函数　　D. 对数函数

(237)蓄水容量曲线用 B 次抛物线表示，B 值一般为(　　)。

A. 0.1～0.2　　B. 0.2～－0.4　　C. 0.4～0.5　　D. 0.5～0.8

(238)流域蒸发量计算常采用几种模型，不包括(　　)。

A. 一层模型　　B. 二层模型

C. 三层模型　　D. 五层模型

(239)采用一层模型计算流域蒸散量时，假定流域蒸散发量与流域蓄水量(　　)。

A. 无关　　B. 相关　　C. 成正比　　D. 成反比

(240)蓄满产流模式当产流期雨强 $i<f_c$ 时，(　　)。

A. 不产生地面径流　　B. 不产生地下径流

C. 按 i 产生地面径流　　D. 按 f_c 产生地下径流

(241)蓄满产流方式，当产流期雨强 $i>f_c$ 时，$(i-f_c)$ 的雨量形成(　　)，f_c 形成(　　)。

A. 地面径流、浅层地下径流

B. 浅层地下径流、深层地下径流

C. 地面径流、深层地下径流

D. 浅层地下水径流、地面径流

(242)蓄满产流方式，产流计算不需要计算(　　)。

A. 初损量 I_0　　B. 流域时段蓄水量 $W_{\Delta t}$

C. 流域时段蒸散发量 $E_{\Delta t}$　　D. 流域时段平均雨量 $P_{\Delta t}$

(243)蓄满产流模型适用于(　　)地区。

A. 干旱地区　　B. 湿润地区

C. 所有地区　　D. 偏干旱地区

(244)干旱地区不产生(　　)径流。

A. 地面　　B. 浅层地下　　C. 深层地下　　D. 任何

(245)干旱地区只有当降雨强度大于下渗强度时才产生地面径流，这种产流方式称为(　　)。

A. 蓄满产流　　B. 超渗产流　　C. 正常产流　　D. 非正常产流

(246)超渗产流方式的关键是确定流域的(　　)。

A. 蓄水容量曲线　　B. 前期影响雨量

C. 流域蒸散发量　　D. 下渗曲线

(247)超渗产流计算产流量常用的方法是(　　)。

A. 降雨径流相关图法　　B. 推理公式法

C. 下渗曲线法和初损后损法　　D. 蓄满产流模型法

(248)初损后损法把流域产流前的损失称为初损,记为 I_0。其不包括(　　)。

A.植物截留　　B.填洼

C.产流前的下渗　　D.雨前蒸发

(249)初损后损法中流域产流后的损失包括(　　)。

A.植物截留　　B.填洼

C.产流前的下渗　　D.产流后的下渗

(250)初损后损法需要分析建立(　　)。

A.降雨径流相关图　　B.$I_0 \sim W(P_a,0) \sim \bar{i}_0$ 相关图

C.关系图 $f_p \sim W$　　D.$f \sim t$ 曲线图

(251)初损后损法中的平均后损率指的是(　　)。

A.产流后的平均下渗率　　B.总的平均损失率

C.稳定下渗率 f_c　　D.产流后的平均损失率

(252)初损后法中的产流历时 t_R 等于(　　)。

A.降雨历时 t

B.降雨历时 t 减去初损历时 t_0,再减去不产流的降雨历时 t'

C.后损历时

D.初损历时

(253)一次历时为24h的暴雨,若初损历时为4h,后期不产流的小雨历时为2h,则产流历时 t_c 为(　　)h。

A.24　　B.16　　C.18　　D.14

(254)初损后损法中的平均后损率 $\bar{f}$(　　)。

A.小于产流期平均雨强 i　　B.小于后损期的平均下渗率

C.大于产流期的平均雨强 i　　D.等于产流期的平均雨强

(255)在给定的流域上,单位时段内均匀分布的(　　)净雨量,在流域出口断面形成的地面径流过程线,称为单位线。

A.单位地面　　B.地面　　C.单位　　D.地下

(256)单位线可以进行(　　)汇流计算。

A.地面径流　　B.浅层地下径流

C.深层地下径流　　D.壤中流

(257)在给定的流域上,单位时段内均匀分布的单位地面净雨量,在流域出口断面形成的地面径流过程线,称为(　　)。

A.单位线　　B.地面径流过程线

C.标准径流过程线　　D.特殊径流过程线

(258)单位地面净雨深一般取(　　)。

A.1mm　　B.10cm　　C.10mm　　D.100mm

(259)单位时段长度依据流域大小而定,一般不可取(　　)

A.1h　　B.3h　　C.6h　　D.1.5h

(260)由于实际净雨量及历时不一定正好是一个单位和一个时段，所以单位线使用时有(　　)条基本假定。

A. 1　　B. 2　　C. 3　　D. 4

(261)如果单位时段内的净雨不是一个单位而是 k 个单位，则形成的地面径流过程线是单位线纵标的(　　)倍。

A. $0.5k$　　B. k　　C. 2k　　D. $3k$

(262)如果单位线洪峰流量为 $100m^3/s$，则单位时段内 15mm 地面净雨形成的过程线洪峰为(　　)。

A. $15m^3/s$　　B. $150m^3/s$　　C. $1\ 500m^3/s$　　D. $1.5m^3/s$

(263)如果地面净雨不是一个时段而是 m 个时段，则形成的流量过程是各时段净雨形成的部分流量过程(　　)叠加。

A. 错开时段　　B. 直接　　C. 间接　　D. 修正后

(264)如果地面净雨为两个时段，各为一个单位净雨深，则形成的流量过程的洪峰为单位线洪峰的(　　)倍。

A. 2　　B. 1　　C. 3　　D. $k(1<k<2)$

(265)单位线可利用(　　)来推求。

A. 实测雨洪资料　　B. 径流形成原理

C. 水量平衡原理　　D. 经验公式

(266)推求单位线时，从实测径流过程线上分割出地面径流过程，推算的地面净雨量与地面径流深相比(　　)。

A. 应相等　　B. 应大　　C. 应小　　D. 或大或小

(267)陆地上一年的降水约(　　)通过蒸散发返回大气。

A. 50%　　B. 40%　　C. 66%　　D. 77%

(268)假定流域内地面净雨持续不断，且每一个时段均为一个单位，在出口断面形成的流量过程线称为(　　)。

A. 总单位线　　B. S 曲线　　C. 正常单位线　　D. 特殊单位线

(269)单位线的时段长(　　)转换。

A. 不可以　　B. 可以　　C. 没必要　　D. 不允许

(270)利用 S 曲线可以进行单位线的时段转换，如将原时段长为 Δt_0 的单位线转换成时段长为 Δt 的单位线，只需将 S 曲线向右平移(　　)后计算即可。

A. Δt_0　　B. $2\Delta t_0$　　C. Δt　　D. $2\Delta t$

(271)单位线应用时(　　)问题。

A. 不存在　　B. 仅存在非线性

C. 仅存在非均匀性　　D. 存在非线性与非均匀性

(272)大洪水资料推求的单位线洪峰(　　)、峰现时间(　　)。

A. 高、晚　　B. 高、早　　C. 低、早　　D. 低、晚

(273)暴雨中心在上游的资料推求的单位线洪峰(　　)、峰现时间(　　)。

A. 高、晚　　B. 高、早　　C. 低、早　　D. 低、晚

(274)若 $f(x)$、$F(x)$分别为随机变量 X 的概率密度函数、分布函数,则(　　)。

A. $F(x)=f(x)$　　B. $F(x)=\int_x^{\infty} f(x)\mathrm{d}x$

C. $F(x)\geqslant f(x)$　　D. $F(x)\leqslant f(x)$

(275)若 $f(x)$、$F(x)$分别为随机变量 X 的密度函数、分布函数,则(　　)。

A. $F(x)=f(x)$　　B. $F(x)\geqslant f(x)$

C. $F(x)\leqslant f(x)$　　D. $f(x)=-F'(x)$

(276)若 $F(x)$为随机变量 X 的分布函数,则(　　)。

A. $F(x)=P(X<x)$　　B. $F(x)=P(X=x)$

C. $F(x)=P(X\geqslant x)$　　D. $F(x)=P(X\leqslant 0)$

(277)能说明随机变量分布规律的某些特征数字,称为随机变量的(　　)。

A. 统计参数　　B. 特征值　　C. 统计值　　D. 平均值

(278)平均数或数学期望反映随机变量的(　　)特征。

A. 离散　　B. 对称　　C. 位置　　D. 全部

(279)平均数或数学期望的位置处在概率密度曲线与 x 轴包围面积的(　　)处。

A. 起点　　B. 终点　　C. 形心　　D. 最大值

(280)变差系数 C_v 反映随机变量的(　　)特征。

A. 离散　　B. 对称　　C. 位置　　D. 全部

(281)偏差系数 C_s 反映随机变量的(　　)特征。

A. 离散　　B. 对称　　C. 位置　　D. 全部

(282)若密度曲线对均值对称,则(　　)。

A. $C_s=0$　　B. $C_v>0$　　C. $C_s>0$　　D. $C_s<0$

(283)正偏指的是(　　)。

A. $\bar{X}>0$　　B. $C_v>0$　　C. $C_s>0$　　D. $C_s=0$

(284)若甲系列均值为 1 000m^3/s,均方差为 100m^3/s;乙系列为 200mm、均方差为 10mm,则甲系列离散程度(　　)乙系列离散程度。

A. 大于　　B. 小于　　C. 等于　　D. 无法比较

(285)若甲系列均值为 100m^3/s,均方差为 10m^3/s,则离散系数 C_v 为(　　)。

A. 10　　B. 0.1　　C. 0.1m^3/s　　D. 10m^3/s

(286)均值大的系列,变差系数 C_v(　　)。

A. 大　　B. 小　　C. 趋近于 0　　D. 大小不能确定

(287)变差系数 C_v 大的系列,偏差系数 C_s(　　)。

A. 大　　B. 小　　C. 趋近于零　　D. 大小不能确定

(288)负偏指的是(　　)。

A. $\bar{X}<0$　　B. $C_v<0$　　C. $C_s<0$　　D. $C_s=0$

(289)正态分布肯定是(　　)。

A. 正偏　　B. $C_s=0$　　C. $\bar{X}<0$　　D. $C_v<0$

(290)若 $f(x)$ 为正态分布的概率密度函数,则(　　)。

A. $\int_{\bar{x}}^{\infty}(x)\mathrm{d}x = 0.683$　　B. $\int_{\bar{x}-\sigma}^{\bar{x}+\sigma} f(x) = 0.683$

C. $\int_{-\infty}^{\infty} f(x)\mathrm{d}x = 0.683$　　D. $\int_{0}^{\bar{x}} f(x)\mathrm{d}x = 0.683$

(291)若 $f(x)$ 为正态分布的概率密度函数,则(　　)。

A. $\int_{\bar{x}}^{\infty} f(x)\mathrm{d}x = 0.997$　　B. $\int_{\bar{x}-3\sigma}^{\bar{x}+3\sigma} f(x) = 0.997$

C. $\int_{-\infty}^{\infty} f(x)\mathrm{d}x = 0.683$　　D. $\int_{0}^{\bar{x}} f(x)\mathrm{d}x = 0.683$

(292)皮－Ⅲ型分布有(　　)个统计参数。

A.1　　B.2　　C.3　　D.4

(293)皮－Ⅲ型分布的统计参数不包括(　　)。

A. $\bar{X}$　　B. C_v　　C. C_s　　D. π

(294)皮－Ⅲ型曲线是一条一端有限、一端无限、不对称单峰的(　　)曲线。

A.正偏　　B.负偏　　C.上升　　D.下降

(295)样本是总体(　　)。

A.一部分　　B.大部分　　C.全部　　D.特征值

(296)样本均值是总体均值的(　　)。

A.无偏估计值　　B.正偏估计值

C.负偏估计值　　D.有偏估计值

(297)样本 C_v、C_s 是总体 C_v、C_s 的有偏估计值,应乘上一个(　　)系数。

A.正偏　　B.负偏　　C.纠偏　　D.无偏

(298)用样本参数估计总体参数时,(　　)抽样误差最大。

A. $\bar{X}$　　B. C_v　　C. C_s　　D. $\bar{X}$ 和 C_v

(299)目前经验频率计算广泛采用的公式为(　　)。

A. $P=\frac{m}{n}\times 100\%$　　B. $P=\frac{m}{n+1}\times 100\%$

C. $P=\frac{m}{n-1}\times 100\%$　　D. $P=\frac{m-1}{n}\times 100\%$

(300)若在长期内,平均 $\bar{T}$ 年发生一次大于等于设计值的事件,则 $\bar{T}$ 称为(　　)。

A.重现期　　B.周期　　C.平均期　　D.经验频率

(301)频率为0.01的洪峰流量的重现期为(　　)。

A.100　　B.100年　　C.1年　　D.10年

(302)重现期为10年的暴雨,其频率为(　　)。

A.0.1　　B.0.01　　C.0.001　　D.1

(303)矩法公式估计参数具有抽样误差和系统误差,因而不直接使用矩法估计参数,而是用(　　)。

A.经验方式法　　B.期望公式　　C.适线法　　D.相关分析法

(304)适线法使用的格纸称为(　　)格纸。

A. 对数　　B. 双对数　　C. 概率　　D. 米

(305)增大 C_v 值,频率曲线(　　)。

A. 升高　　B. 降低　　C. 变陡　　D. 变缓

(306)增大 C_s 值,频率曲线会上段(　　)下段(　　)。

A. 变缓,变陡　　B. 变陡,趋平　　C. 变陡,升高　　D. 变陡,降低

(307)资料审查包括三个方面,不包括(　　)。

A. 可靠性审查　　B. 一致性审查　　C. 代表性审查　　D. 周期性审查

(308)一般说来,资料系列越长(　　)越好。

A. 可靠性　　B. 一致性　　C. 代表性　　D. 周期性

(309)为了增强系列代表性,常采用(　　)插补延长系列。

A. 经验公式法　　B. 适线法　　C. 相关分析法　　D. 水量平衡原理

(310)两个变量的关系有三种情况,不包括(　　)。

A. 完全相关　　B. 零相关　　C. 相关关系　　D. 复相关

(311)三个或三个以上变量的相关关系称为(　　)。

A. 完全相关　　B. 零相关　　C. 简相关　　D. 复相关

(312)直线相关分析有(　　)。

A. 经验公式法　　B. 适线法　　C. 水量平衡法　　D. 图解法和分析法

(313)当相关系数 $r^2=1$ 时,两变量为(　　)。

A. 完全相关　　B. 零相关　　C. 相互关系　　D. 复相关

(314)当相关系数 $r^2=0$ 时,两变量为(　　)。

A. 完全相关　　B. 零相关　　C. 相关关系　　D. 复相关

(315)相关系数绝对值越大,说明两变量间的关系(　　)。

A. 越差　　B. 越密切　　C. 为完全相关　　D. 为零相关

(316)在水文计算中,相关分析同期观测资料不能太少,n 值应在(　　)。

A. 10 以下　　B. 10 以上　　C. 12 以下　　D. 12 以上

(317)在水文计算中,一般要求 $|r|$(　　)。

A. $\geqslant 0.5$　　B. $\geqslant 0.6$　　C. $\geqslant 0.8$　　D. $\geqslant 0.9$

(318)在水文计算中,要求回归线的均方误 S_y 不大于均值 $\bar{y}$ 的(　　)。

A. 50%　　B. 10%　　C. 15%　　D. 20%

(319)描述洪水过程的三要素不包括(　　)。

A. 洪峰流量　　B. 洪水总量　　C. 洪水历时　　D. 峰型特征

(320)推求设计洪水的基本方法不包括(　　)。

A. 由流量资料推求　　B. 由暴雨资料推求

C. 用水文比拟法或水力学公式推求　　D. 用相关分析法推求

(321)洪水资料选样,目前大多采用(　　)。

A. 年最大值法　　B. 年超大值法

C. 随机抽取法　　D. 经验选择法

(322)不连序洪水系列的经验频率计算，常用(　　)。

A. 独立样本法　　B. 统一样本法

C. 独立样本法和统一样本法　　D. 相关分析法

(323)因分析计算的校核洪水有抽样误差，对大型工程或重要的中型工程应加安全修正值，该值一般不超过计算值的(　　)。

A. 50%　　B. 10%　　C. 15%　　D. 20%

(324)由流量资料推求设计洪水过程线采用(　　)方法。

A. 概化三角形　　B. 放大典型洪水过程线

C. 单位线汇流计算　　D. 经验确定

(325)选择对工程防洪不利的大洪水过程线作为典型，如峰型集中，主峰(　　)的过程。

A. 靠前　　B. 靠后　　C. 突出　　D. 分散

(326)放大典型洪水过程线可用(　　)法或(　　)法。

A. 同频率放大、同倍比放大

B. 同频率放大、不同倍比放大

C. 不同频率放大、不同倍比放大

D. 不同频率放大、同倍比放大

(327)所谓较长年径流系列是指实测径流系列长度在(　　)年以上。

A. 10　　B. 15　　C. 20　　D. 100

(328)年径流频率计算时，一般所定 $C_s=$(　　)

A. $1\sim2C_v$　　B. $2\sim3C_v$　　C. $3\sim4C_v$　　D. $4\sim5C_v$

(329)当年径流系列的长度不足 20 年时，频率计算需要通过(　　)展延系列长度。

A. 相关关系　　B. 补测　　C. 等待　　D. 经验分析

(330)当流域较小，缺乏实测径流资料时，设计年径流估算可采用(　　)。

A. 参数等值线图法　　B. 相关关系展延法

C. 经验分析法　　D. 水文调查法

(331)对缺乏实测径流资料的小流域，设计年径流估算常采用的方法不包括(　　)。

A. 参数等值线图法　　B. 经验公式法

C. 水文比拟法　　D. 水文调查法

(332)水文比拟法是移置相似流域的水文特征值，要求流域面积比较接近，一般不超过(　　)。

A. 10%　　B. 15%　　C. 20%　　D. 25%

(333)设计年径流的时程分配一般用(　　)表示。

A. 流量过程线　　B. 日流量过程　　C. 月径流量　　D. 年径流量

(334)采用代表年法确定设计年径流时程分配时，应从实测年径流资料中选取年径流量(　　)设计年径流量的年份，并注意供水期径流量较小。

A. 较大　　B. 较小　　C. 接近　　D. 相同

(335)将代表年各月流量(　　)系数 $K=\overline{Q}_p/\overline{Q}_d$，即得设计年径流的时程分配。

A. 遍乘　　B. 除以　　C. 加上　　D. 减去

(336)年降水系列(　　)作为延长径流系列的参证变量。

A. 常被　　B. 不能　　C. 很少　　D. 不宜

(337)展延年径流系列的参证变量应具备的条件,不包括(　　)。

A. 与设计断面的流量在成因上有密切关系

B. 与设计断面径流量有较多的同步观测资料

C. 系列较长,并有较好的代表性

D. 与设计断面距离较近

2)多项选择题

(1)水资源包括(　　)。

A. 水质　　B. 水量　　C. 水域　　D. 水能　　E. 水产

(2)工程水文学的主要内容包括(　　)。

A. 水文计算　　B. 水利计算　　C. 水文预报　　D. 水文测验　　E. 水文地质

(3)在水循环过程中,水汽运动包括(　　)。

A. 输送　　B. 上升　　C. 冷却　　D. 凝结　　E. 蒸发

(4)河流组成包括(　　)。

A. 河源　　B. 上游　　C. 中游　　D. 下游　　E. 河口

(5)水系包括(　　)。

A. 河流干流　　B. 河流支流　　C. 流域内湖泊

D. 流域内沼泽　　E. 流域内水井

(6)流域具有(　　)。

A. 地面集水区域　　B. 地下集水区域　　C. 地面分水线

D. 地下分水线　　E. 平均高度

(7)流域特征包括(　　)。

A. 流域面积　　B. 平均高度及平均坡度　　C. 自然地理特征

D. 地理位置　　E. 蒸发及降水

(8)流域下垫面条件有(　　)。

A. 地形　　B. 植被　　C. 湖泊、沼泽

D. 土壤、地质　　E. 蒸发及降水

(9)降水包括(　　)。

A. 雨　　B. 雪　　C. 雹　　D. 露　　E. 霜

(10)降水按气流抬升原因分为四种不同类型,包括(　　)。

A. 对流雨　　B. 地形雨　　C. 锋面雨　　D. 气旋雨　　E. 雷阵雨

(11)降水特征包括(　　)。

A. 降水量　　B. 降水历时　　C. 降水强度

D. 降水面积　　E. 暴雨中心

(12)平原地区可能发生(　　)。

A. 对流雨　　B. 地形雨　　C. 锋面雨　　D. 气旋雨　　E. 雷阵雨

(13)降雨可用(　　)。

A. 雨量器观测　　B. 雷达探测　　C. 气象星云图估测

D. 自记雨量计观测　　E. 流速仪观测

(14)陆地上存在的水体包括(　　)。

A. 地表水　B. 土壤水　C. 地下水　D. 水汽　E. 海水

(15)下渗水分受的作用力包括(　　)。

A. 重力　B. 分子力　C. 毛管力　D. 机械力　E. 人力

(16)土壤水分常数包括(　　)。

A. 最大吸湿量　　B. 最大分子持水量　　C. 凋萎含水量

D. 田间持水量　　E. 毛管含水量

(17)流域总蒸发包括(　　)。

A. 水面蒸发　　B. 土壤蒸发　　C. 植物散发

D. 人畜消耗　　E. 海洋蒸发

(18)径流的表示方法有(　　)。

A. 流量　　B. 径流总量　　C. 径流深

D. 径流系数　　E. 径流模数

(19)影响径流的主要因素有(　　)。

A. 降水　B. 蒸发　C. 下渗　D. 人类活动　E. 动物活动

(20)河流基本特征有(　　)。

A. 河流长度　　B. 河流宽度　　C. 河流纵比降

D. 河流纵断面　　E. 河流横断面

(21)径流的表示单位有(　　)。

A. m^3/s　B. mm　C. m^3　D. 百分数　E. $L/(s·km^2)$

(22)测验河段应避开不利影响,包括(　　)。

A. 变动回水　　B. 急剧冲淤变化　　C. 严重漫滩

D. 妨碍测验地物　　E. 有污染水域

(23)水文测站观测的水文要素包括(　　)。

A. 水位　B. 流量　C. 泥沙　D. 冰情　E. 人畜饮水量

(24)流域出口断面的流量包括(　　)。

A. 地面径流量　　B. 浅层地下径流量　　C. 深层地下径流量

D. 填洼水量　　E. 植物截留量

(25)土壤水包括(　　)。

A. 吸湿水　　B. 毛管水　　C. 薄膜水

D. 浅层地下水　　E. 深层地下水

(26)水文测验的各种断面包括(　　)。

A. 基本水尺断面　　B. 流速仪测流断面

C. 比降观测上、下断面　　D. 浮标测流上、下断面

E. 浮标测流中断面

(27)对流速产生影响的因素有(　　)。

A. 河底纵坡　　B. 河道弯曲情况　　C. 冰

D. 水质　　E. 泥沙

(28)测线平均流速计算常采用的方法包括(　　)。

A. 一点法　　B. 二点法　　C. 三点法　　D. 四点法　　E. 五点法

(29)起点距观测仪器包括(　　)。

A. 经纬仪　　B. 六分仪　　C. 平板仪　　D. 水准仪　　E. 流速仪

(30)河流泥沙包括(　　)。

A. 悬移质　　B. 推移质　　C. 河床质　　D. 溶解质　　E. 风化石

(31)洪水调查包括(　　)调查。

A. 洪水痕迹　　B. 洪水发生时间　　C. 洪水灾情

D. 河槽情况及流域自然地理情况　　E. 洪水含沙量

(32)洪水调查要求对调查成果进行分析,推算(　　)。

A. 洪峰流量　　B. 洪水总量　　C. 洪水过程

D. 洪水重现期　　E. 洪水输沙率

(33)水文调查包括(　　)。

A. 流域调查　　B. 洪水调查　　C. 暴雨调查

D. 枯水调查　　E. 水资源调查

(34)暴雨调查包括(　　)调查。

A. 暴雨成因　　B. 暴雨量　　C. 暴雨起讫时间

D. 暴雨变化过程　　E. 前期雨量

(35)推算历史洪峰流量,需要进行(　　)。

A. 洪痕高程测量　　B. 河段纵断面测量　　C. 河道横断面测量

D. 河床质分析　　E. 河段糙率分析

(36)枯水调查包括(　　)。

A. 旱情调查　　B. 下雨天数调查　　C. 河水干涸调查

D. 最小流量发生时间调查　　E. 最低水位发生时间调查

(37)水文数据处理工作包括(　　)。

A. 收集校核原始数据　　B. 编制实测成果表　　C. 推求逐时、逐日值

D. 编制逐日表　　E. 编制洪水水文要素表

(38)不稳定水位流量关系受测验河段某些因素影响,包括(　　)。

A. 变动回水　　B. 断面冲淤　　C. 洪水涨落

D. 水草生长　　E. 水质变化

(39)水文年鉴刊载的水文资料包括(　　)。

A. 测站分布图　　B. 各站水位、流量　　C. 各站泥沙、水温

D. 各站冰情　　E. 各站降水量、蒸发量

(40)水文资料包括(　　)。

A. 水文年鉴　　B. 水文数据库资料　　C. 水文手册

D. 水文图集　　E. 水文调查报告

(41)计算流域平均雨量，常用的方法有(　　)。

A. 算术平均法　　B. 垂直平分法　　C. 等雨量线法

D. 经验估算法　　E. 随机抽样法

(42)出口断面的径流过程由几部分组成，包括(　　)。

A. 地面径流　　B. 壤中流　　C. 浅层地下径流

D. 深层地下径流　　E. 暗河径流

(43)水文学常用的统计参数有(　　)。

A. 均值　　B. C_v　　C. C_s　　D. 众值　　E. 中值

(44)资料审查包括(　　)审查。

A. 可靠性　　B. 一致性　　C. 代表性　　D. 周期性　　E. 趋势性

(45)两个变量之间的关系可以有(　　)。

A. 完全相关　　B. 零相关　　C. 统计相关　　D. 复相关

(46)相关关系可以(　　)。

A. 插补延长资料　　B. 增加系统可靠性　　C. 增加系列一致性

D. 增加系列代表性　　E. 增加系列趋势性

(47)相关分析的参证资料应满足(　　)。

A. 与设计变量在成因上有密切联系

B. 与设计变量有较长的平行观测资料

C. 有足够长的实测系列

D. 必须是径流系列

E. 必须是降水系列

(48)洪水过程要素包括(　　)。

A. 洪峰流量　　B. 洪水总量　　C. 洪水历时

D. 洪水成因　　E. 洪水峰型特征

(49)设计洪水计算的内容有(　　)。

A. 设计洪峰流量　　B. 不同时段的设计洪量

C. 设计洪水过程线　　D. 涨洪历时　　E. 退洪历时

(50)推求设计洪水的基本方法有(　　)。

A. 用流量资料推求设计洪水

B. 用暴雨资料推求设计洪水

C. 用水文比拟法、等值线图法推求设计洪水

D. 用经验估计法推求设计洪水

E. 用实地调查法推求设计洪水

(51)不连序系列的经验频率计算常采用(　　)。

A. 独立样本法　　B. 统一样本法　　C. 经验处理法

D. 随机抽样法　　E. 期望公式法

(52)设计洪水成果的合理性分析应注意的规律有(　　)。

A. 同一地区，随着流域面积增大，设计洪峰流量增大

B. 同一地区，随着流域面积增大，各种时段设计洪量增大

C. 同一地区，随着流域面积增大，系列 C_v 值减小

D. 同一测站，随历时增长，设计洪量增值增大，

E. 同一测站，随历时增长，洪量系列的 C_v、C_s/C_v 值减小

(53)典型洪水过程线应符合(　　)。

A. 峰高量大　　B. 具有较好的代表性　　C. 对工程防洪不利

D. 必须是单峰　　E. 必须是双峰、主峰靠后

(54)放大典型洪水过程线常用的方法有(　　)。

A. 同倍比放大法　　B. 同频率放大法　　C. 经验放大法

D. 随机放大法　　E. 分析放大法

(55)同倍比放大法，采用的倍比值，可采用(　　)。

A. 洪峰控制的倍比　　B. 洪量控制的倍比　　C. 历时控制的倍比

D. 经验控制的倍比　　E. 频率控制的倍比

(56)设计年径流分析计算的内容包括(　　)。

A. 基本资料分析、审查　　B. 频率计算推求设计年径流量

C. 求年内分配　　D. 成果合理性分析　　E. 成果鉴定验收

(57)插补延长年径流系列常用的参证变量有(　　)。

A. 本站水位资料　　B. 上、下游站径流资料

C. 邻近河流测站径流资料　　D. 本流域年降水资料

E. 流域附近年降水资料

(58)缺乏实测径流资料时，推求设计年径流量均值可采用(　　)。

A. 年径流深等线图法　　B. 经验公式法　　C. 水文比拟法

D. 相关分析法　　E. 经验估计法

(59)水文计算中要求，相关分析时应(　　)。

A. 同期观测资料不能太少，$n>12$　　B. $|r|\geqslant 0.8$

C. $S_y\leqslant 15\%\bar{y}$　　D. 建立直线相关　　E. 建立复相关

(60)适线法主要步骤包括(　　)。

A. 在概率格纸上绘制经验频率点据

B. 确定采用皮－Ⅲ型分布

C. 假定一组统计参数

D. 查 Φ 值表，绘出一条皮－Ⅲ型曲线

E. 分析曲线与点据拟合情况，找出拟合最好的曲线

(61)降雨径流相关图应符合的规律有(　　)。

A. P 相同时，P_a 越大，R 越大

B. P 相同时，P_a 越大，R 越小

C. P_a 相同时，P 越大，R 越大

D. P_a 相同时，P 越大，R 越小

E. 曲线坡度随 P 增大而减缓，但不小于 45°

(62)初损后损法需要确定的参数有(　　)。

A. 降雨量 P　　B. 降雨历时 t　　C. 初损量 I_0

D. 平均后损率 $\bar{f}$　　E. 后期不产流雨量 P'

(63)单位线(　　)。

A. 是单位时段内均匀分布的单位地面净雨所形成的径流过程线

B. 有两个基本假定

C. 可以进行径流计算

D. 时段可以转换

E. 存在非线性、非均匀性问题

(64)单位线(　　)。

A. 可以用实测雨洪资料推求　B. 可以在同一地区通用

C. 可以推求流域面积　D. 可以进行时段转换

E. 可以推求洪水过程线

6.4　参考答案

1)单项选择题答案

(1)B	(2)C	(3)A	(4)C	(5)C	(6)C	(7)A	(8)D
(9)B	(10)D	(11)D	(12)C	(13)C	(14)C	(15)D	(16)B
(17)B	(18)C	(19)C	(20)C	(21)A	(22)B	(23)B	(24)A
(25)B	(26)C	(27)D	(28)D	(29)A	(30)A	(31)C	(32)D
(33)D	(34)D	(35)D	(36)D	(37)D	(38)D	(39)B	(40)A
(41)B	(42)C	(43)D	(44)D	(45)A	(46)B	(47)B	(48)A
(49)D	(50)C	(51)C	(52)D	(53)B	(54)B	(55)A	(56)C
(57)A	(58)B	(59)B	(60)A	(61)B	(62)A	(63)D	(64)A
(65)D	(66)B	(67)D	(68)D	(69)C	(70)C	(71)A	(72)B
(73)B	(74)C	(75)B	(76)C	(77)A	(78)D	(79)D	(80)B
(81)D	(82)D	(83)B	(84)D	(85)D	(86)D	(87)A	(88)B
(89)A	(90)D	(91)D	(92)A	(93)D	(94)A	(95)A	(96)B
(97)C	(98)C	(99)B	(100)B	(101)A	(102)B	(103)B	(104)A
(105)D	(106)D	(107)B	(108)A	(109)A	(110)A	(111)D	(112)D
(113)B	(114)C	(115)D	(116)B	(117)D	(118)D	(119)A	(120)D
(121)C	(122)A	(123)B	(124)A	(125)C	(126)A	(127)B	(128)A
(129)A	(130)B	(131)A	(132)D	(133)A	(134)D	(135)A	(136)B
(137)A	(138)A	(139)B	(140)C	(141)A	(142)B	(143)C	(144)A
(145)D	(146)A	(147)B	(148)C	(149)A	(150)D	(151)D	(152)C

(153)C	(154)D	(155)D	(156)A	(157)D	(158)B	(159)D	(160)A
(161)A	(162)B	(163)D	(164)A	(165)D	(166)A	(167)A	(168)D
(169)D	(170)A	(171)B	(172)A	(173)A	(174)D	(175)A	(176)B
(177)D	(178)D	(179)A	(180)A	(181)B	(182)A	(183)B	(184)C
(185)D	(186)D	(187)C	(188)C	(189)D	(190)B	(191)A	(192)D
(193)A	(194)A	(195)A	(196)A	(197)A	(198)A	(199)B	(200)A
(201)C	(202)B	(203)D	(204)A	(205)A	(206)B	(207)B	(208)B
(209)B	(210)B	(211)A	(212)B	(213)D	(214)A	(215)D	(216)A
(217)B	(218)A	(219)C	(220)A	(221)B	(222)A	(223)B	(224)D
(225)A	(226)B	(227)A	(228)C	(229)D	(230)B	(231)B	(232)B
(233)A	(234)D	(235)A	(236)A	(237)B	(238)D	(239)C	(240)A
(241)A	(242)C	(243)B	(244)B	(245)B	(246)D	(247)C	(248)D
(249)D	(250)B	(251)A	(252)B	(253)C	(254)A	(255)A	(256)A
(257)A	(258)C	(259)D	(260)B	(261)B	(262)B	(263)A	(264)D
(265)A	(266)A	(267)C	(268)B	(269)B	(270)C	(271)D	(272)B
(273)D	(274)B	(275)D	(276)C	(277)A	(278)C	(279)C	(280)A
(281)B	(282)A	(283)C	(284)A	(285)B	(286)D	(287)D	(288)C
(289)B	(290)B	(291)B	(292)C	(293)D	(294)A	(295)A	(296)A
(297)C	(298)C	(299)B	(300)A	(301)B	(302)A	(303)C	(304)C
(305)C	(306)B	(307)D	(308)C	(309)C	(310)D	(311)D	(312)D
(313)A	(314)B	(315)B	(316)D	(317)C	(318)C	(319)D	(320)D
(321)A	(322)C	(323)D	(324)B	(325)B	(326)A	(327)C	(328)B
(329)A	(330)A	(331)D	(332)B	(333)C	(334)C	(335)A	(336)A
(337)D							

2)多项选择题答案

(1)ABCD	(2)ABCD	(3)ABCD	(4)ABCDE	(5)ABCD
(6)ABCDE	(7)ABCD	(8)ABCD	(9)ABCDE	(10)ABCD
(11)ABCDE	(12)ACDE	(13)ABCD	(14)ABC	(15)ABC
(16)ABCD	(17)ABC	(18)ABCDE	(19)ABCD	(20)ACDE
(21)ABCDE	(22)ABCD	(23)ABCD	(24)ABC	(25)ABC
(26)ABCDE	(27)ABCE	(28)ABCE	(29)ABC	(30)ABC
(31)ABCD	(32)ABCD	(33)ABCDE	(34)ABCD	(35)ABCE
(36)ABCDE	(37)ABCDE	(38)ABCD	(39)ABCDE	(40)ABCDE
(41)ABC	(42)ABCD	(43)ABC	(44)ABC	(45)ABC
(46)AD	(47)ABC	(48)ABC	(49)ABC	(50)ABC
(51)AB	(52)ABCDE	(53)ABC	(54)AB	(55)AB
(56)ABCD	(57)ABCDE	(58)ABC	(59)ABC	(60)ABCDE
(61)ACE	(62)CD	(63)ABCDE	(64)ACDE	